# 《왕오천축국전》을 읽다

— 언어 연구 방법으로 접근하기

To.

遇笑容教授(Prof. Hsiao-Jung Yu)

她使我懂得珍惜人與人之間因緣相遇的重要性

'인연', 그 만남의 중요성을 소중히 여기도록 일깨워준 분입니다.

이 저서는 2017년도 전북대학교 저술장려 지원에 의하여 연구되었음.

# 《왕오천축국전》을 읽다

## — 언어 연구 방법으로 접근하기

往五天竺國傳

박용진 · 박병선 공저

學古房

# 차례

# 서 문

'중어중문학'과 인연을 맺게 된 계기 가운데 하나는 고등학생 시절 KBS에서 방영했던 다큐멘터리 프로그램 '실크로드'이다. '실크로드'는 10년이 넘는 준비기간을 거쳐, 일본 NHK에서 1980년 첫 방송을 시작해 1989년 3월 종영되었다. 한국에서는 내가 고등학교 2학년이던 1984년에 방영되었는데, 나는 그 날 이후로 언젠가 실크로드에 서 있을 나를 상상하며 사막과 낙타 그리고 월아천(月牙泉)과 어우러진 나의 모습을 함께 그려보곤 했다.

인연은 학문의 길에도 존재했다. 2007년에 국외연구교수로 미국 UCSB에 방문할 기회가 생겼다. 나는 그곳에서 Hsiao-Jung Yu(遇笑容) 교수를 만났다. UCSB에 머무는 동안, 매주 금요일이 되면 遇교수와 함께 학술주제를 선정하여 토론을 나누었고, 그 과정에서 '언어접촉'(Language-Contact)이라는 새로운 학문영역을 접하게 되었다. 내 전공이 '중국어교육'이었던 터라 다양한 외국어교육 이론을 섭렵하는 과정에 있었기 때문에, 자연스럽게 '언어접촉'(Language-Contact) 이론에도 흥미를 가지게 되었다. 遇교수님은 그런 나에게 《老乞大》와 《朴通事》를 소개해 주었고, 나는 그것을 계기로 중국어교육과 언어접촉의 관점에서 《老乞大》를 연구하였다.

내가 《往五天竺國傳》을 접하게 된 것 또한 하나의 '인연'이었다. 내 아이에게 사줬던 책 가운데 한 권이 《往五天竺國傳》을 쉽게 풀어 쓴 도서였기 때문이다. 사실 《往五天竺國傳》은 중고등학교 역사시간을 통해 책의 저자와 제목만을 막연히 알고 있었을 뿐 그 내용은 전혀 알지 못했다. 그러다 문득 이 책 역시 '언어접촉'의 관점으로 연구해볼만 한 긍정적 가치가 있음을 알았다.

나는 서둘러 강독 팀을 꾸렸다. 2013년부터 몇몇 연구자들과 함께 《往五天竺國傳》을 강독하였다. 이 모임에 참여한 연구자는 모두 6명으로, 박용진(전북대학교 중어중문학과, 교수), 박병선(군산대학교 중어중문학과, 교수), 서진현(전북대학교 중어중문학과, 박사), 원효붕(전북대학교 중어중문학과, 박사수료), 박지숙(전북대학교 중어중문학과, 박사수료), 조선화(전북대학교 중어중문학과, 석사수료) 등이다.

《往五天竺國傳》은 문화, 세계사, 문헌학 등 영역에서 다각도로 상당한 연구가 진행되었다. 우리 강독팀은 중국 언어학의 방법론으로 접근해 보고자 하였다. 그런데 그 과정에서 《往五天竺國傳》의 언어를 대상으로 진행한 연구에 아직 해결되지 않은 문제들이 적지 않음을 발견하게 되었다.

위와 같은 문제도출 배경을 요약하면 다음과 같다. (1) 아직 많은 글자가 정확히 판별되지 못했고, (2) 어떤 문구는 연구자에 따라 해석이 다르고, (3) 어떤 문구는 중간언어[1] 현상으로 인해 정확한 해석이 이루어지지 못했다.

이에 우리는 중국 언어학의 방법으로 《往五天竺國傳》을 분석하였다.

첫째, 교감(校勘)을 통하여 기존에 소개되지 않았던 《往五天竺國傳》의 속자(俗字), 결자(缺字), 한자의 변별(辨別)을 분석하였다.

둘째, 《往五天竺國傳》의 중간언어를 분석하였다. 한국에서는 《往五天竺國傳》의 중간언어 분석이 한 차례도 시도되지 않았다. 중간언어 분석은 '저자 혜초가 모국어가 아닌 중국어로 지은 작품에 나타난 어색한 문구를 대상으로, 중국어가 모국어인 화자의 문장과 모국어가 한국어인 한문문헌의 문장을 비교하여, 중간언어 현상을 분석하고자 하였다. 요컨대 SOV 언어구조의 구두어 화자가 SVO 언어구조의 서면어를 사용할 때 나타나는 언어현상을 분석한 것이다. 중간언어 분석은 《往五天竺國傳》 텍스트의 끊어 읽기와 한국어 해석에 도움이 된다.

셋째, 한국어의 정확한 번역을 이끌어내고자 하였다. 현재 한국에서 출간된 《往五天竺國傳》의 한국어 번역본은 여러 종이 있지만, 연구자는 정기선(2000), 정수일(2004), 임상희(2014)의 번역본을 기본 텍스트로 선정하고, 연구자의 《往五天竺國傳》교감(校勘), 문법분석 그리고 중간언어 분석을 통하여 《往五天竺國傳》을 좀 더 정확히 이해하고자 하였다. 또한 이를 바탕으로 기존의 한국어 번역을 수정 · 보완하여, 원문의 내용을 한글로 충실히 번역하고자 하였다.

우리는 세 차례의 강독을 마치고 2014년부터 《往五天竺國傳》의 언어분석을 시작하였으며, 현재까지 7편의 〈《往五天竺國傳》校勘〉 논문을 발표하였다.

박병선 · 박용진 · 원효붕(2015a). 〈《往五天竺國傳》校勘(1)〉. 《중국어문논역총간》
박용진 · 박지숙 · 조선화(2015b). 〈《往五天竺國傳》校勘(2)〉. 《중국어문논역총간》
박용진 · 박병선 · 서진현(2016a). 〈《往五天竺國傳》校勘(3)〉. 《중국어문논역총간》
박용진(2016b). 〈《往五天竺國傳》校勘(4)〉. 《중국어문논역총간》
박용진 · 박병선 · 서진현(2017a). 〈《往五天竺國傳》校勘(5)〉. 《중국어문논역총간》

1) 제2언어학습자 또는 외국어 학습자의 언어학습 과정에서 만들어지는 중간언어 체계이다. 숙달도가 동일한 단계의 학습자에서 동일한 언어체계가 보인다. Selinker(1972)는 중간언어에 작용하는 5개의 주요 과정을 (1) 언어전이, (2) 목표언어 규칙의 과도일반화, (3) 훈련의 전이, (4) 제2언어 학습방안, (5)제2언어 의사소통 방안으로 제안하였다.

박용진(2017b). 〈《往五天竺國傳》校勘(6)〉. 《중국어문논역총간》
박용진(2019). 〈《往五天竺國傳》校勘(7)〉. 《중국어문논역총간》

이 책은 위 모든 과정의 마지막 정리본이다.

우리의 분석에도 여러 가지 문제점이 있다. 첫째, 우리는 《往五天竺國傳》에 언급된 실제 현장을 살펴보고 그 지형에 대한 이해를 바탕으로 《往五天竺國傳》을 분석하지 못했다. 따라서 《往五天竺國傳》의 텍스트만을 대상으로 연구를 진행하였다는 한계가 있다. 둘째, 우리의 언어분석이 잘못된 경우이다. (1) 우리는 〈《往五天竺國傳》校勘(1)〉에서 '及於'의 대등접속사 용법을 중간언어 현상으로 분석하였으나(2015a), 이후 개최한 학술대회에서 일반 고문헌 자료에는 '及於'의 대등접속사 용법이 보이지 않지만 특이하게 佛經에는 '及於'의 대등접속사 용법이 보인다는 의견을 접하게 되었고, 일부 불경에서 '及於'의 대등접속사 용법 예문을 찾은 것이 이에 해당한다. (2) 우리는 〈《往五天竺國傳》校勘(5)〉에서 高田時雄(1992) 교수님께서 제기한 林木荒多(44-45행)가 비문법(非文法)적 표현이라는 분석에 반대한다는 의견을 제시하였다. 그러나 몇 분 교수님들의 고견을 재차 여쭈어 본 결과, 우리의 분석 방법도 옳지만 高田時雄(1992) 교수님의 의견 역시 옳다는 의견을 주셨다. 《往五天竺國傳》의 자료가 6,000여자로 만들어진 매우 제한적인 자료이기 때문에 문법적 오류를 정확하게 판단하는 것 또한 매우 제한적일 수밖에 없다는 의견을 주셨다. 따라서 우리는 高田時雄(1992) 교수님의 林木荒多(44-45행) 분석에 대한 우리의 의견을 잠시 보류하고자 한다. 앞으로도 우리의 분석 가운데 잘못된 부분이 종종 발견될 것으로 생각된다. 그러나 우리의 분석결과가 이전의 《往五天竺國傳》 연구보다 한 걸음 더 나아간 것일 수 있다면 충분히 만족스러운 한 걸음이 되었다고 생각한다.

이 책이 완성되는 동안 많은 분들의 도움이 있었다. 그 중에서도 桑山正進(1992)의 《慧超往五天竺國傳研究》와 高田時雄(1992)의 〈慧超『往五天竺國傳』の言語と敦煌寫本の性格〉이 《往五天竺國傳》을 연구하는 처음 단계에부터 마무리 단계까지 나에게 정말 많은 도움이 되었다. 한 번도 뵌 적은 없지만 마음을 담아 감사드린다. 마지막 교정 작업에 김현철 교수님, 박유빈 선생, 박지숙 선생, 조선화 선생이 많은 도움이 되었다. 깊은 감사를 드린다. 마지막으로 먼저 연구를 제안하였다는 이유로 많은 것을 양보해 주신 박병선 교수님께 감사드린다.

우리 강독팀은 2015년 돈황으로 향했고, 《往五天竺國傳》이 발견된 막고굴의 16-17번 굴을 찾아갔다. 또 개인적으로 해외자원봉사 활동과 오프캠퍼스 프로그램을 통해, 전북대학교 학생들과 함께 각각 키르기스스탄의 실크로드와 중국의 실크로드에 다녀왔다. 이에 전북대학교의 지원에도 깊은 감사를 드린다.

마지막으로 《往五天竺國傳》을 발견하게 하고, 7년 동안 《往五天竺國傳》을 연구할 수 있도록 이끌어 준 Hsiao-Jung Yu(遇笑容) 교수님께 이 책을 드린다. 퇴직을 앞두고 계신 교수님께 작은 선물이 되었으면 한다.

우리 모두에게 우연(偶然)은 존재한다. 하지만 우연(偶然)을 인연(因緣)으로 바꾸기 위해서는 많은 노력이 필요하다. Hsiao-Jung Yu(遇笑容) 교수님과의 만남도 그렇고, 《往五天竺國傳》과의 만남도 마찬가지이다. 우연을 인연으로 바꾸어가는 과정 속에서 빚어낸 '《往五天竺國傳》을 읽다'는 나에게 소중하고 감사한 선물이다.

박 용 진

# 일러두기

01 《往五天竺國傳》의 원문은 桑山正進(1992)의 《慧超往五天竺國傳硏究》에 있는 사진과 INTERNATIONAL DUNHUANG PROJECT(國際燉煌項目, http://idp.bl.uk)의 《왕오천축국전》의 원본사진(Pelliot chinois 3532)을 저본으로 삼았다. 예를 들어 '한자풀이'에서, "원본 형태는 ()이다."라고 서술한 경우, 앞의 그림은 桑山正進의 《慧超往五天竺國傳硏究》에 수록된 사진이고, 괄호 안의 그림은 NTERNATIONAL DUNHUANG PROJECT의 《往五天竺國傳》의 원본 사진임을 밝혀둔다.

02 제1장 《往五天竺國傳》 교주(校註)에서 《往五天竺國傳》 풀이는 아래 자료를 참고하였다.

> 羅振玉(1909), 《敦煌石室遺書》, 宣統元年, 排印本.
> 藤田豊八(1931), 《慧超往五天竺國傳箋釋》, 北京: 錢稻孫校印.
> 桑山正進(1992), 《慧超往五天竺國傳硏究》, 京都: 京都大學人文科學硏究所.
> 張毅(1994), 《往五天竺國傳箋釋》, 北京: 中華書局.
> 정수일(2004), 《혜초의 왕오천축국전》, 서울: 학고재.

교주(校註) 중의 '羅'는 羅振玉을, '藤田'은 藤田豊八를, '桑山'은 桑山正進을, '張'은 張毅을, '정'은 정수일을 가리킨다. 그리고 '박案'은 역주자의 의견을 가리킨다.

《往五天竺國傳》 원본에서 결자(缺字)된 부분은 '…'로 표시하였고, 결자(缺字)된 부분 가운데 글자 수를 구분할 수 있는 곳은 '□'으로 표시하였다. 또한 원본에는 실제로 정확히 보이지 않지만, 추론이 가능한 글자는 '人'와 같은 형태로 표시하였다.

03 《往五天竺國傳》 의 원문은 3가지 형태로 분석하였다. 첫째, 제1장 교주(校註)에서는 《往五天竺國傳》 원문의 행을 기준으로 한자를 분석하였는데, 이때의 한자는 원문에 가장 가까운 자형으로 묘사하였다. 둘째, 《往五天竺國傳》의 장절에 따라 정리하였는데, 이때는 상용한자로 원문을 그대로 기록하였다. 셋째, 제2장 《往五天竺國傳》 교주본(校註本)에서는 우리가 제1장에서 분석하고 수정하고 보충한 한자를 기준으로 정리하였다.

04 한글해석은 아래의 자료를 참조하였고, 아래 자료와 한글해석이 다를 경우 각주로 설명하였다.

> 정기선(2000), 〈혜초(慧超)《왕오천축국전(往五天竺國傳)》 소고(小考)〉, 《퇴계학과 유교문화》, Vol. 28: 277-309.
> 정수일(2004), 《혜초의 왕오천축국전》, 서울: 학고재.

김규현(2013), 《왕오천축국전》, 서울: 글로벌콘텐츠.
임상희(2014), 《왕오천축국전 - 돈황 사본의 복원 및 역주》, 서울: 아연출판부.

**05** 《往五天竺國傳》의 장절은 張毅(1994)의 구분을 참조하였다. 한글 해석 부분의 단락 구분은 《往五天竺國傳》 원문의 구분을 사용하였고, 장절의 구분과 장절의 제목은 張毅(1994)의 것을 참조하였다.

**06** 교주(校註)에 사용된 기타 참고자료는 다음과 같다.

新華書店首都發行所(1983), 《草書大字典》, 北京: 中國書店
黃征(2005), 《敦煌俗字典》, 上海: 上海教育出版社
小學堂, http://xiaoxue.iis.sinica.edu.tw
漢典, http://www.zdic.net
漢典書法, http://sf.zdic.net
佛教辭典, http://dictionary.buddhistdoor.com
國際電腦漢字及異體字知識庫, http://chardb.iis.sinica.edu.tw
臺灣教育部異體字字典, http://dict.variants.moe.edu.tw
臺灣中央研究院上古漢語標記語料庫, http://old_chinese.ling.sinica.edu.tw (이하 「상고한어말뭉치」라 함)
臺灣中央研究院近代漢語標記語料庫, http://early_mandarin.ling.sinica.edu.tw (이하 「근대한어말뭉치」라 함)
불교기록문화유산 아카이브 서비스 시스템, http://kabc.dongguk.edu

**07** 고유명사(지명)는 《往五天竺國傳》 원문에 사용된 한자를 한국 한자음으로 읽었다.

**08** 중국 한자음을 사용하여 분석할 때는 周法高 선생님의 중국중고음(中國中古音)을 참조하였고, 음을 구별하기 위해서 음절별로 구분하여 적었다.

# 1 《往五天竺國傳》 교주(校註)

Pelliot chinois
Touen-houang
3532

【1】

羅　：寶赤足裸形外道不著 下缺

藤田 ：寶、赤足裸形外道不著 下缺

桑山 ：(三)寶。赤足裸形。外道不着(衣)〈缺〉

張　：寶。赤足裸形外道不著亠(下缺)

정　：{三}寶 赤足裸形 外道不著[衣](缺, 約十六字)

박案 ：三寶赤⻊裸形外道不著衣服 …

校註

① 三: 원본 형태는 ▁이다. 《왕오천축국전》의 전체 내용을 보면, 결자(缺字) 부분은 '三'이 확실하다. 《왕오천축국전》에서 '三寶'는 20번 사용되었다.

② ⻊: 원본 형태는 ⻊이다. '足'의 이체자(⻊)이다. (臺灣教育部異體字字典) 《왕오천축국전》에서 '足'은 42번 사용되었다.

道路足(⻊)賊: 45행
足(⻊)寺: 52행
足(⻊)僧: 53행
夏足(⻊)霜雨: 91행

《왕오천축국전》에서 '足'과 '是'는 조금 비슷한 자형을 가진다. '是'의 자형은 다음과 같다.

是(是)摩揭陁國: 15행
汝是(是)汝不是(是): 32행
又是(是)一重: 37행

이 두 글자를 비교해보면, '足'의 '口' 부건과 '是'의 '日' 부건이 서로 다름을 쉽게 분별할 수 있다.

③ 不: 원본 형태는 不이다. 《왕오천축국전》에서 '不'은 96번 사용되었다. '不'의 초서(不, 不)이다.

④ 着: 원본 형태는 이다. '著'의 이체자(着)이다.(臺灣教育部異體字字典)

⑤ 衣服: 원본 형태는  ()이며, '衣'의 윗부분만 남아 있고, 服은 남아있지 않다. 14행에 '外道不著衣服'라는 문구가 출현한다. 衣服으로 추론이 가능하다.

【2】

羅 ：辶食即喫亦不齋也地皆平 下缺

藤田 ：辶食即喫、亦不齋也、地皆平 下缺

桑山 ：(逢)食即喫。亦不齋也。地皆平〈缺〉[無]

張 ：辶食即喫。亦不齋也。地皆平(下缺)

정 ：[逢]食即喫 亦不齋也 地皆平(缺, 約十六字) {無}

박案 ：辶食即喫亦不齋也地皆平…………[無]

校註

① 辶: 원본 형태는 (辶)이다. 藤田豊八은 '遇'로 추론하고 있고, 桑山正進은 '逢'으로 추론하고 있고, 張毅는 '遇' 혹은 '逢'으로 추론하고 있고, 정수일은 '逢'으로 추론하고 있다. 《왕오천축국전》에서 '遇'는 사용된 적이 없고, '逢'은 2번 사용되었다.

逢(逢)漢使入蕃: 193-194행

冬日在吐火羅逢(逢)雪述懷: 196행

「상고한어말뭉치」(上古漢語標記語料庫)에서 '遇食' 혹은 '逢食'이라는 표현이 검색되지 않는다. 검색되는 표현으로는 주로 '得食, 能食, 飽食, 有食, 欲食'이 있고, '辶' 부수로 시작되는 문구로는 "公乃退食.《墨子》"이 있다. '逢'과 '遇'는 모두 '갑자기, 우연히 부딪치다/만나다'를 가지고 있지만, '逢'은 부정적인 의미가 가미되는 경우가 많고, '遇'은 긍정적인 의미가 가미되는 경우가 많다. 따라서 '逢'과 '遇' 중의 하나를 선택하자면, 전체적인 문의(辶食即喫。亦不齋也: … 음식은 바로 먹으며, 또한 재계(齋戒)도 하지 않는다.)로 '逢'이 더 적합하리라 추측된다. 그러나 이 글자의 정확한 자형은 추후에 더 분석되어야 한다.

② [無]: 桑山正進과 정수일은 2행의 마지막 부분이 '無'라고 추론하였다. 이는 바로 뒤의 문장인 3행의 "[無]有奴婢。將賣人罪。與煞人罪人不殊。"의 문의(文義)로 추론한 것이다. 《왕오천축국전》에 이와 동일한 문장이 101행에 한번 나온다. "爲五天不賣人。無有奴婢。"(오천국에는 사람을 팔지도 않고, 노비도 없다)인데, 2행과 3행의 내용과 비교해 보면, 충분히 추론이 가능하다. 《왕오천축국전》에서 '無有'를 함께 사용한 경우는 15번이 있다. 몇 가지 예를 들면 다음과 같다.

其山無有樹水: 202행
無有仏法: 208행
無有百姓: 210행

**【3】**

羅　: 有奴婢將賣人罪與煞人罪不殊 下缺
藤田 : 有奴婢、將賣人罪、與煞人罪不殊、下缺
桑山 : 有奴婢。将賣人罪与殺人罪不(殊)〈缺〉
張　: 有奴婢。將賣人罪。與煞人罪不殊。(下缺)
정　: 有奴婢 將賣人罪與煞人罪不[殊](缺, 約十五字)
박案 : 有奴婢将賣人罪与煞人罪不殊……

校註

① 有: 원본 형태는 [有]이다. 4행의 '有'(有)와 5행의 '有'(有), 6행의 '有'(有)와 동형이다. '有'의 행초서체(有)이다.[1]

② 婢: 원본 형태는 [婢]이다. '婢'의 이체자(婢)이다(《敦煌俗字典》(2005:18)).

③ 将: 원본 형태는 [将]이다. '將'의 이체자(将)이다(臺灣教育部異體字字典).

④ 与: 원본 형태는 [与]이다. '與'의 이체자(与)이다(《敦煌俗字典》(2005:515)).

⑤ 煞: 원본 형태는 [煞]이다. '殺'의 이체자(煞)이다(《敦煌俗字典》(2005:352)).

⑥ 殊: 결자 부분은 원본에서 [殊] ([殊])만 남아있다. '殊'는 《왕오천축국전》에서 5번 사용되었는데, 모두 '不殊'로 사용되었다.

中天不殊(殊): 25행
與中天不殊(殊): 68행

문자의 형태나 글의 내용으로 비교해 보면, '殊'의 윗부분만 남아 있는 것이 확실하다.

1) 智永의 행초서체. 漢典書法 참조.

# 1 (上缺)

三寶[1)]。赤足裸形。外道不著衣服[2)]…………
之食即喫。亦不齋也。地皆平…………無
有奴婢。將[3)]賣人罪與殺人罪不殊[4)]…………

1

삼보… 맨발에 알몸이다.[5)] 외도(外道)는 옷을 입지 않는다. …[6)]
… 음식은 바로 먹으며, 또한 재계(齋戒)도 하지 않는다. 땅은 모두 평평하고 …
노비가 없다. 사람을 파는 죄는 사람을 죽인 죄와 특별하지 않다. …

1) 三寶: 삼보(三寶)는 불(佛), 법(法), 승(僧)을 의미한다.
2) 衣服: 張毅(1994:1)에서 결자(缺字)된 부분이 '外道不著衣服。身上塗灰。'일거라고 추론하였는데, 충분히 가능할 거라고 생각한다. 왜냐하면, 14행에 '外道不著衣服。身上塗灰。事於大天。此寺中有一金銅像。五百□□□。'이라는 문장이 나온다. 이로 보면, 충분히 추론이 가능한 문장이다.
3) 將: '將'은 고대중국어에서 부사, 전치사, 접속사 그리고 조사의 용법이 있다(何樂士(2004:230-236), 《古代漢語虛詞詞典》, 北京: 語文出版社 참조) '將'의 부사용법으로 보면, '將賣人罪與殺人罪不殊'에서 술어(殊) 앞에 나와야 하기 때문에 이 문구에서 '將'은 부사용법으로 사용되지 않았다. '將'의 전치사 용법으로 '將' 뒤의 명사구가 술어와 관련된 대상이 된다. '賣人罪'(사람을 파는 죄)와 '殺人罪'(살인죄)가 술어 '殊'와 관련된 대상이 된다. 이 문구의 '將'은 전치사 용법으로 사용되었다.
4) 殊: '殊'는 《왕오천축국전》에서 5번 사용되었다. 이 문장을 제외한 나머지 문장은 다음과 같다.

中天不殊(25행)
衣著言音與中天不殊(68행)
學識衣著與中天不殊(89행)
人風不殊華夏(222행)

이로 보면, '殊'는 '같지 않다', '특별하다'의 의미이다. 이로 보면, 충분히 추론이 가능한 글자이다.
5) 삼보(三寶)는 부처, 불법, 승을 합쳐서 이루는 말이다.
6) 외도(外道)는 불교 이외의 종교를 이른다.

【4】

羅　：一日至拘尸郁國仏入涅槃處其城荒廢無人住也仏入涅槃處置塔有

藤田：一日至拘尸郁國、仏入涅槃處、其城荒廢、無人住也、仏入涅槃處置塔、有

桑山：一月。至拘尸那國。仏入涅槃處。其城荒廢。無人住也。仏入涅槃處置塔。有

張　：一月至拘尸郁國。仏入涅槃處。其城荒廢。無人住也。仏入涅槃處置塔。有

정　：一月 至拘尸那國 仏入涅槃處 其城荒廢 無人住也 仏入涅槃處置塔 有

박案：一月至拘尸郁國仏入涅槃䖏其城荒癈無人住也仏入涅槃䖏置塔有

校註

① 月: 원본 형태는 이다. 羅振玉과 藤田豊八은 '日'로 식자하고, 桑山正進・張毅・정수일은 '月'로 식자한다. '月'자가 맞다.

② 郁: 원본 형태는 이다. '那'의 이체자(郁)이다.(小學堂)

③ 仏: 원본 형태는 이다. '佛'의 이체자(仏)이다.(《敦煌俗字典》(2005:114))

④ 涅: 원본 형태는 이다. '涅'의 이체자(涅)이다.(小學堂)

⑤ 癈: 원본 형태는 이다. '癈'는 '廢'의 이체자(癈)이다.(《敦煌俗字典》(2005:110)) 《왕오천축국전》에서 '癈(廢)'는 모두 5번 사용되었다.

> 亦廢(): 10행
> 其寺荒廢(): 43행
> 彼城已廢(): 44행
> 今此寺廢(): 56행

⑥ 無: 원본 형태는 이다. 이를 모두 '無'자로 해석하고 있다. 7행의 '無'는 와 비교해 보면, 4행의 '無'는 거의 인식할 수 없는 정도이다. 전체 글의 내용으로 보면, '無'가 확실하며, 당 고종의 초서 (《草書大字典》(1983:805))와 동형이다.

⑦ 䖏: 원본 형태는 ()이다. '處'의 이체자(䖏)이다.(《敦煌俗字典》(2005:59))

【5】

羅　: 禪師在彼掃灑每年八月八日僧尼道俗乾彼大設供養於其空中有

藤田 : 禪師在彼掃灑、每年八月八日、僧尼道俗、乾彼大設供養、於其空中、有

桑山 : 禪師。在彼掃灑。每年八月八日。僧尼道俗。就彼大設供養。於其空中。有

張　: 禪師在彼掃灑。每年八月八日。僧尼道俗。就彼大設供養。於其空中有

정　: 禪師 在彼掃灑 每年八月八日 僧尼道俗 就彼大設供養 於其空中 有

박案 : 禪师在彼掃灑每年八月八日僧尼道俗就彼大設供養扵其空中有

校註

① 师: 원본 형태는 이다. '師'의 이체자()이다(《敦煌俗字典》(2005:364)).

② 灑: 원본 형태는 ()이다. 이 글자는 모두 '灑'로 보고 있는데, '灑'의 아래(底)가 '鹿'의 행초서체 [1]와 비슷하다. '灑'의 이체자는 灑 灑 灑 灑 灑 灑 洒 洒 灑 灑 등이 있다. '灑'의 이체자와 이번 행의 글자를 비교해보면, '氵'와 '丽'가 비슷하고, 나머지 심(心)은 오히려 '鹿'의 행초서체와 비슷하다. 《大正新脩大藏經》의 제3권에 "掃灑燒香以華散地", "掃灑清淨", "掃灑街巷" 등이 나온다. 따라서 '灑'로 보는 것이 합당하리라 생각한다.

③ 就: 원본 형태는 ()이다. 羅振玉은 '乾'은 오자(誤字)라고 하였다. 張毅(1994:5)는 '就'를 '乾'으로 잘못 쓴 것이라고 말한다. 《왕오천축국전》에서 5행의 문장을 제외하고, '乾'은 한 번도 사용이 되지 않았고, '就'는 168행에서 와 같이 사용하였다. 과 (168행)의 자형을 비교해 보면, 이 글자가 '就'자임을 쉽게 추측할 수 있다. 그리고 '就'의 이체자를 살펴보면, 熟, 就 등이 과 (168행)의 비슷한 자형을 가지고 있음을 알 수 있다. 따라서 는 就 이며, '就'의 이체자이다.

《왕오천축국전》의 필사자는 '尢' 혹은 '尤' 부건을 의 '尢'와 같이 쓰는 습관이 있다. 예를 들면 다음과 같다. 111행의 '桄'의 원본 형태는 이다. 桑山正進는 을 扰로 식자하였는데, 扰는 '擾'의 이체자이다. 자형에서도 의 尢과 같은 자형이 보인다.

④ 扵: 원본 형태는 이다. '於'의 이체자(扵)이다.(小學堂)

1) 王鐸의 행초서체.

【6】

羅　: 憣現不知其數衆人同見當此日之發心非一此塔西有一河伊羅鉢底

藤田 : 憣現、不知其數、衆人同見、當此日之發心非一、此塔西有一河、伊羅鉢底

桑山 : 幡現。不知其數。衆人同見。當此日之發心非一。此塔西有一河。伊羅鉢(底)

張　: 幡現。不知其數。衆人同見。當此日之發心非一。此塔西有一河。伊羅鉢底

정　: 幡現 不知其數 衆人同見 當此日之發心非一 此塔西有一河 伊羅鉢[底]

박案 : 憣現不知其數衆人同見當此日之發心非一此塔西有一河伊羅鉢底

### 校註

① 憣: 원본 형태는 憣이다. '幡'의 이체자(憣)이다(《敦煌俗字典》(2005:106)).

② 知: 원본 형태는 [illegible]이다. '知'의 행초서체([illegible])와 동형이다.

③ 數: 원본 형태는 [illegible]([illegible])이다. 제가(諸家) 모두 '數'로 식자하고 있다. 《왕오천축국전》에서 '數'는 6번 사용되었다.

> 亦是北天數([illegible]): 87행
> 羊馬無數([illegible]): 122행
> 設金銀無數([illegible]): 150행
> 數([illegible])迴討擊不得: 173행
> 安西四鎭。名數([illegible]): 225행

'數'의 이체자는 数 [illegible] 등이 있다. 위의 이체자를 보면, 오른쪽 편방의 '攴, 夂, 殳'이 같이 사용되는 것을 볼 수 있다.

《왕오천축국전》에서 출현한 '數'를 살펴보면, 87행의 [illegible]은 이번 행 6행의 [illegible]과 자형이 흡사하면서도 다른 점이 있다. 122행과 225행의 [illegible]은 왼쪽 부건은 '米', '女'이며, 오른쪽 부건은 '攴'으로 이루어져 '数'과 비슷하다. 173행의 [illegible]은 부건 '女', '攴'은 식자가 가능한데, 왼쪽 위의 부건은 알아보기 힘들다. 150행 [illegible]은 数와 같다.

위의 분석으로 보면, 우리가 이체자 고찰에서 참조하는 자료《敦煌俗字典》, 小學堂, 漢典書法, 國際電腦漢字及異體字知識庫, 臺灣教育部異體字字典에는 [illegible]와 유사한 자형이 없다. 새로운 이체자이다. 우리는 이 자형이 '數(數)'와 유사하다고 생각한다.

④ 此: 원본 형태는 이다. '此'의 행초서체(, )와 동형이다.

⑤ 伊羅鉢底: 결자(缺字) 부분은 만 남아있다. 이는 강의 이름(伊羅鉢底)으로 '底'의 일부분이다.

⑥ 有一河伊羅鉢底: 羅振玉은 '河' 다음에 '曰'자가 빠져있다고 하였다. 張毅(1994:7)는 '此塔西有一河 伊羅鉢'의 '一河' 뒤에 '曰阿'가 빠졌다고 말하고 있다.

먼저, 張毅(1994:7)가 언급한 '阿'를 보면, '伊羅鉢底'는 아지라바티(Airavati)로서 주로 '阿利羅跋提', '阿夷羅跋提', '阿恃多伐底'로 음역되었다. 따라서 '阿'가 빠져있는 것으로 보는 것이 옳다. '曰'자 부분을 살펴보면, '曰'은 《왕오천축국전》에서 한 번도 사용된 적이 없다. 따라서 빠진 글자로서 가능하다면, '名'이나 '是'이다. 《왕오천축국전》에서 '名'은 22번, '是'는 46번 사용되었지만, 이름을 명명할 때는 주로 '名'을 사용하였다.

> 有一寺。名娑般檀寺: 8행
> 造此幢。寺名達磨斫葛羅: 13행
> 舊有一王。名尸羅票底: 15행
> 又跋賀那國東有一國。名骨咄國: 185행

따라서 羅振玉이나 張毅(1994:7)의 말처럼 '一河' 뒤에 글자가 빠졌다면, '曰阿'가 아니고, '名阿'일 것이다.

## 【7】

羅　: 水南流二千里外方入恒河彼塔四絶無人住也極荒林木往彼禮拜者□

藤田 : 水、南流二千里外、方入恒河、彼塔四絶無人住也、極荒林木、往彼禮拜者、□

桑山 : 水。南流二千里外。方入恒河。彼塔四絶無人住也。極荒林木。往彼礼拜者(被)

張　: 水。南流二千里外。方入恒河。彼塔四絶。無人住也。極荒林木。往彼禮拜者。□

정　: 水 南流二千里外 方入恒河 彼塔四絶 無人住也 極荒林木 往彼禮拜者 [被]

박案 : 水南流二千里外方入恒河彼塔四絶無人住也極荒林木往彼礼拜者被

### 校註

① 千: 원본 형태는 ( )이다. '千'의 초서( )이다.

② 荒: 원본 형태는 ( )이다. '荒'의 행초서체( )이다.[2)]

③ 礼: 원본 형태는 ( )이다. '禮'의 이체자( )이다(《敦煌俗字典》(2005:239))

④ 被: 결자(缺字) 부분은 원본에서 ( )만 남아있다. 藤田豊八, 桑山正進 그리고 정수일은 '被'자로 추론하였고, 張毅(1994:8)는 '爲' 혹은 '被'자로 추론하였다. 《왕오천축국전》에서 '爲'는 29번, '被'는 7번 사용되었다. 《왕오천축국전》에서 출현하는 '被'와 '爲'이 구문은 다음과 같다.

> 見今被( )大寔來侵。半國已損: 63행
> 常被( )中天及迦葉彌羅國屢屢所呑: 67행
> 不被( )外國所侵: 88행
> 其王被( )其王被逼: 156행
> 却被( )大寔所呑: 162행
> 取王一口語爲( )定: 33행
> 鑿山爲( )柱: 54행
> 爲( )五天不賣人: 101행
> 但依氈帳以爲( )居業: 107행
> 爲( )吐番來逼: 115행
> 爲( )此突厥王阿耶: 117행

위의 구문에서 우리는 《왕오천축국전》에서 자주 사용하는 '被'자의 문형을 발견할 수 있다.

2) 王鐸의 행초서체. 漢典書法 참조.

바로 '被+명사구+所+동사술어'이다. 이번 글자가 있는 구문을 다시 살펴보면, '往彼禮拜者□犀牛大虫所損也。'이다. 우리가 보았던 문형이 그대로 있다. 따라서 우리는 [illegible] 글자가 '被'가 적합하다고 생각한다.

犀牛大虫所損也此塔東南卅里有一寺名娑般檀寺有十餘家三五村常供養彼禪師衣食令在塔所供養日至彼羅痆斯國此國亦廢無王即六彼五俱輪見素形像在於塔中上有師子彼幢極麁五人合抱文里細塔時并造此幢寺名達磨斫葛羅僧外道不著衣服身上塗灰事於大天此寺中有一金銅像五百是摩揭陁國舊有一王名尸羅栗底造此像也兼造一金銅輻輪團圓正等卅餘步此城俯臨恒河北岸置也即此鹿野苑拘尸那王舍城摩訶菩提等四大靈塔在摩揭陁國王界此國大小乘俱行于時得達摩訶菩提寺稱其本願非常歡喜略題述其愚志 五言 不慮菩提遠焉將鹿苑遙只愁懸路險非意業風飄八塔誠難見參差經劫燒何其人願滿目覩在今朝 又即從此彼羅痆斯國西

**【8】**

羅　：犀牛大虫所損也此塔東南卅里有一寺名 般檀寺有十餘□□□□□□

藤田：犀牛大虫所損也、此塔東南三十里、有一寺、名 般檀寺、有十餘□□□□□□

桑山：犀牛大虫所損也。此塔東南卅里。有一寺。名娑般檀寺。有(卅餘人村庄三)五(所)

張　：犀牛大蝨所損也。此塔東南卅里。有一寺。名娑般檀寺。有卅餘人村莊三五所

정　：犀牛大虫所損也 此塔東南三十里 有一寺 名娑般檀寺 有[三十餘人村庄三]五[所]

박案：犀牛大蝨所損也此塔東南卅里有一寺名娑般檀寺有卅餘人村莊三五所

校註

① 犀 원본 형태는 이다. 제가 모두 '犀'로 식자한다. '犀'의 이체자로는 '犀, 犀, 犀, 犀, 犀, 犀 등이 있다.(漢典,《敦煌俗字典》(2005:437)) 원본 형태는 尸, 牛으로 이루어진 합체자처럼 보인다.

② 蝨: 원본 형태는 ()이다. 張毅는 '蝨'로 보았다. 정확히 '蝨'으로 보이지는 않는다. '虫'은 '蟲'의 이체자이다.(小學堂)《왕오천축국전》에서 '虫' 부수는 '蝨'을 사용하였다. 예를 들면, 111행의 '蟣'(), 145행의 螺(), 197행의 虵()이다.

③ 損: 원본 형태는 이다. '損'의 이체자()이다.(《敦煌俗字典》(2005:391))

④ 卅: 원본 형태는 이다. 藤田豊八과 정수일은 三十으로 식자하였다. '三十'의 이체자()이다.(《敦煌俗字典》(2005:345))

⑤ 有卅餘人村莊三五所: 羅振玉과 藤田豊八은 '有十餘□□□□□'로 추론하였고, 桑山正進 · 張毅 · 정수일은 '有(卅餘人村庄三)五(所)'로 추론하였다.

⑥ 卅餘人: '有' 다음의 결자는 이다. 羅振玉과 藤田豊八은 '十'로 추론하였고, 桑山正進과 張毅은 '卅'로 추론하였다. '十'자는 《왕오천축국전》에서 10번 사용되었고, '卅'은 3번 사용되었다. (39행), (55행)과 는 형태가 많이 다르며, 오히려 같은 행의 卅()과 거의 동형이다. 따라서 '十'보다는 '卅'이 더 정확하다고 볼 수 있다. 그 다음 글자는 '餘'로 추측하였다. '餘'는 《왕오천축국전》에서 24번 사용되었다.

卅餘(): 16행

餘()大首領: 22행

三個餘()月: 48행

不屬餘( )國: 151행

원본에는 오른쪽 변(邊) 만 남아있는데, '餘'의 변(邊)과 거의 일치한다.

⑦ 人村: 원본에는 획과, 오른쪽 변(邊) 만 남아있어, 글자로 분별하기는 힘들고, 문의(文義)로 추론해야 한다. '人'은 69번 사용되었고, '村'은 7번 사용되었다.

⑧ 莊: 원본에는 만 남아있다. 《왕오천축국전》에서 6번 사용되었다.

村莊( )百姓: 98행
村莊( ): 99행
無村莊( ): 100행
村莊( ): 132행
京中莊( )嚴寺: 220행

《敦煌俗字典》(2005:567)에 보면, '莊'의 이체자로 , 등이 있다. 원본이나 《敦煌俗字典》(2005:567)에서 소개한 이체자는 모두 '莊'의 광(框)으로 广, 疒이 사용되었다. 그리고 의 '土' 옆에 점( )도 모두 존재한다. 따라서 이 글자는 형태로 보면 '莊'의 이체자로 추론 할 수 있다. 그렇다면, 이 글자의 바로 앞 글자는 '村'으로 추론이 가능하고, '村'의 앞 글자도 '人'으로 추론이 가능하다.

⑨ 三五所: 《왕오천축국전》에서 '三'은 47번 사용되었다. '五'는 32번 사용되었다. 이 두 글자는 원본에서도 충분히 추론이 가능하다. '所'는 40번 사용되었다.

所( )愛用之物: 125행
處所( )極罕: 168행

⑩ 藤田豊八은 '名 般檀寺'에서 '名'의 다음에 '曰'자가 결자(缺字) 된듯하다고 하였다. 羅振玉은 '名 般檀寺'로 적고 있다. '名般檀寺'가 맞다. 6행 참조.

【9】

羅　: 常供養彼禪師衣食今在塔所供養 下缺

藤田: 常供養彼禪師衣食、今在塔所供養 下缺

桑山: 常供養。彼禅師衣食。令在塔所供養〈缺〉

張　: 常供養彼禪師衣食。令在塔所供養(下缺)

정　: 常供養 彼禪師衣食 令在塔所供養(缺, 約十一字)

박案: 常供養彼禪师衣食令在塔所供[養]………

校註

① 常: 원본 형태는 [常]이다. '常'의 초서( [常] )이다.(《草書大字典》(1983:220))

② 供: 원본 형태는 [供]이다. 이체자 '[供]'과 비슷하다. '亻'이 정확하지 않다. '供'의 오기(誤記)이다. '供'은 17번 사용되었는데, 모두 정확히 '亻' 방(旁)이 보이는데, 이 행만은 정확하지 않다.

③ 师: 원본 형태는 이다. '師'의 이체자(师)이다.(臺灣教育部異體字字典)

④ [養]: 원본 형태는 [養]이다. 《왕오천축국전》에서 '養'은 모두 20번 사용되었다.

> 大設供養([養]): 5행
>
> 獨供養([養]): 55행
>
> 供養([養])不一羅漢僧: 93행
>
> 供養([養])三寶: 101행

글자의 형태로만 보면, 무슨 글자인지 판단할 수가 없다. 문의(文義)로 살펴보면, '養' 앞의 글자를 '供'으로 판단하여, '供養'으로 보는 것이 맞다.

# 2 拘尸那國

一月。[1] 至拘尸那國。佛入涅槃處。其城荒廢。無人住也。佛入涅槃處置塔。有禪師。在彼掃灑。每年八月八日。僧尼道俗。就彼大設供養。[2] 於其空中。有幡現。不知其數。衆人同見。當此日之發心非一。此塔西有一河。伊羅鉢底水。[3] 南流二千里外。方入恒河。彼塔四絶。[4] 無人住也。極荒林

1) 一月: 이 해석은 '일월'이 아니고, '한 달'이다. 《왕오천축국전》의 원문 중 많은 곳에 양사가 생략되어 있다. 이 장에서도 '有一寺(절 하나가 있다)', '有一河(강 하나가 있다)'와 같은 예가 있다.

2) 每年八月八日僧尼道俗就彼大設供養(5행): 이 문구에서 '就彼'를 어떻게 해석해야 하는지를 분석하고자 한다.

羅　: 每年八月八日僧尼道俗乾彼大設供養於其空中有
藤田 : 每年八月八日、僧尼道俗、乾彼大設供養、於其空中、有
桑山 : 每年八月八日。僧尼道俗。就彼大設供養。於其空中。有
張　: 每年八月八日。僧尼道俗。就彼大設供養。於其空中有
정　: 每年八月八日 僧尼道俗 就彼大設供養 於其空中 有

제가(諸家)의 의견은 '僧尼道俗。就彼'와 같다. '就'은 용법은 馬貝加(2002:40-41)의 《近代漢語介詞》에 보면, '就'는 본래 동사의 용법으로 '…로 행하다', '…로 이르다'의 의미를 가졌다가, 420년경 위진남북조 시기의 《世說新語》에 보면 '就'는 확실히 전치사의 용법이 보인다고 적고 있다.
'就'를 동사 용법으로 분석하면, 이 구절은 '매년 8월 8일에는 남승과 여승, 도인과 속인이 그 곳에 가서 크게 공양을 한다.'로 해석할 수 있다. 반면에, '就'를 전치사 용법으로 분석하면, 이 구절은 '매년 8월 8일에는 남승과 여승, 도인과 속인이 그 곳에서 크게 공양을 한다.'로 해석할 수 있다. 이 문장의 의미로 보면, 두 가지 해석이 거의 같은 의미를 가진다. 문제는 이 문장을 서술하는 저자의 입장에서 보면 다소간의 차이가 있다는 점이다. '남승과 여승, 도인과 속인이 그 곳에 가서 크게 공양을 한다.'는 서술자의 입장인 혜초가 '그 곳이라는 장소'에 있지 않고, 다른 장소에 있으면서 '그 곳'을 묘사한 것이고, '남승과 여승, 도인과 속인이 그 곳에서 크게 공양을 한다.'는 서술자의 입장인 혜초가 '그 곳이라는 장소'에 있으면서 '그 곳'을 묘사한 것이다. 따라서 우리는 '2.구시나국'의 전반적인 문맥에서 추측하건데, 혜초가 서술한 '그 곳'은 '이곳'으로 이해하는 것이 좋다는 입장을 취한다. 따라서 이 구절에서 '就'는 전치사 용법으로 해석하는 것이 옳다고 사료된다.

3) 此塔西有一河。伊羅鉢底水: 6행의 교주를 참조하면, 이 문구는 '此塔西有一河。名阿伊羅鉢底水'가 정확한 표현이다. 따라서 '伊羅鉢底水'를 한국어 해석에서는 '아이라발저'로 풀이하였다.

4) 《왕오천축국전》에서 '絶'은 4번 사용되었다.

迄今供養不絶(지금까지도 공양이 끊이지 않는다): 94행
龍門絶爆布(용문엔 폭포수마저 끊겼네): 197행
往來絶(왕래가 끊겼다): 205행

木。[5] 往彼禮拜者被犀牛大虫所損也。[6] 此塔東南卅里。有一寺。名娑般檀寺。有卅餘人村莊三五所常供養。彼禪師衣食。令在塔所供養 ………

## 2. 구시나국

한 달 만에 구시나국에 이르렀다. 부처님이 열반에 드신 곳이다. 그 성은 황폐하여, 사람이 살지 않는다. 부처님이 열반하신 곳에 탑을 세웠는데, 선사(禪師)가 있어, 그 곳에서 청소를 한다. 매년 8월 8일에는 남승과 여승, 도인과 속인이 바로 그 곳에서 크게 공양을 한다. 그 하늘에는 긴 깃발이 있어 드러나 보이고, 그 수를 알 수 없을 지경이다. 많은 사람들이 함께 우러러보며, 그 날을 맞아 정진하고자 하는 보리심을 낸 자가 여럿이다. 이 탑 서쪽에 강이 하나 있는데, 아이라발저 강이라 부른다. 남쪽으로 2,000리 밖으로 흘러서야 비로소 바야흐로 항하으로 흘러간다. 그 탑은 사면이 (다른 마을과 왕래가) 끊겨서, 사람이 살지 않으며, 산림과 나무들이 극히 황폐하였다. 그 곳에 가서 예배하는 자는 코뿔소와 호랑이의 해를 입기도 한다. 이 탑 동남쪽 30리에 절이 하나 있는데, 사반단사(娑般檀寺)라고 부른다. 30여 명이 있는 촌락이 있는데, 서너 곳에서 언제나 공양을 한다. 그 선사의 의복과 음식은 탑에서 공양 …… 명하였다.

---

이를 종합해 보면, '다른 마을과의 왕래가 끊겼다'의 의미로 사용하는 것이 좋을 것 같다. 정수일(2004:129)은 '이 탑의 사방 먼 곳까지도 사람이 살지 않으며'로 한역하였다.

5) 極荒林木: '林木極荒'이 옳은 표현이다.

6) 大虫: 호랑이. 《水滸傳》에 무송이 호랑이를 때려잡는 이야기가 전개되는 부분에서, "近因景陽網大虫傷人 , 但有過往客商可於巳午未三個时辰結夥成隊過網, 請勿自誤。"(요즘 경양강(景陽網)에 호랑이가 출몰하여 지나는 사람을 해치고 있습니다. 만일 이곳을 지나려는 행상들이 있다면 사시, 오시, 미시에 무리를 이루어야만 언덕을 넘어갈 수 있습니다. 목숨을 잃지 않도록 숙지하시기 바랍니다.)라는 문구가 나온다.

【10】

羅　: 日至彼羅痆斯國此國亦廢無王 下缺
藤田 : 日、至彼羅痆斯國、此國亦廢無王、下缺
桑山 : 日。至波羅痆斯國。此國亦廢。無王。卽(六)〈缺〉
張　: 日。至彼(波)羅痆斯國。此國亦廢無王。卽□(下缺)
정　: 日 至彼羅痆斯國 此國亦廢 無王 卽[六](缺, 約十三字)
박案 : 日至彼羅痆斯國此國亦癈無王即六……

校註

① 至: 원본 형태는 이다. '至'는 44번 사용되었다. '至'의 초서()이다.

② 彼: 원본 형태는 ()이다. 제가(諸家) 모두 이 글자를 '波'자의 오자(誤字)로 생각하고 있다. 羅振玉은 《慧琳音義》에는 '波羅痆斯'로 적혀있고, 《西域記》에는 '婆羅痆斯'로 적혀있다고 하였다. 藤田豊八은 《法顯傳》에는 '波羅奈'로, 《唐書天竺傳》에는 '波羅奈', '婆羅那斯'로 적고 있다고 언급하였다. 桑山正進 · 張毅 · 정수일 역시 마찬가지이다. 《왕오천축국전》에 '彼羅痆斯國'라는 지명은 20행에 한 번 더 출현하는데, 이곳에서도 '彼羅痆斯國'라고 적고 있다. '彼'와 '波'의 중국 중고음을 살펴보면 다음과 같다.[1)]

| | | 성모 | 운모 |
|---|---|---|---|
| 周法高 擬音 | 彼 | p | ie |
| | 波 | p | ua |
| | 羅 | l | ɑ |
| | 痆 | ɳ | at |
| | 斯 | s | iɪ |

'彼(波)羅痆斯'의 범어(梵語)는 Bārānasi이다. 위의 표를 보면, '波羅痆斯'가 맞다. '彼'로 된다면, 범어의 'ā' 운모가 음역되지 못한다. 冉雲華(1975:83)는 인도의 원래 발음이 'B' 자음으로 시작하기 때문에, 'P' 자음을 가진 '波'보다는 '彼'가 옳다고 하였다. 그러나 중국 중고음으로 보면 두 자음으

1) 우리가 사용하는 중국 중고음은 周法高 선생의 체계이며, 小學堂(http://xiaoxue.iis.sinica.edu.tw)의 음을 인용하였다.

로 모두 'p'로 시작한다. 관건은 자음이 아니고, 운모인 모음에 있는 듯하다.[2)]

③ 亦: 원본 형태는 [이미지]이다. '亦'의 초서( [이미지])이다.(《草書大字典》(1983:40))

④ 癈: 원본 형태는 [이미지]이다. 4행 참조.

⑤ 六: 원본에서는 '即' 다음의 글자는 [이미지]( [이미지])이다. '六'이 확실하다.

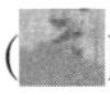

2) 冉雲華, 1976, 〈惠超「往五天竺國傳」中天竺國箋考〉, 《敦煌學》, 2:80-100.

【11】

羅　：彼五俱輪見素形像在於塔中 下缺

藤田：彼五俱輪見素形像在於塔中、下缺

桑山：彼五俱輪。見素形像在於塔中〈缺〉

張　：彼五俱輪。見素形像在於塔中。(下缺)

정　：彼五俱輪 見素形像在於塔中(缺, 約十五字)

박案：彼五俱輪見素形像在扵塔中……

**校註**

① 扵: 원본 형태는 扵이다. '於'의 이체자(扵)이다.(小學堂)

【12】

羅 : 上有師子彼憧極麗五人合抱文里細 下缺

藤田 : 上有師子、彼憧極麗、五人合抱、文里細 下缺

桑山 : 上有師子。彼幢極麄。五人合抱。文里細〈缺〉

張 : 上有師子。彼幢極麄。五人合抱。文里細(下缺)

정 : 上有師子 彼幢極麤 五人合抱 文里細(缺, 約十三字)

박案 : 上有师子彼幢𢘄麄五人合抱文里細…

校註

① 幢: 원본 형태는 幢(幢)이다. '幢'은 《왕오천축국전》에서 2번 사용되었는데, 13행의 '幢'의 원본 형태는 幢이다. '忄'과 '巾' 방(旁)을 비교해 보면, 86행의 '憶'(憶)과 '情'(情)의 '忄' 방(旁)의 구별은 쉽지 않고, 115행의 '憔'(憔), 194행의 '恨'(恨)의 방(旁)은 쉽게 구분이 된다. 따라서 문의(文義)로 구분하는 것이 옳다고 생각한다. '憧'은 '마음이 정해지지 않다'의 형용사이고, '幢'은 돌기둥으로 명사이다. 따라서 전체적인 문장의 의미로 보면, '幢'이 맞다. 羅振玉은 '憧'으로 보고, '幢'의 별자(別字)로 적고 있다.[3)]

② 𢘄: 원본 형태는 𢘄이다. '極'의 이체자(𢘄)이다.(《敦煌俗字典》(2005:176))

③ 麄: 원본 형태는 麄(麄)이다. 羅振玉과 藤田豊八은 '麗'로, 桑山正進과 張毅은 '麄'로, 정수일은 '麤'으로 식자하였다. '麗', '麄'과 '麤'는 《왕오천축국전》의 다른 곳에서는 사용되지 않았다. '麗'로 볼 경우, 5행의 '灑(灑)'와 비교해 볼 수 있는데, '氵'을 뺀 오른쪽 부건 麗과 '麗'로 식자하는 麄의 자형이 너무 달라서, '麗'는 아닌 듯하다. '麄'으로 볼 경우, '麄'은 '麤'의 이체자이다. 麄의 자형은 '麤'의 이체자(麁, 麄, 麄)와 같다.(臺灣教育部異體字字典, 小學堂) 따라서 麄는 '麤'의 이체자로 보는 것이 맞다.

④ 文里: 羅振玉은 '里'가 '理'를 잘못 쓴 것이라고 적고 있다. 張毅(1994:10)는 '文里'를 '紋理'로 해석하고 있다. '紋理'는 물체 위에 보이는 선의 모양이나 무늬의 형태를 말한다. '文'은 본래 '무늬(紋)'로 해석이 되었다. 따라서 羅振玉의 의견대로 이해하면, 이 글자는 '文理'가 되어야 한다. 송(宋)나라 沈括의 《夢溪筆談 · 活板》에 '文理有疏密。'(무늬에는 성김과 빽빽함이 있다.)가 있는데, 여기에서 '文理'는 '무늬'를 가리킨다. 그래서 羅振玉의 의견이 맞다.

3) 별자(別字)란 글자 자체를 잘못 쓴 것은 아닌데, 다른 글자를 사용한 것을 말한다. 예를 들면, '斑馬'를 '班馬'로, 'soup'(수프)를 'soap'(비누)로 쓴 것을 가리킨다.

【13】

羅　: 塔時并造此憧寺名達磨斫葛羅 下缺

藤田 : 塔時、并造此憧、寺名達磿斫葛羅、僧 下缺

桑山 : 塔時。并造此幢。寺名達磨斫葛羅。(僧)〈缺〉

張　: 塔時。並造此幢。寺名<u>達磨斫葛羅</u>。僧(下缺)

정　: 塔時 并造此幢 寺名達磨斫葛羅 [僧](缺, 約十二字)

박案 : 塔時并造此幢寺名達磨斫葛羅[僧]……

校註

① 僧: 원본 형태는 이다. '僧'으로 추론이 가능한 글자이다.

## 【14】

羅　: 外道不著衣服身上塗灰事於大大此寺中有一金銅像五百□□□

藤田 : 外道不著衣服、身上塗灰、事於大大、此寺中有一金銅像、五百□□□、

桑山 : 外道不着衣服。身上塗灰。事於大天。此寺中有一金銅像。五百〈缺〉

張　: 外道不著衣服。身上塗灰。事於大天。此寺中有一金銅像。五百□□□。

정　: 外道不着衣服 身上塗灰 事於大天 此寺中有一金銅像 五百(缺, 約三字)

박案 : 外道不着衣服身上塗灰事於大天此寺中有一金銅像五百……

### 校註

① 着: 원본 형태는 着이다. '著'의 이체자(着)이다.(臺灣教育部異體字字典)

② 天: 원본 형태는 天이며, 위의 '大'와 연결한 형태는 大天이다. 원본이 해어진 상태이다. 羅振玉과 藤田豊八은 '大'로 식자하였고, 桑山正進, 張毅과 정수일은 '天'으로 식자하였다. 《왕오천축국전》에는 '事天'이라는 표현이 2번(166행, 171행) 출현한다. '天'이 맞다.

# 3 波羅痆斯國

**日。至波羅痆斯國。此國亦廢。無王。即六…**

**彼五俱輪。[1] 見素[2]形像在於塔中…[3]**

1) 彼五俱輪。見素形像在於塔中…:

(1) '彼五俱輪'(그 다섯 구륜)을 주어로 해석할 것인지, 목적어로 해석할지를 살펴보고자 한다. 정수일(2004:137)은 '그 다섯 비구의 소상(素像)'이라고 해서, 관형어로 보았다. 문제는 이렇게 될 때 가장 문제가 되는 것이 '見'의 용법이다.

정수일은 '見'을 '彼五俱輪。見素形像在於塔中…'(그 다섯 비구의 소상이 탑 안에 있는 것을 보았다)와 같이 술어로 보았다. '見'을 술어로 해석하려면, '彼五俱輪'이 주어나 목적어(주어가 생략된 전치목적어)가 되어야지, 관형어가 되면 안 된다. 따라서 정수일의 의견은 맞지 않다.

'彼五俱輪'은 명사구이기 때문에 주어와 목적어 역할을 할 수 있다(관형어 역할도 가능하지만, 이 문장에서는 가능하지 않음을 위에서 설명하였다). 주어가 될 경우를 살펴보면, 문장의 의미가 맞지 않는다. 다시 말하자면, '오구륜'이라는 상이 무엇을 본다는 의미가 된다. 목적어가 될 경우를 살펴보면, 이 문장은 '彼五俱輪, 見在於…'라고 해서, '목적어+(주어)+술어+전치사구'(그 다섯 비구를 …에서 보다)와 같은 문형이 되어야 한다. 그런데 원문을 보면, '見' 다음에 '素形像'이 또 나와서, 의미가 중복되고, 문장성분 역시 중복된다. 다시 말하자면, 목적어가 전치되었는데, 주요술어 '見' 다음에 또 다른 목적어(명사구)가 나오게 되는 문형이 된다(*목적어+(주어)+술어+목적어+전치사구). 따라서 문의(文義)로도, 구조로도 '彼五俱輪'을 주어 혹은 목적어로 보면 안 된다. 우리는 '見'은 타동사로서 주어가 생략이 된 상태이고, '見'의 목적어는 '素形像'이다. 그리고 '彼五俱輪'은 그 앞의 문장과 관련된 듯하다.

'見素形像在於塔中…'의 주어의 생략에 관하여, 생략된 주어는 '我'일 것이다. 다시 말하자면, 혜초 스님 본인일 것이다. 《왕오천축국전》에서 '我'는 '我國天岸北'(57-58행)에서 1번 사용되었다. 혜초 스님은 이 글에서 극히 '我'를 사용하지 않았다. 따라서 '見素形像在於塔中…'에서 주어의 생략은 충분히 추론할 수 있다고 생각된다.

桑山正進(1992:29)는 '〈缺〉 다섯 비구(부처가 처음으로 채비를 한 곳이다.) 실제 (그 모습을 본 딴) 진흙으로 만든 상이 탑 안에 있다.'라고 해석하였다. 역자의 생각과 같이 '다섯 비구'를 윗 문장과 연결하였다.

(2) '素形像在於塔中'의 '於'는 해석하지 않는 '於'이다.

(3) 이에 우리는 이 구문을 '즉 여섯 … 그 다섯 구륜…. 진흙으로 만든 모양이 탑 중간에 … 있는 것을 보았다.'로 해석하였다.

(4) '*'는 비문을 표시한다.

2) 張毅(1994:10)는 '素'가 '塑'와 같다고 보았다.

3) 우리는 "見素形像在於塔中…"을 '(주어생략)+동사술어+목적어+보어(전치사구)'로 이해하였다. 정수일(2004:137)은 '구륜을 비롯한 그 다섯 비구의 소상이 탑 안에 있는 것을 보았다'로 한역하였고, 정기선(2000:292)은 '彼五俱輪, 見素形像在於塔中…'을 '그 오구륜 형상이 탑 중에 있어'라고 한역하였다. 桑山正進(1992:29)은 '다섯 비구를 (부처가 처음으로 채비를 한곳이다). 실제로 (그 모양을 본 딴) 진흙으로 만든 상이 탑 안에 있다.'로 번역하였다.

上有獅子。[4] 彼幢極麤。五人合抱。文里細…
塔時。并造此幢。寺名達磨斫葛羅。僧…
外道不著衣服。身上塗灰。事於大天[5]

### 3. 파라날사국

…며칠이 걸려, 파라날사국에 이르렀다. 이 나라 역시 황폐하였고, 왕이 없다. 즉 여섯 … 그 다섯 구륜 …. 진흙으로 만든 모양이 탑 중간에 … 있는 것을 보았다. 위에는 사자가 있고, 그 돌기둥은 아주 굵다. 다섯 사람이 함께 에워싸야 할 정도이다. 무늬가 섬세하고 … 탑을 … 할 때, 이 돌기둥도 만들었는데, 절은 달마작갈라(達磨斫葛羅)라 부른다. 승려는 … 외도는 옷을 입지 않고, 몸에 재를 바르고, 대천(大天)을 섬긴다.

4) 獅子: 원문에는 '師子'로 적혀있다. '師子'와 '獅子'는 고금자(古今字)이다. 고금자는 같은 단어를 서로 다른 시대에 다른 자형으로 사용된 글자를 말한다.
5) 事於大天의 '於': 술어 뒤에 쓰여 보어 역할을 하지만, 해석하지 않는 '於'이다.

【15】

羅　: 是摩揭拖國舊有一王名尸羅票底造此像也兼造一金銅□□

藤田 : 是摩揭拖國舊有一王、名尸羅票底、造此像也、兼造一金銅□□

桑山 : 是摩揭陀國舊有一王。名尸羅栗底。造此像也。兼造一金銅〈缺〉

張　: 是摩揭陁國。舊有一王名尸羅粟底。造此像也。兼造一金銅□□

정　: 是摩揭陁國 舊有一王 名尸羅票底 造此像也 兼造一金銅(缺, 約三字)

박案 : 昰摩揭陁國舊有一王名尸羅栗底造此像也兼造一金銅□□

校註

① 昰: 원본 형태는 昰이다. '是'의 이체자(昰)이다.(《敦煌俗字典》(2005:567))

② 尸羅栗底: 羅振玉 · 藤田豊八 · 정수일은 '票'로 보았고, 桑山正進은 '栗'로 보았고, 張毅는 '粟'로 보았다. '尸羅栗底'는 《대당서역기》 중의 계일(戒日) 왕으로 이름은 'Śilāditya'(尸羅阿達多)이다. 중국의 중고음을 살펴보면 다음과 같다.

| | | 성모 | 운모 |
|---|---|---|---|
| | 尸 | ɕ | iɪi |
| | 羅 | l | ɑ |
| | 阿 | ʔ | ɑ |
| | 達 | d | ɑt |
| | 多 | t | ɑ |
| 周法高 擬音 | 尸 | ɕ | iɪi |
| | 羅 | l | ɑ |
| | 票 | $p^h$ | iæu |
| | 栗 | l | iɪt |
| | 粟 | s | iuok |
| | 底 | t | iɛi |

'Śilāditya'와 '尸羅阿達多' 이 두 가지 형태를 비교해 보면, 尸羅(票/栗/粟)底에서 'di(t)'를 음역한 '達'과 비슷한 음이 나오는 한자가 정확한 것이다. 따라서 '票', '栗', '粟' 세 가지의 발음 중에서는 '栗'가 비슷하다. 문자의 형태로 보면, 원본은 粟(粟)인데, 이를 '票' 혹은 '栗'로 식자했다면, 모두 가능하다. 문제는 '票'($p^h$iæu)와 'di(t)'의 음역이 너무 큰 차이가 난다는 것이다. 따라서 '票', '栗', '粟' 세 가지 중에서는 '栗'(liɪt)로 보는 것이 가장 적합하리라 생각한다.

③ □□: 원본 형태는 [inline image of manuscript characters] 이다. '金銅' 아래에 두 글자 혹은 세 글자가 쓰여질 수 있는 공간이 있다. 羅振玉·藤田豊八·張毅는 두 글자가 있고, 정수일은 세 글자가 있다고 서술하고 있다.

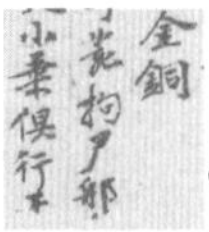

【16】

羅　：幅團圓正寸卅餘當此城俯臨恒河北岸置也即此鹿野苑拘尸鄉

藤田：幅團圓五寸卅餘、當此城俯臨恒河北岸置也、即此鹿野苑、拘尸鄉、

桑山：輻團圓正等卅餘步。此城俯臨恒河北岸置也。即此鹿野苑。拘尸那。[王]

張　：幅團圓正等卅餘。步此城俯臨恒河北岸置也。即此鹿野苑。拘尸鄉。

정　：[幅]團圓正等三十餘步 此城俯臨恒河北岸置也 卽此鹿野苑 拘尸那

박案：輻團圓正等卅餘步此城俯臨恒河北岸置也即此鹿野苑拘尸鄉王

校註

① 輻 : 원본 형태는 (　)이다. 원본을 보면, '車'의 아래 '十'가 정확히 쓰여졌있다. 羅振玉 · 藤田豊八 · 桑山正進은 '輻'으로 보고 있고, 張毅 · 정수일는 '幅'로 식자한다.

② 等: 원본 형태는 (　)이다. 羅振玉 · 藤田豊八은 '寸'로 보았고, 桑山正進 · 張毅 · 정수일은 '等'으로 보았다. 먼저 《왕오천축국전》에서 '等'은 54번 사용되었다.

摩訶菩提等(　): 17행
首領等(　): 34행
無馳騾驢等(　): 51행
著皮毬氎布等(　): 158행
食肉及葱韭等(　): 160행

위의 예를 보면, '等'이 2가지 자형으로 사용된 것을 알 수 있다. 하나는 　이고, 다른 하나는 　이다. '　'(荨)은 '等'의 이체자(小學堂)이며, 　은 '等'의 행초서체이다.

문자의 형태로 보면, 　의 '寸'과 이번 행의 　(寸)의 자형이 조금 다르다는 것을 볼 수 있다. 그럼에도 불구하고, '等'으로 보는 이유는 '等'의 행초서체(　)[1]가 이번 행의 　와 비슷하기 때문이다.[2] 지영(智永)의 《진초천자문(眞草千字文)》에 '等'을 　와 같이 썼다. 따라서 이번 행의 자형은 '等'으로 식자하는 것이 맞을 듯하다.

③ 步: 원본 형태는 (　)이다. 羅振玉 · 藤田豊八은 當으로 보았고, 桑山正進 · 張毅 · 정수일

1) 王羲之의 행초서체. 漢典書法 참조.

2) 《왕오천축국전》의 자형을 보면, 《왕오천축국전》을 필사한 사람은 전반적으로 중국 수(隋) 나라 지영(智永)의 글씨체에 익숙한듯하다. 지영(智永) 역시 승려이기도 하다.

은 '步'로 보았다. 《왕오천축국전》에서 '步'는 16행을 제외하고, 54행(步), 95행(步), 211행(步) 행에서 사용하였다, 當은 16행을 제외하고, 6행(當), 38행(當), 46행(當), 105행(當), 155행(當), 182행(當), 185행(當), 187행(當), 193(當)행에서 사용하였다. 《왕오천축국전》에서 사용한 '步'와 '當'의 문자 형태를 비교해 보면, '步'가 맞다.

步와 비슷한 자형으로 '少'가 있다. 예를 들면, 少(23행), 少(30행), 少(39행), 少(51행), 少(55행), 少(60행), 少(69행), 少(88행), 少(90행), 少(109행), 少(113행), 少(133행), 少(142행), 少(157행), 少(198행) 등이다. '步'와 '少'의 자형은 서로 다르다.

④ 邡: 원본형태는 邡이다. '邡' 밑에 글자가 있는 듯한 흔적이 있다. '桑山正進'는 '王'으로 추정하였다. 17행의 '舍城'과 연결되기 때문이다. INTERNATIONAL DUNHUANG PROJECT(國際燉煌項目, http://idp.bl.uk)의 《왕오천축국전》의 원본 사진(Pelliot chinois 3532)을 보면, 16행, 17행, 18행의 아랫부분이다.

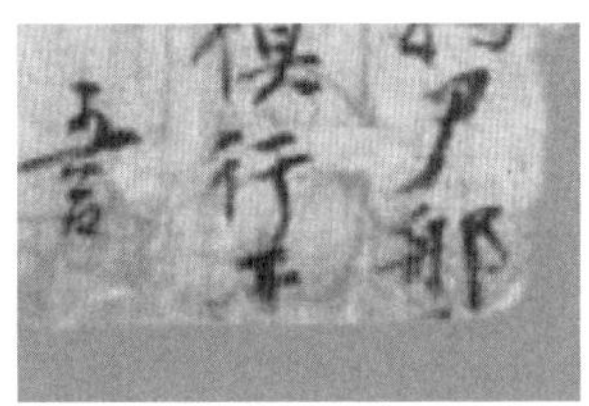

17행의 '于'의 글자로 보면 16행의 한 글자 정도는 쓰여질 수 있을 듯하다. '桑山正進'의 의견처럼 '王'으로 식자해도 무방하리라 생각된다.

# 4 摩揭陁國

**此寺中有一金銅像。五百…**

**是摩揭陁國。[1] 舊有一王。名尸羅栗底。造此像也。兼造一金銅□。□**

**輻團圓。正等卅餘步。[2] 此城俯臨恒河北岸置也。**

1) 《高麗史》券一 世家一 太祖二 二十一年春 三月(938년)에 보면, 마게타 나라에 대한 언급이 있다.

西天竺僧弘梵大師啌哩嚩日羅來, 本摩竭陁國大法輪菩提寺沙門也. 王大備兩街威儀法駕, 迎之.
서천축국의 승려인 홍범대사 질리부일라가 왔는데, 그는 본래 마게타 나라의 대법륜보제사의 승려이다. 왕이 양쪽 거리에 위의와 법가를 성대히 갖추어 그를 맞이했다.

2) 輻團圓正等卅餘步:

(1) 羅振玉은 이 문장에 오류가 있다고 적고 있다. 정수일(2004:145)은 '輻團圓正等三十餘步'로 보고, '테두리가 반듯하고 30여 보나 된다.'라고 한역하였으나, 이 해석에는 정수일이 생각하는 '等'의 해석이 명확히 나오지 않고 있다. 정기선(2000:286,293)은 '…輻團圓正寸卅餘步'로 보고, '단원(團圓)이 삼십여보(三十餘步)로 재었다.'로 해석하였다. '寸'자를 동사로 본 것이다. 우리는 16행에서 분석한 것과 같이 이 글자를 '等'으로 보고자 한다. 이에, '等'을 '수량, 정도가 서로 같다'는 의미의 '상당하다'로 해석한다. 또 다른 문제는 '輻團圓'이다. '團圓'은 하나의 어휘로 사용된다. 예를 들면, 王雄의 〈舍利感應記〉에 '內別有白雲團圓。翳日日光漸即微闇如小盞許。(안에 별도의 흰 구름이 둥글게 둘러선 것이 있어서, 이것이 해를 가리자, 햇빛은 점차 작은 등잔 밝기 정도로 어두워졌다.)'이다. 그렇다면, '輻'은 앞의 문장과 함께 사용되는 것이다. 우리는 '兼造一金銅□, □輻團圓, 正等卅餘步'으로 끊어 읽고자 한다.

(2) …等卅餘步。此城…/…等卅餘。步此城…:

桑山正進은 '三十餘步。此城'로 읽고, 張毅은 '卅餘。步此城'으로 읽었다. 《왕오천축국전》의 문형의 특징으로 54행을 보면, '四面方圓三百餘步'이라는 문구가 나온다. 따라서 이 문구 역시 '三十餘步。此城'과 같이 끊어 읽는 것이 옳다고 본다. 그리고 《왕오천축국전》의 16행을 제외하고, '此城'을 44행, 127행, 128행, 129행, 131행에서 사용하였는데, '此城' 앞에 부사 혹은 전치사가 오거나, 아니면 '此城'으로 문장이 시작되는 문형을 가지고 있다. '步此城'이라는 문형은 《왕오천축국전》의 다른 곳에서 사용되지 않았다. 따라서 '三十餘步。此城'으로 읽는 것이 옳다고 본다.

이 문장 구조를 살펴보면,

① '此城俯臨恒河北岸置也'은 '此座城位於俯臨恒河北岸'이라고 변형할 수 있다. 따라서 '此座城'은 주어가 되고, '位'는 술어가 되고, '於俯臨恒河北岸'은 부사어(전치사구)가 된다. 이로 보자면, '此城俯臨恒河北岸置也'은 '此城(주어) + 俯臨恒河北岸(부사어) + 置也(술어)'가 될 수 있다.

② '步此城俯臨恒河北岸置也'은 '步此城, 俯臨恒河北岸置也'와 같이 두 개의 작은 문장으로 이루어져 있다고 생각할 수 있다. 그렇다면, '俯臨恒河北岸置也' 문은 주어가 생략된 것인데, 주어가 무엇일까? '此城', 저자 자신의 '我', '像'일 경우가 높다. 주어를 선택하려면, 이와 공기하는 술어를 살펴보아야 하는데, '俯臨恒河北岸置也'의 문장의 술어는 '置'이다. 이 경우는 '我'는 분명히 아닐 것이고, '此城'과 '像'이 가능한데, '像'에 대한 서술은 이미 앞에서 그 모형을 언급하였는데, 다시 그 위치를 언급한다는 것이 문단의 의미상 문제가

## 4. 마게타국

이 절에는 금동상 하나가 있다. 오백 …… 마게타국이다. 옛날에 왕이 한 명 있었는데, 시라율저라고 불렀는데, 이 동상을 만들었다. 동시에 금동 … 하나도 만들었는데, … 바퀴가 둥글며, 마침 30여 걸음에 상당하다. 이 성은 갠지스 강을 아래로 숙여보는 북쪽 언덕에 위치해 있다.

있고, '此城'이 주어라면, '此城'에 중문(重文) 표지가 있어야 한다. 이와 같은 분석 결과, 우리는 '…卅餘步。此城俯臨恒河北岸置也'로 끊어 읽는 것이 옳다.

【17】

羅　: 舍城摩訶菩提等四大靈塔在摩揭陁國王界此國大小乘俱行不

藤田 : 舍城、摩訶菩提等四大靈塔、在摩揭陁國王界、此國大小乘俱行、不

桑山 : 舍城。摩訶菩提等。四大靈塔在摩揭陀國王界。此國大小乘俱行。(于)

張　: 舍城。摩訶菩提等四大靈塔。在摩揭陁國王界。此國大小乘俱行。□

정　: 舍城 摩訶菩提等 四大靈塔在摩揭陁國王界 此國大小乘俱行 [于]

박案 : 舍城摩訶菩提䓁四大靈塔在摩揭陁國王界此國大小乘俱行[于]

校註

① 䓁: 원본 형태는 䓁이다. '等'의 이체자(䓁)이다.(《敦煌俗字典》(2005:80))

② 陁: 원본 형태는 陁이다. '陀'의 이체자(陁)이다.(臺灣教育部異體字字典)

③ 羅振玉은 '舍城'은 '舍衛城'으로 '衛'가 빠졌다고 적고 있다. 張毅는 '舍城'은 '王舍城'으로 '王'자가 빠졌다고 보고 있다. 그리고 '摩訶菩提'은 '摩訶菩提寺'로 '寺'자가 빠졌거나, 뒤의 '等'자가 '寺'자를 잘못 쓴 것일 수도 있다고 언급하고 있다.

④ 乘: 원본 형태는 乘이다. '乘'의 이체자(乘)이다.

⑤ [于]: 원본 형태는 (　)이다. [于]과 18행의 첫 글자를 합하여, 羅振玉과 藤田豊八은 '不□'로 해석하였고, 桑山正進와 정수일은 '于時'로 추측하였다. 張毅(1994:22)는 결자 두 글자를 '不慧'(혜초의 謙稱)로 추론하고 있다.

羅振玉과 藤田豊八은 '□□'에서 첫 번째 글자를 '不'로 식자하였고, '不'은《왕오천축국전》에서 96번 사용되었다. 주로 '不'의 초서(, )의 자형을 따르고 있다. 예를 들면, (1행), (2행), (3행), (7행), (14행) 등이다. 따라서 첫 번째 글자의 원본 형태 와 비교하면 자형이 다름을 알 수 있다.

桑山正進와 정수일은 결자 두 글자를 '于時'로 식자하였다. '于'는《왕오천축국전》에서 7번, '時'는 6번 출현하였다. 이 가운데 '于時'가 함께 출현한 경우도 3번 있다.

> 龍樹壽年七百。方始亡也。于時在南天路。爲言曰五言: 56-57행
>
> 明閑三藏聖教。將欲還鄉。忽然遠和。便即化矣。于時聞說: 83-84행
>
> 開元十五年十一月上旬。至安西。于時節度大使趙君: 217행

桑山正進와 정수일의 추측은 아마 이 문구에서 시작되었으리라 생각한다. 이 경우 '于時'는 '그 때'의 의미로 사용되어, '그 때 남천축국 길에서'(56-57행), '그 때 듣고서'(83-84행), '그 때의 절도사는 조군이었다.'(217행)으로 해석이 된다.

위의 3가지 예문의 이외에, 원문에서 보이는 '于'의 자형을 살펴보면, (215행), (222행), (226행)이 있다. 이 경우 于闐(우전국)의 이름으로 사용되었다.

> 又安西南去于闐國二千里: 215행
> 于闐有一漢寺: 222행
> 二于闐: 226행

원문 (17행)과 '于'의 자형 (215행), (222행), (226행)과 비교해 보면, 자형이 비슷하다는 것을 발견할 수 있다.

마지막으로 張毅의 의견을 살펴보면,《往五天竺國傳》 원문 어디에도 '不慧'를 사용한 적이 없고, 1인칭을 지칭하는 '我'도 57행에서 한번 출현하였다.

> 月夜□□路。浮雲颯颯歸。
> 減書參去便。風急不聽迴。
> 我國天岸北。他邦地角西。
> 日南無有鴈。誰爲向林飛。

따라서 張毅(1994:22)의 의견은 성립되기 힘들다.

【18】

羅　: □得達摩訶菩提寺稱其本願非常歡喜略題述其愚志 五言

藤田 : □得達摩訶菩提寺、稱其本願、非常歡喜、略題述其愚志、 五言

桑山 : (時)得達摩訶菩提寺。稱其本願。非常歡喜。略題述其愚志。五言

張　: □得達摩訶菩提寺。稱其本願。非常歡喜。略題述其愚志。五言

정　: [時]得達摩訶菩提寺 稱其本願 非常歡喜 略題述其愚志 五言

박案 : □得達摩訶菩提寺稱其本顔非常歡喜略題述其愚志 五言

### 校註

① □: 桑山正進과 정수일은 '時'로 추론하고 있다. 왜냐하면, 바로 앞 17행 마지막 한자를 '于'자로 추론하였기 때문이다. '于'는 《왕오천축국전》에서 7번 사용되었다. '于時'로 3번 사용되었고,((56행), (84행), (217행)), '于闐'(나라이름)으로 3번 사용되었다. 문맥의 의미로 보면, '時'로 추론하기 충분하다.

② 稱: 원본 형태는 ()이다. 는 '禾'와 '再' 부건으로 이루어진 '稱'의 이체자 稱과 비슷하다. 《왕오천축국전》 필사자는 '禾' 부건을 의 '禾'처럼 쓴다. '禾' 부건을 사용한 다른 예로는 '稍'(50행, 68행), '種'(114행)이 있다.

33행에서는 '再'가 출현한다. 원본은 이고, '再'의 이체자()이다.(《敦煌俗字典》(2005:532)) 이로 추론하면, 글자는 '稱'의 이체자 稱이다.

③ 顔: 원본 형태는 이다. 《왕오천축국전》에서 3번 사용하였다. 자형은 20행(), 86행()의 자형에서 20행에 더욱 가깝다. 願의 이체자(顔, 䫀)이다.(《敦煌俗字典》(2005:525))

④ 常: 원본 형태는 이다. 《왕오천축국전》에서 12번 사용하였다. 중국 당(唐) 나라 孫過庭의 常()의 초서와 비슷하다.[1)]

1) 漢典書法 참조.

【19】

羅　：□慮菩提遠焉將鹿苑遙只愁懸路險非意業風飄八塔難誠見

藤田：□慮菩提遠、焉將鹿菀遙、只愁懸路險、非意業風飄、八塔難誠見、

桑山：不慮菩提遠。焉将鹿苑遥。只愁懸路険。非意業風飄。八塔誠難見。

張　：不慮菩提遠。焉將鹿苑遥。只愁懸路險。非意業風飄。八塔難誠見

정　：不慮菩提遠 焉將鹿苑遙 只愁懸路險 非意業風飄 八塔誠難見

박案：不慮菩提遠焉將鹿菀遙只愁懸路險非意業風飄八塔難誠見

校註

① 不: 원본 형태는 (　)이다. '不'의 초서 형태이다.

② 慮: 원본 형태는 (　)이다. '慮'의 이체자(慮)이다.(《敦煌俗字典》(2005:258))

③ 菀: 원본 형태는 이다. '苑'의 이체자(菀)이다.(《敦煌俗字典》(2005:524))

④ 難: 원본 형태는 이다. '難'의 이체자(難)이다.(《敦煌俗字典》(2005:285))

⑤ 見: 원본 형태는 (　)이다. 현재의 자형으로 충분히 추론이 가능한 글자이다.

【20】

羅　：条著經劫燒何其人願滿目覩在今朝 又即從此彼羅疟斯國□

藤田：參著經劫燒、何其人願滿、目覩在今朝、又即從此彼羅疟斯國、□

桑山：(參)差經却燒。何其人願滿。目覩在今朝。又即従此波羅疟斯國。(西)[行]

張　：參者經劫燒。何其人願滿。目覩在今朝。又即從此彼羅疟斯國西行

정　：[參]差經劫燒 何其人願滿 目覩在今朝 又卽從此彼羅疟斯國 [西]{行}

박案：■差経劫燒何其人願滿目覩在今朝又即從此彼羅疟斯國西行

校註

① □: 원본 형태는 ■(■)이다. 羅振玉·藤田豊八·桑山正進·정수일은 '參'으로 추론하고 있다.

② 差: 원본 형태는 ■이다. 羅振玉·藤田豊八는 '著'로 보았고, 桑山正進·정수일은 '差'로 보았고, 張毅는 '者'로 보았다.

'者'는《왕오천축국전》에서 14번 사용되었는데, 7행, 25행의 '者'의 원본 형태는 ■, ■이다. 글자의 위(頭)를 보면, '者'는 아닌 듯하며, 또 '日'의 수사(手寫) 형태가 이번 행과 다르다.

'差'는《왕오천축국전》에서 3번 사용되었다.

語有差(■)別: 24행

無有差(■)別:143행

'差'의 이체자는 羞 㿼 苲 差 羗 荖 老 㿼 艖 荖 肩 등이 있다.(臺灣教育部異體字字典) '著(着)'은《왕오천축국전》에서 40번 사용되었다.

外道不著(■): 1행

外道不著(■) 14행

衣著(■): 71행

'著'의 이체자로는 署 凿 着 箸 著 者 砉 署 茎 着 㸦 着 着 砉 등이 있다(臺灣教育部異體字字典).

우리는 ■는 '著'가 아닐 것이라는 추측을 해 본다. 그 첫째 이유는《왕오천축국전》에서 보이는 '著(着)'은 ■, ■, ■와 같이, 모두 ⼀羊와 같이 한 획이 길게 나와 있다. 그러나 원본 ■에는 이런 자형이 보이지 않는다. 둘째, 着은 '著(着)'의 이체자(著, 着)로서, 글자의 아래(底) 부분을 '日'로도 사용하고, '目'으로도 사용하였다. 원본 差 형태를 보면, 글자의 아래(底)가 '目'인지 '日'인지 구분이 힘들다. 따라서 우리는 差은 '差'에 더 가깝다고 생각한다.

③ 経: 원본 형태는 経이다. '經'의 이체자(経, 経)이다.(《敦煌俗字典》(2005:203))

④ 彼羅痆斯國: 원본 10행과 같이 '波羅痆斯國'이 맞다.

⑤ 西行: 원본 형태는 ( )이다. 《왕오천축국전》은 새로운 주제를 시작할 때, 아래와 같은 5가지 문형으로 시작한다.

1) '又從…行…至' 문형

又從南天。北行兩月。至西天國王住城: 59행
又從西天。北行三箇餘月。至北天國也: 65행
又從此闍蘭達羅國。西行經一月。至吒社國: 72행
又從此吒社國。西行一月。至新頭故羅國: 74-75행
又從此罽賓國。西行七日。至謝䫻國: 146-147행
又從謝䫻國。北行七日。至犯引國: 151행
又從此犯引國。北行卄日。至吐火羅國: 155행
又從吐火羅國。西行一月。至波斯國: 161행
又從吐火羅。東行七日。至胡蜜王住城: 193행
又從胡蜜國。東行十五日。過播蜜川。即至葱嶺鎮: 209행
又從踈勒。東行一月。至龜茲國: 213행
又從安西。東行□日。至焉耆國。是漢軍兵領押: 224-225행

2) '又從…行…入…至' 문형

又從此。北行十五日入山。至迦羅國: 87행
又從此建馱羅國。西行入山七日。至覽波國: 137-138행
又從此覽波國。西行入山。經於八日程。至罽賓國: 139-140행
又從波斯國。北行十日入山。至大寔國。彼王住不本國: 167행

3) '又從…入…至' 문형

又從此建馱羅國。正北入山三日程。至烏長國: 132행

又從烏長國。東北入山十五日程。至拘衛國: 135행
又從葱嶺。步入一月。至踈勒: 211행

4) '又…隔…至' 문형

又迦葉彌羅國東北。隔山十五日程。即是大勃律國: 102행
又迦葉彌羅國西北。隔山七日程。至小勃律國: 111-112행
又從迦葉彌羅國西北。隔山一月程。至建馱羅: 116행

5) '又從…至' 문형

又即從此波羅痆斯國。西行□月。至中天竺國王住城: 20-21행
又從此胡國已北。北至北海。西至西海。東至漢國: 189행

파라날사국(波羅痆斯國)은 구시나(拘尸那)의 서쪽에 위치하고 있고, 혜초는 지금 서쪽을 향해서 가고 있기 때문에 桑山正進 · 張毅 · 정수일이 추측한 '西行'은 근거가 있는 주장이다.

# 5 四大靈塔

即此鹿野苑。拘尸那王。舍城。摩訶菩提等。四大靈塔在摩揭陀國王界。此國大小乘俱行。于時[1]得達摩訶菩提寺。稱其本願。非常歡喜。[2] 略題述

1) 于時: '于時'는 그 때, 여기에서, 그래서의 의미로 사용된다. 이 문구에서는 '그 때'의 의미이다.

2) 此國大小乘俱行。于時得達摩訶菩提寺。稱其本願。非常歡喜: 이 문구를 해석하기 위해서 먼저 아래와 같이 분석을 하였다.

(1) 此國大小乘俱行。于時得達摩訶菩提寺: '俱行。于時'은 서로 다른 문장에 속한다. 따라서 '俱行'과 '于時' 사이를 끊어 읽는 것은 제가(諸家)의 의견이 옳다. 예를 들면,《往五天竺國傳》에서 '俱行'은 이번 행을 포함하여 9번 사용되었다. 예를 들면, 다음과 같다.

此中天大小乘俱行。即此中天界內: 41행
大小乘俱行。於彼山中。有一大寺。是龍樹菩薩便夜叉神造: 53행
大小乘俱行。土地甚寬。西至西海。國人多善唱歌: 62행
大小乘俱行。又一月程過雪: 70행
大小乘俱行。王及首領百姓等。大敬信三寶: 74행
此國大小乘俱行。見今大寔侵。半國損也: 77행
大小乘俱行。五天國法。上至國王至國王王妃王子。下至首領及妻:95-96행
此國大小乘俱行。又從此建馱羅國: 131-132행

《往五天竺國傳》에서 '又…' 문형은 새로운 문단이 시작될 때 자주 사용된다. 따라서 70행과 131-132행의 '俱行'과 그 다음 구절인 '又…' 문형은 서로 다른 구문임을 쉽게 파악할 수 있다. 나머지 여섯 행은 '俱行'이 속한 구문과 그 다음 구문이 전체적인 문맥상으로는 서로 연결이 되나, 서로 별개의 문구임을 알 수 있다. 따라서 우리는 17-18행의 '此國大小乘俱行。于時得達摩訶菩提寺'을 해석할 때 두 구문이 서로 의미적으로 연결된 것으로 해석하기 보다는, 서로 다른 구문으로 해석하고자 한다.

(2) 得達: '達'은《往五天竺國傳》에서 이번 행을 포함하여 모두 4번 사용되었는데, 3번 모두 지명으로 사용되었다. 따라서《往五天竺國傳》의 '達'의 의미를 다른 행에서 찾아볼 수 없다. 그리고 중국 고대문헌이나 한국 한자문헌 중에 '得達'이라고 쓰인 자료를 찾을 수 없다.

(3) 摩訶菩提寺: 마하보제 절

(4) 稱其本願: 정수일(2004:145)은 '내 본래의 소원에 맞는지라'로 한역하였다. 정기선(2000:293)은 '본원을 빌고 나니'로 해석하였다. 桑山正進(1992:30)은 '본래의 소원이 이루어져'라고 역문(譯文)하였다. '稱'은 일반적으로 '일컫다/부르다/칭찬하다/저울질하다/무게를 달다'의 의미도 있지만, '부합하다'는 의미도 가진다. 따라서 우리는 '稱'을 '부합하다'로 해석하고자 한다.

(5) 우리는 위의 분석에 의거하여, '此國大小乘俱行。于時得達摩訶菩提寺。稱其本願。非常歡喜。略題述其愚志。' 문구의 한국어 해석을 시도해 보자.
'得達'은 뒤의 '摩訶菩提寺'(마하보제 절)의 명칭 때문에 '능히 도달하다.'의 의미로 해석이 가능하리라 생각한

其愚志。五言 不慮菩提遠。焉將鹿苑遙。只愁懸路險。非意業風飄。[3]
八塔難誠見。[4] [illegible]差經劫燒。[5] 何其人願滿。目覩在今朝。[6]

## 5. 사대영탑

바로 이 녹야원, 구시나왕(拘尸那王) …, 사성, 마하보제 등 4대 영탑(靈塔)이 마게타 국왕의 지경에 있다.[7] 이 나라는 대승과 소승을 함께 행한다. 그 때 마하보제 절에 도착하여서, 그 원래의 소망한대로 부합하니, 매우 기뻤다. 제목을 생략하고, 나의 우매한 마음을 적어본다. 오언(五言)시.

보리수가 멀다고 걱정하지 않는데,
어찌 녹야원이 멀다 하리오.
그저 길이 험하다고 근심할 뿐이었는데,

---

다. 이 추측이 가능한 것은 바로 그 다음 구문 '稱其本願。非常歡喜'과 문맥이 서로 연결되기 때문이다. 저자 혜초는 원래 천축국을 여행하면서 '摩訶菩提寺'에 가보고자 했었다. 그래서 그 원래의 소망한대로 부합되어(稱其本願), 매우 기뻤다(非常歡喜). 이에, 우리는 이 문구를 '이 나라는 대승과 소승이 함께 행하여진다. 능히 마하보리 절에 도착하여서, 그 원래의 소망한대로 부합하니, 매우 기뻤다.'로 한역하고자 한다.

3) 非意業風飄: '非意'는 '뜻밖에'의 의미이다. 정수일(2004:145)은 '업연의 바람 몰아쳐도 개의찮네.'로, 정기선(2000:293)은 '업이 바람에 날려 가는 뜻은 아니었네.'로 한역하였다.

4) 八塔難誠見: 원본에 보면, '難誠'으로 되어있다. 정기선(2000:286)은 '難'과 '誠' 사이에 ✔ 표시가 있다고 주장하여, 이 문구를 '八塔誠難見'으로 이해하고 있다. 정기선은 《왕오천축국전》에 ✔ 표시가 모두 9번 나온다고 서술하고 있다.

제19행: 難誠　　제23행: 天中
제48행: 僧有　　제52행: 領有
제93행: 千一　　제122행: 漢多
제148행: 此於　　제167행: 住不
제170행: 人女

羅振玉·藤田豊八·張毅는 '難誠見'으로 해석하고 있으며, 桑山正進과 정수일은 '八塔誠難見'으로 이해하고 있다. 우리는 '難誠見'으로 이해하고자 한다. 그 이유는 제23행, 제 48행, 제52행, 제 122행, 148행, 167행, 170행을 보면, ✔표시가 명확히 드러나는데, 이 행은 ✔ 표시가 선명하게 보이지 않기 때문이다. 참고로 우리는 정기선(2000)이 언급한 122행의 표시를 인정하지 않는다.

5) 정수일(2004:145)은 '오랜 세월을 겪어 어지러이 타버렸으니'로, 정기선(2000:293)은 '향 피우고 경전 더하네.'로 한역하였다. 桑山正進(1992:30)은 '이쪽은 도적에게 약탈당하고, 저쪽은 화재로 불타버렸네.'로 번역하였다.

6) '今朝'는 두 가지 의미가 있다. 하나는 '오늘'이고, 다른 하나는 '현재'이다. 따라서 이 구절은 '오늘 친히 내 눈으로 보는구나.'와 같이 해석할 수도 있고, '내 눈으로 친히 지금의 모습을 보는구나.'라고 해석해도 무방하다. 역자는 전자의 해석이 더 적절하다고 생각한다.

7) 김규현(2013:53)은 '사성, 마하보제 등'을 '왕사성, 마하보제탑 등'으로 설명하였다.

뜻밖에 업풍(業風)이 휘몰아치네.
여덟 탑은 참으로 보기 어려운데,
… 불경도 약탈당하고 불타버렸네.
어찌 사람이 소망하는 것이 다 이루어지겠느냐 만은,
오늘 친히 내 눈으로 보는구나.

月至中天竺國王住城名葛那及自此中天王境界極寬百姓繁鬧
王有九百頭象餘大首領各有三二百頭其王每自領兵馬鬪戰常與餘
四天戰也中天王常勝彼國法自知象少兵少即請和每年輸稅不交陣
相殺也衣着言音人風法用五天相似唯南天村草百姓語有差別仕
之類中天不殊五天國法無有枷棒牢獄有罪之者據輕重罰錢亦無
刑戮上至國王下及黎庶不見遊獵放鷹走犬等事道路雖即足賊
取物即放亦不殤煞如若恡物即有損也土地甚暖百卉恒青無有霜
雪食唯粳糧餅麨蘇乳酪等無醬有鹽總用土鍋煑飯而食
無鐵釜等也百姓無別庸稅但抽田子五石與王王自遣人運將田主
不為送也彼土百姓貧多富少王官屋裏及富有者着氎一雙自外
一隻貧者半片女人亦然其王每坐衙處首領百姓總來遶王四面而坐
各諍道理訴訟紛紜非常亂鬧王聽不嗔緩緩報云汝是汝不是彼百
姓等取王一口語為定更不再言其王首領等甚敬信三寶若對師

【21】

羅　: □月至中天竺國王住城名葛郍及自此中天王境界極寬百姓繁鬧

藤田 : □月至中天竺國王住域、名葛郍及、自此中天王境界極寬、百姓繁鬧、

桑山 : (兩)月。至中天竺國王住城。名葛那及自。此中天王境界極寬。百姓繁鬧。

張　: □月至中天竺國王住城。名葛郍及。自此中天王境。界極寬。百姓繁鬧

정　: [兩]月 至中天竺國王住城 名葛那及自 此中天王境界極寬 百姓繁鬧

박案 : □月至中天竺國王住城名葛郍及自此中天王境界極寬百姓繁闹

## 校註

① □: 원본 형태는 이다. '月' 위에 글자 흔적이 있다.

② 城: 원본 형태는 이다. 藤田豊八은 '域'으로 보았는데, '城'이 맞다.

③ 郍: 원본 형태는 이다. '那'의 이체자(郍)이다.(小學堂)

④ 葛郍及自: 藤田豊八과 張毅는 '葛郍及'으로 보고, 桑山正進과 정수일은 '葛那及自'로 보았다. '葛郍及(自)'은 'Kanauj' 혹은 'Kanyakubja'의 음역이다. 현장(玄奘)은 이를 '羯若鞠闍國'이라고 음역하였다. '葛郍及(自)'과 '羯若鞠闍'의 중국 중고음을 살펴보면 다음과 같다.

| | | 성모 | 운모 |
|---|---|---|---|
| 周法高 擬音 | 葛 | k | ɑt |
| | 郍 | n | ɑ |
| | 及 | g | iep |
| | 自 | dz | iɪi |
| | 羯 | k | iɑt |
| | 若 | ȵ | iɑk |
| | 鞠 | k | iuk |
| | 闍 | dz | ia |

'Kanauj' 혹은 'Kanyakubja'의 음역을 살펴보면, 'Kanauj'의 '-j'와 'Kanyakubja'의 '-ja'가 정확히 음역되지 않았다. 예를 들면, 'Kanyakubja'의 'ja'가 '自'로 음역되는 듯하지만, 중고음에서 '自'는 모음이 'a'가 아니고, 'i'이다. '自'의 음역은 이 문장의 해석과도 연관이 있다. 藤田豊八는 '自此中天王境界極寬'로 보았고, 桑山正進과 정수일은 '名葛郍及自。此中天王境界極寬。'로 보았고, 張毅는 '自此中天王境。界極寬'으로 보았다. 따라서 '自'의 음역이나 '自'를 앞 문구에 붙일 것인지, 뒤 문구에 붙일 것인지는 문장의 의미를 분석하면서 고찰해야 한다.

(1) 《왕오천축국전》에서 '自此'와 '從此'의 사용을 비교해보면, '自此'는 이번 행에서만 한번 보이고, '從此'는 12번 사용되었다. 예를 들면 다음과 같다.

又即從此波羅痆斯國。西行: 20행
又從此闍蘭達羅國。西行: 72행
又從此吒國。西行一月: 74행
即從此國乃至五天: 77-78행
又從此。北行十五日: 87행
又從此建馱羅國。正北入山三日程: 132행
又從此建馱羅國。西行入山七日: 137행
又從此覽波國。西行入山: 139행
又從此罽賓國。西行: 146행
又從此犯引國。北行廿日: 155행
又從此胡國已北。北至北海: 189행
從此已東。並是大唐境界: 216행

이 문구를 보면, 《왕오천축국전》에서 '從此'는 주로 '從此+장소+방향+동작동사'구조(20, 72, 74, 87, 132, 137, 139, 146, 155행)를 가지고, 기타 '從此+장소+…至…'(77-78, 189행), '從此+장소+…是…'(216행)로 구성되어 있다.

(2) 《왕오천축국전》에서 '自'와 '此'의 사용을 비교해보면, '自'는 32번 사용되었다. 《왕오천축국전》에서 사용된 '自'는 크게 대명사(代詞)와 '自'로 이루어진 어휘로 사용되었다. '此'는 《왕오천축국전》에서 모두 92회 사용되었고, 모두 대명사의 용법인 '이/저'(這)의 의미로 쓰였다. 위에서 살펴본 바와 같이, '自此'는 《왕오천축국전》에서 함께 사용된 적이 없고, '自' 역시도 '從'의 용법으로 사용된 적도 없다. 따라서 이 문구에서 '自'는 앞 문장인 '葛郝及自'에 함께 사용하는 것이 맞고, 이 문장 역시 '名葛郝及自。此中天王境界極寬。'로 해석하는 것이 옳다.

⑤ 闲: 원본 형태는 ()이다. 張毅(1994:24)는 원본의 글자는 '閑'이고, '鬧'의 오자(誤字)라고 식자하고, 羅振玉·藤田豊八·張毅·정수일 모두 '鬧'로 보고 있다. '闹'는 '鬧'의 이체자이다.(小學堂) '鬧'는 《왕오천축국전》의 32행에서 한번 사용 되었는데, 그 형태는 이다. 이 문제의 관건은 두 글자의 심(心)이 '市'인지 '木'인지 구분하는 것이다. 다시 말하자면, (市)와 (木)의 차이이다. 113행의 '布'의 원본 형태()를 보면, '巾'의 자형이 32행 '鬧'()의 '巾', (市)의 '巾'과 같다. 따라서 이번 행의 의 심(心)은 '巾'이 아니고, '木'이다. 張毅(1994:24)의 의견처럼 원본의 글자는 '閑'이고, '鬧'의 오자(誤字)이다.

【22】

羅　: 王有九百頭象餘大首領各有三二百頭其王每自領兵馬鬪戰常與餘□

藤田 : 王有九百頭𤉢、餘大首領各有三二百頭、其王每自領兵馬鬪戰、常與□

桑山 : 王有九百頭象。餘大首領各有三二百頭。其王每自領兵馬闘戰。常与餘四

張　: 王有九百頭象。餘大首領各有三二百頭。其王每自領兵馬鬥戰。常與餘四

정　: 王有九百頭象 餘大首領各有三二百頭 其王每自領兵馬闘戰 常與餘四

박案 : 王有九百頭𤉢餘大首領各有三二百頭其王每自領兵馬鬪戰常与餘四

校註

① 𤉢: 원본 형태는 이다. '象'의 이체자(𤉢)이다.(小學堂)

② 鬪: 원본 형태는 이다. '闘'의 이체자(鬪)이다.(小學堂)

③ 四: 羅振玉 · 藤田豊八는 결자로, 桑山正進 · 張毅 · 정수일은 '四'로 보았다. 《왕오천축국전》에서 '四'는 12번 사용되었는데, 7행과 17행의 문자 형태는 , 와 같다. 원본 형태는 와 같아서, '四'가 맞다.

## 【23】

羅　: 天戰也天中王常勝彼國法自知象少兵少即請和每年輸稅不交陣

藤田 : 天戰也、天中王常勝、彼國法、自知爲少兵少、即請和、每年輸稅、不交陣

桑山 : 天戰也。中天王常勝。彼國法。自知象少兵少。即請和。每年輸稅。不交陣

張　: 天戰也。天中王常勝。彼國法。自知象少兵少。即請和。每年輸稅。不交陣

정　: 天戰也 [中天]王常勝 彼國法 自知象少兵少 卽請和 每年輸稅 不交陣

박案 : 天戰也天中王常勝彼國法自知爲少兵少即請和每年輸稅不交陣

### 校註

① 天中: 원본 형태는 이다. 羅振玉은 '天中'이 '中天'을 잘못 쓴 것이라 적고 있다. 원본의 '天'과 '中'에 사이에 글자 순서를 바꿔 쓴 ✔ 표시가 있다.

② 陣: 원본 형태는 ()이다. 글자의 방(旁)이 잘 보이지 않는다. 《왕오천축국전》에서 '陣'은 이번 행에서 1번 사용되어 문의(文義)의 추론하여 '陣'이 옳다고 생각한다.

【24】

羅　: 相煞也衣著言音人風法用五天相似唯南天村草百姓語□差別仕□

藤田 : 相煞也、衣著言音、人風法用、五天相似、唯南天村草百姓、語□差別。仕□

桑山 : 相殺也。衣着言音人風法用。五天相似。唯南天村草百姓。語有差別。仕[宦]

張　: 相煞也。衣著言音。人風法用。五天相似。唯南天村草百姓。語有差別。仕□

정　: 相煞也 衣着言音人風法用 五天相似 唯南天村草百姓 語有差別 仕{宦}

박案 : 相煞也衣着言音人風法用五天相似⿰厶隹南天村草百姓語有差別仕□

## 校註

① 相: 원본 형태는 이다. '相'의 행초서체( )와 동형이다.

② ⿰厶隹: 원본 형태는 ( )이다. '唯'의 이체자(⿰厶隹)이다.(臺灣教育部異體字字典)

③ 草: 원본 형태는 이다. '草'의 이체자(草)이다.(臺灣教育部異體字字典)

④ 有: 원본 형태는 ( )이다. 원문으로 보면, 글자를 식별하기가 쉽지 않다. 《왕오천축국전》에서는 '언어가 다르다' 혹은 '언어가 같다'고 표현할 때 '言音'을 사용하였는데, 모두 21번 이렇게 표현하였다.
'語'를 중심으로 《왕오천축국전》을 살펴보면, 이번 행을 포함하여 '語'는 2번 사용되었는데, '語有差別'와 '一口語爲定'(33행)이 있다.
'差別'을 중심으로 살펴보면, 이번 행 이외에 143행에 '男女衣服無有差別'라는 문구가 있다. 이 문형으로 추론을 하면, 이번 행의 는 '有'가 맞다.

⑤ □: 藤田豊八, 桑山正進, 張毅, 정수일은 '宦' 자로 추론하고 있다.

# 6 中天竺國葛那及自

又即從此波羅痆斯國。西行[1]□月。至中天竺國王住城。名葛那及自。此中天王境界。極寬。[2] 百姓繁閙。王有九百頭象。餘大首領各有三二百頭。其王每自領兵馬鬪戰。常與餘四天戰也。中天王常勝。彼國法。自知象少兵少。即請和。每年輸稅。不交陣相殺也。[3]

## 6. 중천축국 갈나급자

다시 곧 이 파라날사국에서 서쪽으로 … 달 걸려 중천축국 왕이 머무는 성에 이르렀다. 그 성은 갈나급자라 부른다. 이 중천축국 왕의 지경은 매우 넓다. 백성들은 번영하였다. 왕은 900 마리의 코끼리를 가지고 있다. 다른 대수령들은 각각 이삼백 마리씩 가지고 있었다. 그 왕은 매번 스스로 병마를 이끌고 전쟁을 하였는데, 다른 네 천축국과 자주 전쟁을 하였다. 중천국왕이 항상 승리를 거두었다. 그 나라의 국법에는 코끼리가 적고 병력이 적음을 스스로 알면, 곧 화친을 청한다. 매 년 세금을 바치며, 교전을 하지 않고, 서로 죽이지 않았다.

1) 20행 교주 참조.
2) '自此中天王境界。極寬'과 '自此中天王境。界極寬': 이 문구를 張毅는 '自此中天王境。界極寬'라고 해석하였다. 이 문구에서 사용한 '境界'를 제외하고, 《왕오천축국전》에서 '境界'를 190행(總是突厥所住境界)과 216행(並是大唐境界。諸人共知)에서 2번 사용하였는데, 모두 하나의 어휘로 해석하였다. 이에 반해 張毅는 '境界'를 '自此中天王境。界極寬'로 보아, '境'과 '界' 서로 다른 문장에 포함되는 단어로 해석하고 있다. 역자는 '境界'를 하나의 어휘로 보아야 하며, 이 문구는 '自此中天王境界。極寬'라고 보아야 한다고 생각한다.
3) 정기선(2000:293)은 '서로 진을 치지 않고 죽이지 않는다.'라고 한역하였다. '交陣'을 '서로 진을 치다'고 한역하기 보다는 '서로 교전을 하다'로 번역하는 것이 옳다.

## 【25】

羅　：之類中天不殊五天國法無有枷棒牢獄有罪之者據輕重罰錢亦無

藤田：之類、中天不殊、五天國法、無有枷棒牢獄、有罪之者、據輕重罰錢、亦無

桑山：之類。中天不殊。五天國法。無有枷棒牢獄。有罪之者。據輕重罰錢。亦無

張　：之類。中天不殊。五天國法。無有伽棒牢獄。有罪之者。據輕重罰錢。亦無

정　：之類 中天不殊 五天國法 無有枷棒牢獄 有罪之者 據輕重罰錢 亦無

박案：之類中天不殊五天國法無有枷棒牢獄有罪之者據**軽**重**罸**銭亦無

### 校註

① 軽: 원본 형태는 輕이다. '輕'의 이체자(軽)이다.(小學堂)

② 罸: 원본 형태는 罸이다. '罰'의 이체자(罸)이다.(小學堂)

③ 銭: 원본 형태는 銭이다. '錢'의 이체자(銭)이다.(小學堂)

【26】

羅 : 刑戮上至國王下及黎庶不見遊獵放鷹走犬等事道路雖有足賊

藤田 : 刑戮、上至國王、下及黎庶、不見遊獵放鷹走犬等事、道路雖有足賊、

桑山 : 形戮。上至國王下及黎庶。不見遊獵放鷹走犬等事。道路維即足賊。

張 : 形戮。上至國王。下及黎庶。不見遊獵放鷹走犬等事。道路雖有足賊。

정 : [刑]戮 上至國王下及黎庶 不見遊獵放鷹走犬等事 道路維卽足賊

박案 : 形𢧵上至國王下及黎庶不見遊獵放鷹走犬䓁事道路雖即乏賊

校註

① 形: 원본 형태는 [원본자형]이다. 羅振玉 · 藤田豊八 · 정수일은 '刑'으로 보고, 桑山正進, 張毅은 '形'로 본다. '形'의 이체자는 形 彬 㓝 㣏 侀 등이 있고, '刑'의 이체자는 刑 刑 荆 剉 刑 刱 刱 등이 있다. '刑'의 오기(誤記)이다. 63행에도 동일하게 '刑戮'의 '刑'을 '形'으로 썼다.

② 𢧵: 원본 형태는 [원본자형]([원본자형])이다. 《왕오천축국전》에서 '戮'은 63행에서 [원본자형]와 같이 한 번 더 출현한다. '戮'의 이체자(𢧵)이다.(《敦煌俗字典》(2005:257))

③ 至: 원본 형태는 [원본자형]이다. '至'의 행초서체([원본자형])이다.

④ 及: 원본 형태는 [원본자형]이다. '及'의 행초서체([원본자형])이다.

⑤ 獵: 원본 형태는 [원본자형]이다. '獵'의 행초서체([원본자형])이다.

⑥ 䓁: 원본 형태는 [원본자형]이다. '等'의 이체자(䓁)이다.(小學堂)

⑦ 雖: 원본 형태는 [원본자형]이다. 羅振玉 · 藤田豊八 · 張毅는 '雖'로 식자하고, 桑山正進과 정수일은 '維'로 식자한다. 《왕오천축국전》에서 '雖'와 '維'의 예문을 찾아보면 다음과 같다.

> 雖([원본자형])無人: 93행
> 雖([원본자형])無村莊: 100행
> 其王雖([원본자형])在一處: 107행
> 大雲寺都維([원본자형])那:219행

위 예문의 자형으로 보면, '雖'가 맞다.

⑧ 원본 형태는 [원본자형]이다. 羅振玉 · 藤田豊八 · 張毅는 '有'로 식자하고, 桑山正進과 정수일은 '卽'로 식자한다. 《왕오천축국전》에서 '有'와 '卽'의 예문을 찾아보면 다음과 같다.

王有( )九百頭象: 22행

有( )罪之者: 25행

即( )有( )損也: 27행

위 예문의 자형으로 보면, '卽'가 맞다.

⑨ 𤴓: 원본 형태는 이다. '足'의 이체자(𤴓)이다. (臺灣教育部異體字字典)

【27】

羅　: 取物即放亦不殤煞也若忄 物即有損也土地甚暖百卉恒靑無有霜

藤田 : 取物即放、亦不殤煞也、如若忄物、即有損也、土地甚暖、百卉恒靑、無有霜

桑山 : 取物即放。亦不殤殺。如若恡物。即有損也。土地甚暖。百卉恒青。無有霜

張　: 取物即放。亦不殤煞。如若恡物。即有損也。土地甚暖。百卉恒青。無有霜

정　: 取物卽放 亦不殤煞 如若[恡]物 卽有損也 土地甚暖 百卉恒靑 無有霜

박案 : 取物即放亦不殤煞如若懐物即有摜也圡地甚暖百卉恒青無有霜

校註

① 取: 원본 형태는 取이다. '取'의 이체자(取)이다.(《敦煌俗字典》(2005:80))

② 殤: 원본 형태는 殤(殤)이다. 羅振玉은 '傷'의 오기(誤記)라고 적고 있다. 이 글자는 '殤'이다. '殤'의 이체자로는 殇殤殤殤殤殤殤이 있다. 원본에는 오른쪽 하각(下角)이 '昜'로 되어있는데, 殤는 새로운 이체자로서 '一' 획이 없는 '勿'이 사용되었다. 84행의 傷(傷) 역시 비슷한 형태를 보인다.

③ 如: 원본 형태는 如이다. '如'의 행초서체(如)이다.

④ 若: 원본 형태는 若이다. 若의 행초서체(若)이다.

⑤ 懐: 원본 형태는 懐(懐)이다. 오른쪽 변(邊)을 정확히 인식할 수 없다. 羅振玉와 藤田豊八은 '忄'로 적고, 藤田豊八은 '懷'자로 추론하고 있다. 桑山正進, 張毅, 정수일은 '恡'으로 보고 있다. 潘重規는 懐는 '恡'이고 '吝'의 속자라고 하였다.[1] 그러나 '恡'의 이체자에는 이번 행의 원본 형태(懐)와 비슷한 자형이 없다. 예를 들면, 吝吝嗐吝啥哆恡悋恡恡恡吝哆啥悋吝哆悋哆吝 등이다. 식자가 어려운 글자이다.

⑥ 摜: 원본 형태는 摜이다. '損'의 이체자(摜)이다.(《敦煌俗字典》(2005:391))

⑦ 圡: 원본 형태는 圡이다. '土'의 이체자(圡)이다.(臺灣敎育部異體字字典)

⑧ 暖: 원본 형태는 暖이다. 暖의 행초서체(暖)이다.

⑨ 霜: 원본 형태는 霜이다. 霜의 행초서체(霜)이다.

1) 冉雲華(1976:80-100)의 後記에 潘重規의 의견을 소개하고 있다.

【28】

羅　: 雪唯粳粮餅麨蘇乳酪等無醬有鹽總用土鍋炙飦而食

藤田 : 雪、唯粳粮餅麨蘇乳酪等、無醬有鹽、總用土鍋炙飦而食、

桑山 : 雪。食唯粳粮餅麨蘇乳酪等。無醬有鹽。惣用土鍋。煮飯而食。

張　: 雪。食唯粳糗餅麨蘇乳酪等。無醬有鹽。惣用土鍋炙飦而食。

정　: 雪 食唯粳[糗]餅麨蘇乳酪等 無醬有鹽 惣用土鍋 炙飦而食

박案 : 雪食唯粳粮餅麨蘇乳酪等無醬有鹽惣用土鍋炙飦而食

**校註**

① 粮: 원본 형태는 粮이다. 羅振玉・藤田豊八・桑山正進는 '粮'으로 보았고, 張毅과 정수일은 '糗'로 보았다. 《왕오천축국전》의 65행에서 '粮'이 출현하는데, 원본 형태는 粮이다. 이 두 글자를 비교해 보면, 粮이 '粮'임을 알 수 있다. 특히, '糗'일 경우 大 위에 점(點)이 있어야 하는데, 점(點)이 없다. 그리고 '良'의 아랫부분의 자형이 거의 완벽하게 일치한다. '糗'는 《왕오천축국전》의 다른 곳에서 사용되지 않았다.

② 麨: 원본 형태는 麨이다. '麨'의 이체자(麨)이다.(《敦煌俗字典》(2005:45))

③ 蘇: 원본 형태는 蘇(蘇)이다. 羅振玉・藤田豊八・桑山正進・張毅・정수일 모두 '蘇'로 식자하고 있다. 《왕오천축국전》에서 '蘇'는 이번 행을 제외하고 3번 사용되었다.

取乳酪蘇(蘇)也: 40행

乳酪蘇(蘇)油: 61행

名蘇(蘇)跋那具怛羅: 71행

위 3개의 예를 보면, '蘇'는 '艹', '魚', '禾'로 되어있다. '魚'의 하각(下角)이 어느 것은 '灬'이고 어느 것은 '小'이다. '小'는 '魚'의 이체자(臭)에서 기인한 것으로 보인다. 문제는 이번 행의 '蘇'의 원본 자형(蘇)을 보면, '艹'와 '魚'는 정확히 식별이 가능한데, 오른쪽 부건이 '末', '未', '禾'인지 정확하게 판별되지 않는다. 이 글자(蘇)가 蘇과 비슷하다면, 蘇는 '蘇'의 이체자이다.(《敦煌俗字典》(2005:385))

④ 酪: 원본 형태는 酪이다. '酪'의 행초서체이다.

⑤ 醬: 원본 형태는 醬(醬)이다. 醬의 아랫부분 '酉'의 아래에 보면, 또 다른 필획이 있는데, 이 부분은 바로 아래의 '有'자를 잘못 쓴 흔적이 아닐까 생각한다.

⑥ 塩: 원본 형태는 塩이다. '鹽'의 이체자(塩)이다.(小學堂)

⑦ 惣: 원본 형태는 惣이다. '總'의 이체자(惣)이다.(小學堂)

⑧ 鍋: 羅振玉은 '堝'의 별자(別字)라고 적고 있다.

⑨ 炗: 원본 형태는 炗이다. '煮'의 이체자(炗)이다.(小學堂)

【29】

羅　: 無鐵釜等也百姓無別庸稅但抽田子五石與王王自遣人運將田主

藤田 : 無鐵釜等也､百姓無別庸稅､但抽田子五石與王､王自遣人運將､

桑山 : 無鐵釜等也。百姓無別庸稅。但抽田子五一石与王。王自遣人運将。田主(勞)

張　: 無鐵釜等也。百姓無別庸稅。但抽田子一石與王。王自遣人運將。田主□

정　: 無鐵釜等也 百姓無別庸稅 但抽田子五一石與王 王自遣人運將 田主{勞}

박案 : 無鐵釜等也百姓無別庸稅但抽田子五石与王々自遣人運将田主亦

校註

① 無: 원본 형태는 (원본 글자)이다. '無'이다.

② 鐵: 원본 형태는 (원본 글자)이다. 글자 자체로만 보면, 왼쪽 방(旁)의 '金'은 식자가 가능하나, 오른쪽 변(邊)은 식자가 불가능하다. 이 글자가 학자들의 생각처럼 '鐵'가 맞다면, '鐵'의 이체자 鐵(小學堂)와 가장 비슷하지 않을까 생각한다.

③ 釜: 원본 형태는 (원본 글자)이다. '釜'의 이체자(釜)이다.(漢典)

④ 五石: 원본 형태는 (원본 글자)이다. 羅振玉과 藤田豊八은 '五石'으로 보고, 桑山正進과 정수일은 '五一石'로 보고, 張毅은 '一石'로 보았다. 이 글자는 桑山正進(1992)의 사진으로 보면 구분하기 힘들지만, INTERNATIONAL DUNHUANG PROJECT(國際燉煌項目)의 원본 사진을 보면 쉽게 구별할 수 있다. '五石'의 '五'의 '一' 획에서 종이가 찢겨져 있다. 그래서 '五'가 '五一'처럼 보였던 것이다.

⑤ 々: 중문(重文) 표시이다. 바로 앞의 글자를 반복한다는 의미이다. 따라서 이 행에서 々는 '王'을 대신한 것이다.

⑥ 遣: 원본 형태는 (원본 글자)이다. '遣'의 행초서체(遣)이다.[2)]

⑦ 将: 원본 형태는 (원본 글자)이다. 羅振玉 · 藤田豊八 · 桑山正進 · 張毅 · 정수일 모두 '將'으로 보고 있다. 《왕오천축국전》에서 '將'은 이번 행을 제외하고 5번 사용되었다.

將(将)賣人罪: 3행

焉將(将)鹿苑遙: 19행

將(将)床子隨身: 35행

2) 蘇軾의 행초서체. 漢典書法 참조.

不將( )糧食: 64행

將( )欲還鄕: 84행

이 행의 을 자세히 보면, '將'의 이체자( )의 왼쪽 변(邊)을 빨리 쓴 형태라고 볼 수 있다. '89행'의 '披'( )의 왼쪽 변(邊) '扌'를 '木'과 비슷한 형태로 수기한 것과 같다. 따라서 이 글자는 '將'이 맞다.

⑧ 亦: 정확히 식자하기 힘들다( ). 桑山正進과 정수일은 '勞'로 추론하고 있고, 張毅는 羽田亨이 '勞'라고 추론한다고 소개하고 있다. 우리는 이 결자(缺字)를 '亦'으로 추정하고자 한다.

(1) 먼저, 《왕오천축국전》에서 '也'와 함께 자주 사용된 연어구조를 찾아보면 다음과 같다.

即喫。亦不齋也: 2행　　亦…也
犀牛大虫所損也: 8행　　所…也
即有損也: 27행　　即…也
似於漢屋兩下作也: 37행　　於…也
並從外國來也: 38행　　並…也
到處即便乞得食也: 64행　　即…也
至北天國也: 65행　　至…也
土地稍冷於中天等也: 68행　　於…也
是此國人也: 77행　　是…也
所以信也: 105행　　所以…也
亦有羊馬等也: 137행　　亦…也
亦磨作餅喫也: 163행　　亦…也
又不解敬也: 178행　　又…也
亦不解作衣著也: 208행　　亦…也
舊是京中莊嚴寺僧也: 219-220행　　是…也

위의 예문에 의거하여 '也'와 함께 자주 사용되고, 동시에 문구의 의미가 통하는 연어구조를 선별하면, '亦 / 即 / 並…也' 정도가 가능하리라 생각된다. '亦·即·並'의 각 행 원문 글자를 찾아보면 다음과 같다.

亦( )不齋也: 2행

即( )有損也: 27행

並( )從外國來也: 38행

到處即( )便乞得食也: 64행
亦( )有羊馬等也: 137행
亦( )磨作餅喫也: 163행
亦( )不解作衣著也: 208행

29행의 마지막 글자 결자 부분의 원문 형태는 ( )다음과 같다. 앞의 사진은 INTERNATIONAL DUNHUANG PROJECT(國際燉煌項目)의 것이고, 뒤의 사진은 桑山正進(1992)의《往五天竺國傳》 사진이다. 위 예문의 '亦 · 即 · 並'의 원문 사진과 29행의 마지막 글자의 사진을 비교해보면, '亦 · 即 · 並' 중에서 '亦'가 비슷한 글자체라고 추정이 가능하다.

(2) 또 다른 증거는 다음과 같다.

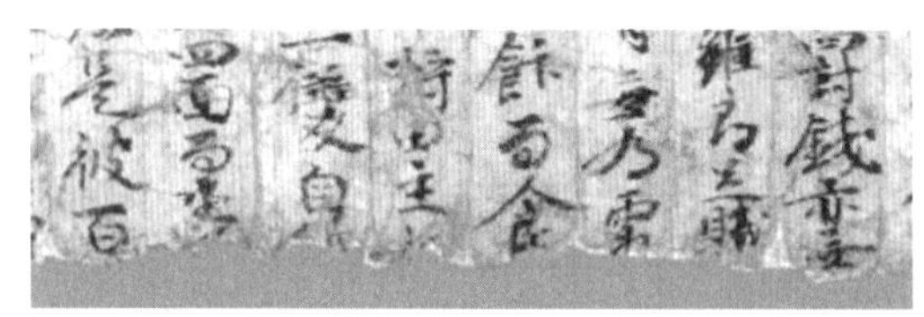

위의 사진은 25행의 마지막 글자 '無', 26행의 '賊', 27행의 '霜', 28행의 '食', 30행의 , 31행의 , 32행의 '百'의 부분을 보여주는 사진이다. 위의 사진으로 보면, 25행의 '無'가 가장 밑까지 온 글자의 위치가 아닐까 추측된다. 그래서 글자 역시 상하보다는 좌우로 퍼진 형태를 보인다. 반면에 28행의 '食'자는 공간이 충분하여, 크고 넓게 쓰여졌다. 이로 보건데, 29행의 글자 역시 상하보다는 좌우로 퍼진 형태의 글자가 아닐까 추측해본다. 위 예문의 '亦 · 即 · 並'의 원문 사진 중에서는 '亦'가 가장 비슷한 글자체를 보인다.

(3) 마지막으로 '勞'는《往五天竺國傳》에서 한 번도 사용된 적이 없다.

우리는 이 세 가지 논거에 의거하여, 29행의 마지막 글자를 '亦'으로 추정해본다.

【30】

羅　：不爲迗也彼土百姓貧多富少王官屋裏及富有者著氎一雙自□

藤田：不爲迗也、彼土百姓、貧多富少、王官屋裏、及富有者、著氎一雙、自□

桑山：不為迗也。彼土百姓。貧多富少。王官屋裏及富有者。着氎一雙。自[外]

張　：不爲迗也。彼土百姓。貧多富少。王官屋裏。及富有者。著氎一隻。自□

정　：不爲迗也 彼土百姓 貧多富少 王官屋裏及富有者 着氎一雙 自{外}

박案：不為迗也彼圡百姓貧多冨尐王官屋裏及冨有者着氎一雙自外

### 校註

① 為: 원본 형태는 이다. '爲'의 행초서체()이다.

② 圡: 원본 형태는 이다. '土'의 이체자(圡)이다.(小學堂)

③ 冨: 원본 형태는 이다. '富'의 이체자(冨)이다.(小學堂)

④ 尐: 원본 형태는 이다. '少'의 이체자(尐)이다.(《敦煌俗字典》(2005:355))

⑤ 着: 원본 형태는 이다. '着'의 이체자이다. 아래(底)가 정확하게 '日'인지 '目'인지 구분하기 힘드나, '目'에 가깝다고 생각한다.

⑥ 氎: 원본 형태는 이다. '氎'의 이체자()이다.(《敦煌俗字典》(2005:88))

⑦ 雙: 원본 형태는 이다. 張毅는 '隻'로 보았다. 원문 글자를 보면, '雙'이 맞다. '雙'의 이체자(雙)이다.(小學堂) 정기선(2000:11)은 '着氎一隻 自四一雙'으로 식자하고, '隻'과 '雙'의 위치가 바뀌었다고 주장한다. 그래서 이를 바꾸어 '着氎一雙 自四一隻'로 읽어야 한다고 말한다. 원문에 있는 글자는 '雙'의 이체자(雙)이다. 따라서 위치를 바꿀 필요가 없다.

⑧ 自外: 外의 원본 형태는 ()이어서, 식자가 어렵다. 藤田豐八 · 桑山正進 · 정수일은 '自外'로 추론하고 있다. '自外'는 《왕오천축국전》에서 이번 행을 제외하고 4번 사용되었다. 앞뒤의 문의를 살펴보면, 충분히 추측이 가능한 글자이다.

【31】

羅　：一隻貧者半片女人亦然其王每坐衙處首領百姓總來遶王四面而坐各

藤田：一隻、貧者半片、女人亦然、其王每坐衙處、首領百姓、總來遶王四面而坐、各

桑山：一隻。貧者半片。女人亦然。其王每坐衙處。首領百姓惣来遶王。四面而坐。各

張　：一雙。貧者半片。女人亦然。其王每坐衙處。首領百姓。惣來遶王四面而坐。各

정　：一隻 貧者半片 女人亦然 其王每坐衙處 首領百姓惣來遶王 四面而坐 各

박案：一隻貧者半片女人亦然其王每坐衙處首領百姓揔来遶王四面而坐□

校註

① 一: 원본 형태는 一이다.

② 隻: 원본 형태는 隻이다. 張毅는 '雙'으로 보았다. 원문 형태를 보면, '隻'가 맞다. 이체자(隻)이다.(臺灣教育部異體字字典)

③ 亦: 원본 형태는 亦이다. '亦'의 이체자(亦)이다.(《敦煌俗字典》(2005:495))

④ 坐: 원본 형태는 坐이다. '坐'의 이체자(坐)이다.(小學堂)

⑤ 處: 원본 형태는 處이다. '處'의 이체자(處)이다.(小學堂)

⑥ 遶: 원본 형태는 遶이다. '遶'의 행초서체이다.

⑦ □: 원본 형태는 □(□)이다. 羅振玉・藤田豊八・桑山正進・張毅・정수일 모두 '各'으로 보고 있다. 식자하기 어렵다.

【32】

羅 : 諍道理訴訟紛紜非常亂閙王聽不嗔緩緩報云汝是汝不是彼百

藤田 : 諍道理、訴訟紛紜、非常亂閙、王聽不嗔、緩緩報云、汝是汝不是、彼百

桑山 : 諍道理。訴訟紛紜。非常乱閙。王聽不嗔。緩々報云。汝是。汝不是。彼百

張 : 諍道理。訴訟紛紜。非常亂閙。王聽不嗔。緩緩報云。汝是汝不是。彼百

정 : 諍道理 訴訟紛紜 非常亂閙 王聽不嗔 緩緩報云 汝是 汝不是 彼百

박案 : 诤道理訢訟紛紜非常乱閙王聽不嗔緩〻報云汝是汝不是彼百

校註

① 诤: 원본 형태는 [诤]이다. '諍'의 이체자(诤)이다.(小學堂)

② 訢: 원본 형태는 [訢]([訢])이다. '訴'의 이체자(訢)이다. 원본과 이체자의 오른쪽 변(邊)이 조금 다른 형태인데, 《왕오천축국전》의 '片'의 원본 형태(片)를 보면, 訢의 변(邊)과 같음을 볼 수 있다.

③ 紛: 원본 형태는 [紛]이다. '紛'의 행초서체(纷)이다.

④ 乱: 원본 형태는 [乱]이다. '亂'의 이체자(乱)이다.(小學堂)

⑥ 閙: 원본 형태는 [閙]이다. '閙'의 행초서체이다.

⑦ 聽: 원본 형태는 [聽]이다. '聽'의 행초서체(聽)이다.

⑧ 〻: 중문(重文) 표시이다.

⑨ 報: 원본 형태는 [報]이다. '報'의 행초서체(報)이다.[3]

---

3) 米芾의 행초서체. 漢典書法 참조.

**【33】**

羅　：姓等取王一口語爲定更不再言其王首領等其敬信三寶若對師

藤田：姓等、取王一口語爲定、更不再言、其王首領等、其敬信三寶、若對師

桑山：姓等。取王一口語為定。更不再言。其王首領等。甚敬信三寶。若對師

張　：姓等。取王一口語爲定。更不再言。其王首領等。甚敬信三寶。若對師

정　：姓等 取王一口語爲定 更不再言 其王首領等 甚敬信三寶 若對師

박案：姓䓁取王一口語為㝎更不𠕅言其王首領䓁甚敬信三寶若對师

**校註**

① 姓: 원본 형태는 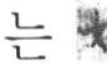이다. '姓'의 해서체()이다.[4]

② 㝎: 원본 형태는 이다. '定'의 이체자(㝎)이다.(小學堂)

③ 𠕅: 원본 형태는 이다. '再'의 이체자(𠕅)이다.(《敦煌俗字典》(2005:532))

④ 甚: 羅振玉, 藤田豊八은 '其'자의 오자(誤字)로 보고 있다. '甚'이다.

⑤ 若: 원본 형태는 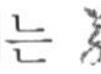이다. '若'의 행초서체(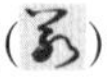)이다.

⑥ 對: 원본 형태는 ()이다. '對'의 이체자로는 敎 賛 兠 对 対 對 對 對 對 對 對 對 對 對 對 對 對 對 對 對 對 封 對 등이 있다.(臺灣教育部異體字字典, 小學堂)

⑦ 师: 원본 형태는 이다. '師'의 이체자(师)이다.(小學堂)

4) 歐陽詢의 해서체. 漢典書法 참조.

停衛王及首領等在地而坐不肯坐床王及首領行坐來去處自
將床子隨身到處即坐他床不坐寺及王宅並皆三重作樓從下第
一重作庫上二重人住諸大首領等亦然屋皆平頭塼木所造自外
並皆草屋似於漢屋雨下作也又是一重土地所出唯有氎布象馬等
物當土不出金銀並從外國來也亦不養駝騾驢猪等畜其牛總白
万頭之內希有一頭赤黑之者羊馬全少唯王有三二百口六七十疋自外
首領百姓總不養畜唯愛養牛取乳酪蘇也土地人善不多愛殺
於市店間不見有屠行賣肉之處此中天大小乘俱行即此中天界內有四
大塔恒河在北岸有三大塔一舍衛國給孤薗中見有寺有僧二毗耶
離城菴羅薗中有塔見在其寺荒廢無僧 三迦毗耶羅國即佛本
生城無憂樹見在彼城已廢有塔無僧亦無百姓此城最居北林木荒
多道路足賊往彼礼拜者甚難方迷 四三道寶階塔在中天王住城

【34】

羅 : 僧前王及首領等在地而坐不肯坐床王及首領行坐來去處自

藤田 : 僧前、王及首領等、在地而坐、不肯坐床、王及首領、行坐來去處、自

桑山 : 僧前。王及首領等。在地而坐。不肯坐床。王及首領。行坐来去處。自

張 : 僧前。王及首領等。在地而坐。不肯坐床。王及首領。行坐來去處。自

정 : 僧前 王及首領等 在地而坐 不肯坐床 王及首領 行坐來去處 自

박案 : 僧前王及首領䒭在地而坐不肎坐床王及首領行坐來去處自

校註

① 䒭: 원본 형태는 䒭이다. '等'의 이체자(䒭)이다.(臺灣教育部異體字字典)

② 肎: 원본 형태는 肎(肎)이다. '肯'의 이체자(肎)이다.(《敦煌俗字典》(2005:222))

③ 坐: 원본 형태는 坐이다. '坐'이 이체자(坐)이다.(臺灣教育部異體字字典)

④ 來: 원본 형태는 来이다. '來'의 행초서체(来)이다.[5]

5) 趙孟頫의 행초서체. 漢典書法 참조.

將牀子隨身到處即坐他牀不坐寺及王宅並皆三重作樓從下第

【35】

羅　: 將床子隨身到處即坐他床不坐寺及王宅並皆三重作樓從下第

藤田 : 將床子隨身、到處即坐、他床不坐、寺及王宅、並皆三重作樓、從下第

桑山 : 将牀子隨身。到處即坐。他牀不坐。寺及王宅。並皆三重作樓。從下第

張　: 將床子隨身。到處即坐。他床不坐。寺及王宅。並皆三重作樓。從下等第

정　: 將牀子隨身 到處卽坐 他牀不坐 寺及王宅 並皆三重作樓 從下第

박案 : 将牀子随身到処即坐他牀不坐寺及王宅並皆三重作樓從下第

**校註**

① 牀: 원본 형태는 牀(牀)이다. 이 글자만 보면, 왼쪽 방(旁)을 식별하기 어려운데, 이 행에 있는 다른 '牀'의 원본 형태는 牀(牀)이다. '牀'의 이체자는 床牀牀牀 牀牀牀床床牀床牀牀牀 등이 있다. 자형 분석이 더 필요하다.

② 随: 원본 형태는 随이다. '隨'의 이체자(随)이다.(小學堂)

③ 到: 원본 형태는 到이다. '到'이다.

④ 処: 원본 형태는 処이다. '處'의 이체자(処)이다.(小學堂)

⑤ 樓: 원본 형태는 樓(樓)이다. 제가 모두 '樓'로 식자하였다. '樓'의 이체자로는 楼 樓屡屢楼楼楼楼楼楼楼楼楼楼樓樓樓樓樓樓樓樓樓樓이 있다. '樓'는 54행에서 한 번 더 사용되었는데, 樓이다. 이 글자는 '樓'의 자형이 정확히 판별이 된다. 이체자에서 '木' 편방은 '扌' 편방과 서로 호용된다.[6] 따라서 제가의 의견처럼 樓의 '扌' 편방을 '木' 편방으로 인식하더라도, 오른쪽 부건에서 '女'만 정확히 변별이 되고, 오른쪽 위의 부건은 정확하게 변별하기 쉽지 않다.

⑥ 従: 원본 형태는 従이다. '從'의 이체자(従)이다.(《敦煌俗字典》(2005:67))

⑦ 第: 원본 형태는 第(第)이다. '第'는 《왕오천축국전》에서 이번 행에서만 사용되었다. 뒤의 문장과 연결되는 의미로 보면, 제가(諸家)의 의견처럼 '第'가 맞고, 이 원본 형태는 '第'의 행초서체(第)이다. 張毅(1994:30)는 '下'와 '第' 사이에 '等'이 있다고 보았다.

6) 이규갑, 2012. 〈異體字 字形類似偏旁의 互用類型 地圖 構築-木・礻・禾 등과 日・月・目 等을 중심으로〉, 《중국언어연구》, 43:221-240, 참조.

【36】

羅　：一重作庫上二重人住諸大首領等亦然屋皆平頭塼木所造自外□

藤田：一重作庫、上二重人住、諸大首領等亦然、屋皆平頭、塼木所造、自外□

桑山：一重作庫。上二重人住。諸大首領等亦然。屋皆平頭。塼木所造。自外[ ]

張　：一重作庫。上二重人住。諸大首領等亦然。屋皆平頭。塼木所造。自外□

정　：一重作庫 上二重人住 諸大首領等亦然 屋皆平頭 塼木所造 自外{ }

박案：一重作庫上二重人住諸大首領等亦然屋皆平頭塼木所造自外□

校註

① 亦: 원본 형태는 이다. '亦'이다.

② 然: 원본 형태는 이다. '然'이다.

③ □: 張毅(1994:30)는 '人'으로 추론한다. NTERNATIONAL DUNHUANG PROJECT(國際燉煌項目, http://idp.bl.uk)의 《왕오천축국전》의 원본 사진으로 보면 다음과 같다.

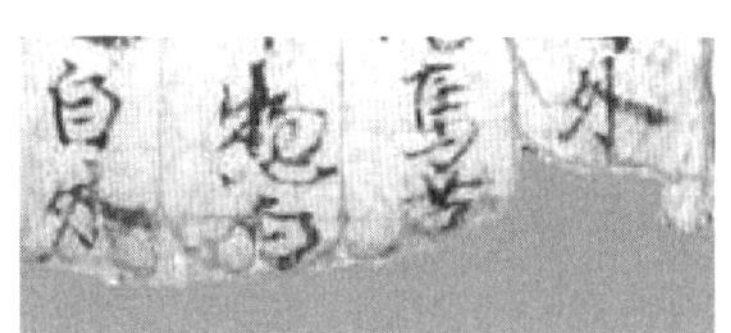

'自外'의 아래에 충분히 한 글자가 있을 수 있다.

**【37】**

羅　：並皆草屋似於漠屋雨下作也又是一重土地所出唯有氎布象馬萬

藤田：並皆草屋、似於漠屋雨下作也、又是一重、土地所出、唯有氎布爲馬萬

桑山：並皆草屋。似於漢屋兩下作也。又是一重。土地所出。唯有氎布象馬(等)

張　：並皆草屋。似於漠屋兩下作也。又是一重。土地所出。唯有氎布象馬萬

정　：並皆草屋 似於漢屋兩下作也 又是一重 土地所出 唯有氎布象馬[等]

박案：並皆草屋似於漢屋兩下作也又是一重土地所出唯有氎布象馬[等]

### 校註

① 似: 원본 형태는 似이다. '似'이다.

② 於: 원본 형태는 於이다. '於'의 행초서체(於)이다.

③ 漢: 원본 형태는 漢(漢)이다. 羅振玉 · 藤田豊八 · 張毅는 '漠'으로 보았고, 桑山正進과 정수일은 '漢'으로 식자하였다. 《왕오천축국전》에서 '漢'은 24번 사용되었고, '漠'은 출현하지 않았다.

《왕오천축국전》에 사용된 '漠'과 '漢'의 자형을 살펴보면 다음과 같다. '漠'의 경우, 《왕오천축국전》에서 사용된 적이 없기 때문에, '莫'으로 대신하여 자형을 살펴보고자 한다.

莫(莫)不傷心: 84행
羅漢(漢)僧: 93행
漢(漢)國: 112행
漢(漢)地: 165행
漢(漢)地: 188행
漢(漢)大雲寺: 223행

이 두 글자의 차이점으로, '莫'은 '艹', '日' 그리고 '大' 부건으로 이루어졌고, '漢'은 '氵'과 嘆 으로 이루어졌다. 두 글자의 머리를 보면, '莫'은 (84행)으로 '艹' 형태를 보이지만, '漢'은 (93행), (112행), (165행), (188행), (223행)처럼 'ㅛ' 형태를 보인다. 그리고 '莫'(莫)은 '艹', '日' 그리고 '大' 부건으로 이루어져 비교적 단순하게 합체가 되었지만, '漢'의 경우 '氵'과 嘆 부건으로 이루어져 '莫'보다 복잡한 형태를 보인다. 따라서 이번 행의 漢은

'漢'이 맞다.[7)]

④ 兩: 원본 형태는 ( )이다. 羅振玉과 藤田豊八은 '雨'로 보았고, 桑山正進 · 張毅 · 정수일은 '兩'으로 식자하였다. 《왕오천축국전》에서 '雨'는 91행에서 1번 사용되었고, '兩'은 8번 사용되었다. 《왕오천축국전》에서 사용된 '雨'과 '兩'의 문자 형태를 보면 다음과 같다.

在兩( )恒河間: 46행
北行兩( )月: 59행
夏足霖雨( ): 91행
兩( )人: 181행
有兩( )王: 182행

'雨'의 행서체( ) 혹은 초서체( )와 '兩'의 행서체( )와 초서체( )의 형태는 상당히 다르다. 그러나 《왕오천축국전》의 '雨'와 '兩'은 상당히 비슷한 형태를 보이고 있다. 《敦煌俗字典》(2005:244)의 '兩'의 이체자를 보면, ' '(雨)와 서로 혼돈하여 사용하기도 했다고 한다. 그리고 冉雲華(1975)의 〈惠超「往五天竺國傳」中天竺國箋考〉의 후기(後記)에는 글자에 대한 潘重規 교수의 의견이 있는데, 《毛詩殘卷》에 '兩'을 '雨'로 사용했다는 언급이 있다. 이로 보건대, 《왕오천축국전》의 '雨'와 '兩'은 문의(文義)에 따라 의미를 판단하는 것이 옳으리라 생각한다. 따라서 은 '兩'으로 식자한다.

⑤ 等: 원본 형태는 이다. 藤田豊八 · 桑山正進 · 張毅 · 정수일은 '等'으로 보고, '萬'으로 오기(誤記)하였다고 보고 있다. 《왕오천축국전》에서 '萬'은 39행에서 1번 사용되었고, '等'은 55번 사용되었다. 《왕오천축국전》에서 사용된 '萬'과 '等'의 문자 형태를 보면 다음과 같다.

摩訶菩提等( ): 17행
遊獵放鷹走犬等( )事: 26행
蘇乳酪等( ) : 28행
無鐵釜等( )也: 29행
萬( )頭之內: 39행

위의 예처럼, 이번 행의 글자는 '等'의 이체자의 일부분이 맞다.

7) 冉雲華(1976)의 후기(後記)에는 潘重規 교수와의 교신 중에 이 부분에 대한 의견 교환이 있다.

**【38】**

羅　：物當土不出金銀並從外國來也亦不養駞騾驢諸等畜其牛惣白

藤田：物、當土不出金銀、並從外國來也、亦不養駞騾驢諸等畜、其牛惣白、

桑山：物。當土不出金銀。並從外國来也。亦不養駝騾驢猪等畜。其牛惣白。

張　：物。當土不出金銀。並從外國來也。亦不養駞騾驢猪等畜。其牛惣白。

정　：物 當土不出金銀 並從外國來也 亦不養駝騾驢猪等畜 其牛惣白

박案：物當土不出金銀並從外國來也亦不養駞騾驢猪等畜其牛惣白

**校註**

① 従: 원본 형태는 従이다. '從'의 이체자(従)이다.(《敦煌俗字典》(2005:67))

② 國: 원본 형태는 國이다. '國'이다.

③ 來: 원본 형태는 来이다. '來'의 행초서체이다.

④ 駞: 원본 형태는 駞이다. '駝'의 이체자(駞)이다.(小學堂)

⑤ 猪: 원본 형태는 猪(猪)이다. 羅振玉과 藤田豊八은 '諸'로 보았고, 桑山正進 · 張毅 · 정수일은 '猪'로 식자하였다. 《왕오천축국전》에서 '諸'는 14번 사용되었고, '猪'는 이번 행에서 1번 사용되었다. 《왕오천축국전》에서 사용된 '猪'와 '諸'의 문자 형태를 보면 다음과 같다.

諸(諸)大首領: 36행
諸(諸)荳等: 60행
諸(諸)富有者: 89행

위의 문형으로 보건대, 猪는 '諸'가 아니다. 猪는 '猪'의 행초서체(猪)이다.[8]

8) 徐伯清의 행초서체. 漢典書法 참조.

【39】

羅　：萬頭之內希有一頭赤黑之者羊馬全少唯王有二三百口六七十疋自外
藤田：萬頭之內、希有一頭赤黑之者、羊馬全少、唯王有二三百口六七十疋、自外
桑山：万頭之內。希有一頭赤黑之者。羊馬全少。唯王有三二百口六七十疋。自外
張　：萬頭之內。希有一頭赤黑之者。羊馬全少。唯王有三二百口六七十疋。自外
정　：萬頭之內 希有一頭赤黑之者 羊馬全少 唯王有三二百口六七十疋 自外
박案：万頭之內希有一頭赤黑之者羊馬全少唯王有三二百口六七十疋自外

校註

① 万: 원본 형태는 万이다. '萬'의 이체자(万)이다.(小學堂)

② 希: 원본 형태는 希(希)이다. '希'의 행초서체(希)이다.[9]

③ 三二: 羅振玉과 藤田豊八은 '二三'으로 이해했지만, 원본에는 '三二'로 적혀 있다.

④ 外: 원본 형태는 外이다. 《왕오천축국전》에서 '外'는 18번 사용되었다.

外(外)道: 1행
二千里外(外): 7행
外(外)道: 14행
自外(外): 36행

문자의 형태로만 보면, 이번 행의 '外'는 위의 예들과 정확히 일치한다고 보기 어렵다. 위의 예를 보면, '夕'과 '卜'의 간격과 이번 행의 간격이 조금 다르다. 《왕오천축국전》에서 '自'와 함께 사용하는 글자 중에, '外'의 형태와 비슷한 글자는 '自外'가 있는데, 《왕오천축국전》에서 '自外'는 4번 사용되었다.

自外(自外): 36행
自外(自外)百姓: 89행
自外(自外): 204행

위의 예로 보면, 이번 행의 外은 '外'가 맞다고 생각된다. 비록 外에서 '卜'의 갈고리 부분이 명확하지는 않지만, 점 부분의 특징이 그대로 남아있다.

9) 趙孟頫의 행초서체. 漢典書法 참조.

## 【40】

羅　：首領百姓惣不養畜唯愛養牛取乳酪蘇也土地人善不多愛煞

藤田：首領百姓、惣不養畜、唯愛養牛、取乳酪蘇也、土地人善、不多愛煞、

桑山：首領百姓。惣不養畜。唯愛養牛。取乳酪蘇也。土地人善。不多愛殺。

張　：首領百姓。惣不養畜。唯愛養牛。取乳酪蘇也。土地人善。不多愛煞。

정　：首領百姓 惣不養畜 唯愛養牛 取乳酪蘇也 土地人善 不多愛殺

박案：首領百姓揔不養畜唯愛養牛取乳酪蘇也土地人善不多愛[煞]

### 校註

① 愛: 원본 형태는 愛(愛)이다. 125행 참조.

② 蘇: 원본 형태는 蘇(蘇)이다. 이 글자는 '艹', '禾' 그리고 '魚'로 되어있다. '魚'의 하각(下角)이 '灬'로 되어 있지 않지만, '魚'의 이체자(魚)를 보면 충분히 식자가 가능하다.

③ 善: 藤田豊八은 '善'은 '風'의 오기라고 적고 있다. '善'이 맞다.

④ [煞]: 원본 형태는 煞이다. 《왕오천축국전》에서 '煞'은 11번 출현한다.

煞(煞)人: 3행

相煞(煞)也: 24행

殤煞(煞): 27행

이번 행의 원본 형태를 보면, '煞'의 윗부분이 그대로 남아있다. '煞'이 맞다.

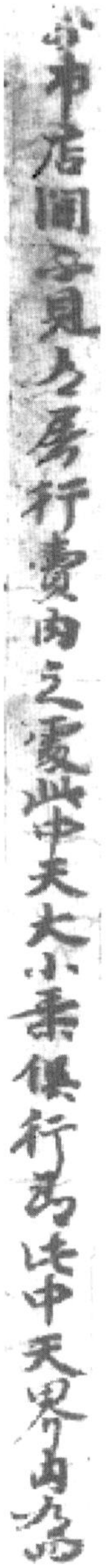
於市店間不見有屠行賣肉之處此中天大小乘俱行即此中天界內有四

**【41】**

羅　：□市店間不見有屠行賣肉之處此中天大小乘俱行即此中天界內有四
藤田：□市店間、不見有屠行賣肉之處、此中天大小乘俱行、即此中天界內有四
桑山：於市店間。不見有屠行賣肉之處。此中天大小乗俱行。即此中天界內有四
張　：□市店間。不見有屠行賣肉之處。此中天大小乘俱行。即此中天界內有四
정　：[於]市店間 不見有屠行賣肉之處 此中天大小乘俱行 卽此中天界內有四
박案：於市店間不見有屠行賣肉之䖏此中天大小乗俱行即此中天界內有四

**校註**

① 於: 원본 형태는 이다. 藤田豊八 · 桑山正進 · 張毅 · 정수일은 '於'로 식자하였다.
張毅은 '城'도 가능하다고 추측하였다.
《왕오천축국전》에서 '城'는 19번 사용되었다.

其城( )荒廢: 4행
離城( )菴羅薗中: 43행
彼城( )已廢: 44행
在中天王住城( ): 45행

과 위 예문의 '城'의 원문 자형은 많이 다르다.
《왕오천축국전》에서 '於'는 28번 사용되었다.

於( )其空中: 5행
在於( )塔中: 11행
似於( )漢屋: 37행

위의 예로 보면, (5행)과 (11행) 자형은 과 비슷하지 않고, 가능하다면 (37행)의 자형일 것이다. 그런데, 이번 행의 글자 가 와 또 다른 것은 '丨'( )과 이 떨어진 형태가 아니라, 서로 연결된 와 같은 형태를 보인다는 것이다. 은 '於'의 행초서체이다. 따라서 이 글자는 '於'가 맞다.

② 䖏: 원본 형태는 이다. '處'의 이체자(䖏)이다.(小學堂)

③ 乗: 원본 형태는 이다. '乘'의 이체자(乗)이다.(小學堂)

# 7 五天竺風俗

衣著[1)]言音[2)]人風法用。五天相似。[3)] 唯南天村草百姓。語有差別。仕□之類。[4)] 中天不殊。[5)] 五天國法。無有枷棒牢獄。有罪之者。據輕重罰錢。亦無形戮。[6)] 上至國王下及黎庶。不見遊獵放鷹走犬等事。道路雖即足賊。取物即放。[7)] 亦不殤殺。[8)] 如若懐物。[9)] 即有損也。土地甚暖。百卉恒青。無有霜雪。食唯粳粮餅麨蘇乳酪[10)]等。無醬有鹽。總用土鍋。煮飯而食。

1) 衣著: 《왕오천축국전》에는 '衣', '着(著)', '衣着(著)'의 세 가지 표현이 나온다. 역자는 이를 다음과 같이 한역하고자 한다.
(1) '주어(衣)+술어(著)+목적어' 구조: 이 구조는 '옷은 …을 입는다.'로 해석한다. 예) 衣着毛褐皮裘(108행)
(2) 명사의 병렬 구조: 이 구조일 때는 '옷 모양새'로 한역한다. 예) 衣著言音人風並別(103행)
2) 정수일(2004)은 '言音'을 '언어'로 한역하였지만, 역자는 '말소리'로 한역하고자 한다.
3) 《往五天竺國傳》에서 '相似'의 용례를 찾아보면, 모두 16번 사용되었는데(24행, 37행, 50행, 71행, 73행, 75행, 106행, 112행, 134행, 137행, 138행, 150행, 154행, 157행, 174행, 188행), '五天相似'를 제외하고, 모두 '與/共…相似' 문형을 사용하였다. '五天相似'는 전치사 '與/共'이 생략된 오류문장이다.
4) 仕□: 제가(諸家)들은 이 글자를 '仕宦'으로 추정한다. 글의 문맥으로 보면, 충분히 가능하다고 생각한다. '仕宦'은 벼슬살이의 의미이다.
5) 張毅(1994:25)는 '中天不殊'의 '中天'은 '五天'의 오기라고 말한다.
6) 刑: 원문에는 '形'으로 필사되어있다. '刑'의 오기이다. 26행 주① 참조.
7) 雖即: 제가들의 의견을 보면, '雖'로 식자하면 그 다음 글자를 '有'로 인식하였고, '維'로 식자하면 그 다음 글자를 '即'로 인식하였다.

羅振玉 : 道路雖有足賊
藤田豊八 : 道路雖有足賊
桑山正進 : 道路維即足賊
張毅 : 道路雖有足賊
정수일 : 道路維卽足賊

우리는 이 글자는 '雖即'라고 식자한다. 敦煌變文에서 '雖即'은 '雖然'과 같은 의미로 사용되었다.(劉傳鴻 2012: 104-112) '雖即'은 '비록 … 하지만'의 의미이며, '道路雖即足賊。取物即放'을 '길에는 비록 도적이 많지만, 물건을 취하고 바로 놓아준다'로 해석이 된다.
8) 殤(shāng): '殤'은 '요절하다'의 의미가 있다. 이 의미로 보면, 전체 문의와 맞지 않는다. 이외에 '傷'의 오기라는 의견이 있다. 그러나 '殤'은 '횡사(橫死)하다', '비정상적인 죽음'의 의미도 있다. 따라서 반드시 '傷'의 오기로 볼 필요는 없을 듯하다.
9) 如若: 만약

10) 食唯粳粮餅麨蘇乳酪: 이 문구를 해석하기 위해서 먼저 아래와 같이 분석을 하였다.

(1) 粳粮餅麨蘇乳酪等: 이 문구의 끊어 읽기는 《왕오천축국전》의 60과 61행에 '食多餅麨乳酪蘇油'라는 문구가 나오는데, 이를 적용하면, '食多(술어)+餅麨乳酪蘇油(목적어)'로 분석할 수 있고, '餅麨乳酪蘇油'는 다시 '餅麨', '乳酪', '蘇油'으로 분석이 가능하다. 이를 참조하면, 28행은 '食(술어)+唯(부사어)+粳粮餅麨蘇乳酪等(목적어)'로 분석이 가능하고, '粳粮餅麨蘇乳酪'은 '粳粮', '餅麨', '蘇乳酪'로 분석이 가능하리라 생각한다.

(2) 粳粮: 張毅(1994:27)와 정수일(2004:169)은 '粳粮'을 '粳糗'로 보았고, 정수일은 이를 '멥쌀과 미숫가루'로 해석하였다. 이에 반해, 羅振玉, 藤田豊八, 桑山正進는 '粳粮'으로 식자하여, '곡물' 혹은 '양식'으로 보았다.

(3) 餅麨: 정수일(2004:163, 169-170)은 '빵과 찐 곡물가루'로 한역하였고, 桑山正進(1992:31)은 '빵, 보리 미숫가루(등 분식류)'로 역문(譯文)하였다.

《釋名・釋飲食》에 보면, 餅을 "餅, 并也, 溲麪使合并也。胡餅, 作之大漫沍也, 亦言以胡麻著上也。蒸餅、湯餅、蝎餅、髓餅、金餅、索餅之屬, 皆隨形而名之也。"(餅은 합친 것이다. 보릿가루나 밀가루를 반죽하여 합친 것이다. 胡餅은 거북이 겉껍질 같은 모양의 두 면을 합해서 커다랗게 만든 것을 말하며, 또한 깨를 위에 뿌린 것을 말하기도 한다. 蒸餅, 湯餅, 蝎餅, 髓餅, 金餅, 索餅 등은 모두 모양에 따라 이름을 붙인 것이다.)라 해석하고 있으며, '麨'은 볶은 쌀가루나 밀가루를 가리키며, 일종의 마른 양식이다.

(《釋名》문구의 보충자료: 清代 畢沅이 《釋名疏證》에서 위의 "作之大漫沍也"구절에 주를 달아 말했다. "說文無漫字。此當作蔄胡。案鄭注《周禮・鼈人》云: '互物謂有甲, 蔄胡龜鼈之屬', 則蔄胡乃外甲兩面周圍蒙合之狀。胡餅之形似之, 故取名也。"《설문해자》에는 漫자가 없다. 이(漫沍)는 마땅히 蔄胡라고 해야 한다. 鄭玄이 《周禮・鼈人》에 대해 주를 달면서 이르기를, '互物라는 것은 껍질이 있는 것을 일컫는다. 蔄胡은 거북의 일종이다'라고 하였다. 즉 蔄胡은 겉껍질 모양의 두 면을 합한 모양이다. 胡餅의 모양이 이와 닮았으므로 이로써 이름을 취한 것이다.)

(4) 蘇乳酪: 정수일(2004:163, 170)은 '蘇乳酪'을 '유지방 식품, 젖, 치즈'로 한역하였다. 藤田豊八과 張毅(1994:27)은 '蘇'는 '酥'라고 했고, 정수일도 이 의견에 동의하였다. 藤田豊八는 '蘇'는 '酥'와 음이 같으면서, 가차(假借)이고, 《西域記》에서는 '膏酥'가, 《寄歸傳》에서 '酥油'가 언급된 것을 설명하면서, '蘇'가 '乳皮(우유가 아직 굳지 않은 상태에서 표면에 형성되는 얇은 막)'라고 적고 있다. 桑山正進(1992:31)은 '우유나 유제품'으로 해석하였다. 《釋名・釋飲食》에 보면, '酪'을 "酪, 澤也。乳作汁所使人肥澤也。"(酪은 윤택하게 하는 것이다. 젖으로 만들어서 사람을 살지도록 하는 것이다)라 해석하고 있다.

(5) 전체 문구를 해석하기에 앞서, 우선적으로 살펴보아야 할 것은 '粳粮', '餅麨', '蘇乳酪'을 '수식어+중심어(피수식어)' 구조로 분석할 것인지, '병렬'구조로 분석할 것인지 결정하여야 한다. 예를 들면, 60행의 '乳酪'와 61행의 '蘇油'는 '수식어+중심어(피수식어)' 구조로 '치즈(젖으로 만든 반응고 식품)'와 '버터기름'으로 해석할 수 있다. 그렇다면, 28행의 '粳粮'은 어떤 구조일까? 정수일과 같이 '멥쌀과 미숫가루'로 해석한다면 '병렬'구조로 해석하는 것이고, 桑山正進은 곡물이라는 통칭으로 해석하였다. '粳'은 찰지지 않은 쌀을 가리키며, '粳稻'라는 어휘가 있다. 따라서 우리는 '粳粮'을 '찰지지 않은 곡물'로 번역해도 좋고, '곡물'이라는 통칭으로 해석해도 좋다고 생각한다.

그 다음으로 '餅麨'은 어떤 구조일까? 《釋名・釋飲食》의 예를 보면, 蒸餅, 湯餅, 蝎餅, 髓餅, 金餅, 索餅은 모두 '수식어+중심어(피수식어)' 구조이다. 정수일의 '빵과 찐 곡물가루'과 桑山正進의 '빵, 보리 미숫가루'은 모두 '병렬'구조이다. 우리 역시 이 구조는 병렬구조가 옳은 듯하다. 왜냐하면, '餅麨'이 '수식어+중심어(피수식어)' 구조로는 해석이 되지 않고, '중심어+수식어' 구조가 되면, 일반적인 중국어의 수식어와 중심어(피수식어)의 구조가 되지 않기 때문이다. 따라서 병렬구조로 해석하는 것이 가장 적합하리라 생각하여, '빵과 볶은 곡물가루'로 해석하고자 한다.

그 다음으로 정수일은 '蘇乳酪'을 '유지방 식품, 젖, 치즈'로 한역하였는데, 이는 병렬구조이다. 桑山正進의 '우유나 유제품' 해석은 정확히 구조를 파악할 수가 없다. 이 구조에서 정확하게 분석되는 것은 '酪'는 중심어

無鐵釜等也。百姓無別庸稅。11) 但抽田子五石12)與王。13) 王自遣人運將。

(피수식어)로서 명사라는 것이다.

사실 蘇(유지방 식품)와 酪(치즈)가 모두 乳(우유)에서 나오는데, 이 셋을 병렬로 연결하는 것도 의미의 상·하위 개념으로 보면 맞지 않는다. 혹은 이 문구를 '蘇'와 '乳酪'로 보고, '乳'가 '酪'를 수식하는 형태로 본다면, '蘇'와 '酪'가 서로 병렬로 해석될 수도 있다. 문제는 '酪'만 '乳'로 만드는 것이 아니라, '蘇'도 '乳'로 만들어진다는 것이다. 다시 말하자면, 이 단어의 연결을 보면, '乳'가 가장 상위개념(酪와 蘇를 만드는 원료)이고, '酪'와 '蘇'는 '乳'로 만들어진 것이다.

《왕오천축국전》의 40행에 '唯愛養牛。取乳酪蘇也。'(오직 소를 키우기 좋아하여, 치즈와 버터를 얻는다.)와 61행에 '乳酪蘇油'(치즈와 버터기름)에서 '乳酪'가 같이 연결되어 나오는 것을 볼 수 있다. 이에 우리는 '蘇乳酪'을 '蘇'(버터)와 '乳酪'(치즈)로 이해하고자 한다.

위의 분석을 기초로 하여, 우리는 이 문구를 '찰지지 않은 곡물, 빵과 볶은 곡물가루, 버터와 치즈를 많이 먹는다.'로 해석하고자 한다.

11) 百姓無別庸稅:

(1) 정수일(2004:163, 170)은 '부역이나 세금은 없다.'로, 정기선(2000:294)는 '세금 노역이 없다.'로 한역하였다. 桑山正進은 '서민에게는 노역이나 연공과 같은 구별은 없다.'로 해석하였다. 연공은 해마다 바치는 공물을 의미한다. '庸稅'은 '丁稅', '丁錢'이라고도 하며, 부역을 대신하는 실물을 일컫는다.

(2) 《왕오천축국전》에서 사용한 '別'의 의미와 용법을 살펴보면 다음과 같다.

唯言音稍別(50행): 다만 말소리가 조금 다르다
還別作(97행): 여전히 서로 따로 짓다.
衣著言音人風並別(103행): 옷 모양새, 말소리, 풍습 모두 다르다
男女衣服無有差別(143행): 남자와 여자의 의복에는 차이가 없다
別異處多(154-155행): 다른 점도 많다

'別'이 술어로 사용된 것은 50행, 103행이며, 의미는 '다르다'로 해석되었다. 부사어로 사용된 것은 97행으로 '따로'로 해석되었다. 143행은 어휘의 한 부분으로 명사로 사용되었고, 154-155행 역시 어휘의 한 부분으로 관형어로 사용되었다.

(3) '百姓無別庸稅'에서 '無'는 이 문구에서 술어를 담당한다. 따라서 '庸稅'는 목적어 역할을 담당하고, '別'은 목적어를 수식하는 관형어의 용법으로 사용된 것이다. 따라서 우리는 이 문구를 '백성들에게 별다른 부역과 세금은 없다'으로 해석하고자 한다.

12) 石(석, dàn): 중국의 용량 단위. '十斗'가 '一石'이다.

13) 張毅(1994:28-29)는 이 부분을 '抽田子一石與王'으로 이해하고 있다. 왜냐하면, 고대 인도에서 논에 대한 세금(田賦)을 6분의 1을 받았기 때문이다. 이는 바로 玄奘이 말한 '假種王田, 六稅其一'(왕의 밭을 빌려서 농사를 짓는데, 6으로 분할하여, 그 하나를 세금으로 징수한다)에 근거한 것이다. 결국 이 문장의 대의는 왕에게 일부분을 세금으로 바친다는 것이기에, '抽田子五一石與王'이면, '밭 다섯 중에서 일석을 거두어 왕에게 주다'로 번역하고, '抽田子五石與王'이면, '밭에서 다섯 석을 거두어 왕에게 주다'로 번역하고, '抽田子一石與王'이면, '밭에서 일석을 거두어 왕에게 주다'로 번역하면 되리라 생각한다. 역자의 의견으로는 29행의 토론과 같이 이 문구를 '抽田子五石與王'으로 식자하여, '밭을 뽑아 오석을 왕에게 준다.'로 해석하고자 한다.

冉雲華(1976:91)은 《마누법전》(The Laws of Manu)에 의하면 국왕은 팔분의 일, 육분의 일 혹은 십이분의 일의 농산물을 취한다고 서술하였다. 따라서 이 부분의 해석은 더 연구가 되어야 할 부분이다. 《마누법전》(The Laws of Manu)은 고대 인도의 법전이다.

田主亦不爲送也。[14] 彼土百姓。貧多富少。王官屋裏及富有者。[15] 著氎一雙。[16] 自外一隻。貧者半片。[17] 女人亦然。其王每坐衙處。首領百姓總來遶王。四面而坐。□諍道理。訴訟紛紜。非常亂鬧。王聽不嗔。[18] 緩緩報云。汝是。汝不是。彼百姓等。取王一口語爲定。[19] 更不再言。其王首領等。甚敬信三寶。若對師僧前。王及首領等。在地而坐。不肯坐床。[20] 王及首領。行坐來去處。[21] 自將床子隨身。到處即坐。他床不坐。寺及王宅。並皆三重作樓。[22] 從下第一重作庫。上二重人住。諸大首領等亦然。屋皆平頭。[23] 塼木所造。自外□[24]並皆草屋。[25] 似於漢屋兩下作也。[26] 又是一重。

---

14) 王自遣人運將田主亦不爲送也(29-30):

1) 桑山正進(1992:16)은 亦을 '勞'로 식자하고 있으며, 정수일(2004:172) 역시 '勞'로 소개하고 있다. 이로 인하여, 桑山正進(1992:31)는 이 어구를 "왕이 친히 사람을 파견하여 운반하게 하니까, 田地의 소유자는 일부러(勞) 운송하지 않아도 된다."고 해석하고, 정기선(2000:294)은 "왕이 사람을 보내 운반해 오며 종사 주인이 운송해 바치지 않는다."로 한역하였고, 정수일(2004:163)은 "왕이 사람을 보내 운반해가지, 땅 주인이 일부러 보내지는 않는다."라고 번역하였다.

2) 將: 將士의 의미로서, 장교와 사병의 통칭으로 사용된다.

15) 王官屋裏及富有者: '王官'은 관원의 의미가 있고, '屋裏'는 '아내(처)'와 '집'의 의미가 있다. 따라서 '王官屋裏及富有者'를 '관원, 처 그리고 부유한 자'로 해석이 된다. 정기선(2000)은 '왕궁이나 집에서 그리고 부유한 자는'으로 한역하였고, 정수일(2004:163)은 '왕과 관리 집안이나 부유한 사람들'이라고 번역하였고, 桑山正進(1992:31)는 '왕의 궁정 내에 있는 자, 부유한 자'로 해석하였다.

16) 1) 氎(첩, dié): 모직물, 올이 가늘고 고운 모직물.

2) 《왕오천축국전》에 '氎'에 관련된 어휘로 '氎', '氎布', '氎衫', '氎衫袴', '氎布衫袴', '氎布衫', '寬氎布衫'(162), '白氎帽子'(179)이 있다. 역자는 다음과 같이 해석하고자 한다.

氎: 모직물, 氎布: 모직천, 氎衫: 모직 윗옷, 氎衫袴: 모직 윗옷과 모직 바지, 氎布衫袴: 모직천 윗옷과 바지', 氎布衫: 모직천 윗옷, 寬氎布衫: 헐렁한 모직천 윗옷, 白氎帽子: 백색 모직 모자.

17) 貧者半片: 이 문구의 완전한 문장은 '貧者半片'이다.

18) 嗔(진, chēn): 노하다, 화내다. 나무라다. 탓하다.

19) 一口語: 말 한마디. '一(수사)+口+(양사)+語(명사)' 구조이다.

20) 정수일(2004:164)은 '床'을 좌탑으로 한역하였다. 역자도 이를 사용하고자 한다.

21) 行坐來去處: 정수일(2004:164)은 '어디에 다녀올 때면'이라고 한역하였고, 정기선(2000)은 '다닐 때에는'으로 한역하였고, 桑山正進는 '어디를 가든'으로 해석하였다. 이 앞 뒤 문구의 의미는 '왕과 수령은 좌탑을 가지고 다니면서 앉고, 단지 사승(師僧, 수행자의 스승)의 앞에서는, 좌탑에 앉지 않고, 땅에 앉는다.'는 의미이다. 따라서 우리는 '行坐來去處' 문구에서 '坐'를 명확하게 번역해 주어야 한다고 생각한다. 이에, '다니면서 앉거나, 오고 다니는 곳에'로 한역하였다.

22) 並皆: '모두', '함께'의 의미로, 같은 의미의 '並'과 '皆'를 서로 연결하여 사용하는 형태이다. 고대중국어에서 자주 사용되는 언어현상이다.(張志達(1993), 〈"並皆"辯釋〉, 《北京師範大學學報》2期 참조. 張涌泉(1987), 〈敦煌變文校讀釋例〉, 《敦煌學輯刊》第 2 期 참조)

土地所出。唯有氎布象馬等物。當土不出金銀。並從外國來也。亦不養駝騾驢猪等畜。其牛總白。萬頭之內。希有一頭赤黑之者。[27] 羊馬全少。唯王有三二百口。六七十疋。[28] 自外首領百姓。總不養畜。唯愛養牛。取乳酪蘇也。[29] 土地人善。不多愛殺。於市店間。不見有屠行賣肉之處。[30]

## 7. 오천축국의 풍습

옷 모양새, 말소리, 민풍, 법률 적용이 오천축국이 서로 비슷하다. 단지 남천축국의 시골 백성들의 말소리는 차이가 있다. 벼슬살이의 종류가 중천국과 다르지 않다.[31] 오천축국의 국법에는 목에 칼을 씌우는 형벌, 곤장을 때리는 형벌, 감옥에 가두는 형벌이 없다. 죄가 있으면, 죄의 경중에 근거하여 벌금을 물린다. 역시 형벌이나 사형은 없다. 위로는 국왕으로부터 아래로는 서민에 이르기까지, 밖으로 나가 수렵을 한다거나, 사냥매를 날리거나, 사냥개를 풀어 놓는 일 등을 보지 못했다. 길에는 비록 도적이 많으나, 물건을 취하고 바로 놓아준다. 역시 다치게 하거나 죽이지 않는다. 만약에 물건을

23) 屋皆平頭: 이 문구의 완전한 문장은 '屋皆平頭'이다.

24) □: 鄭毅(1994:30)는 결자 부분을 '人'으로 추정하였다. 앞뒤의 문의로 보면, '人'을 사용하여도 의미상 문제가 없다.

25) 並皆草屋: 이 문구의 완전한 문장은 '並皆爲草屋'이다.

26) 羅振玉은 '兩'을 '雨'로 보고, 이 문장은 오류가 있는 문장이라고 적고 있다.
兩下: 용마루가 있는 가옥의 양쪽 처마. 《禮記 · 檀弓上》은 "夏 나라 때의 가옥처럼 낮은 것을 보았다(見若覆夏屋者矣)."라고 적혀 있고, 이에 대해 당(唐) 나라 孔穎達은 "殷 나라 사람 이래로 사아(四阿: 기둥이 넷이고, 지붕이 사각추 형태로 된 건물)로 집을 지었는데, 夏 나라 사람들의 집은 양하(兩下:지붕 날개를 남과 북 두 곳으로만 향하게 한 맞배지붕) 밖에 없다(殷人以来 , 始屋四阿 , 夏家之屋 , 唯兩下而已)."고 소(疏)를 달았다.

27) 정수일(2004:164)은 '赤黑'을 '붉거나 검은'으로 해석하였다.

28) 唯王有三二百口。六七十疋:
1) '口'는 양(羊)을 세는 양사이고, '疋'은 말을 세는 양사이다. '疋'은 '匹'과 같다.
2) 藤田豊八, 桑山正進, 張毅, 정수일 모두 '唯王有三二百口六七十疋'으로 끊어 읽기가 되어있지만, 의미상 끊어 읽는 것이 옳은 듯하여, 우리는 '唯王有三二百口。六七十疋'으로 끊어 읽고자 한다.

29) 取乳酪蘇也: 이 문구의 완전한 문장은 '取乳制酪蘇也'이다.

30) 《高麗史》券一 世家一 太祖一 十二年 六月(929년)에, 천축국(天竺國)의 승려가 고려에 찾아온 내용이 있다.

天竺國三藏法師摩睺羅來, 王備儀迎之, 明年死于龜山寺.
천축국(天竺國)의 삼장법사(三藏法師) 마후라(摩睺羅)가 오자, 왕이 의장(儀仗)을 갖추고 맞이하였는데 이듬해에 구산사(龜山寺)에서 죽었다.

31) 김규현(2013:59)은 '단지 남천축국의 시골 백성들의 언어는 차이가 있으나. 벼슬살이의 종류가 중천국과 다르지 않다.'를 '다만 남천축의 시골 사람들은 말이 조금 다르나, 관리들은 중천축과 다르지 않다.'로 해석하였다. 해석의 차이점은 우리의 해석은 언어의 사용과 벼슬살이의 종류로 서로 다른 문구로 해석하였고, 김규현의 해석은 두 문장을 모두 언어의 사용과 관련된 문구로 해석하였다.

…면, 바로 상해를 입게 된다.

토지가 매우 따뜻하여, 온갖 풀들이 항상 푸르고, 서리와 눈이 없다. 음식은 오로지 찰지지 않은 곡물, 빵과 볶은 곡물가루, 버터와 치즈 등이다. 간장은 없고, 소금은 있다. 늘 흙으로 만든 솥을 사용하여 밥을 지어 먹는다. 무쇠로 만든 솥은 없다. 백성들은 별도의 부역과 세금은 없다. 그러나 밭을 뽑아 오석을 왕에게 준다. 왕이 스스로 사람과 운반병을 보낸다. 땅주인 역시 (수확물을) 보내지 않는다. 이 땅의 백성 중에 가난한 자가 많고, 부유한 자가 적다. 관원, 처 그리고 부유한 자들은 모직물 한 벌(쌍)을 입고, 그 나머지 사람들은 한 조각을 입고, 가난한 자들은 반 조각을 입는다. 여자들 역시 동일하다.

그 왕은 매번 관청에 오르면, 수령과 백성들이 모두 와서 왕을 에워싸고, 사면에 앉는다. 서로 이치를 간하는데, 소송이 분분하여, 매우 난잡하고, 떠들썩하다. (그러나) 왕은 듣고 화를 내지 않고, 천천히 '그대는 옳고, 그대는 틀리다.'라고 회답을 해 준다. 이 백성들은 왕의 한 마디 말을 취하여, 다시는 더 이상 말하지 않는다. 그 왕과 수령들은 삼보(三寶)를 매우 공경하고 믿는다. 만약 사승(師僧, 수행자의 스승)의 앞이라면, 왕과 수령 등은 땅에 앉고, 좌탑에 앉으려 하지 않는다. 왕과 수령은 (사람들이) 오고 다니는 곳에 다니면서 앉거나, 스스로 좌탑을 몸에 지니고 다니면서, 장소에 이르면 바로 앉는다. 남의 좌탑에는 앉지 않는다. 절이나 궁궐은 모두 3층으로 집을 만들었다. 아래로부터 첫 번째 층은 창고로 사용하고, 그 위의 두 개 층은 사람이 머문다. 많은 대수령들도 이와 같다. 집 모양은 모두 평평한 지붕으로 되어있고, 벽돌이나 목재로 만들었다. 그 외에 …는 모두 풀로 이어 만든 초가집이며, 중국의 집의 맞배지붕과 비슷하게 만들었다. 또한 단층이다.

이 땅에서 생산되는 것은 단지 모직 천, 코끼리, 말 등이다. 이 땅에서는 금과 은이 나오지 않는다. 모두 외국에서 들여온다. 또한 낙타, 노새, 나귀, 돼지 등 가축을 기르지 않는다. 이곳의 소는 모두 희다. 만 마리 중에 보기 드물게 검붉은 소가 한 마리 정도 있다. 양과 말은 모두 적다. 오직 왕만이 이삼백 마리의 양과 육칠십 마리의 말을 가지고 있다. 그 외 수령과 백성들은 모두 짐승을 기르지 않았고, 오직 소를 키우기 좋아하여, 치즈와 버터를 얻었다. 이곳 사람들은 선량하고, 살생을 많이 즐겨하지 않는다. 시장 점포에는 고기 파는 곳이 보이지 않는다.

【42】

羅　: 大塔恒河在北岸有三大塔一舍衛國給孤薗中見有寺有僧二毗耶

藤田 : 大塔、恒河在北岸有三大塔、一、舍衛國給孤薗中、見有寺有僧、二、毗耶

桑山 : 大塔。恒河在北岸有三大塔。一舎衛國給孤薗中。見有寺有僧。二毗耶

張　: 大塔。恆河在北岸有三大塔。一。舍衛國給孤薗中。見有寺有僧。二。毗耶

정　: 大塔 恒河在北岸有三大塔 一舍衛國給孤薗中 見有寺有僧 二毗耶

박案 : 大塔恒河在北岸有三大塔一舍衛國給孤薗中見有寺有僧二毗耶

### 校註

① 衛: 원본 형태는 이다. '衛'의 행초서체()[1]이다.

② 薗: 원본 형태는 이다. '園'의 이체자이다.(小學堂)

③ 毗: 원본 형태는 이다. 張毅(1994:37)는 '毘'로 식자하였다. '毘'는 '毗'의 이체자이다.(小學堂)

④ 耶: 원본 형태는 ()이다. '耶'는 '毗耶離城' 이름의 한 글자이다. 《왕오천축국전》에서 '耶'는 3번 사용되었다.

迦毗耶()羅國: 43행

突厥王阿耶(): 117행

王住城名爲縛底耶(): 155-156행

법현(法顯)은 '毗舍離'라 하였고, 玄奘은 '吠舍釐'하였다. 범문(梵文)으로는 'Vaisali'이다. 중고음을 살펴보면 다음과 같다.

| | | 성모 | 운모 |
|---|---|---|---|
| | 毗 | b | iɪi |
| | 耶 | 0 | ia |
| | 離 | l | iɪ |
| | 吠 | b | iai |
| 周法高擬音 | 舍 | ɕ | ia |
| | 釐 | l | i |
| | 毗 | b | iɪi |
| | 舍 | ɕ | ia |
| | 離 | l | iɪ |

1) 趙構이 행초서체. 漢典書法 참조.

위의 중고음으로 보면, 'Vaisali'를 '毗耶離'로 음역했을 경우, 's' 성모가 발음되지 않는다. 반면에 '毗舍離'와 '吠舍釐'는 's' 성모가 '舍'에 의하여 발음이 된다.

# 8 中天竺四大塔

此中天大小乘俱行。即此中天界內有四大塔。恒河在北岸有三大塔。[1]

## 8. 중천축국의 사대탑

이 중천축국에서는 대승과 소승이 모두 행해진다. 바로 이 중천축국의 국경 안에 네 개의 큰 탑이 있다.[2] 항하의 북쪽 언덕에 세 개의 큰 탑이 있다.

1) 張毅(1994:32)는 이 문구를 '在恒河北岸有三大塔' 혹은 '恒河北岸有三大塔'으로 수정되어야 한다고 분석하여, '在'가 군더더기 글귀라고 말하고 있다. 우리는 '在'가 중간언어 현상에서 온 문구라고 생각한다. 다시 말하자면, 혜초 스님의 모국어의 후치사가 '在恒河北岸有三大塔'의 '在'와 같이 전치사로 사용되어야 하는데, '恒河在'와 같이 후치사로 사용된 것이다.

2) 冉雲華(1976:86)에 의하면, 이 네 탑은 현재 인도 북부의 Saheth Maheth에 위치한다고 한다.

# 9 舍衛國塔

**一舍衛國給孤園中。[1] 見有寺有僧。**

### 9. 사위국 탑

첫째는 사위국 급고원(給孤薗)에 (탑이) 있다. 절이 있는 것과 승려가 있는 것을 보았다.

1) (1) 一舍衛國給孤園中: 이 문구의 완전한 문장은 '一在舍衛國給孤園中'이다.
(2) 給孤園. 給孤園의 '園' 앞에 '獨' 자가 빠져있다고 한다. 현장(玄奘)은 '逝多林給孤獨園'이라고 하였다.

**【43】**

羅　：離城菴羅薗中有塔見在其寺荒廢無僧 三迦毗耶羅國即仏本

藤田：離城菴羅薗中、有塔見在、其寺荒廢無僧、三、迦毗耶羅國、即仏本

桑山：離城奄羅薗中。有塔見在。其寺荒廢。無僧。三迦毗耶羅國。即仏本

張　：離城菴羅薗中。有塔見在。其寺荒廢無僧。三。迦毘羅國。即仏本

정　：離城菴羅薗中 有塔見在 其寺荒廢 無僧 三迦毗耶羅國 卽佛本

박案：離城菴羅薗中有塔見在其寺荒廢無僧 三迦毗耶羅國即仏本

**校註**

① 廢: 원본 형태는 廢이다. '廢'이다.

② 迦毗耶羅國: 羅振玉・藤田豊八・桑山正進은 '迦毗耶羅國'으로 보았다. 張毅는 '迦毘羅國'으로 보았으며, '耶'는 군더더기 글자라고 하였다. 이 지명을 법현(法顯)은 '迦維羅衛城'이라고 하였으며, 현장(玄奘)은 '劫比羅伐堵窣國'라고 하였다. 범어로 이 지명은 Kapilavastu, Kapilapura, Kapilāhvaoura라고 한다.

| | | 성모 | 운모 |
|---|---|---|---|
| 周法高擬音 | 迦 | k | iɑ |
| | 毗 | b | iɪi |
| | 耶 | 0 | ia |
| | 羅 | l | ɑ |
| | 迦 | k | iɑ |
| | 維 | 0 | iuɪi |
| | 羅 | l | ɑ |
| | 衛 | j | iuai |
| | 劫 | k | iɑp |
| | 比 | b | iɪi |
| | 羅 | l | ɑ |
| | 伐 | b | iɑt |
| | 窣 | s | uət |

위의 중고음으로 보면, 張毅가 말한 '迦毘羅國'이 올바르고, '耶'는 군더더기 글자라는 의견이 맞다. 법현(法顯)의 음역인 '迦維羅衛城'을 다시 살펴보면, '維' 역시 군더더기 글자이다. 현장(玄奘)이 사용한 용어인 '劫比羅伐堵窣國'은 'Kapilavastu'을 정확하게 음역한 것이다.

# 10 毗耶離城塔

**二毗耶離城菴羅園中。[1] 有塔見在。[2] 其寺荒廢。無僧。**

### 10. 비야리성 탑

둘째는 비야리 성(城)의 암라원에 있다. 탑이 아직 남아있다. 그 절은 황폐하고, 승려가 없다.

1) 二毗耶離城菴羅園中: 이 문구의 완전한 문장은 '二在毗耶離城菴羅園中'이다.
2) 見在: 현재까지 존재한다. 아직 남아있다.

【44】

羅　: 生城無憂樹見在彼城已廢有塔無僧亦無百姓此城𡨚居比林木荒

藤田 : 生城、無憂樹見在、彼城已廢、有塔無僧、亦無百姓、此城𡨚居比、林木荒

桑山 : 生城。無憂樹見在。彼城已廢。有塔無僧。亦無百姓。此城最居北。林木荒

張　: 生城。無憂樹見在。彼城已廢。有塔無僧。亦無百姓。此城最居比。林木荒

정　: 生城 無憂樹見在 彼城已廢 有塔無僧 亦無百姓 此城最居[北] 林木荒

박案 : 生城無憂樹見在彼城已廢有塔無僧亦無百姓此城最居[比]林木荒

### 校註

① 無: 원본 형태는 [百]([无])이다. '百' 오른쪽 위에 '無'자를 적었다.

② 最: 원본 형태는 [𡨚]이다. '最'의 행초서체([𡨚])이다.[1]

③ [比]: 원본 형태는 [比]([比])이다. 羅振玉은 '比'로 보았고, 藤田豊八 · 桑山正進 · 張毅 · 정수일은 '北'의 오기라고 적고 있다. '北'은 이체자로는 [北 이체자들]가 있고, '比'의 이체자로는 [比 이체자들]이 있다. 위의 이자체는 [比]과 자형이 다르다. 《왕오천축국전》에서 '北'은 35번 사용되었다.

> 河北([北])岸: 16행
> 北([北])岸: 42행
> 北([北])至中天西天: 49행
> 岸北([北]): 58행
> 東北([北]): 102행
> 已北([北]): 119행

이 글자 자체로 비교하여도, '北'과 전혀 다른 형태를 가지고 있다. 정확히 어떤 한자 형태인지 식자하기 힘들다.

1) 歐陽詢의 행초서체. 漢典書法 참조.

【45】

羅 : 多道路足賊往彼禮拜者甚難方迷四三道寶階塔在中天王住城

藤田 : 多、道路足賊、往彼禮拜者、甚難方迷、四、三道寶階塔、在中天王住城

桑山 : 多。道路足賊。往彼礼拜者。甚難方途。四三道寶階塔。在中天王住城

張 : 多。道路足賊。往彼禮拜者。甚難方迷。四。三道寶階塔。在中天王位城

정 : 多 道路足賊 往彼禮拜者 甚難方[達] 四三道寶階塔 在中天王住城

박案 : 多道路𧾷賊往彼礼拜者甚難方迷四三道寶階塔在中天王住城

校註

① 𧾷: 원본 형태는 𧾷이다. '足'의 이체자(𧾷)이다.(臺灣教育部異體字字典)

② 往: 원본 형태는 往이다. '往'의 이체자(往)이다.(《敦煌俗字典》(2005:419))

③ 難: 원본 형태는 難이다. '難'의 이체자(難)이다.(《敦煌俗字典》(2005:285))

④ 迷: 원본 형태는 迷(迷)이다. 羅振玉과 藤田豊八은 '迷'로 보았고, 桑山正進은 '途'로 보았고, 張毅와 정수일은 '迷'로 보고 '達'의 오기(誤記)라고 하였다. 원본 글자의 형태로 보면, '迷'가 맞다.

# 11 迦毗耶羅國塔

**三迦毗耶羅國。[1) 即佛本生城。無憂樹見在。彼城已廢。[2) 有塔無僧。亦無百姓。此城最居𠬢。[3) 林木荒多。道路足賊。往彼禮拜者。甚難方迷。[4)**

1) 三迦毗耶羅國: 이 문구의 완전한 문장은 '三在迦毗耶羅國'이다.
2) 已: '이미'(已經)의 의미를 갖는 부사 용법.
3) 원본 자형이 정확히 '北' 혹은 '比'인지 확인하기 어렵다. 제가(諸家)들은 '北'의 오자(誤字)로 추론한다. 이 글자와 함께 사용하는 '居'를 근거로 이 글자를 추론하면, 이번 행을 제외하고, 《왕오천축국전》에서 '居'는 7번 사용되었다.

   氈帳而居(모포 천막으로 거주한다): 106행
   但依氈帳以爲居業(그러나 모포 친막에 의거하여 거입을 삼는다): 107행
   居山島(산도에 거주하다): 168행
   住居山谷(산골에 주거하다): 199행
   住居山裏(산 속에 주거하다): 202행
   爲居雪山(설산에 거처를 삼다): 206행

   위의 예를 보면, 이 문구의 '居'는 동사술어 용법으로 '거주하다'로 해석이 되든지, 아니면 '居+장소명사구'로 '…에 거주하다'는 문형이 된다. 제가(諸家)의 의견처럼 '北'으로 해석한다면, '居+방향'이 되는데, 《왕오천축국전》에는 이런 문형이 보이지 않는다. 이 글자는 해석이 어려운 글자이다.
4) 藤田豊八은 '方迷'가 해석이 되지 않는다고 적고 있다. 정수일(2004:181)은 鄭毅(1994:38)의 의견과 같이 '迷'를 '達'로 해석하여, '그 곳으로 가는 예배자들은 대단히 어렵게 (목적지에) 당도한다.'라고 한역하였다. 정기선(2000:295)은 '예배드리는 자는 방향을 잃기 쉬었다.'로 해석하였다.
   《왕오천축국전》에서 '方'은 5번 사용되었다. 예를 들면 다음과 같다.

   方入恒河(바야흐로 갠지스 강으로 흘러간다): 7행
   四面方圓三百餘步(사면의 길이가 삼백여보가 된다): 54행
   龍樹壽年七百。方始亡也(용수는 나이 칠백이 되어서야, 비로소 입적하였다): 56행
   他方寶樹摧(타향의 보물나무는 꺾였다): 85행

   이 가운데 부사로 해석된 것은 7번과 56행의 예이다. 역자는 '甚難方迷'를 '부사어+형용사술어+부사어+형용사술어' 구조를 가진 문장으로, '方'을 부사로 해석하고자 한다. 부사 '方'의 의미로는 '막, 바야흐로, 비로소, 또, 지금…하고 있다, 단지 등'의 의미가 있는데, 이 문장의 의미로는 '또'로 해석하여, '예배자들은 (길이) 심히 힘들기도 하며 또 (길을) 잃기도 한다.'로 한역하였다.

## 11. 가비야라국 탑

셋째는 가비야라국에 있는데, 바로 부처가 본시 태어난 성이다. 무우수(無憂樹)가 지금까지 존재한다. 이 성은 이미 황폐하였다. 탑은 있으나 승려가 없다. 또한 백성들도 없다. 이 성은 가장 … 자리하고 있다. 숲의 나무들이 아주 많이 황폐하였다. 길에는 도적이 많다. 이곳을 향하여 가는 예배자들은 매우 힘겹고 또 (길을) 잃기도 한다.

西七日程在兩恒河間仏當從刀利天變成三道寶階下閻浮提地處左金右銀中吠瑠璃仏於中道梵王左路帝釋右階侍仏下來即於此處置塔見有寺僧 即從中天國南行三箇餘月至南天竺國王所住王有八百頭象境土極寬南至南海東至東海西至西海北至中天西天東天等國接界衣著飲食人風与中天相似唯言音稍別土地熱於中天土地所出氎布象水牛黃牛亦少有羊無駝騾驢等有稻田無黍粟等至於綿絹之屬五天總無王及領首百姓等極敬三寶足寺足僧大小乘俱行於彼山中有一大寺是龍樹菩薩便夜叉神造非人所作並鑿山為柱三重作樓四面方圓三百餘步龍樹在日寺有三千僧獨供養以十五石米每日供三千僧其米不竭取却還生元不減少然今此寺廢無僧也龍樹壽年七百方始亡也于時在南天路為言曰言

月夜瞻鄉路浮雲颯颯歸緘書忝去便風急不聽迴我國天岸北他邦地角西日南無有鴈誰為向林飛

西七日程在兩恒河間仏當従刀利天變成三道寶階下閻浮提地處左

**【46】**

羅　: 西七日程在兩恒河間仏當從刀利天變成三道寶階下閻浮提地處左

藤田 : 西七日程、在兩恒河間、仏當從刀利天、變成三道寶階、下閻浮提地處、左

桑山 : 西七日程。在兩恒河間。仏當従刀利天變成三道寶階下閻浮提地處。左

張　: 西七日程。在兩恆河間。仏當從刀利天變成三道寶階。下閻浮提地處。左

정　: 西七日程 在兩恒河間 佛當從刀利天變成三道寶階下閻浮提地處 左

박案 : 西七日程在兩恒河間仏當従刀利天変成三道寶階下閻浮提地处左

### 校註

① 間: 원본 형태는 間이다. '間'의 행초서체이다.

② 従: 원본 형태는 従이다. '從'의 이체자(従)이다.(《敦煌俗字典》(2005:67))

③ 刀: 원본 형태는 刀이다. 원본 형태는 정확히 '刀'가 맞다. 羅振玉는 '刀利'가 '忉利'이라고 적고 있다.

④ 変: 원본 형태는 変(変)이다. '變'의 이체자(変)이다.(《敦煌俗字典》(2005:23))

⑤ 閻: 원본 형태는 閻이다. '閻'의 행초서체(閻)[5]이다.

⑥ 处: 원본 형태는 处이다. '處'의 이체자(处)이다.(小學堂)

5) 王鐸의 해서체. 漢典書法 참조.

**【47】**

羅　: 金右銀中吠瑠璃仏於中道梵王左路帝釋右階侍仏下來即於此處

藤田 : 金右銀、中吠璃瑠、仏於中道、梵王左路、帝釋右階、侍仏下來、即於此處

桑山 : 金。右銀。中吠瑠璃。仏於中道。梵王左路。帝釋右階。侍仏下来。即於此處

張　: 金右銀。中吠瑠璃。仏於中道。梵王左路。帝釋右階。侍仏下來。即於此處

정　: 金右銀 中吠瑠璃 佛於中道 梵王左路 帝釋右階 侍佛下來 卽於此處

박案 : 金右銀中吠瑠璃仏於中道梵王左路帝釋右階侍仏下来即於此處

**校註**

① 於: 원본 형태는 於이다. '於'의 행초서체(於)이다.[6]

② 釋: 원본 형태는 釋이다. '釋'의 이체자(釋)이다.(《敦煌俗字典》(2005:370))

③ 来: 원본 형태는 来이다. '來'의 이체자(来)이다.(小學堂)

④ 處: 원본 형태는 處(處)이다. 제가(諸家) 모두 '處'로 식자한다. 《왕오천축국전》에서 '處'는 모두 19번 사용되었다.

佛入涅槃處(處)置塔: 4행
其王每坐衙處(處): 31행
行坐來去處(處): 34행
到處(處)即坐: 35행
不見有屠行賣肉之處(處): 41행
下閻浮提地處(處): 46행

《왕오천축국전》에서 '此'와 같이 '此處'로 사용된 어구는 보이지 않는다. 자형으로만 변별하자면, 정확히 식자가 되지 않는다.

6) 敬世江의 행초서체. 漢典書法 참조.

【48】

羅　: 置塔見有寺僧有 即從中天國南行三箇餘月至南天竺國王所

藤田 : 置塔、見有寺僧有、 即從中天國南行三箇餘月、至南天竺國王所

桑山 : 置塔。見有寺有僧。 即従中天國南行三箇餘月。至南天竺國王(所)

張　: 置塔。見有寺僧有。即從中天國南行三箇餘月。至南天竺國王所

정　: 置塔 見有寺有僧 即從中天國南行三箇餘月 至南天竺國王[所]

박案 : 置塔見有寺僧有 即從中天國南行三箇餘月至南天笁國王

**校註**

① : '有' 위의 점은 이 문구가 본래 '有寺有僧'인데, 필사할 때 '有'와 '僧'을 바꾸어 쓴 것을 표시하기 위해서 '✔' 표시를 첨가하였다.

② 即: 원본형태는 이다. '即'의 행초서체()이다.[7]

③ 箇: 원본 형태는 이다. '個'의 이체자이다.(小學堂)

④ 至: 원본 형태는 이다. '至'의 행초서체()이다.[8]

⑤ 笁: 원본 형태는 이다. '竺'의 이체자(笁)이다.(小學堂)

⑥ : 원본 형태는 ()이다. 羅振玉, 藤田豊八, 桑山正進, 張毅, 정수일 모두 '所'자로 추론하고 있다. 《왕오천축국전》에서 사용된 '所'의 문자를 형태를 살펴보면, '所'는 《왕오천축국전》에서 40번 사용되었다. 문자 형태를 살펴보면 다음과 같다.

> 大虫所()損也: 8행
> 令在塔所()供養: 9행
> 土地所()出: 37행
> 土地所()出: 51행
> 所()作: 54행
> 所()以依山而住: 67행

《왕오천축국전》에서 '所'는 두 가지 문자 형태를 보이고 있다. 하나는 행초서체() 형태이고,

7) 趙子昂의 행초서체. 漢典書法 참조.

8) 王羲之의 행초서체. 漢典書法 참조.

다른 하나는 해서체( ) 형태이다. 이번 행의 은 해서체( )와 비슷하다. 그러나 원문의 한자를 자세히 보면, 의 왼쪽 부분인 이 무엇인지 판단하기 힘들다. 만약에 '所'라고 한다면, '斤'의 왼쪽 부건이 '戶'인데, 원본에서 남아있는 필획이 '戶'의 어느 부분인지 모르겠다. '戶'의 별점(撇點)인지, 절(折) 부분인지 정확히 구분하기가 쉽지 않다. 문제는 '戶'의 별점(撇點)이라면, 《왕오천축국전》의 해서체( )에서 '所'의 '戶'와 '斤' 두 부건의 점(點)은 상당한 거리가 있는 반면에, 원문의 두 점은 거의 붙어 있어, 원문에 남아있는 부분은 '戶'의 별점(撇點)이 아니다. 그렇다면 '戶'의 절(折) 부분일까? 이 역시도 불가능하다. 왜냐하면, 《왕오천축국전》에서 사용한 '所'를 보면, '戶'의 절(折) 부분은 항상 '斤'의 별점(撇點)이 끝나는 부분에 위치하고 있다. 따라서 문자의 형태로만 보면, 이 글자가 반드시 '所'라고 단정하기에는 어려움이 있다.

다음으로 '住'와 함께 사용된 문구를 살펴보면 다음과 같다. '住'와 함께 사용된 글자를 보면, '人住'(3번), '王住'(6번), '而住'(4번), '好住'(3번), '문장 시작의 住'(5번), '僧住'(2번), '純住'(1번), '所住'(3번), '並住'(1번), '亦住'(1번), '山住'(1번), '埻住'(1번), '自住'(1번)이다. 이로 보면, '所住'가 가능하다.

《왕오천축국전》에서 '所'와 '住'가 함께 사용된 예는 이번 행을 제외하고 3번이 있다.

> 王所( )住( ): 114행
> 所( )住( )之寺: 128행
> 所( )住( )境界: 190행

따라서 이 경우로 보아도, '所住'는 가능한 문구이다. 문제는 이 경우, '所'의 문자 형태는 앞에서 언급한 경우와 같이 모두 행초서체( ) 형태이기에, 이번 행에서 보이는 문자 형태와는 조금 다르다.

위의 내용을 종합해 보면, 이번 행에서 '王'의 다음 글자로 '所'는 충분히 추론이 가능한 글자이지만, 문자의 형태로 보면, 아직 토론할 여지가 많은 글자이다.

# 12 中天竺塔

**四三道寶階塔。1) 在中天王住城西七日程。在兩恒河間。2) 佛當從刀利天。變成三道寶階。下閻浮提地處。3) 左金。右銀。中吠瑠璃。佛於中道。**

1) 四三道寶階塔: 이 문구의 완전한 문장은 '四是三道寶階塔'이다.

2) 四三道寶階塔。在中天王住城西七日程。在兩恒河間:
제가(諸家) 모두 '四。三道寶階塔。在中天王位城西七日程。在兩恒河間'으로 끊어 읽기를 하고 있다. 정수일(2004:181)은 '넷째는 삼도보계탑으로 중천축국왕의 고성(居城)에서 서쪽으로 7일 거리의 두 항하 사이에 있다.'로 한역하였고, 鄭基善(2000)은 '넷째 삼도보계탑은 중천왕이 사는 성에 있고, 서쪽으로 칠일 가니, 두 항하 사이에 있었다.'로 번역하였다. 桑山正進(1992:32)은 '넷째는 삼도보계탑이다. 중천축국의 왕이 거하는 동네의 서쪽으로 7일정도 되는 거리에 있고, 두 개의 항하 사이에 있다.'로 역문하고 있다.
'三道寶階塔。在[1]中天王住城西七日程。在[2]兩恒河間'에서 분석하고자 하는 것은 '在[1]'과 '在[2]'의 용법이다. '在'가 전치사 용법으로 사용된 것인지, 혹은 술어 용법으로 사용되었는지를 알아보고자 한다.
(1) '在[1]'을 전치사 용법으로 볼 경우, '三道寶階塔。在中天王住城西七日程'의 '在(전치사)+中天王住城(명사구)' 혹은 '在(전치사)+中天王住城西七日程(명사구)'에 술어가 없다. 따라서 '在[1]'을 전치사로 분석하는 것은 틀린 문장이 된다.
(2) '在[1]'을 동사 용법으로 볼 경우, '三道寶階塔。在中天王住城西七日程'에 '在[1]'가 술어가 된다. 그러나 '在[1]'가 술어가 될 경우, 이 문장은 '三道寶階塔位於中天王住城西七日程'로 구성되는 것이 더 자연스럽다.
(3) '在[2]'을 전치사 용법으로 볼 경우, '三道寶階塔。在中天王住城西七日程'와 마찬가지로 '在[2]兩恒河間'에 술어가 없다. 따라서 이 문구는 틀린 문장이 된다.
(4) '在[2]'을 동사 용법으로 볼 경우, '在[2]兩恒河間'에 '在[2]'가 술어가 된다. 그러나 '在[1]'가 술어가 될 경우, 이 문장 역시 '三道寶階塔位於中天王住城西七日程'와 같이 '位於兩恒河間'로 구성되는 것이 더 자연스럽다.
'在[1]中天王住城西七日程。在[2]兩恒河間'의 '在[1]'과 '在[2]'는 모두 동사술어의 용법으로 사용되었다.

3) (1) '佛當從忉利天。變成三道寶階。下閻浮提地處。'를 정수일(2004:181)은 '부처님이 도리천으로부터 삼도보계가 만들어지자 염부제로 내려온 곳이다.'로, 정기선(2000:295)은 '불이 도리천에서 삼도보계로 변하여 염부제에 내려온 곳이다.'로 한역하였다. 桑山正進(1992:32)은 '부처님이 삼도보계를 나타내시고, 염부제로 내려온 곳이다.'로 번역하였다.
'佛當從忉利天。變成三道寶階。下閻浮提地處。'의 문구를 이해하려면, '부처님이 도리천(忉利天)에서 어머니를 위해서 3개월 동안 설법을 전하시고, 내려오실 때 삼도보계(三道寶階)를 이용하여 염부제(閻浮提)로 내려오셨다.'는 배경을 먼저 이해해야 한다.
이 문장을 이해하는, 중요한 문법적 사항은 '從'을 전치사로 볼 것인가, 동사술어로 볼 것인가이다. '從'을 전치사로 보면, '變成'이 동사술어가 되어서, 이 문장은 '부처님이 도리천에서 삼도보계로 변하여, 염부제라는 곳으로 내려왔다.'로 한역이 된다(정기선의 한역과 같다). 이 문장의 문제점은 부처님이 삼도보계로 변하는 오역이 만들어진다는 것이다. 삼도보계는 도리천에서 내려올 때 사용한 계단이다.
'從'을 동사술어로 보면, '부처님이 도리천에서 (설법에) 종사하시고, (하늘을) 삼도보계로 변하게 하여, 염부제라는 곳으로 내려왔다.'라고 한역이 되고, '佛當從忉利天'(부처님이 도리천에서 (설법에) 종사하시고)의

梵王左路。帝釋右階。侍佛下來。即於此□置塔。見有寺僧有。[4)]

## 12. 중천축탑

넷째는 삼도보계탑(三道寶階塔)이다. 중천축국 왕이 머무는 성에서 서쪽으로 7일 거리의 두 항하 사이에 (삼도보계탑(三道寶階塔)이) 있다. 부처님이 그때에 도리천에서 (설법에) 종사하시고, (하늘을) 삼도보계(三道寶階)로 변하게 하여, 염부제(閻浮提)라는 곳으로 내려왔다. (삼도보계는) 왼쪽은 금으로, 오른쪽은 은으로, 가운데는 폐유리로 되어있다. 부처님은 가운데 길로, 범왕은 왼쪽 길로, 제석(帝釋)은 오른쪽 계단으로, 부처님을 보좌하면서 내려왔다. 그리하여 이곳에 탑을 세웠다. 절도 있고, 승려도 있는 것을 보았다.

주어는 '부처님'이고, 술어는 '從'(종사하다)이고, '變成三道寶階'((하늘을) 삼도보계로 변하게 하여)에서 주어는 '부처님'(생략)이고, 술어는 '變成'(변하다)이며, '下閻浮提地處'(염부제라는 곳으로 내려왔다)에서 주어는 '부처님'이고, 술어는 '下'(내려오다)가 된다. 이에, 역자는 '從'이 전치사로 사용되기 보다는, 동사술어로 사용되어야 한다고 생각한다.

(2) '當'은 '과거의 한 시간, 그 때'이다.

(3) '閻浮提地'는 염부제(閻浮提)를 말한다.

4) 48행 참조. 이 문구(見有寺僧有)는 '見有寺有僧'으로 바뀌는 것이 맞다. 우리는 이 문구의 표현이 단순히 잘못된 표현이라고 생각하지 않고, 중간언어 현상에서 온 표현이라고 분석하고자 한다.《왕초천축국전》에는 '有寺有僧'이라는 문구가 9번 출현한다.

【49】

羅　：住王有八百頭象境土極寬南至南海東至東海西至西海北至中天西天

藤田：住、王有八百頭爲、境土極寬、南至南海、東至東海、西至西海、北至中天西天

桑山：住。王有八百頭象。境土極寬。南至南海。東至東海。西至西海。北至中天西天

張　：住。王有八百頭象。境土極寬。南至南海。東至東海。西至西海。北至<u>中天西天</u>

정　：住 王有八百頭象 境土極寬 南至南海 東至東海 西至西海 北至中天西天

박案：住王有八百頭象境圡極寬南至南海東至東海西至西海北至中天西天

### 校註

① 圡: 원본 형태는 圡이다. '土'의 이체자(圡)이다.(小學堂)

② 極: 원본 형태는 極이다. '極'의 이체자(極)이다.(《敦煌俗字典》(2005:176))

③ 西; 원본 형태는 西이다. '西'의 행초서체(西)이다.[1)]

④ 北: 원본 형태는 北이다. '北'이다.

1) 王羲之의 행초서체. 漢典書法 참조.

## 【50】

羅　: 東天等國接界衣著飮食人風與中天相似唯言音稍別土地熱於

藤田 : 東天等國接界、衣著飮食人風、與中天相似、唯言音稍別、土地熱於

桑山 : 東天等國。接界。衣着飮食人風。与中天相似。唯言音稍別。土地熱於

張　: 東天等國接界。衣着飮食人風。與中天相似。唯言音稍別。土地熱於

정　: 東天等國接界 衣着飮食人風 與中天相似 唯言音稍別 土地熱於

박案 : 東天荨國接界衣著飮食人風与中天相似㕼言音稍別圡地㷔於

### 校註

① 与: 원본 형태는 与이다. '與'의 이체자(与)이다.(小學堂)

② 相: 원본 형태는 相이다. '相'의 행초서체(相)이다.[2)]

③ 㕼: 원본 형태는 㕼이다. '唯'의 이체자(㕼)이다.(《敦煌俗字典》(2005:423))

④ 稍: 원본 형태는 稍이다. '稍'의 해서체(稍)이다.[3)]

⑤ 㷔: 원본 형태는 㷔(㷔)이다. 《왕오천축국전》에서 한 번 사용되었다. '熱'의 이체자는 焌 㸐 𤋱 熱 热 㷓 𢫬 㸌 㨗 㸐 熱 㸌 㸌 㸌 埶热㸌茶㸌热热 등이 있다.(臺灣教育部異體字字典) 새로운 이체자(㷔)이다.

2) 黃庭堅의 행초서체. 漢典書法 참조.

3) 饒介의 행초서체. 漢典書法 참조.

**【51】**

羅　：中天土地所出氎布象水牛黃牛亦少有羊無駞騾驢等有稻田無

藤田：中天、土地所出、氎布爲水牛黃牛、亦少有羊、無駞騾驢等、有稻田、無

桑山：中天。土地所出。氎布象水牛黃牛。亦少有羊。無駝騾驢等。有稻田。無(有)

張　：中天。土地所出。氎布象水牛黃牛。亦少有羊。無駞騾驢等。有稻田。無

정　：中天 土地所出 氎布象水牛黃牛 亦少有羊 無駝騾驢等 有稻田 無[有]

박案：中天圡地所出氎布象水牛黃牛亦少有羊無駞騾驢䓁有稻田無有

**校註**

① 圡: 원본 형태는 圡이다. ‘土’의 이체자(圡)이다.(小學堂)

② 氎: 원본 형태는 氎(氎)이다. 桑山正進와 정수일은 ‘氎’으로, 羅振玉・藤田豊八・張毅은 ‘氎’로 보고 있다. 원본의 문자 형태를 보면, 왼쪽 하각(下角)이 ‘且’인지, 至인지 정확히 판단하기 힘들다. ‘氎’은 ‘㲲’의 이체자이다(小學堂). 따라서 어느 글자로 판단해도 무방하리라 생각한다. 우리는《왕오천축국전》에서 많은 이체자를 사용하고 있기에, ‘氎’로 식자하고자 한다.

③ 駞: 원본 형태는 駞이다. 桑山正進와 정수일은 ‘駝’로 보고 있다. ‘駞’는 ‘駝’의 이체자이다.(小學堂)

④ 驢: 원본 형태는 驢(驢)이다. ‘驢’의 행초서체이다.

⑤ 䓁: 원본 형태는 䓁이다. ‘等’의 이체자(䓁)이다.(小學堂)

⑥ 有: 桑山正進, 정수일은 ‘無’ 뒤에 한 글자가 있다고 생각하였고, 그 글자를 ‘有’자로 추론하였다.《왕오천축국전》에서 ‘無有’는 15번 사용되었다. 충분히 가능한 추론이다.

【52】

羅　：黍粟等至於綿絢之屬五天總無王及領首百姓等極敬三寶足寺

藤田：黍粟等、至於綿絹之屬、五天總無、王及領首百姓、極敬三寶、足寺

桑山：黍粟等。至於綿絹之屬。五天惣無。王及首領百姓等。極敬三寶。足寺

張　：黍粟等。至於綿絹之屬。<u>五天</u>惣無。王及**領**首百姓等。極敬三寶。足寺

정　：黍粟等 至於綿絹之屬 五天惣無 王及[首領]百姓等 極敬三寶 足寺

박案：黍粟等至於綿絹之属五天惣無王及**領**首百姓等極敬三寶足寺

校註

① 黍: 원본 형태는 ()이다. '黍'의 이체자(黍)이다.

② 至: 원본 형태는 이다. '至'는 《왕오천축국전》에서 44번 사용되었다.

至()拘尸那國: 4행

至()波羅痆斯國:10행

至()中天竺國王住城: 21행

南至()南海。東至()東海。西至()西海。北至(: 49행

至()罽賓國: 180행

至()焉耆國: 224행

③ 属: 원본 형태는 이다. 112행의 '屬'의 원본 형태는 이며, '屬'의 이체자(属)이다.(臺灣教育部異體字字典) '屬'의 이체자는 厲 厲 敺 属 屬 屬 屬 屬 屬 屬 屬 屬 屬 屬 屬 屬 屬 屬 屬 屬 屏 屬 屬 屬 屬 屬 屬 屬 屬 屬 屬 屬 屬 屬 屬 屬 屬 屬 屬 屬 屬 屬 屬 屬 屬 屬 屬 등이 있다. 새로운 이체자(属)이다.

④ 領: 원본 형태는 ()이다. '領'은 《왕오천축국전》에서 32번 사용되었다.

首領(): 22행

首領(): 31행

首領(): 33행

首領(): 34행

글자의 형태()로만 보면, 이 글자가 정확하게 어떤 글자인지는 인식하기는 어렵다. 단지 다음 글자가 '首'(首)이고, '首'가 '領' 앞으로 가야한다는 首 '✔' 표시 그리고 문장의 의미로, 이 글자가 '領'임을 추론할 수 있다.

⑤ 首: 원본 형태는 首이다. '首'의 오른쪽 위에 '✔' 표시가 있다. 48행의 '有' 위의 점과 같이, '首領'으로 적어야 하는 것을 '領首'로 잘못 쓴 것을 표시하기 위해서 첨가한 것이다.

⑥ 極: 원본 형태는 極이다. '極'의 행초서체이다.

⑦ 足: 원본 형태는 足이다. '足'이다.

【53】

羅　: 足僧大小乘俱行於彼山中有一大寺是龍樹菩薩便夜㕚神造非人

藤田 : 足僧、大小乘俱行、於彼山中、有一大寺、是龍樹菩薩便夜㕚神造、非人

桑山 : 足僧。大小乗俱行。於彼山中。有一大寺。是龍樹菩薩使夜叉神造。非人

張　: 足僧。大小乘俱行。於彼山中。有一大寺。是龍樹菩薩便夜叉神造。非人

정　: 足僧 大小乘俱行 於彼山中 有一大寺 是龍樹菩薩[使]夜叉神造 非人

박案 : 足僧大小乘俱行於彼山中有一大寺是龍樹菩薩便夜叉神造非人

校註

① 足: 원본 형태는 足이다. '足'이다.

② 乘: 원본 형태는 乗(乗)이다. '乘'의 이체자(乗(小學堂), 乗(臺灣教育部異體字字典))이다. 《왕오천축국전》에서 25번 사용되었다.

> 大小乘(乗)俱行: 17행
> 大小乘(乗)俱行: 41행
> 大小乘(乗)俱行: 62행
> 大小乘(乗)俱行: 70행

이번 행의 글자 모형으로 보면, '乘'의 이체자(乗)를 정확하게 필사한 것은 아니다. 정확한 자형은 70행의 '乘'(乗)이다.

③ 樹: 원본 형태는 樹이다. '樹'의 행초서체(樹)와 비슷하다.[4]

④ 薩: 원본 형태는 薩이다. '薩'의 해서체(薩)이다.[5]

⑤ 便: 원본 형태는 便이다. 제가(諸家) 모두 '使'의 오기(誤記)라고 적고 있다. '便'은 7번 사용되었고, '使'는 5번 사용되었다.

> 減書參去便(便): 57행
> 到處即便(便)乞得食也: 64행
> 便(便)即化矣: 84행

4) 孫過庭의 행초서체. 漢典書法 참조.
5) 顔眞卿의 해서체. 漢典書法 참조.

便(便)殺彼罽賓王: 118행

漢使(便)入蕃: 194행

使(便)命: 204행

使(便)命: 207행

節度大使(便): 217행

자형으로 보면, 이 글자 형태는 '便'이 맞으나, 문맥의 의미는 제가(諸家)의 의견인 '使'가 맞다.

⑥ 叉: 원본 형태는 叉(叉)이다. 羅振玉과 藤田豊八은 '乂'로 보고 있지만, '叉'가 맞다.

【54】

羅　: 所作並鑿山爲柱三重作樓四面方圓三百餘步龍樹在日寺有三千

藤田 : 所作､並鑿山爲柱､三重作樓､四面方圓三百餘步､龍樹在日､寺有三千

桑山 : 所作。並鑿山為柱。三重作樓。四面方圓三百餘步。龍樹在日。寺有三千

張　: 所作。並鑿山爲柱。三重作樓。四面方圓三百餘步。龍樹在日。寺有三千

정　: 所作 並鑿山爲柱 三重作樓 四面方圓三百餘步 龍樹在日 寺有三千

박案 : 所作並鑿山為柱三重作樓四面方圓三百餘步龍樹在日寺有三千

校註

① 鑿: 원본 형태는 鑿이다. '鑿'의 이체자(鑿)이다.(《敦煌俗字典》(2005:534))

② 為: 원본 형태는 為이다. '爲'의 이체자(為)이다.(小學堂)

③ 圓: 원본 형태는 圓이다. '圓'의 행초서체(圓)이다.[6]

④ 步: 원본 형태는 步이다. '步'이다.

⑤ 日寺: 원본 형태는 日(寺)이다. 필사할 때 '寺'가 빠져서, '日' 아래에 작게 적었다.

6) 虞世南의 해서체. 漢典書法 참조.

【55】

羅　：僧獨供養以十五石米每日供三千僧其米不竭取却還生元不減少

藤田：僧、獨供養以十五石米、每日供三千僧、其米不竭、取却還生、元不減少、

桑山：僧。獨供養以十五石米。每日供三千僧。其米不竭。取却還生。元不減少。

張　：僧。獨供養以十五石米。每日供三千僧。其米不竭。取却還生。元不減少。

정　：僧 獨供養以十五石米 每日供三千僧 其米不竭 取却還生 元不減少

박案：僧獨供養以十五石米每日供三千僧其米不竭取却還生元不减少

校註

① 千: 원본 형태는 [千]이다. '千'의 행초서체(千)이다.[7]

② 取: 원본 형태는 [取]이다. '取'의 행초서체(取)이다.[8]

③ 不: 원본 형태는 [不]이다. '不'의 행초서체(不)이다.[9]

④ 减: 원본 형태는 [减]이다. '減'의 이체자(减)이다.(小學堂)

7) 智永의 행초서체. 漢典書法 참조.
8) 陸諫之의 행초서체. 漢典書法 참조.
9) 王羲之의 행초서체. 漢典書法 참조.

## 【56】

羅　: 然今此寺廢無僧也龍樹壽年七百方始亡也于時在南天路爲言曰

藤田 : 然今此寺廢、無僧也、龍樹壽年七百、方始亡也、于時在南天路、爲言曰、

桑山 : 然今此寺廢。無僧也。龍樹壽年七百。方始亡也。于時在南天路。為言曰。

張　: 然今此寺廢。無僧也。龍樹壽年七百。方始亡也。于時在南天路。爲言曰

정　: 然今此寺廢 無僧也 龍樹壽年七百 方始亡也 于時在南天路 爲言曰

박案 : 然今此寺廢無僧也龍樹壽年七百方始亡也于時在南天路為言曰

### 校註

① 然; 원본 형태는 이다. '然'의 행초서체()이다.

② 此: 원본 형태는 이다. '此'의 행초서체()이다.

③ 樹: 원본 형태는 이다. '樹'의 행초서체()이다.

④ 曰: 원본 형태는 이다. 제가 모두 '曰'로 식자하였다. 문맥상으로도 '曰'이 맞다. 그러나 자형으로 보면, 133행 (日), 135행 (日)과 구분하기 힘들다.

**【57】**

羅 : 五言 月夜□□路浮雲颯颯歸緘書叅去便風急不聽迴我國天

藤田 : 五言 月夜□□路、浮雲颭颭歸、緘書叅去便、風急不聽廻、我國天

桑山 : 五言。 月夜瞻鄕路。浮雲颯々歸。緘書忝去便。風急不聽廻。我國天

張 : 五言。月夜瞻鄕路。浮雲颭颭歸。減書參去便。風急不聽迴。我國天

정 : 五言 月夜瞻鄕路 浮雲颯颯歸 [緘]書忝去便 風急不聽廻 我國天

박案 : 五言 月夜𧿄卬路浮雲颭ㄟ歸诚書叅去便風急不聽迴我國天

**校註**

① 𧿄: 원본 형태는 𧿄(𧿄)이다. 羅振玉과 藤田豊八은 정확한 글자를 모른다고 표시하였고, 桑山正進 · 張毅 · 정수일은 '瞻'이라고 식자하였다. 식자가 어렵다.

② 卬: 원본 형태는 卬(卬)이다. 羅振玉과 藤田豊八은 정확한 글자를 모른다고 표시하였고, 桑山正進 · 張毅 · 정수일은 '鄕'이라고 식자하였다. 《敦煌俗字典》(2005:449)에 '鄕'의 이체자로 '卯'를 소개하고 있다. 정기선(2000)은 '那'로 식자하였다. '那'의 이체자에도 卬와 비슷한 자형은 없다.

臺灣教育部異體字字典에서 '邑' 부의 2획의 이체자를 검색하면, '邛'의 工卩, '邡'의 方卩, 邛, 十卩, 阝十, '邸'의 邸, '鄧'의 邓, 卯,이 있다. '邸'은 장소 명칭이고, 나머지는 모두 지명이다. '邑' 부의 3획의 이체자를 검색하면, '叩'의 叩가 가장 비슷한 자형이다.

③ 颭: 원본 형태는 颭이다. '颯'이 이체자(颭)이다.(小學堂)

④ ㄟ: 원본 형태는 ㄟ이다. 중문(重文) 표시이다.

⑤ 歸: 원본 형태는 歸(歸)이다. 제가(諸家) 모두 '歸'로 식자하였다. 《왕오천축국전》에 '歸'는 세 번 보인다.

空見白雲歸(歸): 86행
不歸(歸)外道: 201행

위의 86과 201행의 '歸'는 이체자(歸)이다(《敦煌俗字典》(2005:140)). 2개의 자형을 보면, 이번 행의 '歸'와 왼쪽 부건이 서로 다르다. '歸'의 행초서체에도 비슷한 자형이 보이지 않는다.

이 글자는 오언(五言) 시가 중에 압운이 되는 글자이다. 다른 압운 글자를 보면, '迴', '西',

‘飛’이다. 중국의 중고음(中古音)으로 운을 살펴보면 다음과 같다.

| | | 聲母 | 韻母 |
|---|---|---|---|
| 周法高擬音 | 歸 | k | iuəi |
| | 廻 | j | uəi |
| | 西 | s | iɛi |
| | 飛 | p | iəi |

위의 중고음의 운모를 살펴보면, 충분히 ‘歸’가 압운의 자리에 올 수 있는 조건이 된다.

⑥ 诚: 원본 형태는 減이다. 羅振玉 · 藤田豊八 · 桑山正進 · 정수일은 ‘緘’으로 식자하고, 張毅는 ‘減’으로 식자하였다. ‘減’의 이체자로는 减이 있다. 이체자에서 ‘氵’는 ‘丷’으로 사용되기도 한다.[10] 새로운 이체자이다.

⑦ 叅: 원본 형태는 忝(忝)이다. 羅振玉과 藤田豊八은 ‘叅’로 식자하고, 桑山正進과 정수일은 ‘忝’으로 식자하고, 張毅는 ‘參’으로 식자하였다. ‘叅’은 ‘參’의 이체자이다(小學堂). 따라서 羅振玉 · 藤田豊八 · 張毅의 의견은 같다. 이 글자를 ‘忝’으로 보면, 忝[11]와 같은 행초서체와 비슷하다.

우리는 이 글자를 ‘參’의 이체자 ‘叅’으로 보고자 한다. 그 이유는 《왕오천축국전》의 필사자는 부건 ‘厶’를 삼각형의 점으로 쓰는 경향을 보인다. 예를 들면, 56행의 ‘始’를 쓸 때 始로 하였고, 107행의 ‘雖’의 이체자 雖을 적을 때에도, 雖와 같이 썼다.

10) 이경원, 2010, 〈우리나라 漢籍 자료에 나타난 異體字의 樣相과 偏旁 變異 規律에 대한 연구〉, 《중국어문논역총간》, 27: 97-122, 참조

11) 張從中의 행초서체. 漢典書法 참조.

【58】

羅　：岸北他邦地角西日南無有鴈誰爲向牀飛

藤田：岸北、他邦地角西、日南無有鴈、誰爲向牀飛、

桑山：岸北。他邦地角西。日南無有鴈。誰為向林飛。

張　：岸北。他邦地角西。日南無有鴈。誰爲向林飛。

정　：岸北 他邦地角西 日南無有鴈 誰爲向林飛

박案：岸北他邦地角西日南無有鴈誰為向林飛

校註

① 邦: 원본 형태는 [이체자]([이체자])이다. 제가(諸家) 모두 '邦'으로 식자한다.《왕오천축국전》에서 '邦'은 이번 행에서 한번 사용되었다. 행초서체 [이체자]와 비슷하다.

② 鴈: 원본 형태는 [이체자]이다. '雁'의 이체자([이체자])이다.(《敦煌俗字典》(2005:481))

③ 林: 원본 형태는 [이체자]이다. 羅振玉과 藤田豊八은 '牀'으로 식자하고, 桑山正進 · 張毅 · 정수일은 '林'으로 식자하였다. 35행의 '牀'의 자형을 보면, [이체자][이체자]와 같고, '爿'편방이 보인다. [이체자]에서는 '爿'편방이 보이지 않는다. 이체자에서 '木' 편방은 '扌' 편방과 서로 호용된다.[12] 우리가 이체자의 변별을 위해서 사용하는 小學堂,《敦煌俗字典》, 臺灣教育部異體字字典에는 '林'의 이체자가 없다. '林'의 새로운 이체자이다.

④ 飛: 원본 형태는 [이체자]이다. '飛'의 행초서체([이체자])이다.[13]

12) 이규갑, 2012,〈異體字 字形類似偏旁의 互用類型 地圖 構築-木 · 礻 · 禾 등과 日 · 月 · 目 等을 중심으로〉,《중국언어연구》, 43:221-240, 참조.

13) 趙構의 행초서체. 漢典書法 참조.

# 13 南天竺國

即從中天國南行三個餘月。至南天竺國王所住。[1] 王有八百頭象。境土極寬。南至南海。東至東海。西至西海。北至中天西天東天等國。接界。[2] 衣著飲食人風。與中天相似。唯言音稍別。土地熱於中天。土地所出。氎布象水牛黃牛。亦少有羊。無駞騾驢等。有稻田。無有黍粟等。至於綿絹之屬。五天總無。王及首領百姓等。極敬三寶。足寺足僧。大小乘俱行。於彼山中。有一大寺。是龍樹菩薩[3]便[4]夜叉神[5]造[6]。非人所作。並鑿[7]山

1) 羅振玉은 '至南天竺國王所住' 다음에 글자 하나가 탈자(奪字)된 듯하다고 하였고, 張毅(1994:42)는 그 글자가 '城'일거라고 추론하였다. 역자는 문장의 의미상 문제가 없어서 원본 그대로 해석한다.

2) 南至南海。東至東海。西至西海。北至中天西天東天等國。接界。: 이 문장을 藤田豊八, 張毅, 정수일은 '南至南海。東至東海。西至西海。北至中天西天東天等國接界。'으로 나누었고, 桑山正進은 역자와 같이 문장을 나누었다. 역자가 이와 같이 나눈 이유는 이 문장에 '至'가 동사술어로 사용되어 '이르다'로 해석이 되고, '接' 역시 동사술어로 사용되어 '접하다', '접촉하다'의 의미로 사용되기 때문에, 두 개의 동사술어 역할을 하는 단어를 나누는 것이 해석에 도움이 될 것으로 판단하였기 때문이다. 정수일은 이 문장을 "남쪽으로는 남해에, 동쪽으로는 동해에, 서쪽으로는 서해에 이르며, 북쪽으로는 중천축국과 서천축국, 동천축국 등의 나라들과 경계가 맞닿아 있다"라고 번역하였고, 정기선(2000)은 '남으로는 남해까지 동으로는 동해까지 서로는 서해까지 북으로는 중천 서천 동천 등 나라와 접하였다.'로 반역하였다. 이 번역문에서 '北至中天西天東天等國'의 '至'가 해석되지 않았다. 따라서 역자는 이 문장을 두 부분으로 나누어 해석하는 것이 좋다고 생각한다.

3) 용수보살(龍樹菩薩)은 부처님이 돌아가신 후 7-8백 년경(400년 경) 남인도에서 출생하였다. 용수보살의 저작으로는 《大智度論》, 《中論頌》, 《十二門論》, 《空七十論》, 《回諍論》, 《六十頌如理論》, 《大乘破有論》, 《十住毗婆沙論》, 《大乘二十頌論》, 《菩提資糧論》, 《寶行王正論》, 《勸誡王頌》 등이 있다. '千部論師'라는 위해한 명예를 가지고 있다.

4) 便: 제가(諸家)는 모두 '使'의 오기(誤記)라고 말한다. '使'의 오기(誤記)라고 맞다. 53행 참조. '龍樹菩薩使夜叉神造'를 '명사구(龍樹菩薩)+使+명사구(夜叉神)+동사술어(造)'로 해석하여 '용수보살이 야차신(夜叉神)으로 하여금 만들게 했다'가 되면, 문장의 이해에 있어 크게 문제될 것은 없다.
이 글자를 '便'으로 보면, '便'은 ①편하다 ②쉬다 ③곧 ④문득 ⑤똥오줌 등의 의미가 있는데, '龍樹菩薩便夜叉神造'과 같이 '便'을 사용하였을 때는 어떤 해석도 가능하지 않다. 결과적으로 이 글자는 '使'의 오기(誤記)라고 보는 것이 맞다. 참고로 《왕오천축국전》에서 '使'의 용법을 살펴보면 다음과 같다.

漢使入蕃: 194행
使命: 204행
使命: 207행
節度大使: 217행

爲柱。[8] 三重作樓。四面方圓三百餘步。[9] 龍樹在日。[10] 寺有三千僧。獨供養以十五石米。每日供三千僧。其米不竭。取却還生。元不減少。然今此寺廢。無僧也。龍樹壽年七百。方始亡也。于時在南天路。[11] 爲言曰五言。[12] 月夜瞻鄕路。浮雲颯颯歸。[13] 減書參去便。[14] 風急不聽迴。我國天岸北。他邦地角西。[15] 日南無有鴈。[16] 誰爲向林飛。[17]

---

194행의 '使'는 명사(사신) 용법이고, 204행의 '使命'은 동사(파견하다) 용법이며, 207행의 '使命'은 명사(사신) 용법이고, 217행의 '節度大使'는 명사(관직명) 용법으로 사용되었다.

5) 야차(夜叉): Yaksa(범어) 8부중(八部衆)의 하나. 약차(藥叉), 야걸차(夜乞叉)로 음역한다. 위덕(威德), 포악(暴惡), 용건(勇健), 귀인(貴人), 첩질귀(捷疾鬼), 사제귀(祠祭鬼)라 번역한다. 나찰과 함께 비사문천왕의 권속으로 북방을 수호한다. 《불교용어사전》, 문예마당, 2007년, 207쪽 참조.

6) '是龍樹菩薩使夜叉神造'을 정기선(2000:295)은 '용수보살이 야차신을 만든 곳이다.'라고 하였다.

7) 鑿(záo 착): 구멍을 파다. 끌/정. 끌이나 정으로 판 구멍.

8) 鑿山爲柱。三重作樓: 정수일(2004:197)은 '산을 뚫어 기둥을 세우고 삼 층짜리 누각으로 지었는데'로 한역하였고, 정기선(2000)은 '산을 뚫어 기둥으로 하여 삼층집을 지었다.'로 번역하였다. 桑山正進(1992)은 '절 전체가 바위산을 파내어 기둥을 만들어 3층 구조로 되어 있다.'로 해석하였다. 역자는 산을 뚫었는데, 뚫은 곳에 기둥을 만들었다는 의미로 해석하여, '산을 뚫어 기둥으로 만들었고, 삼층으로 누각을 만들었는데'로 한역하였다.

9) (1) 方圓: 면적. 주변. 둘레. 삼각형과 원형.

(2) 四面方圓三百餘步: 이 문구의 완전한 문장은 '四面方圓爲三百餘步'이다.

10) 在日: 在世之日의 의미로 '살아 있는 동안'을 의미한다. 《왕오천축국전》에서는 '在日'(54행) 혹은 '在之日'(80행)로 사용되었다.

11) 于時: 그 때에

12) 爲言: 시를 짓는다.

13) (1) 颯颯(sàsà 삽삽): 의성어, 바람이 불어 나뭇가지와 잎이 흔들리는 소리.

(2) 정기선(2000)은 '뜬구름만 살랑 돌아가네.'로 정수일(2004:198)은 '뜬구름은 너울너울 돌아가네.'로 한역하였다.

14) 정수일은(2004:198)은 '緘書忝去便'로 식자하고 '그 편에 감히 편지 한 장 부쳐 보지만'으로, 번역하였다. 정기선(2000:296)은 '편지 적어 부쳐 보고프나'로 한역하였다. 桑山正進(1992)은 '緘書忝去便'로 식자하고 '편지를 적어 그 구름에 맡기고 싶으나'로 해석하였다. 고병익 등(1976:139)은 '소식 적어 그 편에 부칠 수도 있으련만'으로 풀이 하였다.

15) 정수일은(2004:198)은 '남의 나라는 땅 끝 서쪽에 있네.'로, 정기선(2000:296)은 '난 타향의 서쪽 가장자리에서'로 한역하였다.

16) 日南: 지금 베트남 중부.

17) 林: (1) 桑山正進은 '고향의 숲'이라고 해석하였다.

(2) 고병익(1976:139)은 '林'을 '계림(鷄林)'으로 풀이하고, 곧 '신라(新羅)'라고 해석하였다. (고병익. 1976.《동아사의 전통》. 서울: 一潮閣. 참조)

(3) 王邦維(1995:66-69)은《舊唐書》에서 新羅를 '鷄林'으로 부르고, 義淨(635-713)의《大唐西域求法高僧傳》에서 高麗를 '鷄貴'로 부른 것을 예로 들어, 新羅를 '鷄林'으로 해석하고자 하였다. (王邦維. 1995.〈唐代赴印新羅求法僧事迹考實〉,《韓國學論文集》)

(4)《高麗史》券一 世家一 太祖一의 貞明四年三月(918년)을 보면, 중국 唐나라 상인 왕창근(王昌瑾)의 王昌瑾鏡文이 있다. 내용은 고려 태조 왕건의 왕위 등극을 예언한 시구이다. 이 시구의 앞부분을 인용하면 다음과

## 13. 남천축국

바로 중천축국에서 남쪽으로 석 달 남짓을 가면, 남천축국 왕이 머무는 곳에 이른다. 왕은 코끼리 800 마리를 가지고 있다. 지경의 땅이 매우 넓다. 남쪽으로 남해에 이르고, 동쪽으로는 동해에 이르고, 서쪽으로는 서해에 이르고, 북쪽으로는 중천축국, 서천축국, 동천축국 등의 국가에 이르며, (그 국가들과) 경계를 접하고 있다. 옷 모양새, 음식, 풍습은 중천축국과 서로 비슷하다. 다만 말소리가 조금 다르다. 토지는 중천축국보다 덥다. 그 땅에서 생산되는 것은 모직 천, 코끼리, 물소, 황소이다. 역시 적은 수의 양이 있다. 낙타, 노새, 나귀 등은 없다. 벼를 심는 논밭은 있고, 기장과 조는 없다. 솜과 면직물 종류 등에 관해서는 오천축국 어디에도 없다. 왕과 수령, 백성들은 지극히 삼보를 존경한다. 절도 많고, 승려도 많다. 대승과 소승 모두 행해진다.

그 곳 산중에 큰 절이 하나 있다. 용수보살(龍樹菩薩)이 야차신으로 하여금 만들게 한 것이며, 사람이 만든 것이 아니다. 산을 뚫어 기둥으로 만들었고, 3층으로 누각을 만들었다. 사방 둘레가 300여 보나 된다. 용수 생전에는 절에는 3,000명의 승려가 있었다. 오직 열다섯 섬의 쌀로 공양을 하였다.[18] 매일 삼천 명의 승려를 공양하였으나, 그 쌀은 없어지지 않고, 오히려 다시 생겼다. 처음 시작한 양에서 줄지 않았다. 그러나 지금 이 절은 황폐해지고, 승려도 없다. 용수(龍樹)의 수명은 700년이 되어서야 입적하였다. 그 때에 남천축국의 길에서, 오언(五言)으로 시를 짓고자 한다.[19]

달 밝은 밤 … 길,
뜬구름은 쏴쏴 돌아갑니다.

---

같다.

三水中四維下。上帝降子於辰馬。先操鷄後搏鴨。此謂運滿一三甲。

이 문구는 '삼수(三水) 가운데 있는 사유(四維) 아래로 옥황상제가 아들을 진마(辰馬)에 내려 보내어, 먼저 계(鷄)를 잡고 뒤에 압(鴨)을 칠 것이니, 이것은 운수가 차서 삼갑(三甲)을 하나로 통일하는 것을 말한다.'로 해석이 가능하다. 이 해석에서 사유(四維)는 신라(新羅)의 라(羅) 자를 파자(한자의 자획을 풀어서 나눈 것)한 것이다. 따라서 사유는 신라를 가리킨다. 그리고 계(鷄)는 鷄林으로 신라를 가리키고, 압(鴨)은 압록강을 가리킨다.

위의 의견으로 보면, 신라를 '계림(鷄林)'으로 고려를 '鷄貴'를 지칭한 것을 알 수 있다. 이는 계(鷄)와 관련이 있음을 추측할 수 있다. 그러나 '誰爲向林飛'에서는 鷄보다는 林을 사용하였다. 따라서 이 문구는 桑山正進의 의견처럼 '고향의 숲'으로 해석해도 무방하고, 시구의 전체적 의미를 고려하여 고병익의 의견처럼 '신라'로 해석하여도 무방하리라 생각한다. 우리는 '林'을 '계림'으로 해석하고, 이를 신라로 이해하고자 한다.

18) 隋唐의 1石大米는 지금의 90斤이라고 한다. 15石은 1,350斤이므로 675kg에 해당한다. 그 당시의 1일 쌀 소비량을 모르기 때문에 그 양을 정확히 분석할 수 없지만, 하루 정도 소비량 혹은 그보다 적은 양이었으리라 추측된다.

19) 《왕오천축국전》의 원문과 관련 없이 시의 내용으로만 두 구절을 추측해보았다.
(1) 달 밝은 밤 … 길: 달 밝은 밤 천축 가는 길 (2) 서신…가는 편에…: 서신을 가는 편에 여러 번 보냈건만

서신…가는 편에…,
바람이 거세어 회답이 들리지 않습니다.
우리나라는 하늘가의 북쪽이며,
(나는) 타향의 서쪽 가장자리에 있습니다.
일남(日南)에는 기러기도 없는데,
누가 신라(鷄林)를 향하여 날아갈까!

又從南天北行兩月至西天國王住城此西天王亦五六百頭象土地所出氎
布及銀象馬羊牛多出大小二麥及諸豆等稻穀全少食多餅麨
乳酪酥油市買用銀錢氎布之屬王及首領百姓等極敬信三寶足
寺足僧大小乘俱行土地甚寬西至西海國人多善唱歌餘四天國不
如此國又無枷棒牢獄刑戮等事見今被大寔來侵半國已損又五天
法出外去者不將糧食到處即便乞得食也唯王首領等出自賚
糧不食百姓祗擬　又從西天北行三箇餘月至北天國也名闍
蘭達羅國王有三百頭象依山作城而住從茲已北漸漸有山為國
狹小兵馬不多常被中天及迦葉彌羅國屢屢所吞所以依山而住人
風衣著言音與中天不殊土地稍冷於中天等也無有霜雪但有風
冷土地所出象氎布稻麥驢騾少有其王有馬百疋首領三五疋百
姓並無西是平川東近雪山國内足寺足僧大小乘俱行又一月程過雪
山東有一小國名蘇跋那具怛羅屬土蕃國所管衣著與北天相似言

【59】

羅　：又從南天北行兩月至西天國王住城此西天王亦五六百頭象土地所出𩕳

藤田：又從南天北行兩月、至西天國王住城、此西天王亦五六百頭烏、土地所出、𩕳

桑山：又従南天北行兩月。至西天國王住城。此西天王又五六百頭象。土地所出𩕳

張　：又從南天北行兩月。至西天國王住城。此西天王亦五六百頭象。土地所出。𩕳

정　：又從南天北行兩月 至西天國王住城 此西天王[然]五六百頭象 土地所出𩕳

박案：又從南天北行兩月至西天國王住城此西天王亦五六百頭象土地所出𩕳

校註

① 至: 원본 형태는 이다. '至'의 행초서체이다.

② 亦: 원본 형태는 이다. '亦'의 행초서체()이다.[1] 桑山正進은 '又'로 식자하였고, 정수일은 '然'으로 식자하였다. '又'의 이체자로는 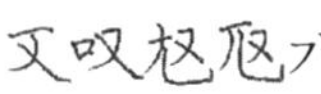가 있다. '然'의 행초서체는 '月'부분이 정확히 드러나기 때문에, '亦'과 서로 다른 자형을 보인다. 따라서 원본의 자형으로 보면, '亦'이 맞다.

1) 王羲之의 행초서체. 漢典書法 참조.

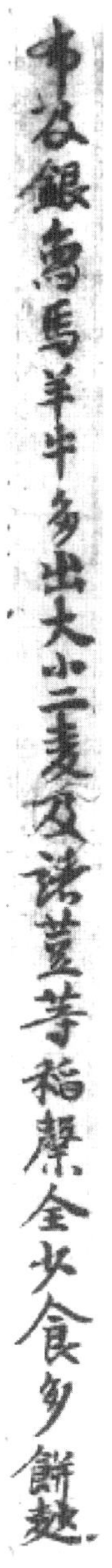

【60】

羅　: 布及銀象馬羊牛多出大小二麥及諸荳等稻穀全少食多餠麩

藤田 : 布及銀爲羊牛、多出大小二麥及諸荳等、稻穀全少、食多餠麩

桑山 : 布及銀象馬羊牛。多出大小二麦及諸荳等。稻穀全少。食多餠麩

張　: 布及銀象馬羊牛。多出大小二麥及諸荳等。稻穀全少。食多餠麩

정　: 布及銀象馬羊牛 多出大小二麥及諸荳等 稻[穀]全少 食多餠麩

박案 : 布及銀象馬羊牛多出大小二麦及諸荳等稻穀全少食多餠麨

校註

① 布: 원본 형태는 이다. '布'이 행초서체()이다.[2]

② 麦: 원본 형태는 이다. '麥'의 이체자(麦)이다.

③ 諸: 원본 형태는 이다. '諸'의 행초서체([3], [4])이다.

④ 荳: 원본 형태는 이다.

⑤ 等: 원본 형태는 이다. '等'의 이체자(等)이다.(臺灣教育部異體字字典)

⑥ 穀: 원본 형태는 이다. '穀'의 이체자(穀)이다.(臺灣教育部異體字字典)

⑦ 少: 원본 형태는 이다. '少'의 행초서체()이다.[5]

⑧ 麨: 원본 형태는 이다. '麩'의 이체자(麨)이다.(漢典)

2) 智永의 행초서체. 漢典書法 참조.
3) 王守仁의 행초서체. 漢典書法 참조.
4) 李世民의 행초서체. 漢典書法 참조.
5) 黃庭堅의 행초서체. 漢典書法 참조.

【61】

羅　：乳酪蘇油市買用銀錢氎布之屬王及首領百姓等極敬信三寶足

藤田：乳酪蘇油、市買用銀錢氎布之屬、王及首領百姓等、極敬信三寶、足

桑山：乳酪蘇油。市買用銀銭氎布之屬。王及首領百姓等。極敬信三寶。足

張　：乳酪蘇油。市買用銀錢氎布之屬。王及首領百姓等。極敬信三寶。足

정　：乳酪蘇油 市賣用銀錢氎布之屬 王及首領百姓等 極敬信三寶 足

박案：乳酪蘓油市買用銀銭氎布之属王及首領百姓等極敬信三寶足

校註

① 酪: 원본 형태는 (　)이다.

② 蘓: 원본 형태는 (　)이다. '蘇'의 이체자(蘓)이다.(漢典)

③ 市: 원본 형태는 이다. '市'이다. '市'와 이 행에서 출현하는 '布'의 자형이 비슷해 보이지만, 자세히 보면 서로 다르다.

> 市(　)買用銀錢氎布之屬: 61행
> 唯有氎布(　): 37행
> 氎布(　): 69행
> 氎布(　): 51행
> 布(　)毛毯牛羊: 90행

④ 属: 원본 형태는 이다. '屬'의 이체자(属属)이다.(臺灣教育部異體字字典)

⑤ 等: 원본 형태는 이다. '等'이 이체자(等)이다.(臺灣教育部異體字字典)

**【62】**

羅　: 寺足僧大小乘俱行土地甚寬西至西海國人多善唱歌餘四天國不

藤田 : 寺足僧、大小乘俱行、土地甚寬、西至西海、國人多善唱歌、餘四天國、不

桑山 : 寺足僧。大小乗俱行。土地甚寬。西至西海。國人多善唱歌。餘四天國不

張　: 寺足僧。大小乘俱行。土地甚寬。西至西海。國人多善唱歌。餘四天國不

정　: 寺足僧 大小乘俱行 土地甚寬 西至西海 國人多善唱歌 餘四天國不

박案 : 寺足僧大小乗俱行圡地甚寛西至西海國人多善唱歌餘四天國不

校註

① 乗: 원본 형태는 乗이다. '乘'의 이체자(乗)이다.(小學堂)

② 寛: 원본 형태는 寛이다. '寬'의 이체자(寛)이다.(小學堂)

③ 西: 원본 형태는 西이다. '西'의 행초서체(西)이다.[6]

6) 王羲之의 행초서체. 漢典書法 참조.

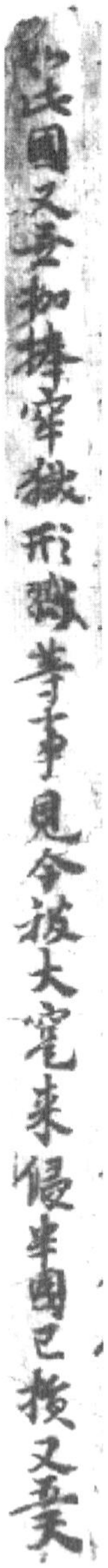

【63】

羅　：如此國又無枷棒牢獄形戮等事見今被大寃來侵半國已損又五天

藤田：如此國、又無枷棒牢獄形戮等事、見今被大寃來侵、半國已損、又五天

桑山：如此國。又無枷棒牢獄形戮等事。見今被大寃來侵。半國已損。又五天

張　：如此國。又無枷棒牢獄形戮等事。見今被大寃來侵。半國已損。又五天

정　：如此國 又無枷棒牢獄形戮等事 見今被大寔來侵 半國已損 又五天

박案：如此國又無[illegible][illegible][illegible]獄形戮等事見今被大[illegible][illegible]侵半國已[illegible]又五天

校註

① 此: 원본 형태는 [illegible]이다. '此'의 행초서체([illegible])이다.7)

② 無: 원본 형태는 [illegible]이다. '無'의 행초서체([illegible])이다.8)

③ [illegible]: 원본 형태는 [illegible]이다. '枷'의 이체자([illegible])이다.(臺灣敎育部異體字字典)

④ [illegible]: 원본 형태는 [illegible]이다. '棒'의 이체자([illegible])이다.(《敦煌俗字典》2005:11)

⑤ [illegible]: 원본 형태는 [illegible]이다. '牢'의 이체자([illegible])이다.(小學堂)

⑥ 形: 원본 형태는 [illegible]이다. 羅振玉・藤田豊八・張毅・정수일은 '刑'의 오기(誤記)로 생각한다. 오기(誤記)가 맞다. 26행 참조.

⑦ 戮: 원본 형태는 [illegible]([illegible])이다. 이 글자는 小學堂, 漢典,《敦煌俗字典》(2005:257)에서 소개되지 않은 새로운 이체자이다. 위에서 소개된 이체자를 보면, [illegible], [illegible], [illegible], [illegible], [illegible], [illegible], [illegible], [illegible], [illegible], [illegible], [illegible], [illegible]이 있다.

⑧ 被: 원본 형태는 [illegible]이다. '被'의 행초서체([illegible])이다.9)

⑨ [illegible]: 원본 형태는 [illegible]이다. '寔'의 이체자([illegible])이다.(小學堂)

⑩ 来: 원본 형태는 [illegible]이다. '來'의 이체자(来)이다.(小學堂)

⑪ 侵: 원본 형태는 [illegible]([illegible])이다. 제가(諸家) 모두 '侵'으로 식자하였다. '侵'의 이체자는 [illegible] 등이 있다. 새로운 이체자이다.

⑫ [illegible]: 원본 형태는 [illegible]이다. '損'의 이체자([illegible])이다.10)

7) 王羲之의 행초서체. 漢典書法 참조.

8) 懷仁의 행초서체. 漢典書法 참조.

9) 王鐸의 행초서체. 漢典書法 참조.

10) 王羲之의 행초서체. 漢典書法 참조.

【64】

羅　：法出外去者不將糧食到處即便乞得食也唯王首領等出自賣
藤田：法、出外去者、不將糧食、到處即便乞得食也、唯王首領等出、自賣
桑山：法。出外去者。不将粮食。到處即便乞。得食也。唯王首領等出。自賣
張　：法。出外去者。不將糧食。到處即便乞得食也。唯王首領等出。自賣
정　：法 出外去者 不將粮食 到處卽便乞 得食也 唯王首領等出 自賣
박案：法出外去者不将粮食到處即便乞得食也唯王首領等出自賣

校註

① 者: 원본 형태는 者이다. '者'의 행초서체(者)이다.[11]

② 不: 원본 형태는 不이다. '不'의 행초서체(不)이다.[12]

③ 食: 원본 형태는 食이다. '食'의 행초서체(食)이다.[13]

④ 到: 원본 형태는 到이다. '到'의 행초서체(到)이다.[14]

⑤ 即: 원본 형태는 即이다. '即'의 행초서체(即)이다.[15]

⑥ 乞: 원본 형태는 乞이다. '乞'의 행초서체(乞)이다.[16]

⑦ 唯: 원본 형태는 唯이다. '唯'의 이체자(唯)이다.

⑧ 賣: 원본 형태는 賣이다. '賣'의 행초서체(賣)이다.[17]

11) 米芾의 행초서체. 漢典書法 참조.
12) 王羲之의 행초서체. 漢典書法 참조.
13) 王羲之의 행초서체. 漢典書法 참조.
14) 王羲之의 행초서체. 漢典書法 참조.
15) 王羲之의 행초서체. 漢典書法 참조.
16) 智永의 행초서체. 漢典書法 참조.
17) 王羲之의 행초서체. 漢典書法 참조.

**【65】**

羅　：糧不食百姓□□ 又從西天北行三個餘月至北天國也名闍

藤田：糧、不食百姓□□、又從西天北行三個餘月、至北天國也、名闍

桑山：粮。不食百姓祇糙。 又從西天北行三箇餘月。至北天國也。名闍

張　：粮。不食百姓祇䊝。又從西天北行三箇餘月。至北天國也。名闍

정　：粮 不食百姓祇[擬] 又從西天北行三箇餘月 至北天國也 名闍

박案：粮不食百姓祇糙 又從西天北行三箇餘月至北天國也名闍

**校註**

① 粮: 원본 형태는 粮이다. '糧'의 이체자이다.(小學堂)

② 食: 원본 형태는 食이다. '食'의 행초서체(食)이다.18)

③ 祇: 원본 형태는 祇(祇)이다. 羅振玉과 藤田豊八은 모르는 글자로 남겨놓았고, 桑山正進·張毅·정수일은 '祇'로 식자하였다. '祇'의 이체자로는 衹 秖 秪 秖 祇 秪 秖 衹 秖 祇 秪 秖 衹 秖 祇 秪 秖 등이 있다(臺灣教育部異體字字典). '祇'로 식자한다면, 秪와 가장 비슷한 자형을 보인다.

④ 糙: 원본 형태는 糙(糙)이다. 羅振玉, 藤田豊八은 모르는 글자로 남겨놓았고, 桑山正進은 '糙'로 張毅은 '䊝', 정수일은 '擬'로 식자하였다. '糙'를 먼저 살펴보면, 이체자 중에 비슷한 자형은 없다. 서체로 보면, 糙는 糙와 비슷한데, '米', '辶', '口'는 비슷한 모형을 보이는데, 糙에는 '生'의 자형이 보이지 않는다. '擬'를 살펴보면, 이체자 중에 糙와 비슷한 자형은 없다. 서체로 보면, '扌', '疋'은 비슷한 형태를 보이는데, 나머지는 비슷하지 않다. 식자하기 어렵다.

⑤ 箇: 원본 형태는 箇이다. '個'의 이체자이다.(小學堂)

⑥ 至: 원본 형태는 至이다. '至'의 행초서체(至)이다.19)

⑦ 闍: 원본 형태는 闍(闍)이다. 羅振玉은 闍로 식자하였고, 藤田豊八, 桑山正進, 張毅, 정수일은 闍로 식자하였다. 이 글자의 광(框)은 '門'인데, 식자가 잘 되지 않는 부분은 심(心) 부분이다. 羅振玉은 이 글자의 심(心)을 '屠'로 보았고, 다른 학자들은 '者'로 본 것이다. 《왕오천축국전》에서 '屠'는 2번 사용되었고, '者'는 15번 사용되었다. 예를 들면 다음과

18) 王羲之의 행초서체. 漢典書法 참조.

19) 王羲之의 행초서체. 漢典書法 참조.

같다.

不見有屠()行: 41행
極多屠()煞: 124행
飮者(): 78행
百姓者(): 98행
白者(): 110행

자형만 살펴보면, 위 예문의 '屠'와 '者' 중의 부건 '日'과 ''의 부건 '日'과는 형태가 많이 다르다. 또 원본 ''의 심(心)이 '者'보다 획순이 많은 듯하다. 羅振玉이 식자한 闍은 '門'과 '屠'의 합체자인데, 屠로 볼 경우 원문 에 부건 '尸'가 보이지 않는다. 또 에서 식자가 되는 門과 日을 가지고 이 글자를 추측해보면, 이 두 부건이 함께 쓰인 한자는 闍, 闍, 閶, 間, 闍 등이 있다. 따라서 자형으로 보면, 闍가 가장 가깝다고 할 수 있다.

이 글자는 'Jalandara' 국가 이름의 한자 음역 어휘의 첫 번째 글자이다. 먼저 '闍'의 중국 중고음(中古音)을 살펴보면 다음과 같다.

| | | 성모 | 운모 |
|---|---|---|---|
| 周法高 擬音 | 闍 | dz | ia |
| | | t | uo |

'闍'는 두 개의 음을 가지고 있다. 이곳에서 사용된 음은 'Jalandara'와 비교할 때 'dzia'일 것이다. 《왕오천축국전》에서 성모 'J'로 시작된 고유명사와 그 중국어 음역 어휘를 살펴보면, 74행의 新頭故羅國(Sindh-Gurja-rā, 신두고라국)과 136행의 奢摩褐羅闍(Śamarājā, 사마갈라사국)이다. 新頭故羅國(Sindh-Gurja-rā)에서 'ja'는 음역이 되지 않았고, 奢摩褐羅闍(Śamarājā)에서 'jā'는 '闍'로 음역되었다.

위의 자형과 한자 음역의 상황을 참조하면, 이 글자는 '闍'로 처리하는 것이 좋을 듯하다.

# 14 西天竺國

又從南天。北行兩月。至西天國王住城。此西天王亦五六百頭象。[1] 土地所出氎布及銀象馬羊牛。多出大小二麥及諸荳等。稻穀全少。食多[2]餅麨乳酪蘇油。市買用銀錢氎布之屬。[3] 王及首領百姓等。極敬信三寶。足

1) 《왕오천축국전》에서 '象'이 나오는 문구를 찾아보면 다음과 같다.

王有九百頭象: 22행
象少兵少: 23행
有氎布象馬: 37행
王有八百頭象: 49행
土地所出。氎布象水牛黃牛: 51행
土地所出氎布及銀象馬羊牛: 59-60행
王有三百頭象: 66행
土地所有出象氎布稻麥: 69행
王有三百頭象: 87-88행
有象少馬粳米蒲桃之類: 90행
出外乘象: 95행
此突厥王象有五頭: 122행
妻及象馬等: 125행

위의 예문으로 보면, 원문에서 '有'가 빠진 것을 알 수 있다.

2) '食多'와 '多食'의 차이점은 '食多'는 먹는(食) 행위의 사건 후의 결과이고, '多食'은 먹는(食) 행위의 사건 전의 수식이다. 그래서 '食多'는 '많이 먹는다.'로 한역되고, '多食'는 '많이 먹다'로 한역이 된다.

3) 정기선(2000:296)은 '시장에서 은전으로 직물 등을 산다.'로 한역하였고, 정수일(2004:209)은 '매매는 은전이나 모직물, 천 따위로 한다.'로 해석하였다. 桑山正進(1992:33)는 '매매에는 은화, 면포류를 사용하고 있다.'고 역문(譯文)하였다. 한 가지 주의할 점은 정수일(2004:213)은 문의를 고려하여, '市賣'로 해석하였고, 이를 '매매' 혹은 '사고팔다'로 한역하였다.

'市買'라는 어휘는 아래의 고문(古文)에서 찾아볼 수 있다.

(1) 《史記 · 汲鄭列傳》: "愚民安知市買長安中物, 而文吏繩以爲闌出財物于邊關乎?"(어리석은 백성들이 장안의 저자거리에서 물품을 사고파는 일이, 법관들의 판결과 같이 변방의 관문에서 재물을 나라 밖으로 빼돌리는 행위와 같다는 사실을 어떻게 알 수 있겠습니까?)

(2) 《漢書 · 食貨志下》: "百姓憒亂, 其貨不行。民私以五銖錢市買, 莽患之。"(백성들은 혼란스러웠고, 그 화폐는 통용되지 않았다. 민간에서는 여전히 한나라의 五銖錢으로 물건을 사고팔았다. 왕망은 이러한 상황을 걱정하였다.)

(3) 漢 桓寬《鹽鐵論 · 水旱》: "民相與市買, 得以財貨五穀新弊易貨。"(백성들은 서로 교역을 하여, 재화나 곡물, 비단으로 물건을 바꿀 수 있다.)

(4) 唐 韓愈《曹成王碑》: "民老幼婦女不驚, 市買不變。"(백성들은 노약자도 어린이도 부녀자도 놀라지 않았고, 물건을 사고파는 것도 변하지 않았다.)

이 예문에서 '市買'는 '교역/교역하다'의 의미를 가진다. 따라서 정수일의 의견처럼 '市賣'로 이해할 필요가 없이, 원본 그대로 '市買'로 이해하고, '교역/교역하다'로 한역하면 된다.

우리는 '市買'을 명사 용법으로 보고, '교역은 은전이나 모직물 천과 같은 종류를 사용한다.'로 하였다. 우리는

寺足僧。大小乘俱行。土地甚寬。西至西海。國人多善唱歌。餘四天國不如此國。又無枷棒牢獄形戮等事。[4] 見今被大寔來侵。[5] 半國已損。又五天法。出外去者。不將粮食。[6] 到處即便乞得食也。唯王首領等出。自賫粮。不食百姓□□。[7]

## 14. 서천축국

다시 남천축국에서 북쪽으로 두 달을 가면, 서천축국 왕이 머무는 성에 이른다. 이 서천축국의 왕 역시 오륙백 마리의 코끼리를 가지고 있다. 이 땅에서는 모직 천과 은, 코끼리, 말, 양, 소가 나온다. 보리(大麥)와 밀(小麥)과 여러 가지 콩이 대량 생산된다. 벼와 같은 곡물은 지극히 적다. 밀가루로 만든 빵, 치즈(乳酪), 버터기름(蘇油)을 많이 먹는다. 교역은 은전이나 모직물 천과 같은 종류를 사용한다. 왕과 수령, 백성들은 지극히 삼보를 존경하고 믿는다. 절이 많고, 승려도 많다. 대승과 소승이 모두 행해진다.

땅이 매우 넓어 서쪽으로 서해에 이른다. 이 나라 사람들은 노래를 아주 잘한다. 나머지 네 개의 천축국은 이 나라만 못하다. 또 목에 칼을 씌우는 가항형과 곤장형, 감옥형, 사형 등의 형벌이 없다.

'교역은 은전이나 모직물 천과 같은 종류를 사용한다.'로 해석하였다.

4) 形: 刑의 오기(誤記)이다. 63행 참조.

5) 大寔: 중국 당(唐)나라 문헌에 아랍을 大食, 多氏, 大寔 등으로 부르고 있다. '大寔'은 아랍제국(632년-1258년)을 가리킨다. 《高麗史》에 대식국에 대한 언급이 있다.

是月, 大食國悅羅慈等一百人來, 獻方物. (大食國在西域)
이 달에 대식국의 열라자 등 백 명이 와서 특산물을 바쳤다. 대식국은 서역에 있다.
(《高麗史》券二 世家五 顯宗二 十五年 九月(1024년))

九月 辛巳 大食蠻夏·訣羅慈等百人來, 獻方物.
9월 신사일. 대식국의 만하와 선나자 등 백 명이 와서, 특산물을 바쳤다.
(《高麗史》券二 世家五 顯宗二 十六年 九月(1025년))

十一月 丙寅 大食國客商保那盍等來, 獻水銀·龍齒·占城香·沒藥·大蘇木等物. 命有司, 館待優厚, 及還, 厚賜金帛.
11월 병인일. 대식국 상인 보나합 등이 와서 수은, 용치, 점성향, 몰약, 대소목 등의 물품을 바쳤다. 왕이 해당 관청에 명하여 후하게 대접하게 한 후, 돌아갈 때 금과 비단을 넉넉히 내려주게 했다.
(《高麗史》券二 世家六 靖宗六年 十一月(1040년))

6) 不將粮食: 이 문구의 완전한 문장은 '出外去者, 不將隨身粮食.'이다.

7) 不食百姓□□: 桑山正進(1992)는 '不食百姓祇糙'으로 식자하고, '서민이 바치는 음식을 먹지 않는다.'로 해석하였다. 정기선은 '백성들의 곡식을 먹지 않는다.'로 한역하였고, 정수일(2004:209)은 '백성들이 마련한 것은 먹지 아니한다.'로 해석하였다.

지금 대식(아랍)에 의하여 침략을 당하여, 국가의 절반이 이미 훼손되었다. 또한 오천축국의 법은 집을 떠나 밖으로 나가는 자는 양식을 몸에 지니지 않고, 이르는 곳마다 바로 (다른 이에게) 구걸을 하여 먹을 것을 얻는다. 오직 왕과 수령들이 외출할 때만 스스로 양식을 몸에 지닌다. 백성들의 …을 먹지 않는다.

【66】

羅　：蘭達羅國王有三百頭象依山作城而住從玆已北漸漸有山爲國

藤田：蘭達羅國、王有三百頭𤓰、依山作城而住、從玆已北、漸漸有山、爲國

桑山：蘭達羅國。王有三百頭象。依山作城而住。從玆已北。漸々有山。為國

張　：蘭達羅國。王有三百頭象。依山作城而住。從玆已北。漸漸有山。爲國

정　：蘭達羅國 王有三百頭象 依山作城而住 從玆已北 漸漸有山 爲國

박案：蘭達羅國王有三百頭𤓰依山作城而住從玆已北漸〻有山為國

校註

① 蘭: 원본 형태는 (蘭)이다. 제가(諸家) 모두 '蘭'로 식자하고 있다. '蘭'의 이체자로 蘭 蘭 蘭 蘭 蘭 兰 蘭 蘭 蘭 蔄 등이 있다.(臺灣教育部異體字字典) '蘭'의 이체자(蘭)이다.

② 𤓰: 원본 형태는 이다. '象'이 이체자(𤓰)이다.(小學堂)

③ 而: 원본 형태는 이다. '而의 행초서체()이다.[1]

④ 從: 원본 형태는 이다. '從'의 이체자(從)이다.(臺灣教育部異體字字典)

⑤ 〻: 중문(重文) 표시이다.

1) 王羲之의 행초서체. 漢典書法 참조.

**【67】**

羅　：狹小兵馬不多常被中天及迦葉彌羅國屢屢所吞所以依山而住人
藤田 ：狹小、兵馬不多、常被中天及迦葉彌羅國、屢屢所吞、所以依山而住、人
桑山 ：狭小。兵馬不多。常被中天及迦葉弥羅國屢々所吞。所以依山而住。人
張　：狹小。兵馬不多。常被<u>中天</u>及<u>迦葉彌羅國</u>屢屢所吞。所以依山而住。人
정　：狹小 兵馬不多 常被中天及迦葉彌羅國屢屢所吞 所以依山而住 人
박案 ：狹小兵馬不多常被中天及迦葉弥羅國屢所吞所以依山而住人

**校註**

① 狹: 원본 형태는 ()이다. 제가(諸家) 모두 '狹'으로 식자하고 있다. 이 글자의 바로 뒤 글자인 '小'와 같이 사용한 어휘로는 '大小乘', '小麥', '極小', '狹小' 등이 있는데, 이 글자와 비슷한 '狹'의 예를 보면, 《왕오천축국전》에서 이번 행을 제외하고, 모두 5번 사용되었다.

川谷狹()小: 91행
地狹()小: 104행
山川狹()小: 113행
爲國狹()小: 176행
處所狹()小: 199행

위의 예를 보면, 모두 '狹'로 식자가 가능하다. 이번 행의 글자 와 위의 예의 자형에서 차이가 나는 곳은 부건 '扌'와 '犭'의 차이이고, 부건 과 夾의 차이이다. '狹'의 이체자로는 秧厥狭猍狭陜등이 있다. 과는 자형이 다르다. '狹'의 이체자에는 부건 '扌'로 이루어진 글자는 없다. 따라서 이 글자는 '狹'자로 이해해도 무방하고, 원본의 글자는 오기(誤記)가 있는 한자라고 생각하면 되리라 생각한다.

② 不: 원본 형태는 이다. '不'의 행초서체()이다.[2]

③ 被: 원본 형태는 이다. '被'의 행초서체()이다.[3]

④ 弥: 원본 형태는 이다. '彌'의 행초서체()이다.[4]

⑤ : 중문(重文) 표시이다.

2) 王羲之의 행초서체. 漢典書法 참조.
3) 智永의 행초서체. 漢典書法 참조.
4) 王羲之의 행초서체. 漢典書法 참조.

【68】

羅 : 風衣著言音與中天不殊土地稍冷於中天等也亦無霜雪但有風
藤田 : 風衣著言音、與中天不殊、土地稍冷於中天等也、亦無霜雪、但有風
桑山 : 風衣着言音。与中天不殊。土地稍冷於中天等也。亦無霜雪。但有風
張 : 風衣著言音。與中天不殊。土地稍冷於中天等也。亦無霜雪。但有風
정 : 風衣着言音 與中天不殊 土地稍冷於中天等也 亦無霜雪 但有風
박案 : 風衣着言音与中天不殊土地稍冷於中天等也亦無霜雪但有風

校註

① 着: 원본 형태는 着이다. 《왕오천축국전》에서 '着'은 모두 42번 사용되었다. 이 중에서 몇 가지를 살펴보면 다음과 같다.

外道不著(着): 1행
外道不著(着)衣服: 14행
著(着)氎一隻:30행
衣著(着)飮食人風: 50행
衣著(着)共北天相似: 71행
衣著(着)人風: 150행

위 예문의 '着'의 아래(底) 부건을 보면, 1번째와 71행의 아래(底)는 '日'이고, 14번째, 30번째, 50번째 그리고 150행의 아래(底)는 '目'이다. 이로 着의 이체자는 아래(底)를 '目'으로도 사용하고, '日'로도 사용한다는 것을 알 수 있다.

② 与: 원본 형태는 与이다. '與'의 이체자(与)이다.(小學堂)

③ 土: 원본 형태는 土이다. '土'의 이체자(土)이다.(臺灣教育部異體字字典)

④ 稍: 원본 형태는 稍(稍)이다. 《왕오천축국전》에서 '稍'은 모두 6번 사용되었다.

唯言音稍(稍)別: 50행
稍(稍)別: 73행
言音稍(稍)別: 75행
此國稍(稍)大: 87행
僧稍(稍)多: 133행

위의 예로 보면, 이번 행의 글자와 가장 비슷한 자형은 87번의 '稍'이다. 그렇지만, 완전히 같은 형태라고 말하기에는 여전히 서로 다른 점이 남아있다. 예를 들면, 부건 '禾'가 이번 행의 것과 위 예문의 것과 조금 다르다.

⑤ 等: 원본 형태는 [illegible]이다. '等'의 이체자(等)이다.(漢典)

⑥ 亦: 원본 형태는 [illegible]이다. '亦'의 행초서체([illegible])이다.[5]

⑦ 無: 원본 형태는 [illegible]이다. 《왕오천축국전》에서 '無'는 57번 사용되었다.

5) 陸柬之의 행초서체. 漢典書法 참조.

【69】

羅　：冷土地所有出象氎布稻麦驢騾少有其王有馬百疋首領三五疋百

藤田：冷、土地所有出、⿱象氎布稻麥、驢騾少有、其王有馬百疋、首領三五疋、百

桑山：冷。土地所有出象氎布稻麦。驢騾少有。其王有馬百疋。首領三五疋。百

張　：冷。土地所有出象氎布稻麥。驢騾少有。其王有馬百疋。首領三五疋。百

정　：冷 土地所有出象氎布稻麥 驢騾少有 其王有馬百疋 首領三五疋 百

박案：冷土地所有出為氎布稻麦驢騾少有其王有馬百疋首領三五疋百

校註

① 為: 원본 형태는 為이다. '象'의 이체자(為)이다.

② 麦: 원본 형태는 麦이다. '麥'의 이체자(麦)이다.(小學堂)

③ 驢: 원본 형태는 驢이다. '驢'이다.

④ 騾: 원본 형태는 騾이다. '騾'이다.

⑤ 疋: 원본 형태는 疋이다. '匹'의 이체자이다.(小學堂) '疋'은 《왕오천축국전》에서 3번 사용되었다.

六七十疋(疋): 39행

三千疋(疋): 199행

## 【70】

羅　: 姓並無西是平川東近雪山國內足寺足僧大小乘俱行又一月過雪

藤田 : 姓並無、西是平川、東近雪山、國內足寺足僧、大小乘俱行、又一月過雪

桑山 : 姓並無。西是平川。東近雪山。國內足寺足僧。大小乗俱行。又一月程過雪

張　: 姓並無。西是平川。東近雪山。國內足寺足僧。大小乘俱行。又一月程過雪

정　: 姓並無 西是平川 東近雪山 國內足寺足僧 大小乘俱行 又一月程過雪

박案 : 姓並無西是平川東近雪山國內足寺足僧大小乗俱行又一月程過雪

### 校註

① 川: 원본 형태는 ( )이다. 자형이 '水'와 비슷하지만, '川'이 맞다. '川'의 이체자(川)이다. 《왕오천축국전》에서 '川'은 7번 사용되었다.

川( )谷狹小: 91행
山川( ): 104행
川( )谷: 106행
山川( ): 113행
蜜川( ): 207행
蜜川( ): 209행

② 乗: 원본 형태는 이다. '乘'의 이체자(乗)이다.(小學堂)

③ 程: 羅振玉, 藤田豊八의 문장에는 '又一月程過雪'에서 '程'이 빠져있다. 원본에는 이 있다.

# 15 闍蘭達羅國

又從西天。北行三個餘月。至北天國也。名闍蘭達羅國。王有三百頭象。依山作城而住。從兹已北。[1] 漸漸有山。爲國狹小。兵馬不多。常被中天及迦葉彌羅國屢屢所呑。所以依山而住。人風衣著言音。與中天不殊。土地稍冷於中天等也。亦無霜雪。但有風冷。土地所有出象氎布稻麥。[2] 驢騾少有。[3] 其王有馬百疋。首領三五疋。[4] 百姓並無。西是平川。東近雪山。國內足寺足僧。大小乘俱行。

## 15. 사란달라국

또 서천축국에서 북쪽으로 석 달 여를 가면, 북천축국에 이른다. 사란달라국이라고 부른다. 왕은 300마리의 코끼리를 가지고 있다. 산을 의지하여 성을 만들어 그 곳에 머물고 있다. 이곳에서부터 북쪽으로는 점차 산이 있다. 나라가 협소하고, 군대는 많지 않다. 자주 중천축국과 가섭미라국에 점령당하곤

1) 已: '以'과 같다.

2) 張毅(1994:51)는 '土地所有出象氎布稻麥'에서 '有出'가 '出有'로 도치되어 '土地所出有象氎布稻麥'이 되어야 한다고 지적하고 있다. 예를 들어, 《왕오천축국전》에서 '所出'은 6번 사용되었다.

土地所出。唯有氎布象馬等物: 37-38행
土地所出。氎布象水牛黃牛: 51행
土地所出。氎布及銀象馬羊牛: 59-60행
衣著人風土地所出。節氣寒暖。與北天相似: 73행
衣著人風土地所出。與罽賓王相似: 150행
所出羊牛。極小不大: 200행

'所有'는 이번 문장에서만 사용되었고, '有出'도 이번 문장에서만 사용되었다. 따라서 어휘의 사용으로 보면, '所有'나 '有出'이 이번 문장에서만 사용되었기 때문에, 張毅의 의견처럼 '所出有'가 맞다. 한 가지 의문을 제기한다면, 위의 예문에서 보는 바와 같이, '所出' 다음에 '有'가 있는 문구는 '土地所出。唯有氎布象馬萬物。' 하나이고, '出有' 역시 사용된 적이 없다는 것이다.

3) 少有: 적다. 약간 있다. 적게 보인다.

4) 三五: 15를 의미하기도 하며, 수가 적다는 의미도 된다. 문맥으로 추측하건데, 왕이 가지고 있는 말은 백 필인데 반하여, 수령이 가진 말이 15필이든 적은 수이든 문맥의 의미로는 두 해석이 다르지 않다고 생각된다. 따라서 우리는 적은 양의 말이라고 해석하고자 한다.

한다. 그래서 산을 의지하여 머물게 된 것이다. 풍습, 옷 모양새, 말소리는 중천축국과 다르지 않다. 토지가 중천축국 등보다 조금 더 춥다. 또 서리와 눈은 없으나, 바람이 있어 춥다. 이 땅에서 나오는 것은 코끼리, 모직 천, 벼와 보리다. 당나귀와 노새가 조금 있다. 그 왕은 100필의 말을 가지고 있고, 수령은 몇 필의 적은 말을 가지고 있는데, 백성은 아무것도 가지고 있지 않다. 서쪽은 평야이고, 동쪽은 설산과 가깝다. 나라 안에는 절도 많고 승려도 많다. 대승과 소승이 모두 행해지고 있다.

【71】

羅　: 山東有一小國名蘇跋郍具怛羅屬土番國所管衣著與北天相似言

藤田 : 山、東有一小國、名蘇跋郍具怛羅、屬土番國所管、衣著與北天相似、言

桑山 : 山。東有一小國。名蘇跋那具怛羅。屬土蕃國所管。衣着共北天相似。言

張　: 山。東有一小國。名蘇跋那具怛羅。屬土蕃國所管。衣著共北天相似。言

정　: 山 東有一小國 名蘇跋那具怛羅 屬土蕃國所管 衣[著][共]北天相似 言

박案 : 山東有一小國名蘓跋郍具怛羅屬圡蕃國所管衣着共北天相似言

校註

① 蘓: 원본 형태는 蘓이다. '蘇'의 이체자(蘓)이다.(漢典)

② 跋: 원본 형태는 跋이다. 羅振玉 · 桑山正進 · 張毅 그리고 정수일은 '跋'로, 藤田豊八은 '跋'로 식자하고 있다. '跋'의 이체자(跋)이다.(臺灣教育部異體字字典)

③ 郍: 원본 형태는 郍이다. '那'의 이체자(郍)이다.(小學堂)

④ 属: 원본 형태는 属이다. '屬'의 이체자(属)이다.(小學堂)

⑤ 圡: 원본 형태는 圡이다. '土'의 이체자(圡)이다.(小學堂)

⑥ 蕃: 원본 형태는 蕃이다. '蕃'의 이체자(蕃)이다.(臺灣教育部異體字字典)

⑦ 着: 원본 형태는 着이다. 着의 이체자(着, 着)이다.(《敦煌俗字典》(2005:570))

⑧ 共: 원본 형태는 共이다. '共'은《왕오천축국전》에서 8번 사용되었다.

不共(共)修營: 97행
共(共)罽賓國少有相似: 157행
共(共)同一盆: 170행
共(共)娶一妻: 181행
共(共)漢地: 188행
諸人共(共)知: 216행

羅振玉과 藤田豊八은 '與'로 식자하였고, 桑山正進, 張毅 그리고 정수일은 '共'으로 식자하였다. '與'의 행초서체는 '与', '与'와 같다. 따라서 이 글자가 '與'가 아닌 것은 확실하다. 97행, 157행, 181행, 188행, 216행의 글자는 王羲之의 행서체 '共'(共)과 비슷하다. 문제는 이번 71행과 170행의 자형이 우리가 참조하는 자료의 자형과 다르다는 것이다. 王羲之의 초서체 '共'은 共이다.

이 글자는 '共'이 맞다. '共'은 '…와 같다.'의 형용사의 용법과 '…와'의 전치사 용법이 있다. 이 글자는 전치사 용법으로 사용되었으며, 이때에 '共…相似'라는 문형을 이루고 있다. 157행, 188행의 '共'이 이와 같다.

⑨ 相: 원본 형태는 이다. '相'의 행초서체()이다.[1]

1) 沈粲의 행초서제. 漢典書法 참조.

音与別土地無寒也又從此闍蘭達羅國西行經一月至一社吒國言
音稍別大分相似衣著人風土地所出節氣寒暖与北天相似亦足寺足僧
大小乘俱行王及首領百姓等大敬信三寶　又從此吒國西行一月至新頭故羅
國衣著風俗節氣寒暖与北天相似言音稍別此國極足駱駝國人取乳
酪喫也王及百姓等大敬三寶足寺足僧即造順正理論衆賢論師
是此國人也此國大小乘俱行見今大寔侵半國損也即從此國乃至五
天不多飲酒遍歷五天不見有醉人相打之者縱有飲者得色得力
而已不見有歌舞作劇飲宴之者　又從北天國有一寺名多摩三
磨娜佛在之日來此說法廣度人天此寺東澗裏於泉水邊有一塔
而佛所剃頭及剪爪甲在此塔中此見有三百餘僧寺有大辟支佛牙及
骨舍利等更有七八所寺各五六百人大好住持王及百姓等非常敬信
又山中有一寺名那揭羅馱娜有一漢僧於此寺身亡彼大德說從中天來明
閑三藏聖教將欲還鄉忽然違和便即化矣于時聞說莫不傷心便題四
韻以悲冥路　五言　故里燈無主他方寶樹摧神靈去何處玉兒已成灰

【72】

羅　: 音卽別土地極寒也又從此闍蘭達羅國西行經一月至一社吒國言

藤田 : 音卽別、土地極寒也、又從此闍蘭達羅國西行、經一月、至一社吒國、言

桑山 : 音卽別。土地極寒也。又從此闍蘭達羅國西行經一月。至一社吒國。言

張　: 音卽別。土地極寒也。又從此闍蘭達羅國西行。經一月。至一社吒國。言

정　: 音卽別 土地極寒也 又從此闍蘭達羅國西行經一月 至一社吒國 言

박案 : 音卽別**土**地極寒也又從此闍蘭達羅國西行經一月至一社吒國言

**校註**

① 極: 원본 형태는 이다. '極'의 행초서체()이다.[2]

② 從: 원본 형태는 이다. '從'의 행초서체()이다.[3]

③ 此: 원본 형태는 이다. '此'이다.

④ 闍: 원본 형태는 ()이다. 《왕오천축국전》에서 '闍'는 3번 사용되었다.

> 名闍()蘭達羅國: 65-66행
> 自呼云奢摩褐羅闍()國: 136행

이 세 글자는 자형이 조금씩 다르다. 이번 행의 闍의 심(心)은 '者'로서, 米芾 행초서체 ''와 王羲之의 행초서체 와 비슷하다. 65행의 '闍'는 65행의 주석을 참조하기 바라며, 136행의 '闍'는 자형을 쉽게 구분할 수 있다. 따라서 이 글자는 '闍'이다.

⑤ 經: 원본 형태는 이다. '經'의 행초서체()이다.[4]

⑥ 至: 원본 형태는 (이다. '至'이다. 《왕오천축국전》에서 '至'는 37번 사용되었다. 몇 가지 예를 보면 다음과 같다. (4행), (10행), (21행), (48행), (49행), (59행), (180행), (224행) 등이다. 이 글자는 '至'이다. 문제는 '至' 바로 다음에 보이는 '一'이다(). 이 '一'이 '至'의 일부인지, '一'인지, 잘못 쓴 것인지를 분석해야 한다. 아래의 분석을 참조하기 바란다.

⑦ 一: 원본 형태는 이다. 羅振玉·藤田豊八·桑山正進·張毅·정수일 모두 '一'로 보고

2) 智永의 행초서체. 漢典書法 참조.
3) 王鐸의 행초서체. 漢典書法 참조.
4) 王羲之의 행초서체. 漢典書法 참조.

있다. 문제는 '一'의 뜻이나 용법을 아무도 언급하지 않았다. 《왕오천축국전》에서 '一'은 모두 58번 출현하였고, 정수(整數)와 서수(序數)의 용법으로 사용되었다. 서수(序數)로 사용된 것은 2번(42행, 226행)이며, 모두 정수(整數)로 사용되었다. 정수로 사용된 '一'은 주로 '一+(양사)+명사' 구조에 사용되었다. 이 구조는 다시 양사가 존재하는 구조와 양사를 생략한 구조로 나눌 수 있다.

《왕오천축국전》에서 '一'의 출현을 보면, 나라 이름 앞에 '一'이 사용된 적이 없다. 나라 이름 앞에 수사를 사용하였다고 가정하면, 동일한 나라가 여러 개가 존재한다는 의미를 포함하기 때문에, 일반적인 상식으로는 설명되지 못한다.

'至' 다음에 '수사'를 사용한 상황을 살펴보면, '至'는 《왕오천축국전》에서 44번 출현하였는데, '至' 다음에 '수사'를 사용한 적은 한 번도 없다. 이에 우리는 이 '一'은 잘못 첨가된 글자로 생각한다.

⑧ 社吒: 원본에는 '社吒'로 되어있다. 羅振玉은 오자가 있을 거라고 언급하였고, 藤田豊八·桑山正進·張毅·정수일 모두 '社吒'은 '吒社'가 도치되어 잘못 쓰여진 것이라고 하였다. '吒社'가 옳다.

⑨ 言: 원본 형태는 言이다. '言'이다.

## 16 蘇跋那具怛羅國

又一月程過雪山。東有一小國。名蘇跋那具怛羅。屬土蕃國所管。衣著共北天相似。言音即別。土地極寒也。

### 16. 소발나구달라국

다시 한 달의 일정을 가서, 설산을 넘었다. 동쪽에 작은 나라가 있는데, '소발나구달라'라고 부른다. 토번국에 속하여 관리되고 있다. 옷 모양새는 북천축국과 서로 비슷하다. 말소리는 다르다. 토지는 아주 춥다.

## 【73】

羅　: 音稍別大分相似衣著人風土地所出節氣寒暖與北天相似亦足寺足僧

藤田 : 音稍別、大分相似、衣著人風、土地所出、節氣寒暖、與北天相似、亦足寺足僧、

桑山 : 音稍別。大分相似。衣着人風土地所出節氣寒暖。与北天相似。亦足寺足僧。

張　: 音稍別。大分相似。衣著人風。土地所出。節氣寒暖。與北天相似。亦足寺足僧。

정　: 音稍別 大分相似 衣[著]人風土地所出節氣寒暖 與北天相似 亦足寺足僧

박案 : 音稍別大分相似衣**着**人風**土**地所出節氣寒暖与北天相似亦足寺足僧

### 校註

① 稍: 원본 형태는 이다. '稍'이다.

② 着: 원본 형태는 이다. '着'의 이체자(着)이다.

③ 節: 원본 형태는 ()이다. 글자의 형태로만 보면, 식자하기 쉽지 않다.《왕오천축국전》에서 '氣'와 같이 사용된 어휘를 찾아보면 다음과 같다.

> 節()氣寒暖: 75행
> 言音節()氣並別: 119행
> 節()氣甚冷: 135행

위의 예문을 보면, 이 글자가 '節'임을 알 수 있다.

③ 暖: 원본 형태는 이다. 暖의 행초서체()이다.[1]

④ 与: 원본 형태는 이다. 與의 이체자(与)이다.(小學堂)

1) 陸柬之의 행초서체. 漢典書法 참조.

【74】

羅　：大小乘俱行王及首領百姓等大敬信三寶　又從此吒國西行一月至新頭故羅
藤田：大小乘俱行、王及首領百姓等、大敬信三寶、又從此吒國西行一月、至新頭故羅
桑山：大小乘俱行。王及首領百姓等。大敬信三寶。又從此吒國西行一月。至新頭故羅
張　：大小乘俱行。王及首領百姓等。大敬信三寶。又從此吒國西行一月。至新頭故羅
정　：大小乘俱行　王及首領百姓等　大敬信三寶　又從此吒國西行一月　至新頭故羅
박案：大小乘俱行王及首領百姓䓁大敬信三寶　又從此吒國西行一月至新頭故羅

**校註**

① 乘: 원본 형태는 이다. '乘'이 이체자(乘)이다.(小學堂)

② 䓁: 원본 형태는 이다. '等'의 이체자()와 자형이 비슷하다.(臺灣教育部異體字字典)

③ 吒國: 원본에는 吒國으로 되었다. 羅振玉은 '吒' 앞에 글자가 빠진 듯하다고 적고 있다. 羅振玉은 72행의 원본과 같이 이 나라의 이름을 社吒國이라고 생각하고 있었기 때문이다. 藤田豊八, 張毅, 정수일은 吒 뒤에 글자가 빠졌다고 적고 있다. 桑山正進은 아무런 언급이 없다.

④ 羅: 원본 형태는 이다. '羅'이다.

# 17 吒社國

又從此闍蘭達羅國。西行經一月。至吒社國。言音稍別。大分相似。衣著人風土地所出。節氣寒暖。[1] 與北天相似。亦足寺足僧大小乘俱行。王及首領百姓等。大敬信三寶。

## 17. 탁사국

다시 이 사란달라국에서 서쪽으로 한 달을 가서, 탁사국에 이르렀다. 말소리가 조금 다르고, (다른 것은) 대부분 서로 비슷하다. 옷 모양새, 풍속, 토지에서 생산되는 것, 절기, 추위와 더위는 북천축국과 서로 비슷하다. 역시 절도 많고, 승려도 많다. 대승과 소승이 모두 행해진다. 왕과 수령, 백성들은 삼보를 크게 공경하고 믿었다.

1) 寒暖: 정수일(2004:228)은 '寒暖'을 설명하면서, '추위 · 더위'라는 뜻으로, '기후' 또는 '날씨'로 의역해도 무방하다고 말한다. 현대중국어의 시각에서 보면, '大小'는 '큰 것과 작은 것, 대소, 위와 아래'를 의미하면서, '크기'라는 의미로 쓰이기도 한다. 또 '長短'은 '길이'이라는 의미로 사용된다. 정수일의 의견은 아마 '大小'가 '크기'로 어휘화되고, '長短'이 '길이'로 어휘화된 것처럼, '寒暖'의 춥고 따뜻함이 '기후 혹은 날씨'로 의역하여도 크게 문제가 되지 않으리라는 생각에 이러한 해석을 한 것 같다. 우리는 고대중국어와 현대중국어에서 '寒暖'이 '기후 혹은 날씨'로 사용된 용례를 아직 찾지 못했다. 따라서 여기서는 추위와 더위로 해석하고자 한다.

【75】

羅　：國衣著風俗節氣寒暖與北天相似言音稍別此國極足駱駞國人取乳

藤田：國、衣著風俗、節氣寒暖、與北天相似、言音稍別、此國極足駱駞、國人取乳

桑山：國。衣着風俗節氣寒暖。与北天相似。言音稍別。此國極足駱駝。國人取乳

張　：國。衣著風俗。節氣寒暖。與北天相似。言音稍別。此國極足駱駞。國人取乳

정　：國 衣[著]風俗節氣寒暖 與北天相似 言音稍別 此國極足駱駝 國人取乳

박案：國衣着風俗節氣寒暖与北天相似言音稍別此國極足駱駞國人取乳

校註

① 着: 원본 형태는 着이다. '着'의 이체자(着)이다.(國際電腦漢字及異體字知識庫)

② 節: 원본 형태는 節이다. '節'의 이체자(節)이다.(臺灣教育部異體字字典)

③ 寒: 원본 형태는 寒(寒)이다. 글자의 형태로만 보면, 식자하기 쉽지 않다.《왕오천축국전》에서 '暖'과 같이 사용된 어휘를 찾아보면 다음과 같다.

土地甚暖(暖): 27행
節氣寒(寒)暖: 73행
趁暖(暖): 140행
暖而不寒(寒): 141행

위의 예로 보면, '寒'로 식자하는 것이 옳으리라 생각된다.

④ 与: 원본 형태는 与이다. '與'의 이체자(与)이다.(小學堂)

⑤ 稍: 원본 형태는 稍이다.《왕오천축국전》에서 6번 출현하였다.

唯言音稍(稍)別: 50행
土地稍(稍)冷於中天等也: 68행
言音稍(稍)別: 72-73행
此國稍(稍)大: 87행
僧稍(稍)多於俗人也: 133-134행

이번 행의 자형은 다른 행의 '稍'과 조금 다르다. '禾' 부건이 50행, 72행, 87행처럼 米芾의 행초서체(稍)이루어진 것이 있다. 이번 행의 '稍'(稍)는 鮮于樞(稍)의 비슷하기도 하지만, 여전히 다른 모습을 보인다. 68행 '稍' 참조.

⑥ 此: 원본 형태는 [illegible]이다. '此'의 행초서체([illegible])이다.[1]

⑦ 𣥺: 원본 형태는 [illegible]이다. '足'의 이체자(𣥺)이다.

⑧ 駞: 원본 형태는 [illegible]이다. '駝'의 이체자(駞)이다.

⑨ 取: 원본 형태는 [illegible]이다. '取'의 이체자([illegible])이다.(臺灣教育部異體字字典)

⑩ 乳: 원본 형태는 [illegible]([illegible])이다. 자형만으로는 식자하기 어렵다.《왕오천축국전》에서 '取'와 다음 줄(76행)의 '酪'과 같이 사용된 어휘를 찾아보면 다음과 같다.

> 取物即放: 27행
> 取王一口語爲定: 33행
> 取乳([illegible])酪蘇也: 40행
> 取却還生: 55행
> 取諸([illegible])寶物: 165행
> 取綾([illegible]絹絲綿之類: 166행
> 手把亦匙筋取。見極惡: 171행
> 取辭。五言: 194행
> 乳([illegible])酪等: 28행
> 取乳酪蘇也:40행
> 乳酪蘇油: 61행
> 國人取乳酪喫也: 75-76행

문장의 의미로 보면, '取乳酪喫也'로 이 글자는 '乳'가 맞다. 그러나 자형으로만 구분한다면 식자가 어려운 글자이다.

1) 李世民의 행초서체. 漢典書法 참조.

【76】

羅　：酪喫也王及百姓等大敬三寶足寺足僧即造順正理論衆賢論師

藤田：酪喫也、王及百姓等、大敬三寶、足寺足僧、即造順正論衆賢論師、

桑山：酪喫也。王及百姓等。大敬三寶。足寺足僧。即造順正理論衆賢論師。

張　：酪喫也。王及百姓等大敬三寶。足寺足僧。即造順正理論。<u>衆賢</u>論師。

정　：酪喫也 王及百姓等 大敬三寶 足寺足僧 即造順正理論衆賢論師

박案：酪喫也王及百姓䒭大敬三寶足寺足僧即造順正理論衆賢論师

### 校註

① 酪: 원본 형태는 酪이다. '酪'의 행초서체(酪)이다.[2]

② 正: 원본 형태는 正이다. '正'의 행초서체(正)이다.[3]

③ 衆: 원본 형태는 衆이다. '衆'의 행초서체(衆)이다.[4]

④ 賢: 원본 형태는 賢이다. '賢'의 이체자(賢)이다.(小學堂)

⑤ 师: 원본 형태는 师이다. '師'의 이체자(师)이다.

2) 董其昌의 행초서체. 漢典書法 참조.
3) 王羲之의 행초서체. 漢典書法 참조.
4) 陸柬之의 행초서체. 漢典書法 참조.

**【77】**

羅　: 是此國人也此國大小乘俱行見今大寔侵半國損也即從此國乃至五

藤田 : 是此國人也、此國大小乘俱行、見今大寔侵、半國損也、即從此國乃至五

桑山 : 是此國人也。此國大小乗俱行。見今大寔侵。半國損也。即從此國乃至五

張　: 是此國人也。此國大小乘俱行。見今<u>大寔</u>侵半國損也。即從此國乃至<u>五</u>

정　: 是此國人也 此國大小乘俱行 見今大寔侵 半國損也 即從此國乃至五

박案 : 是此國人也此國大小乗俱行見今大寔㑴半國掮也即從此國乃至五

### 校註

① 是: 원본 형태는 [원본]이다. '是'의 행초서체(是)[5]이다. 이 글자는《왕오천축국전》에서 나오는 '足(足)'과 비슷한 형태를 보이고 있다. 그러나 자세히 보면, '是'의 밑(底) 부건 '一', '卜', '人'과 '足'의 밑(底) 부건 '卜', '人'의 자형이 서로 다르다.

② 寔: 원본 형태는 [원본]이다. '寔'의 이체자(寔)이다.(小學堂)

③ 㑴: 원본 형태는 [원본]이다. '侵'의 이체자이다. 63행 참조.

④ 掮: 원본 형태는 [원본]([원본])이다. '損'의 이체자(掮)이다.(《敦煌俗字典》(2005:391)) 편방 '口'과 '厶'는 서로 혼용되어 사용된다.[6] '損'의 다른 이체자로는 损, 敗, 扻가 있다.(小學堂)

⑤ 從: 원본 형태는 [원본]이다. '從'의 행초서체(從)이다.(臺灣教育部異體字字典)

5) 王羲之의 행초서체. 漢典書法 참조.

6) 이경원, 2010,〈우리나라 漢籍 자료에 나타난 異體字의 樣相과 偏旁 變異 規律에 대한 연구〉,《중국어문논역총간》, 27: 97-122, 참조.

【78】

羅　：天不多飮酒遍歷五天不見有醉人相打之者縱有飮者得氣得力

藤田：天、不多飮酒、遍歷五天、不見有醉人相打之者、縱有飮者、得氣得力

桑山：天。不多飮酒。遍歷五天。不見有醉人相打之者。縱有飮者。得色得力

張　：天。不多飮酒。遍歷五天。不見有醉人相打之者。縱有飮者。得色得力

정　：天 不多飮酒 遍歷五天 不見有醉人相打之者 縱有飮者 得色得力

박案：天不多飮酒遍歷五天不見有醉人相打之者縱有飮者得色得力

校註

① 不: 원본 형태는 [不]이다. '不'의 행초서체([不])이다.[7]

② 飮: 원본 형태는 [飮]([飮])이다. 《왕오천축국전》에서 '飮'은 6번 사용되었다.

衣著飮([飮])食人風: 50행
飮([飮])宴之者: 79행
衣著人風飮([飮])食言音: 112행
衣著飮([飮])食人風: 134행
衣著言音食飮([飮]): 142행

위의 예의 글자 형태로 보면, 이번 줄의 글자 [飮]가 정확히 '飮'자라고 식자할 수 없다. 특히 '飮'의 부건 'ᄼ'이 보이지 않는다. 이번 줄 이외의 다른 줄에서 사용한 5개의 '飮'자는 아주 뚜렷하게 자형을 식자할 수 있다. 다른 방법으로 '酒'와 같이 사용한 어휘를 찾아볼 수 있는데, 《왕오천축국전》에서 '酒'는 한번만 사용되었다. 그럼에도 불구하고, 문의로 보면 '飮'이 가장 적합하다.

③ 醉: 원본 형태는 [醉]이다. '醉'의 행초서체([醉])이다.[8]

④ 者: 원본 형태는 [者]이다. '者'의 행초서체([者])이다.[9]

⑤ 色: 원본 형태는 [色]이다. '色'의 행초서체([色])이다.[10]

7) 董其昌의 행초서체. 漢典書法 참조.
8) 黃庭堅의 행초서체. 漢典書法 참조.
9) 王羲之의 행초서체. 漢典書法 참조.
10) 趙孟頫의 행초서체. 漢典書法 참조.

## 【79】

羅　：而已不見有歌舞作劇飲宴之者 又從北天國有一寺名多摩三

藤田：而已、不見有歌舞作劇飲宴之者、又從北天國有一寺、名多摩三

桑山：而已。不見有歌儛作劇飲宴之者。又從北天國有一寺。名多摩三

張　：而已。不見有歌儛作劇飲宴之者。又從北天國。有一寺。名多摩三

정　：而已 不見有歌儛作劇飲宴之者 又從北天國有一寺 名多摩三

박案：而已不見有歌儛作劇飲宴之者 又從北天國有一寺名多摩三

### 校註

① 而: 원본 형태는 이다. '而'의 행초서체()이다.[11]

② 已: 원본 형태는 ()이다. '已'는 《왕오천축국전》에서 17번 사용되었다.

> 彼城已()廢: 44행
> 半國已()損: 63행
> 玉皃已()成灰: 85행
> 又從康國已()東: 182행
> 從此已()東:216행

자형으로 보면, 이번 줄의 글자는 덧입혀진 부분이 있어서 다른 줄의 '已'자보다는 식자가 조금 불분명하지만, '已'자로 식자하기는 충분하다고 생각한다. 《왕오천축국전》에서 '而已'는 1번 사용되었다.

③ 儛: 원본 형태는 이다. '舞'의 이체자(儛)이다.(小學堂)

④ 劇: 원본 형태는 이다. '劇'의 이체자(劇)이다.(小學堂)

11) 文征明의 행초서체. 漢典書法 참조.

## 【80】

羅　：磨[illegible]仏在之日來此說法廣度人天此寺東澗裏於泉水邊有一塔而

藤田：摩[illegible]、仏在之日、來此說法、廣度人天、此寺東澗裏、於泉水邊有一塔、而

桑山：磨娜。仏在之日。来此說法。廣度人天。此寺東澗裏。於泉水邊有一塔。即

張　：磨娜。仏在之日。來此說法。廣度人天。此寺東澗裏。於泉水邊有一塔。而

정　：磨娜 仏在之日 來此說法 廣度人天 此寺東澗裏 於泉水邊有一塔 [而]

박案：磨[illegible]仏在之日來此說法廣度人天此寺東澗[illegible]於泉水邊有一塔[illegible]

### 校註

① [illegible]: 원본 형태는 [illegible]([illegible])이다. 羅振玉과 藤田豊八은 [illegible]으로 식자하고, 桑山正進 · 張毅 · 정수일은 '娜'로 식자하였다. '娜'의 이체자를 살펴보면, 嫏, [illegible], 婜, [illegible]가 있다. 우리는 嫏로 식자한다. 따라서 이 글자는 '娜'의 이체자이다.

② 仏: 원본 형태는 [illegible]이다. '仏'은 '佛'의 이체자이다.(小學堂)

③ 來: 원본 형태는 [illegible]이다. '來'의 행초서체([illegible])이다.[12]

④ 度: 원본 형태는 [illegible]이다. '度'의 행초서체([illegible])이다.[13]

⑤ 澗: 원본 형태는 [illegible]이다. '澗'이 행초서체이다.

⑥ [illegible]: 원본 형태는 [illegible]이다. '裏'의 이체자([illegible])이다.(《敦煌俗字典》2005:240)

⑦ 於: 원본 형태는 [illegible]이다. '於'의 행초서체([illegible])이다.[14]

⑧ [illegible]: 원본 형태는 [illegible]([illegible])이다. 羅振玉 · 藤田豊八 · 張毅 · 정수일은 81행의 첫 글자 '仏'과 연결되는 문장으로 '而仏'의 '而'로 식자하였고, 桑山正進은 '即仏'의 '即'으로 식자하였다. 《왕오천축국전》에서 '而'는 16번 사용되었고, '即'은 37번 사용되었다.

便即([illegible])化矣: 84행
土地即([illegible])盡: 92행
而([illegible])已: 79행
以氈帳而([illegible])居: 106행

12) 王羲之의 행초서체. 漢典書法 참조.
13) 王鐸의 행초서체. 漢典書法 참조.
14) 敬世江의 행초서체. 漢典書法 참조.

자형으로 보면, '而'는 분명히 아닌 듯하다. '而'의 '一'획이 이 글자에는 보이지 않는다. '即'은 '即'의 왼쪽(旁) 부건이 보이기는 하는데, 문제는 부건 '卩' 부분이 위의 예와 이번 행의 글자와 다르다. 식자하기 어렵다.

【81】

羅　：仏所剃頭及剪爪甲在此塔中此見有三百餘僧寺有火辟支仏牙及

藤田：仏所剃頭及剪爪甲、在此塔中、此見有三百餘僧、寺有火僻支仏牙及

桑山：仏所剃頭及剪爪甲。在此塔中。此見有三百餘僧。寺有大辟支仏牙及

張　：仏所剃頭及剪爪甲。在此塔中。此見有三百餘僧。寺有大辟支仏牙及

정　：仏所剃頭及剪爪甲 在此塔中 此見有三百餘僧 寺有大辟支仏牙及

박案：仏所剃頭及剪爪甲在此塔中此見有三百餘僧寺有大辟支仏牙及

校註

① 仏: 원본 형태는 仏이다. '仏'은 '佛'의 이체자이다.(小學堂)

② 大: 원본 형태는 火(火)이다. 羅振玉과 藤田豊八은 '火'로 식자하고, '大'의 오자(誤字)라고 지적하고 있다. 桑山正進 · 張毅 · 정수일은 '大'로 식자하였다. 자형으로 보면, '火'의 행초서체와 비슷하나, '大'가 맞다.

《왕오천축국전》에서 부건 '大'를 '火'의 자형으로 사용한 예가 134행, 182행, 218행에서도 보인다. 83행의 예를 들면 다음과 같다.

有一寺名郝揭羅馱(馱)娜: 83행

《왕오천축국전》에서 보이는 부건 '大'의 자형을 살펴보면 다음과 같다.

83행의 '馱'의 부건 '大'의 원본 역시 '火'와 비슷하다. '大' 뒤의 '辟支仏'는 불교용어이고, '부처'를 가르친다. 따라서 '大'는 뒤의 '辟支仏'를 수식하여, '큰 벽지불'을 일컫는다.

【82】

羅　：骨舍利等更有七八所寺各五六百人大好住持王及百姓等非常敬信

藤田：骨舍利等、更有七八所寺、各五六百人、大好住持、王及百姓等、非常敬信、

桑山：骨舍利等。更有七八所寺。各五六百人。大好住持。王及百姓等。非常敬信。

張　：骨舍利等。更有七八所寺。各五六百人。大好住持。王及百姓等。非常敬信。

정　：骨舍利等 更有七八所寺 各五六百人 大好住持 王及百姓等 非常敬信

박案：骨舍利䓁更有七八所寺各五六百人大好住持王及百姓䓁非常敬信

校註

① 䓁: 원본 형태는 䓁이다. '等'의 이체자이다.

## 【83】

羅　: 又山中有一寺名郍揭羅馱娜有一漢僧於此寺身亡彼大德說從中天來明
藤田 : 又山中有一寺、名郍揭羅馱娜、有一漢僧、於此寺身亡、彼大德說、從中天來、明
桑山 : 又山中有一寺。名那揭羅馱娜。有一漢僧。於此寺身亡。彼大德說。從中天来。明
張　: 又山中有一寺。名<u>那揭羅馱娜</u>。有一漢僧。於此寺身亡。彼大德說。從<u>中天</u>來。明
정　: 又山中有一寺 名那揭羅馱娜 有一漢僧 於此寺身亡 彼大德說 從中天來明
박案 : 又山中有一寺名郍揭羅䭾娜有一漢僧於此寺身亡彼大德说從中天來明

### 校註

① 那: 원본 형태는 이다. '那'의 이체자(郍)이다.(小學堂)

② 揭: 원본 형태는 이다. '揭'의 행초서체(揭)이다.[15]

③ 䭾: 원본 형태는  이다. '馱'의 이체자(䭾)이다.(小學堂)

④ 娜: 원본 형태는 이다. '娜'이다. 80행의 '娜' 참조.

⑤ 漢: 원본 형태는 ( 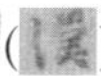 )이다. '漢'의 새로운 이체자(漢)이다.

⑥ 彼: 원본 형태는 이다. '彼'의 행초서체(彼)이다.[16]

⑦ 说: 원본 형태는 이다. '說'의 이체자(说)이다.(小學堂)

⑧ 明: 원본 형태는 이다. '明'의 행초서체(明)이다.[17]

15) 王鐸의 행초서체. 漢典書法 참조.
16) 王羲之의 행초서체. 漢典書法 참조.
17) 王羲之의 행초서체. 漢典書法 참조.

【84】

羅　：閑三藏聖教將欲還鄉忽然遠和便卽化矣于時聞說莫不傷心便題四

藤田：閑三藏聖教、將欲還鄉、忽然遠和、便即化矣、于時聞說、莫不傷心、便題四

桑山：閑三藏聖教。將欲還鄉。忽然遠和。便即化矣。于時聞說。莫不傷心。便題四

張　：閑三藏聖教。將欲還鄉。忽然違和。便即化矣。于時聞說。莫不傷心。便題四

정　：閑三藏聖教 將欲還鄉 忽然違和 便卽化矣 于時聞說 莫不傷心 便題四

박案：闲三蔵聖教将欲還鄉忽然違和便即化矣于時聞说莫不傷心便題四

校註

① 闲: 원본 형태는 闲이다. '閑'의 이체자(闲)이다.(小學堂)

② 蔵: 원본 형태는 蔵이다. '藏'의 이체자(蔵)이다.(小學堂)

③ 教: 원본 형태는 教이다. '敎'의 행초서체(教)이다.[18]

④ 将: 원본 형태는 将(将)이다. 《왕오천축국전》에서 '將'은 모두 6번 사용되었다.

将(将)賣人罪: 3행
焉將(将)鹿苑遙: 19행
王自遣人運將(将): 29행
將(将)床子隨身: 35행
不將(将)粮食: 64행

'將'의 이체자(将)이다.(《敦煌俗字典》2005:190)

⑤ 還: 원본 형태는 還(還)이다. 제가(諸家) 모두 '還'으로 식자한다. 《왕오천축국전》에서 '還'은 모두 4번 사용되었다.

取却還(還)生: 55행
還(還)別作: 97행
王還(還)自贖: 126행

'還' 중에서 '辶'과 '罒' 부건은 정확히 식자가 가능한데, 나머지 부분은 식자가 쉽지 않다.

18) 王鐸의 행초서체. 漢典書法 참조.

이체자 중에서 還와 가장 비슷한 자형을 진 글자는 還이다.(臺灣教育部異體字字典) 우리는 還이 이체자 還이라고 추측한다.

⑥ 鄉: 원본 형태는 鄉(鄉)이다. '鄕'의 이체자로는 鄉鄉鄉鄉鄉鄉乡鄉鄉鄉鄉鄉鄉鄉鄉鄉鄉鄉 鄉鄉鄉鄉鄉鄉이 있다.(臺灣教育部異體字字典) 새로운 이체자 형태이다. 위에서 소개한 이체자 중에서 鄉와 가장 비슷한 자형이 아닐까 추측한다.

⑦ 然: 원본 형태는 然이다. '然'의 행초서체이다.

⑧ 逺: 원본 형태는 逺(逺)이다. 羅振玉 · 藤田豊八 · 桑山正進은 '逺'로 식자하였고, 張毅와 정수일은 '違'로 식자하였다. 羅振玉은 '逺'는 '違'의 이체자라고 하였고, 張毅(1994:59) 역시 '逺'는 '違'의 이체자라고 하였다. 우리가 참고자료로 사용한《敦煌俗字典》,《小學堂》,《漢典》,《異體字字典》,《漢語大詞典》에 '逺' 혹은 逺와 비슷한 이체자는 없다.

《왕오천축국전》에서 '麦'이 있는 한자는 60행의 '麥'의 이체자 '麦'이 있고, 199행의 '綾'의 해서체 綾(綾)이 있다. 그러나《漢語大詞典》에 '辶'와 '麦' 혹은 '辶'와 '麦'로 이루어진 한자는 없다.

⑨ 矣: 원본 형태는 矣이다. '矣'의 행초서체(矣)이다.[19]

⑩ 聞: 원본 형태는 聞(聞)이다. '聞'은《왕오천축국전》에서 이번 줄에서 한번 사용되었다.

⑪ 説: 원본 형태는 説이다. '說'의 이체자(説)이다.(小學堂)

⑫ 傷: 원본 형태는 傷이다. 제가(諸家) 모두 '傷'으로 식자한다. '傷'의 이체자로는 伤, 慯, 𢧵, 陽, 剔, 瘍, 傷, 伤, 傷, 傷, 傷, 傷, 傷, 傷, 傷가 있다. 위의 이체자와 이번 행의 傷과 다른 점은 다른 이체자에서는 '昜' 부건이 사용되는 대신, '一' 횡이 없는 '勿'이 사용되었다. 새로운 이체자이다. 27행의 殤(殤) 참조.

19) 米芾의 행초서체. 漢典書法 참조.

【85】

羅　: 韻以悲寞路 五言 故里燈無主他方寶樹摧神靈去何處玉皃已成灰

藤田 : 韻､以悲宴路､ 五言 故里燈無主､他方寶樹摧､神靈去何處､王皃已成灰､

桑山 : 韻。以悲冥路。 五言。故里燈無主。他方寶樹摧。神靈去何處。玉皃已成灰。

張　: 韻。以悲冥路。五言。故里燈無主。他方寶樹摧。神靈去何處。玉兒已成灰。

정　: 韻 以悲冥路 五言 故里燈無主 他方寶樹摧 神靈去何處 玉[貌]已成灰

박案 : 韻以悲寞路 五言 故里燈無主他方寶樹摧神靈去何處玉皃已成灰

### 校註

① 韻: 원본 형태는 韻(韻)이다. '韻'의 행초서체(韻)이다.

② 寞: 원본 형태는 寞이다. '冥'의 이체자(寞)이다.(小學堂)

③ 路: 원본 형태는 路(路)이다. 《왕오천축국전》에서 '路'는 모두 11번 사용되었다.

> 只愁懸路(路)險: 19행
> 道路(路)雖有足賊: 26행
> 道路(路)足賊: 45행
> 梵王左路(路): 47행
> 于時在南天路(路): 56행
> 月夜瞻鄉路(路): 57행
> 熟知鄉國路(路): 86행
> 道路(路)險惡: 88행
> 向南爲道路(路)險惡: 123행
> 余嗟東路(路)長: 194행

이 행의 '路'와 다른 행의 '路'의 자형을 비교하면, '各'의 자형이 상당히 다르다는 것을 볼 수 있다. 우리가 참조하는 자료에는 明 王鐸의 路와 조금 비슷하나, 路와 '各'의 자형이 여전히 다르다. 우리는 路는 '路'의 새로운 이체자이거나, 오자(誤字)라고 추측한다.

④ 故: 원본 형태는 故이다. '故'의 행초서체(故)이다.[20]

20) 王羲之의 행초서체. 漢典書法 참조.

⑤ 無: 원본 형태는 無이다. 《왕오천축국전》에서 사용한 '無'의 자형을 살펴보면 다음과 같다.

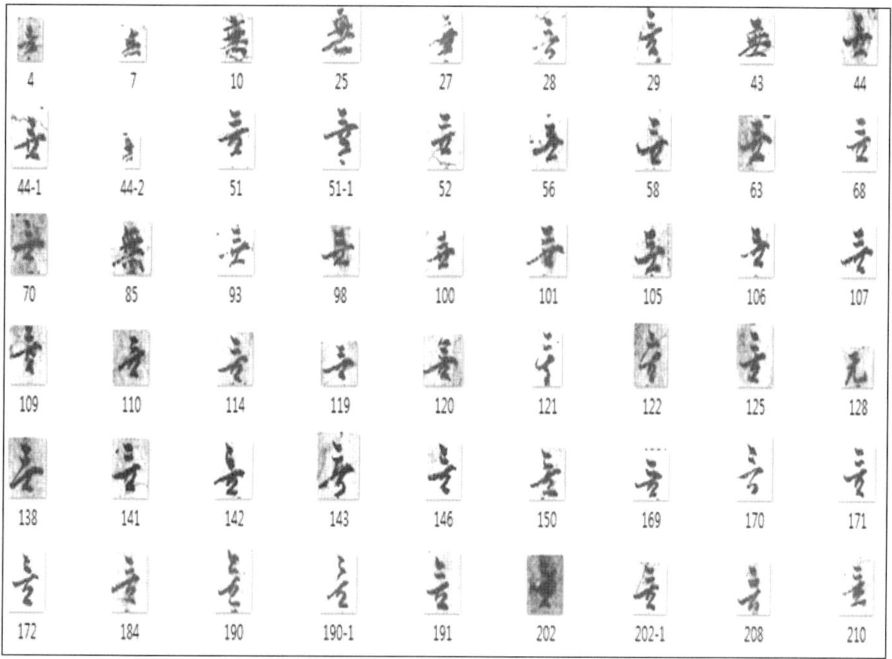


⑥ 寶: 원본 형태는 寶이다. '寶'의 이체자(寶)이다.(小學堂)

⑦ 樹: 원본 형태는 樹이다. '樹'의 행초서체(樹)이다.[21]

⑧ 處: 원본 형태는 處이다. '處'의 행초서체(處)이다.[22]

⑨ 皃: 원본 형태는 皃(皃)이다. 張毅(1994:59)은 '貌'로 해석하였다. 皃는 '貌'의 이체자이다(小學堂). 이 글자를 '皃'로 식자하면, 이 문구는 '玉皃'가 되는데, '玉皃'는 인명으로 사용된다. 따라서 이 문구의 의미와 맞지 않는다. 張毅의 의견이 맞다.

21) 王羲之의 행초서체. 漢典書法 참조.

22) 褚遂良의 행초서체. 漢典書法 참조.

懷想哀情切 悲君願不隨 孰知鄉國路 空見白雲歸
又從此北行十五日入山至迦羅國 此迦弥羅亦是北天數 此國稍大 王有三百
頭象 住在山中 道路險惡 不被外國所侵 人民極衆 貧多富少 王及首領
諸富有者 衣著與中天不殊 自外百姓 悉披毛毯 覆其形醜 土地出銅鐵 氈
布 毛毯 牛羊 有象 少馬 粳米 蒲桃之類 土地極寒 不同已前諸國 秋霜
冬雪 夏足霖雨 百卉亘青 葉彫冬草悉枯 川谷狹小 南北五日程 東西一
日行 土地即盡 餘並蔭山 屋並板木覆 亦不用草瓦 王及首領百姓等
甚敬三寶 國內有一龍池 彼龍王每日供養不一羅漢僧 雖無人見彼聖
僧食 亦過齋已 即見餅飯從水下紛紛亂上 以此得知 迄今供養不絕 王及大
首領出外乘象 小官乘馬 百姓並皆途步 國內足寺足僧 大小乘俱行 五
天國法 上至國王王妃王子 下至首領及妻 隨其力能 各自造寺
也 還別作 不共修營 彼云 各自功德 何須共造 此既如然 餘王子等亦然
凡造寺供養 即施村莊百姓 供養三寶 無有空造寺 不施百姓者
為外國法 王及妃 各別村莊百姓 王子首領各有百姓 布施自由 不王也 造寺亦然

【86】

羅　: 憶想哀情切悲君願不隨孰知鄉國路空見白雲歸

藤田 : 憶想哀情切、悲君願不隨、孰知鄉國路、空見白雲歸、

桑山 : 憶想哀情切。悲君願不隨。孰知鄉國路。空見白雲歸。

張　: 憶想哀情切。悲君願不隨。孰知鄉國路。空見白雲歸。

정　: 憶想哀情切 悲君願不隨 孰知鄉國路 空見白雲歸

박案 : 憶想哀情刅悲君頋不随孰知鄉國路空見白雲歸

校註

① 刅: 원본 형태는 刅(刅)이다. 羅振玉 · 藤田豊八 · 桑山正進 · 張毅 · 정수일은 모두 '切'로 식자하고 있다. 刅은 '切'의 이체자이다.(《敦煌俗字典》 2005:324) 정기선(2000:12)는 '初'라고 식자하였으나, '切'이 맞다.

② 頋: 원본 형태는 頋이다. 《왕오천축국전》에서 3번 사용되었다.

稱其本願(頋): 18행
何其人願(頋)滿: 20행

'願'의 이체자(頋, 䪻)이다.(《敦煌俗字典》(2005:525))

③ 不: 원본 형태는 不이다.

④ 随: 원본 형태는 随이다. '隨'의 이체자(随)이다.(小學堂)

⑤ 孰: 원본 형태는 孰이다. '熟'의 이체자(孰)이다.(小學堂)

⑥ 知: 원본 형태는 知이다. '知'의 행초서체(知)이다.[23]

⑦ 鄉: 원본 형태는 鄉이다. '鄉'의 행초서체(鄉)이다.[24]

⑧ 歸: 원본 형태는 歸(歸)이다. 《왕오천축국전》에서 3번 사용되었다.

浮雲颯颯歸(歸): 57행
不歸(歸)外道: 201행

23) 王羲之의 행초서체. 漢典書法 참조.
24) 王鐸의 행초서체. 漢典書法 참조.

57행의 '歸'는 정확한 식자하기 어려운 글자이고, 201행의 歸는 '歸'의 이체자(歸)이다.(《敦煌俗字典》(2005:140)) 이번 행의 歸 역시 '歸'의 이체자(歸)이다.(小學堂)

# 18 新頭故羅國

又從此吒國。西行一月。至新頭故羅國。衣著風俗節氣寒暖。與北天相似。言音稍別。此國極足駱駝。國人取乳酪喫也。[1] 王及百姓等。大敬三寶。足寺足僧。即造順正理論眾賢論師。是此國人也。此國大小乘俱行。見今大寔侵。[2] 半國損也。即從此國乃至五天。不多飲酒。[3] 遍歷五天。不見有醉人相打之者。縱有飲者。得色得力而已。[4] 不見有歌舞作劇飲宴之者。[5] 又從北天國有一寺。[6] 名多摩三磨娜。佛在之日。來此說法。廣度人

1) '取'는 '가지다. 손에 들다. 취하다. 의지하다. 받다. 선택하다. 얻다. 제거하다'의 의미를 가지고 있다. 여기에서는 '만들다'의 뜻으로 풀이하여야 문맥이 맞다.

2) 見今大寔侵: '見今'은 '현재/지금'의 의미이다. 桑山正進(1992)은 '현재 대식국이 침략하고 있어'로 해석하였고, 정기선(2000)은 '지금은 대식국의 침입으로'로 한역하였다. 정수일(2004:229)은 '지금은 대식이 침략해'로 번역하였다. 우리는 '지금은 대식(大寔, 아랍)이 침략하여'로 한역한다.

3) 多: 過多, 不必要의 의미이다.

4) 張毅(1994:56)는 '得色得力'의 '色'자는 '氣'자의 오류라고 말하고 있다. 董志翹(2000)는 오자가 아니라고 주장한다. 董志翹의 의견을 살펴보면, '得色得力'는 중국어 번역본 불경에 나오는데, "當令施家, 世世得願, 得色得力, 得瞻得喜. 安快無病, 終保年壽."(吳支謙譯《佛說太子瑞應本起經》卷下) '色力'은 기력(氣力), 정력(精力)으로 당송 이후에 자주 사용되었던 어휘이다. 우리는 董志翹(2000)의 의견을 취하고자 한다. (董志翹(2000), 〈唐五代文獻詞語考釋五則〉, 《中國語文》)

5) 不見有歌儛作劇飲宴之者: 桑山正進(1992)은 '가무, 연극을 하며 술잔치를 벌이는 자는 본 적이 없다.'로 해석하였고, 정기선(2000)은 '가무극이나 향연을 벌이는 것은 본적이 없다.'로 한역하였다. 정수일(2004:229)은 '노래하고 춤을 추며 떠들썩하게 술자리를 벌이는 자는 보지 못하였다.'로 한역하였다. 우리는 '노래하고 춤추며, 연극을 하며, 술잔치를 벌이는 자를 보지 못하였다.'로 번역한다.

6) 藤田豊八·張毅(1994:58)·정수일(2004:235-236)은 '又從北天國' 다음에 문장이 빠졌다고 말한다. 《왕오천축국전》에서 '又從'을 사용한 문형을 살펴보면 다음과 같다.

(1) '又從…行…至' 문형
又從南天。北行兩月。至西天國王住城: 59행
又從西天。北行三箇餘月。至北天國也: 65행
又從此閣蘭達羅國。西行經一月。至吒社國: 72행
又從此吒國。西行一月。至新頭故羅國: 74-75행
又從此罽賓國。西行七日。至謝䫻國: 146-147행
又從謝䫻國。北行七日。至犯引國: 151행
又從此犯引國。北行廿日。至吐火羅國: 155행

又從吐火羅國。西行一月。至波斯國: 161행
又從吐火羅。東行七日。至胡蜜王住城: 193행
又從胡蜜國。東行十五日。過播蜜川。即至葱嶺鎭: 209행
又從踈勒。東行一月。至龜玆國: 213행
又從安西。東行□日。至焉耆國。是漢軍兵領押: 224-225행

(2) '又從…行…入…至' 문형
又從此。北行十五日入山。至迦羅國: 87행
又從波斯國。北行十日入山。至大寔國。彼王住不本國: 167행
又從此建馱羅國。西行入山七日。至覽波國: 137-138행
又從此覽波國。西行入山。經於八日程。至罽賓國: 139-140행

(3) '又從…入…至' 문형
又從此建馱羅國。正北入山三日程。至烏長國: 132행
又從烏長國。東北入山十五日程。至拘衛國: 135행
又從葱嶺。步入一月。至踈勒: 211행

(4) '又…隔…至' 문형
又迦葉彌羅國東北。隔山十五日程。即是大勃律國: 102행
又迦葉彌羅國西北。隔山七日程。至小勃律國: 111-112행
又從迦葉彌羅國西北。隔山一月程。至建馱羅: 116행

(5) '又從…至' 문형
又即從此波羅痆斯國。西行□月。至中天竺國王住城: 20-21행
又從此胡國已北。北至北海。西至西海。東至漢國: 189행

위에서 살펴본 바와 같이, '又從'을 사용한 문형은 (1) '又從…行…至' 문형, (2) '又從…行…入…至' 문형, (3) '又從…入…至' 문형, (4) '又…隔…至' 문형, (5) '又從…至' 문형이 보인다. 따라서 '又從北天國有一寺。名多摩三磨娜'에 글자가 빠졌다는 의견은 옳은 듯하다.

그럼, 어떤 글자가 빠진 것일까? 우리는 2가지 가정을 할 수 있으리라 생각한다.

첫 번째는 단순히 절(寺)이 하나 있는 것을 소개하는 경우이다. 이 경우에는 '又從北天國有一寺。名多摩三磨娜'에서 '從'이 삭제되어야 한다.

두 번째는 '從'을 사용하여 어디에서 어디까지 이동을 하고, 어느 곳에 도착했다는 경우이다. '又從北天國有一寺。名多摩三磨娜' 문구를 보면, 두 번째 가정이 맞다. 《왕오천축국전》에서는 새로운 문단을 시작하며, 새로운 장소를 소개할 때는 반드시 위의 다섯 가지 문형을 사용한다. 다시 말하자면, '又從…行/入/隔…至' 문형을 사용한다. 따라서 이 문구 역시도 새로운 장소를 소개하는 문형이다.

지금 혜초는 신두고라국(新頭故羅)에 도착했고, 그 다음 행선지는 북천축에 속한다. 그리고 이 북천축국에 있는 다마삼마나(多摩三磨娜)을 소개한 다음에, 북쪽으로 15일을 가서 가섭미라(迦葉彌羅)국에 이른다. 따라서 혜초가 신두고라국에서 이동하여 절에 도착했을 거라고 추측할 수 있다. 이에 우리는 이 문장의 정확한 서술은 '又從(此新頭故羅國。東北行。至)北天國。有一寺。名多摩三磨娜'이 아닐까 추측해본다.

桑山正進(1992:95)은 '又從北天國…至那僕底國。有一寺。名多摩三磨娜。'이라고 추측하였다. 桑山正進이 '至那

天。此寺東澗裏。於泉水邊。有一塔。[7] [unclear glyph][8]佛所剃頭及剪爪甲。在此塔中。此見有三百餘僧。寺有大辟支佛[9]牙及骨舍利等。更有七八所寺。各五六百人。大好住持[10]。王及百姓等。非常敬信。又山中有一寺。名那揭羅馱

僕底國'을 삽입한 이유는 《大唐西域記》에 지나복저국(至那僕底)은 주위가 이천 리에 달하고 도읍 성곽의 둘레는 14-15리나 된다. 도읍에서 동남쪽으로 오백여 리를 가면 답말소벌나(答秣蘇伐那)의 가람에 이르는데, 이곳에는 승도 삼백여 명이 있으며 소승(小乘)의 학문이 특별히 깊다고 서술한 것에 기인한다.(北投迦濕彌羅國。…新都城東北十餘里，至石窣堵波…從此東行五百餘里，至那僕底國…大城東南行五百餘里，至答秣蘇伐那僧伽藍。僧徒三百餘人，學說一切有部，眾儀肅穆，德行清高，小乘之學特為博究，賢劫千佛皆於此地集天、人眾，說深妙法。釋迦如來涅槃之後第三百年中，有迦多衍那論師者，於此製《發智論》焉…從此東北行百四五十里，至闍爛達羅國。) 여기에서 답말소벌나(答秣蘇伐那)는 《왕오천축국전》의 다마삼마나(多摩三磨娜)와 같은 지명의 다른 음역이다.

혜초의 여정은 사란달라국(闍爛達羅)을 지나 신두고라국(新頭故羅)에서 다마삼마나(多摩三磨娜/答秣蘇伐那)를 거쳐 가섭미라(迦葉彌羅/迦濕彌羅)로 가고, 《大唐西域記》의 현장은 가섭미라(迦葉彌羅/迦濕彌羅)에서 지나복저국(至那僕底)을 지나 다마삼마나(多摩三磨娜/答秣蘇伐那)를 거쳐 사란달라국(闍爛達羅)에 이른다. 방향이 서로 반대이다.

桑山正進(1992:95)이 추측한 '又從北天國…至那僕底國。有一寺。名多摩三磨娜' 구문은 충분히 가능하다고 생각한다. 단지 桑山正進이 추측한 문구는 지나복저국(至那僕底)에 다마삼마나(多摩三磨娜/答秣蘇伐那) 절이 있는 것처럼 해석된다. 그러나 《大唐西域記》의 기술을 보면, 지나복저국(至那僕底)에서 답말소벌나(答秣蘇伐那, 다마삼마나(多摩三磨娜)) 절까지는 동남쪽으로 오백여 리의 거리가 있다.

7) 此寺東澗裏。於泉水邊。有一塔: 이 절의 동쪽 골짜기 안에, 샘물 옆에, 탑이 하나 있다.

8) [unclear glyph]: 羅振玉・藤田豊八・張毅, 정수일은 '而'로 식자하였고, 桑山正進은 '即'으로 식자하였다. 80행에서 설명하였듯이, 이 글자는 자형으로만 분석하면, '而'도 '即'도 아닌 듯하다.

9) 辟支佛: 스승의 지도 없이 혼자 깨달음을 이룬 부처를 말한다.

10) 大好住持: 정기선(2000:298)은 '大好住持'를 '주지를 잘 따르다'로 한역하였고, 정수일(2004:229)은 '불법을 대단히 잘 간수하여 지니고 있다'로 한역하였다. 桑山正進(1992)은 '(부처의 가르침을) 제대로 지키며 생활하고 있다.'로 해석하였다.

'住持'는 명사로서 사람을 지칭하는 '주지'의 의미와 동사로서 '(절이나 도교 사원의) 일을 맡아 주관하여 관리하다.'의 의미가 있다. 정기선(2000:298)은 '好'를 제4성의 '好(hào)'로 생각하여서, '좋아하다, 따르다'의 의미로 보았다. 다시 말하자면, 이 문구는 '住持'를 명사로 볼 것인지, 동사로 볼 것인지를 분석해야하고, '好'를 제3성의 의미로 볼 것인지, 제4성의 의미로 볼 것인지를 분석해야 한다.

'更有七八所寺。各五六百人。大好住持。王及百姓等。非常敬信'에서 술어로 사용될 수 있는 어휘는 '有', '住持'이다. '有'의 주어는 '新頭故羅國'(신두고라국)이고, '住持'의 주어는 '各五六百人'이다. 따라서 이 문장은 다음의 4가지 경우로 해석될 수 있다.

① 大好(3성) 住持(명사):또 칠팔 개의 절이 있고, 각각 오륙백 명, 매우 좋은 주지, 왕과 백성 등은 매우 공경하고 믿는다.

② 大好(3성) 住持(동사):또 칠팔 개의 절이 있고, 각각 오륙백 명은 매우 잘 절을 관리하고, 왕과 백성 등은 매우 공경하고 믿는다.

③ 大好(4성) 住持(명사):또 칠팔 개의 절이 있고, 각각 오륙백 명은 주지를 매우 잘 따른다. 왕과 백성 등은 매우 공경하고 믿는다.

④ 大好(4성) 住持(동사):또 칠팔 개의 절이 있고, 각각 오륙백 명, 매우 잘 따르고 절을 관리하고, 왕과 백성

娜。有一漢僧。於此寺身亡。彼大德說。從中天來。明閑三藏聖教。11) 將欲還鄉。忽然違和。便卽化矣。于時12)聞說13)。莫不傷心。便題四韻。以悲冥路。五言。故里燈無主。他方寶樹14)摧15)。神靈去何處。玉貌已成灰。憶想

등은 매우 공경하고 믿는다. (이 경우는 '好'와 '住持'가 모두 술어 역할을 하여야하기 때문에, 중국어에서는 합법적인 문장이 안 된다.)

②와 ③의 해석이 무난하다. 이런 이유로 정기선과 정수일의 한역이 조금 다르다.
다음으로 《왕오천축국전》에서 '住持'를 사용한 용법을 살펴보면, 이번 행을 포함하여 모두 5번 사용되었다. 예를 들면 다음과 같다.

於安西。有兩所漢僧住持。行大乘法。不食肉也: 218行
大好住持甚有道心: 221행
是彼寺主。大好住持。彼僧是河北冀州人士: 223행
有一漢僧住持:223-224행

218행은 명사용법, 221 · 223 · 224는 동사용법이다. 따라서 '大好住持'라는 같은 문구를 사용한 221행과 223행의 경우를 근거로 하여, 이번 문구(82행)의 '住持' 역시 동사로 분석하고자 한다. 이에 우리는 이번 문구는 ②번 '또 칠팔 개의 절이 있고, 각각 오륙백 명이 절을 매우 잘 관리하고, 왕과 백성들이 매우 공경하고 믿는다.'로 한역하고자 한다.

11) 明閑三藏聖教: 정수일(2004:238)은 '明閑'을 '명철하게 습득하다'로 풀이하여, '삼장의 성스러운 가르침을 환히 습득하고'로 한역하였고, 정기선은 '명한삼장 성교를 받들어'로 풀이하였다. 桑山正進(1992)은 '제대로 터득하여'로 해석하였다.
우리는 '明閑'을 '잘 알다. 완전히 이해하다. 환히 꿰뚫다. 통달하다.'로 해석하였다. 그 이유는 아래의 문장에서 사용된 '明閑'의 의미로 분석하였다.

"大歷中, 壽州刺史張鎰辟為判官, 明閑吏事, 敏於文學, 鎰甚重之.(대력 년간에 壽州의 刺史 張鎰은 (齊抗을) 判官으로 임명하였다. (齊抗은) 관리의 사무를 잘 알고 능숙하였으며 문학 방면에 매우 민첩하여 張鎰은 齊抗을 신임하였다)"(《舊唐書》卷一百三十六, 《列傳·齊抗》)

"道興貞觀初歷遷左武候中郎將 , 明閑宿衛 , 號為稱職. (조도흥은 정관년간 초에 左武候中郎將을 지냈다. 宿衛 일을 잘 알았기 때문에, '칭직(재능이 직무에 잘 맞는다)'이라고 불렸다."(《舊唐書》卷八十三, 《列傳·趙道興》)

이에 우리는 이 문구를 '삼장(三藏)의 성스러운 교리를 통달하였고'로 해석하고자 한다.

12) 于時: 그 때.
13) 聞說: 듣다.
14) 寶樹: 불교용어. 극락정토(極樂淨土)의 일곱 가지 보물로 된 나무.
15) 정기선(2000:298)은 '他方寶樹摧'를 '객지에서 보수 두드리던'으로 한역하였다. 옳지 않은 해석인 듯하다. 이 시는 오언율시(五言律詩)이기에 '故里燈無主, 他方寶樹摧'가 하나의 대구(對句)로서 마쳐야 한다.

哀情切。悲君願不隨。熟知鄉國路。空見白雲歸。

## 18. 신두고라국

이 탁사국에서 서쪽으로 한 달을 가면, 신두고라국에 이른다. 옷 모양새, 풍습, 절기, 추위와 더위는 북천축국과 서로 비슷하다. 말소리가 조금 다르다. 이 나라는 낙타가 매우 많다. 이 나라 사람들은 치즈를 만들어 먹는다. 왕과 백성들은 삼보를 크게 공경한다. 절이 많고, 승려도 많다. 당시 순정이론(順正理論)[16]을 만든 중현(眾賢) 논사가 이 나라 사람이다. 이 나라는 대승과 소승이 모두 행해진다. 지금은 대식(아랍)이 침략하여, 나라의 반절이 손상을 입었다.

이 나라에서 오천축국까지, 과도하게 술을 마시지 않는다. 오천축국을 두루 경험하였지만, 술에 취한 사람이 서로 치고받는 자들이 있는 것을 보지 못했다. 설령 술을 마시는 자가 있어도, 기력을 얻으려는 것뿐이었다. 노래하고 춤추며, 연극을 하며, 술잔치를 벌이는 자를 보지 못하였다.

또한 북천축국에 절이 하나 있다. 다마삼마나(多摩三磨娜)라 부른다. 부처님이 살아계실 때, 이곳에 와서 설법하셨다. 인간계(人界)와 천상계(天界)를 널리 제도하였다. 이 절의 동쪽 골짜기 안에, 샘물 옆에, 탑이 하나 있다.

부처님이 깎은 머리카락과 손발톱이 이 탑에 있다. 이곳에 300여 명의 승려가 있는 것을 보았다. 절에는 대벽지불의 이와 뼈, 사리 등이 있다. 또한 일고여덟 개의 절이 있는데, 각각 오륙백 명이 절을 매우 잘 관리하고, 왕과 백성들이 매우 공경하고 믿는다.

또 산중에 절이 하나 있는데, 나게라타나(那揭羅馱娜)라 불린다. 중국 승려 한 분이 있었는데, 이 절에서 입적하였다. 그 대덕(大德)의 말에 의하면, 중천축국에서 왔고, 삼장(三藏)의 성스러운 교리에 통달하였는데, 고향으로 돌아가려고 하다가, 갑자기 병이 들어 작고하셨다고 한다. 그 때 이 말을 듣고, 마음이 상하지 않을 수 없었다. 바로 사운(四韻)을 지어서, 저승길을 슬퍼하였다. 오언(五言)

옛 마을 등불 주인은 없고,
객지에서 보수(寶樹)가 꺾였다.
신령은 어디 가고,
옥 같던 용모는 이미 재가 되었소.
돌이켜 생각하니 너무 마음이 슬프고,
당신의 소원대로 되지 못함 또한 슬프구나.
누가 고향 나라로 가는 길을 알리오.
흰 구름 가는 것만 부질없이 쳐다본다.

16) 80만 개의 단어로 이루어진 방대한 책이다. 책이름처럼 '정리(正理)에 따른다.'는 뜻으로 설일체유부(說一切有部)의 정통성을 주장한다. 산스크리트본이나 티베트본은 없고, 653~654년 현장이 번역한 한역본만 전한다.

## 【87】

羅　：又從此北行十五日入山至迦羅國此迦彌羅亦是北數此國稍大王有三百

藤田：又從此北行十五日、入山至迦羅國、此迦彌羅、亦是北數、此國稍大、王有三百

桑山：又從此北行十五日入山。至迦羅國。此迦弥羅。亦是北天數。此國稍大。王有三百

張　：又從此北行十五日。入山至迦羅國。此迦彌羅。亦是北天數。此國稍大。王有三百

정　：又從此北行十五日入山　至迦羅國　此迦彌羅　亦是北天數　此國稍大　王有三百

박案：又從從此北行十五日入山至迦羅國此迦弥羅亦昰北天數此國稍大王有三百

校註

① 從: 원본 형태는 從이다. '從'의 이체자이다.

② 弥: 원본 형태는 弥이다. '彌'의 이체자(弥)이다.(小學堂)

③ 亦: 원본 형태는 亦이다. '亦'의 행초서체(亦)이다.[1]

④ 昰: 원본 형태는 昰이다. '是'의 이체자(昰)이다.(臺灣教育部異體字字典)

⑤ 天: 원본 형태는 天이다. 羅振玉과 藤田豊八의 자료에는 '天'이 빠져있다.

⑥ 數: 원본 형태는 數(數)이다. 羅振玉은 '北數'에 오류가 있다고 지적하였다. 藤田豊八은 '北數'는 '北天'의 오류라고 지적하고 있다. 문제는 《왕오천축국전》원본에는 '北天數'라고 정확히 적혀있다는 것이다.

제가(諸家) 모두 '數'로 식자하고 있다. 《왕오천축국전》에서 '數'는 6번 사용되었다.

不知其數(數): 6행
羊馬無數(數): 122행
設金銀無數(數): 150행
數(數)迴討擊不得: 173행
名數(數): 225행

'數'의 이체자는 数數數数數數數數數數數數數數數數數數數數數 數數數數數數數數數數數數數數數數數數數數數數數數 등이 있다. 위의 이체자를 보면, 오른쪽 편방의 '攴, 攵, 殳'이 같이 사용되는 것을 볼 수 있다.

위의 분석으로 보면, 우리가 이체자 고찰에서 참조하는 자료《敦煌俗字典》, '小學堂', '漢典',

1) 陸柬之의 행초서체. 漢典書法 참조.

'國際電腦漢字及異體字知識庫', '臺灣教育部異體字字典'에는 '[illegible]'와 유사한 자형이 없다. 새로운 이체자이다. 우리는 이 자형이 '數'와 유사하다고 생각한다.

## 【88】

羅　：頭象住在山中道路險惡不被外國所侵人民極衆貧多富小王及首領

藤田：頭爲、住在山中、道路險惡、不被外國所侵、人民極衆、貧多富少、王及首領

桑山：頭象。住在山中。道路險悪。不被外國所侵。人民極衆。貧多冨少。王及首領

張　：頭象。住在山中。道路險惡。不被外國所侵。人民極衆。貧多富少。王及首領

정　：頭象 住在山中 道路險惡 不被外國所侵 人民極衆 貧多富少 王及首領

박案：頭爲住在山中道路險悪不被外國所侵人民極衆貧多冨少王及首領

### 校註

① 爲: 원본 형태는 爲이다. '象'의 이체자(爲)이다.(小學堂)

② 悪: 원본 형태는 悪이다. '惡'의 이체자(悪)이다.(小學堂)

③ 被: 원본 형태는 被이다. '被'의 행초서체(被)이다.[2]

④ 侵: 원본 형태는 侵이다. '侵'의 자형과 비슷한 이체자로 侵(小學堂), 侵, 侵(《敦煌俗字典》(2005:325) 등이 있다. '侵'의 새로운 이체자(侵)이다. 63행 참조.

⑤ 極: 원본 형태는 極이다. '極'의 행초서체(極)이다.[3]

⑥ 冨: 원본 형태는 冨이다. '富'의 이체자(冨)이다.(小學堂)

2) 王鐸의 행초서체. 漢典書法 참조.
3) 王羲之의 행초서체. 漢典書法 참조.

【89】

羅　：諸富有者衣著與中天不殊自外百姓悉枝毛毯覆其形醜土地出銅鐵氎

藤田：諸富有者、衣者與中天不殊、自外百姓、悉枝毛毯、覆其形醜、土地出銅鐵氎

桑山：諸冨有者。衣着与中天不殊。自外百姓。悉披毛毯。覆其形醜。土地出銅鐵氎

張　：諸富有者。衣著與中天不殊。自外百姓。悉被毛毯。覆其形醜。土地出銅鐵氎

정　：諸富有者 衣[著]與中天不殊 自外百姓 悉[披]毛毯 覆其形醜 土地出銅鐵氎

박案：诸冨有者衣着与中天不殊自外百姓悉披毛毯覆其形醜土地出銅鐵氎

校註

① 诸: 원본 형태는 诸이다. '諸'의 이체자(诸)이다.(小學堂)

② 者: 원본 형태는 者이다. '者'의 행초서체(者)이다.[4)]

③ 悉: 원본 형태는 悉이다. '悉'의 이체자(悉)이다.

④ 披: 원본 형태는 披(枝)이다. 羅振玉과 藤田豊八은 '枝'로 식자하고, 이 글자가 '被'의 오기(誤記)라고 서술하였다. 桑山正進과 정수일은 '披'로 식자하였고, 張毅은 '被'로 식자하였다. 따라서 이 글자는 '枝', '披', '被' 중의 하나일 것이다. 《왕오천축국전》에서 '枝'는 다른 곳에서 사용된 용례가 없고, '披'는 1번, '被'는 5번 사용되었다.

> 衫上又披(披)一疊布: 169행
> 見今被(被)大寔來侵: 63행
> 常被(被)中天: 67행
> 不被(被)外國所侵: 88행
> 其王被(被)其王被逼: 156행
> 却被(被)大寔所吞: 162행

위의 예문을 보면, 《왕오천축국전》에서 '披'는 '쓰다, 덮다, 걸치다'의 의미로 사용되었다. 따라서 '披'로 사용되었다면, '自外百姓, 悉披毛毯, 覆其形醜'는 '그 외의 백성들은 모두 모포로 걸치고, 그 추한 곳을 덮어 가렸다.'로 해석이 된다.

'被'는《왕오천축국전》에서 모두 '피동구문의 표지'로 사용되었다. 위의 '被'자 구문을 보면, 모두

4) 米芾의 행초서체. 漢典書法 참조.

'被+명사구(행위자)+술어' 형태를 가지고 있다. 이번 행을 다시 살펴보면, '自外百姓, 悉柀毛毯, 覆其形醜' 문구에서 柀를 '被'자로 인식할 경우, '被+명사구(행위자)' 형태가 없다. 따라서 柀는 '被'가 아니다.

이체자에서 '木' 편방은 '扌' 편방과 서로 호용된다.[5] 따라서 이번 행의 柀는 '木' 편방을 사용한 柀로 식자하고, '披'의 의미로 해석하는 것이 옳다고 생각된다. 새로운 이체자이다.

'柀'의 이체자로는 [illegible]가 있으며, '披'의 이체자로는 [illegible]가 있으며, '被'의 이체자로는 [illegible]가 있다.

⑤ 毯: 원본 형태는 [illegible]([illegible])이다. 글자가 명확하게 드러나지는 않지는 '毛'와 2개의 '火'이루어졌다.

⑥ 醜: 원본 형태는 [illegible]([illegible])이다. '醜'의 이체자([illegible])이다.(臺灣教育部異體字字典)

⑦ 鐵: 원본 형태는 [illegible]이다. '鐵'의 이체자([illegible])이다.(小學堂)

5) 이규갑, 2012, 〈異體字 字形類似偏旁의 互用類型 地圖 構築-木・ネ・禾 등과 日・月・目 等을 중심으로〉, 《중국언어연구》, 43:221-240, 참조.

布毛毯牛羊有爲少馬粳米蒱桃之類土地極寒不同已前諸國秋霜

【90】

羅　: 布毛毯牛羊有象少馬粳米蒲桃之類土地極寒不同已前諸國秋霜

藤田 : 布毛毯牛羊、有爲少馬、粳米蒲桃之類、土地極寒、不同已前諸國、秋霜

桑山 : 布毛毯牛羊。有象少馬。粳米蒱桃之類。土地極寒。不同已前諸國。秋霜

張　: 布毛毯牛羊。有象少馬粳米蒲桃之類。土地極寒。不同已前諸國。秋霜

정　: 布毛毯牛羊 有象少馬 粳米[蒱]桃之類 土地極寒 不同已前諸國 秋霜

박案 : 布毛毯牛羊有**爲**少馬粳米蒱桃之類**土**地極寒不同已前諸國秋霜

校註

① 爲: 원본 형태는 爲이다. '象'의 이체자(爲)이다.(小學堂)

② 蒱: 원본 형태는 蒱이다. '蒲'의 이체자(蒱)이다.

③ 諸: 원본 형태는 諸이다. '諸'의 행초서체(諸)이다.[6)]

---

6) 米芾의 행초서체. 漢典書法 참조.

**【91】**

羅　：冬雪夏足霜雨百卉亘靑葉雕冬草悉枯川谷狹小南北五日程東西一

藤田：冬雪、夏足霜雨、百卉亘靑葉彫、冬草悉枯、川谷狹小、南北五日程、東西一

桑山：冬雪。夏足霜雨。百卉亘靑。葉彫冬草悉枯。川谷狭小。南北五日程。東西一

張　：冬雪。夏足霜雨。百卉亘靑。葉彫。冬草悉枯。川谷狹小。南北五日程。東西一

정　：冬雪 夏足[霖]雨 百卉亘靑 葉彫 冬草悉枯 川谷狹小 南北五日程 東西一

박案：冬雪夏足霜雨百卉亘青茱彫冬草悉枯川谷狭小南北五日程東西一

### 校註

① 夏: 원본 형태는 이다. '夏'의 행초서체()와 비슷하다.[7]

② 足: 원본 형태는 이다. '足'이다.

③ 霜: 원본 형태는 ()이다. 羅振玉은 '霜'자가 아닌 듯하다고 적었다. 張毅(1994:61)은 '霜'으로 식자하고, '霖'을 잘못 쓴 것이라고 지적하고 있다.

'相'의 행초서체를 보면, [8], [9], [10] 등이 있고, '林'의 행초서체는 [11], [12] 등이 있다. 의 아래(底) 부건과 '相'의 행초서체가 상당히 비슷한 것을 알 수 있다. 「漢典書法」에 나와 있는 '霖'의 초서체는 , , , 등이다.

따라서 이 글자는 '霜'이 맞다. 문제는 '霜'은 잘못 쓴 글자라는 것이다. 왜냐하면, '夏足霜雨'의 '霜'이 문맥의 의미(여름이 서리와 비가 많다)로 맞지 않기 때문이다. 이 글자는 張毅(1994:61)의 의견처럼, '霖'을 잘못 쓴 것이라고 생각하는 것이 좋을 듯하다. 참고로, '霖'의 이체자로는 霖이 있고, '霜'의 이체자로는 霜이 있다. 는 '雨'의 이체자 자형을 가지고 있다.

④ 茱: 원본 형태는 이다. '葉'의 이체자(茱)이다.(小學堂)

⑤ 狭: 원본 형태는 이다. '狹'의 이체자(狭)이다.

7) 王羲之의 행초서체. 漢典書法 참조.
8) 李世民의 행초서체. 漢典書法 참조.
9) 王羲之의 행초서체. 漢典書法 참조.
10) 黃庭堅의 행초서체. 漢典書法 참조.
11) 王羲之의 행초서체. 漢典書法 참조.
12) 米芾의 행초서체. 漢典書法 참조.

【92】

羅　: 日行土地卽盡餘並蔭山屋並板木覆上不用草瓦王及首領百姓等

藤田 : 日行、土地卽盡、餘並蔭山、屋並板木覆上、不用草瓦、王及首領百姓等、

桑山 : 日行。土地卽盡。餘並蔭山。屋並板木覆。亦不用草瓦。王及首領百姓等。

張　: 日行。土地卽盡。餘並蔭山。屋並板木覆上。不用草瓦。王及首領百姓等。

정　: 日行 土地卽盡 餘並蔭山 屋並板木覆 亦不用草瓦 王及首領百姓等

박案 : 日行土地卽盡餘並蔭山屋並板木覆上不用草瓦王及首領百姓等

校註

① 上: 원본 형태는 [원본 글자]이다. 羅振玉・藤田豊八・張毅는 '上'으로 식자하였고, 桑山正進과 정수일은 '亦'으로 식자하였다. 《왕오천축국전》에서 '上'은 모두 15번 사용되었고, '亦'은 48번 사용되었다.

> 上( )有師子: 12행
> 身上( )塗灰: 14행
> 開元十五年十一月上( )旬: 217행
> 大雲寺上( )座: 220행
> 亦( )不齋也: 2행
> 此國亦( )廢: 10행
> 亦( )無霜雪: 68행
> 亦( )是京中僧: 220행

위의 예로 보면, 이 글자는 '上'자이다. '亦'은 아래 부분에 '灬'이 있다.

② 等: 원본 형태는 [원본 글자]이다. '等'의 이체자(等)이다.

【93】

羅　: 甚敬三寶國內有一龍池彼龍王每日供養不一羅漢僧雖無人見彼聖

藤田 : 甚敬三寶、國內有一龍池、彼龍每日供養不一羅漢僧、雖無人見彼聖

桑山 : 甚敬三寶。國內有一龍池。彼龍王每日供養一千羅漢僧。雖無人見彼聖

張　: 甚敬三寶。國內有一龍池。彼龍王每日供養千一羅漢僧。雖無人見彼聖

정　: 甚敬三寶 國內有一龍池 彼龍王每日供養[不一]羅漢僧 雖無人見彼聖

박案 : 甚敬三寶國內有一龍池彼龍王每日供養不一羅漢僧**雖**無人見彼聖

校註

① 敬: 원본 형태는 ()이다. 《왕오천축국전》에서 '敬'은 18번 사용되었다.

> 甚敬()信三寶: 33행
> 極敬()三寶: 52행
> 極敬()三寶: 149행
> 又不解敬()也: 178행

이 행의 글자는 178행의 글자와 비슷하고, 王羲之의 행초서체()[13]와 비슷하다.

② 不一: 원본 형태는 ()이다. 羅振玉・藤田豊八은 '不一'로 식자하고, 桑山正進은 '一千'으로 인식하고, 張毅은 '千一'로 식자한 후에 '不一'의 오자(誤字)라고 적었고, 정수일은 '不一'로 식자하고, '不一'이 羅漢僧 뒤에 위치해야한다고 적고 있다. 《왕오천축국전》에서 '千'은 7번 사용되었고, '不'은 95번 사용되었다.

> 南流二千()里外: 7행
> 每日供三千()僧: 55행
> 二千()里: 215행
> 亦不()齋也: 2행
> 外道不()著衣服: 14행
> 不()多愛煞: 40행
> 兵馬不()多: 67행
> 不()能自護: 198행

13) 王羲之의 행초서체. 漢典書法 참조.

위의 예문을 보면, 이 행의 ![]는 '不'가 맞다. '千'은 첫 필획이 '丿'로 시작하고, '不'는 첫 필획이 '一'로 시작한다.

③ 雖: 원본 형태는 雖이다. '雖'의 이체자(雖)이다.(小學堂)

【94】

羅　：僧食亦過齋已即見餅飯從水下紛紛亂上以此得知迄今供養不絕王及大
藤田：僧食、亦過齋已、即見餅飯從水下紛紛亂上、以此得知、迄今供養不絕、王及大
桑山：僧食。亦過齋已。即見餅飯從水下紛々乱上。以此得知。迄今供養不絕。王及大
張　：僧食。亦過齋已。即見餅飯從水下紛紛亂上。以此得知。迄今供養不絕。王及大
정　：僧食 亦過齋已 即見餅飯從水下紛紛亂上 以此得知 迄今供養不絕 王及大
박案：僧食亦過齋已即見餅飯[從]水下紛[々]乱上以此得知迄今供養不絕王及大

校註

① 過: 원본 형태는 [過]이다. '過'의 행초서체([過])이다.[14]

② [從]: 원본 형태는 [從]이다. '從'의 이체자이다.

③ 紛: 원본 형태는 [紛]([紛])이다. '紛'의 행초서체([紛][15], [紛][16])이다.

④ [々]: 중문(重文) 표시이다.

⑤ 知: 원본 형태는 [知]이다. 《왕오천축국전》에서 '知'는 모두 5번 사용되었다.

不知([知])其數: 6행
自知([知])象少兵少: 23행
熟知([知])鄉國路: 86행
諸人共知([知]): 216행

이상의 예로 보면, 이 글자는 '知'자가 맞다.

14) 王羲之의 행초서체. 漢典書法 참조.
15) 米芾의 행초서체. 漢典書法 참조.
16) 蘇軾의 행초서체. 漢典書法 참조.

【95】

羅　：首領出外乘象小官乘馬百姓並皆途步國內足寺足僧大小乘俱行五

藤田：首領、出外乘爲、小官乘馬、百姓並皆途步、國內足寺足僧、大小乘俱行、五

桑山：首領。出外乘象。小官乘馬。百姓並皆途步。國內足寺足僧。大小乘俱行。五

張　：首領出外乘象。小官乘馬。百姓並皆途步。`國內足寺足僧。大小乘俱行。五

정　：首領 出外乘象 小官乘馬 百姓並皆[徒]途步 國內足寺足僧 大小乘俱行 五

박案：首領出外乗象小官乗馬百姓並皆途步國內足寺足僧大小乗俱行五

校註

① 乗: 원본 형태는 이다. '乘'의 이체자(乗)이다.(臺灣教育部異體字字典)

② 官: 원본 형태는 이다.

③ 途: 원본 형태는 ()이다. 張毅(1994:62)은 '徒'의 오자(誤字)라고 생각하고, 정수일(2004:248) 역시 '徒'의 오기(誤記)로 봐야한다고 말하고 있다. 글자의 형태로 보면, '途'가 맞다.

'途'와 '徒'는 서로 통차(通借)가 되는 글자로서 서로 바꾸어 쓸 수 있다. 따라서 반드시 '途'을 '徒'의 오자(誤字)라고 식자할 필요는 없다.

④ 步: 원본 형태는 이다. '步'의 행초서체()이다.

【96】

羅　: 天國法上至國王至國王王妃王子下至首領及妻隨其力能各自造寺

藤田 : 天國法、上至國王、至國王王妃王子、下至首領及妻、隨其力能各自造寺

桑山 : 天國法。上至國王至國王々妃王子。下至首領及妻。隨其力能各自造寺。

張　: 天國法。上至國王至國王王妃王子。下至首領及妻。隨其力能各自造寺

정　: 天國法 上至國王至國王王妃王子 下至首領及妻 隨其力能各自造寺

박案 : 天國法。上至國王至國王〻妃王子。下至首領及妻。随其力能各自造寺

校註

① 〻: 중문(重文) 표시이다.

② 随: 원본 형태는 이다. '隨'의 이체자(随)이다.

③ 力: 원본 형태는 이다. 《왕오천축국전》에서 '力'은 3번 사용되었다.

> 得色得力(): 78행
> 亦勵力()造寺: 100-101행

有(, 3행)의 자형과 비슷하게 보이지만, '力'에는 갈고리(鉤) 필획이 있다.

④ 能: 원문 형태는 이다. '能'의 이체자(能)이다.(臺灣教育部異體字字典)

【97】

羅　: 也還別作不共修營彼云各自功德何須共造此既如然餘王子等亦爾

藤田 : 也、還別作、不共修營、彼云、各自功德、何須共造、此即如然、餘王子等亦爾、

桑山 : 妃還別作。不共修營。彼云。各自功德。何須共造。此既如然。餘王子等亦尔。

張　: 也。還別作。不共修營。彼云。各自功德。何須共造。此既如然。餘王子等亦爾。

정　: [也] 還別作 不共修營 彼云 各自功德 何須共造 此既如然 餘王子等亦爾

박案 : 也還別作不共修營彼云各自功德何須共造此既如然餘王子等亦尔

校註

① 還: 원본 형태는 (還)이다. '還'의 이체자(還)이다.(臺灣教育部異體字字典)

② 功: 원본 형태는 이다. 《왕오천축국전》에서 2번 사용되었다.

樂崇功( )德: 221행

切( , 86행)과 자형이 다르다.

③ 須: 원본 형태는 이다.《왕오천축국전》에서 3번 사용되었다.

須( )造即造:100행
要須( )布施百姓村薗也: 101-102행

④ 既: 원본 형태는 이다. '旣'의 행초서체( )이다.[17]

⑤ 尔: 원본 형태는 ( )이다. 제가(諸家)들의 의견에 의하면,《왕오천축국전》에서 '尔'는 108행에서 한번 더 사용되었다.

女人亦尔( ): 108행

108행의 글자 '尔'는 '爾'의 이체자이다.(小學堂)

《왕오천축국전》에서 '亦'과 함께 사용한 글자와 문장구조를 살펴보면, 먼저 '亦'은《왕오천축국전》에서 49번 사용되었다. 문장구조를 보면, '亦'( )는 이 문장의 마지막 어휘이며, 다음에 이어지는 문구는 새롭게 시작하는 문구이다. 이와 같은 특징을 가지고 있는 '亦'과 관련된 문구를

17) 王羲之의 행초서체. 漢典書法 참조.

《왕오천축국전》에서 찾아보면, '亦然'(4회 사용)과 '亦尒'(2회 사용)이 있다. '亦然'과 '亦尒'은 모두 '또한 그러하다/이와 같다'의 의미를 가지고 있다. 자형으로 보면, 이 글자 는 '尒'이 맞다.

【98】

羅　：凡造寺供養卽施村莊百姓供養三寶無有空造寺不施百姓者爲

藤田：凡造寺供養、即施村莊百姓、供養三寶、無有空造寺不施百姓者、爲

桑山：凡造寺供養。即施村庄百姓。供養三寶。無有空造寺不施百姓者。為

張　：凡造寺供養。即施村疰百姓供養三寶。無有空造寺不施百姓者。爲

정　：凡造寺供養 卽施村庄百姓 供養三寶 無有空造寺不施百姓者 爲

박案：凡造寺供養即施村疰百姓供養三寶無有空造寺不施百姓者為

校註

① 凡: 원본 형태는 이다. '凡'의 행초서체()이다.[18]

② 疰: 원본 형태는 이다. '庄/莊'의 이체자(疰)이다.(臺灣教育部異體字字典)

③ 寶: 원본 형태는 이다. '寶'의 이체자(寶)이다.(小學堂)

④ 者: 원본 형태는 이다. '者'의 행초서체이다.

18) 董其昌의 행초서체. 漢典書法 참조.

【99】

羅 : 外國法王及妃姤各別村莊百姓王子首領各有百姓布施自由不王也造寺亦然

藤田 : 外國法、王及妃姤、各別村莊百姓、王子首領、各有百姓、布施自由不王也、造寺亦然、

桑山 : 外國法。王及妃姤各別村庄百姓。王子首領各有百姓。布施自由不王也。造寺亦然

張 : 外國法。王及妃姤。各別村疰百姓。王子首領。各有百姓。布施自由 , 不王也。造寺亦然。

정 : 外國法 王及妃[姤] 各別村庄百姓 王子首領各有百姓 布施自由不{問}王也 造寺亦然

박案 : 外國法王及妃姤各別村疰百姓王子首領各有百姓布施自由不王也造寺亦然

校註

① 亦: 원본 형태는 이다. 《왕오천축국전》에서 '亦'은 49번 사용되었는데, 행초서체로 쓰지 않고, 해서체로 '亦'을 쓴 처음 글자이다.

② 姤: 羅振玉은 '后'의 별자(別字)라고 하였다. '姤'와 '后'는 통차(通借)자로서, 오자(誤字)가 아니다.

③ 不王: 羅振玉은 '王' 위에 빠진 글자가 있는 것 같다고 하였고, 張毅과 정수일은 그 글자가 '問'자라고 적고 있다. 그 다음 문장 '造寺亦然。須造即造。亦不問王。'을 보면, '問'이 빠져 있음을 쉽게 추측할 수 있다.

須造寺造亦不問王王亦不敢遮怕招罪也若富有百姓無有村莊布施亦自力造寺以自經紀得物供養三寶爲五天不賣人無有奴婢要須布施百姓村薗也　又迦葉彌羅國東北隔山十五日程即是大勃律國楊同國娑播慈國此三國並屬吐蕃所管衣著言音人風並別著皮裘氈衫靴袴等也地狹小山川極險亦有寺有僧敬信三寶若是已東吐蕃總無寺舍不識佛法當土是胡所以信也已東吐蕃國純住冰山雪山川谷之間以氈帳而居無有城郭屋舍處所與突厥相似隨逐水草其王雖在一處亦無城但依氈帳以爲居業土地出羊馬貓牛毯褐之類衣著毛褐皮裘女人亦爾土地極寒不同餘國家常食麨少有餠飯國王百姓等總不識佛法無有寺舍國人悉皆穿地作坑而臥無有牀席人民極黑白者全希言音與諸國不同多愛喫虱爲著毛褐甚饒蟣虱捉得便抛口裏終不棄也　又迦葉彌羅國西北隔山七日程至小勃律國此屬漢國所管衣著人風飮食言音與大勃律相似著

【100】

羅　：須造即造亦不問王王亦不敢遮怕拈罪也若富有百姓雖無村莊布施亦勵

藤田：須造即造、亦不問王、王亦不敢遮怕拈罪也、若富有百姓、雖無村莊布施、亦勵

桑山：須造即造。亦不問王。王亦不敢遮。怕招罪也。若冨有百姓。雖無村庄布施。亦勵

張　：須造即造。亦不問王。王亦不敢遮。怕拈罪也。若富有百姓。雖無村庒布施。亦勵

정　：須造卽造 亦不問王 王亦不敢遮 怕招罪也 若富有百姓 雖無村庄布施 亦勵

박案：須造即造亦不問王亦不敢遮怕拈罪也若冨有百姓雖無村庒布施亦勵

校註

① 亦: 원본 형태는 이다. '亦'의 행초서체이다.

② : 중문(重文) 표시이다.

③ 拈: 원본 형태는 ()이다. 羅振玉 · 藤田豊八 · 張毅은 '拈'이라 식자하고 문구에 오류가 있다고 지적하였고, 桑山正進과 정수일은 '招'로 식자하였다.

'招'의 이체자로는 抬 拙 挌 䨻 이고, '拈'의 이체자로 소개된 한자는 없다. 자형으로 보면, '拈'이 맞다.

④ 若: 원본 형태는 이다. '若'의 행초서체()이다.[19]

⑤ 冨: 원본 형태는 이다. '富'의 이체자(冨)이다.(臺灣教育部異體字字典)

⑥ 雖: 원본 형태는 ()이다. '雖'의 행초서체()이다.[20]

19) 智永의 행초서체. 漢典書法 참조.

20) 王羲之의 행초서체. 漢典書法 참조.

【101】

羅　：力造寺以自經紀得物供養三寶爲五天不賣人無有奴婢要須布

藤田：力造寺、以自經紀、得物供養三寶、爲五天不賣人、無有奴婢、要須布

桑山：力造寺。以自經紀得物。供養三寶。為五天不賣人。無有奴婢。要須布

張　：力造寺。以自經紀。得物供養三寶。爲五天不賣人。無有奴婢。要須布

정　：力造寺 以自經紀得物 供養三寶 爲五天不賣人 無有奴婢 要須布

박案：力造寺以自経紀得物供養三寶為五天不賣人無有奴婢要須布

校註

① 経: 원본 형태는 [원본 자형]이다. '經'의 행초서체(経)이다.[21] '經'의 이체자(経)와 비슷한 자형을 가지고 있다.

② 寶: '寶'의 이체자이다. 85행 참조.

21) 王羲之의 행초서체. 漢典書法 참조.

【102】

羅　: 施百姓村薗也 又迦葉彌羅國東北隔山十五日程即是大勃律國楊

藤田 : 施百姓村薗也、又迦葉彌羅國東北、隔山十五日程、即是大勃律國、楊

桑山 : 施百姓村薗也。 又迦葉弥羅國東北隔山十五日程。即是大勃律國。楊

張　: 施百姓村薗也。又迦葉彌羅國東北。隔山十五日程。即是大勃律國。楊

정　: 施百姓村薗也 又迦葉彌羅國東北隔山十五日程 即是大勃律國 楊

박案 : 施百姓村薗也 又迦葉弥羅國東北隔山十五日程即是大勃律國楊

校註

① 弥: 원본 형태는 弥이다. '彌'의 이체자(弥)이다.

② 是: 원본 형태는 是이다. '是'의 이체자이다.

③ 勃: 원본 형태는 勃이다. 羅振玉은 '勃律'은 '勃律'의 별자(別字)라고 하였고, 藤田豊八은 동일한 음의 서로 다른 음역(音譯)이라고 적고 있다. 張毅(1994:64)는 '勃律'으로 적고 '勃律'의 오자(誤字)라고 지적하였다.

勃은 '勃'의 이체자(勃)이다.(小學堂) 다시 말하자면, 잘못된 자형이 아니고, 이체자이다. 참고로 '勃'의 중국 중고음(中古音)은 다음과 같다.

| | | 聲母 | 韻母 |
|---|---|---|---|
| 周法高 擬音 | 勃 | b | uət |

# 19 迦葉彌羅國

又從此。北行十五日入山。至迦羅國。1) 此迦彌羅。亦是北天數。2) 此國稍大。王有三百頭象。住在山中。道路險惡。不被外國所侵。人民極眾。貧多富少。王及首領諸富有者。衣著與中天不殊。自外百姓。悉披毛毯。覆其形醜。土地出銅鐵氎布毛毯牛羊。有象少馬粳米蒲桃之類。3) 土地極寒。

1) '迦羅'와 뒤의 '迦彌羅'는 '迦葉彌羅'를 지칭한다. 현장(玄奘)은 '迦濕彌羅'(Kaśmīra, Kashmir)라고 하였다. 이 단어의 중국 중고음(中古音)을 살펴보면 다음과 같다.

| | | 성모 | 운모 |
|---|---|---|---|
| 周法高 擬音 | 迦 | k | iɑ |
| | 葉 | ś | iæp |
| | 濕 | tʰ | əp |
| | 彌 | m | iɪ |
| | 羅 | l | ɑ |

'Kaśmīra(Kashmir)'를 '迦彌羅' 혹은 '迦葉彌羅'로 음역하였다고 해도, 큰 문제는 되지 않으리라 생각된다. '迦彌羅'에는 'Kaśmīra(Kashmir)'의 'ś(sh)' 발음만 없을 뿐이다.

2) 藤田豊八은 '天數'가 '北天'을 잘못 쓴 것이 아닐까 추측하였다. 정수일(2004:239)은 '북천축국에 속하는데'로 한역하였고, 정기선(2000:298)은 '북천과 비교하면'으로 한역하였다. 桑山正進(1992)은 '북천축으로 셀 수 있다.'로 해석하였다.

3) 有象少馬粳米蒲桃之類:

(1) 이 구문에 대한 제가(諸家)의 끊어 읽기는 다음과 같다.

藤田豊八 : 有象少馬、粳米蒲桃之類、
桑山正進 : 有象少馬。粳米蒲桃之類。
張毅 : 有象少馬粳米蒲桃之類。
정수일 : 有象少馬 粳米[蒲]桃之類

藤田豊八, 桑山正進 그리고 정수일은 '有象少馬'과 '粳米蒲桃之類'을 끊어 읽었고, 張毅는 하나의 구문으로 보았다. 이 구문의 끊어 읽기는 바로 '少馬'를 어떻게 볼 것인가와 밀접한 관련이 있다.

(2) 有象少馬: 정수일(2004:239)은 '코끼리, 작은말, 멥쌀, 포도 같은 거도 있다.'로 해석하여 '少馬'를 '작은 말'로 해석하고, 정기선(2000)은 '코끼리, 말, 벼, 포도 류도 좀 있다.'로 한역하여, '少馬'를 '말'로 한역하였다. 桑山正進(1992)은 '코끼리는 있으나 말은 적으며'로 해석하여, '少馬'를 '말이 적다'로 이해하였다.
'少'는 《왕오천축국전》에서 15번 사용되었다. 예를 살펴보면, 다음과 같다.

不同已前諸國。秋霜冬雪。夏足霜雨。[4] 百卉亘青。葉彫冬草悉枯。[5] 川谷

| | |
|---|---|
| 自知象少兵少:23행 | 貧多富少: 30행 |
| 羊馬全少: 39행 | 亦少有羊: 51행 |
| 元不減少: 55행 | 稻穄全少: 60행 |
| 驢騾少有: 69행 | 貧多富少: 88행 |
| 少有餠飰: 109행 | 貧多富少: 113행 |
| 少分自留: 133행 | 與吐火羅國大同少異: 142행 |
| 共罽賓國少有相似: 157행 | 兵馬少弱: 198행 |

위의 예에서 '少'는 양의 적음을 의미한다. '少'의 문장성분을 분석해보면, 16행의 '象少兵少'처럼, '象'과 '兵'이 주어가 되고, '少'가 술어가 되는 '주어(象, 兵)+술어(少)' 구조이거나, '少有餠飰'처럼 '부사어(少)+술어(有)+목적어(餠飰)' 구조에서 부사어(少)로 사용된 경우도 있다. 따라서 '有象少馬'에서 '少'가 술어 역할을 한다면, '象少兵少'처럼 '有象少馬' 문구가 '有象馬少'로 전환되어야 한다. '少'가 부사어로 사용된다면, '少有餠飰'처럼 '有象少馬'가 '有象少有馬'로 전환되어야 하는데, '有象馬少'에는 술어 '有'가 없다. 따라서 '有象少馬'은 틀린 문장이 된다.

(3) 우리는 이 문구를 '작은 말'로 한역하고자 한다. 그 이유는 '有象少馬'의 다음 문구인 '粳米蒲桃之類。'에서 찾을 수 있다. '粳米蒲桃之類。'는 '멥쌀, 포도 등과 같은 종류'의 의미로, 이 문구에는 술어가 없다. 그렇다면, '粳米蒲桃之類。'의 술어는 무엇일까? 바로 '有象少馬'의 '有'이다. '有'의 목적어는 '象, 少馬, 粳米, 蒲桃'이다. 다시 말하자면, 象, 少馬, 粳米, 蒲桃는 병렬로 연결된 목적어이다. 따라서 '少馬'를 명사구로 보아야 한다.

(4) 粳米(jīngmǐ); 멥쌀

4) 霜雨(línyǔ): 霖雨의 오자(誤字)이다. 91행 참조.
霖雨: 장마. 정수일(2004:239)은 '여름에는 장마가 지고'로 해석하였고, 정기선(2000)은 '여름에는 비가 많아'로 한역하였다. 桑山正進(1992)은 '여름에는 번개가 많이 치며'로 해석하였다.

5) 百卉亘青。葉彫冬草悉枯:
(1) 羅振玉은 '百卉亘青葉彫' 문구에 오류가 있다고 적었다.
(2) '夏足霜雨百卉亘青葉彫冬草悉枯'의 끊어 읽기에 학자들의 의견이 서로 다르다.

藤田豊八 : 夏足霜雨、百卉亘青葉彫、冬草悉枯
桑山正進 : 夏足霜雨。百卉亘青。葉彫冬草悉枯
張　　毅 : 夏足霖雨。百卉亘青。葉彫。冬草悉枯
정 수 일 : 夏足霖雨 百卉亘青 葉彫 冬草悉枯

끊어 읽기의 핵심은 '葉彫'를 앞의 문장에 붙여서 읽을 것인지, 뒤의 문장에 붙여서 읽을 것인지, 아니면 독립된 문장으로 읽을 것인지를 구분하는 것이다. 정기선(2000)은 '잎 지는 겨울이면 모두 시들고', 정수일은 (2004:239) '잎이 시들어 겨울이 되면 다 말라버린다', 桑山正進(1992)은 '겨울이 되면 잎은 시들고 초목은 모두 죽어버린다.'로 해석하였다.

이 문구는 두 가지 문맥으로 이해할 수 있으리라 생각된다. 첫 번째는 張毅(1994:61)의 의견처럼, '葉彫' 앞에 '經秋'을 보충하여, '夏足霖雨。百卉亘青。(經秋)葉彫。冬草悉枯'로 '여름에는 장마가 많고, 각종 화초는 계속해서 푸름을 이어가다가, 가을이 되어 잎이 시들고, 겨울엔 풀이 모두 말라버린다'로 이해할 수 있다. 두 번째는 이 글의 앞 문맥을 보면, '이 땅은 매우 춥고, 이전의 여러 나라와 다르다. 가을에는 서리가 내리고, 겨울에는 눈이 내린다. 여름에는 장마가 많다. 각종 화초는 계속해서 푸름을 이어간다.'라고 하였다.

狹小。南北五日程。東西一日行。土地即盡。餘並蔭山。[6] 屋並板木覆。上不用草瓦。[7] 王及首領百姓等甚敬三寶。國內有一龍池。彼龍王每日供養

따라서 이 곳은 특별히 가을이라는 계절이 뚜렷하게 나타나지 않을 수 있다. 그래서 '夏足霖雨。百卉亘青。葉彫。冬草悉枯'로 '여름에는 장마가 많고, 각종 화초는 계속해서 푸름을 이어가다가, 잎이 시들고, 겨울엔 풀이 모두 말라버린다.'로 이해할 수도 있다. 우리는 이 해석을 주장한다.

(3) 彫는 凋와 같다. 彫의 의미는 '시들다'이다.

6) 羅振玉은 '餘並蔭山' 구절에 오류가 있다고 적었다. 정기선(2000)은 '나머지는 음산이다.'이라고 한역하였고, 정수일(2004:239)은 '나머지는 산으로 뒤덮여 있다.'로 한역하였다. 정수일은 '蔭'을 동사용법의 '가리다. 덮다'로 이해하였다. 《說文解字》는 '蔭'을 '艸陰地'(풀이 땅을 덮다/가리다/감추다)로 해석하였다. 정수일의 해석이 맞다.

7) 屋並板木覆。上不用草瓦:

(1) 이 문구의 끊어 읽기에 학자들의 의견이 서로 다르다. 예를 들면,

藤田豊八 : 屋並板木覆上、不用草瓦
桑山正進 : 屋並板木覆。亦不用草瓦。
張　毅 : 屋並板木覆上。不用草瓦。
정 수 일 : 屋並板木覆 亦不用草瓦

첫 번째로 해결할 문제는 '上'과 '亦'의 식자 문제인데, 우리는 92행에서 '上'이 옳은 글자라고 분석하였다. 두 번째 문제는 이 문구를 '屋並板木覆上。不用草瓦'과 같이 끊어 읽기를 해야하는지, '屋並板木覆。上不用草瓦'와 같이 해야하는지에 대한 분석이다.

(2) 정기선(2000)은 '집은 모두 나무판을 덮었고, 풀기와를 쓰지 않았다.'로 한역하고, 정수일(2004:239)은 '가옥은 널빤지로 지붕을 씌우고 풀이나 기와는 쓰지 않았다'로 한역하였다. 桑山正進은 '가옥은 모두 나무판자로 지붕을 지으며 풀이나 기와를 쓰지 않는다.'로 해석하였다.

(3) '板木覆' 구문의 어순이 어색하다. 《왕오천축국전》에서 '覆'은 2번 사용되었다.

悉披毛毯。覆其形醜: 89행

'覆其形醜'에서는 '목적어(板木)+술어(覆)'로 목적어가 전치된 것이라 분석될 수 있다.

(4) 우리는 '屋並板木覆上。不用草瓦' 구문에서 '並'을 '나란히 하다'는 의미로 하여, 동사술어로 해석하고자 한다. 동사 용법을 사용하면, '집은 나무판을 나란히 하여 위를 덮었고, 풀기와를 쓰지 않았다.'로 해석된다. 이와 같이 해석을 하면, 이 문구의 구조는 '屋(주어)+並(동사술어1)+板木(목적어)+覆(동사술어2)+上(목적어), 不(부사어)+用(동사술어)+草瓦(목적어)'가 된다. '並'의 동사 용법은 한국고전문헌에서도 찾을 수 있다. 예를 들면,

| | |
|---|---|
| 許以並轡 | 함께 나란히 말을 몰고 《갈암집(葛庵集)》제22권 |
| 辟易千夫誰並馬 | 누가 말 머리 나란히 하랴 천 명을 물리쳐 버리는 걸 《갈암집(葛庵集)》 제6권 |
| 並馬偶然同口業 | 말고삐 나란히 우연히도 구업을 함께 하오마는 《갈암집(葛庵集)》 제7권 |

(5) 문제는 《왕오천축국전》에서 사용된 26번의 '並' 중에서 92행의 '並'을 제외하고 모두 부사 용법으로 사용되었다는 것이다. '並'을 부사 용법으로 분석하면, 이 문구는 아마 아래의 두 가지 경우로 해석이 가능하리라 생각된다.

不一羅漢僧。8) 雖無人見彼聖僧食。亦過齋已。9) 即見餠飯從水下紛紛亂

① '屋(주어)+並(부사)+板木(목적어도치)+覆(동사술어), 上(주어)+不(부사어)+用(동사술어)+草瓦(목적어)'이다. 이 경우 '집은 모두 나무판을 씌우고, 위는 풀기와를 사용하지 않았다.'로 해석이 가능하다. 이 해석의 문제점은 '屋'과 '上'이 정확히 어디를 지칭하는지 구분이 안 된다는 점이다. 다시 말하자면, '屋(집)'과 '上(위)'가 지칭하는 것이 중복이 되고, 그 중복된 곳이 명확하지 않다는 것이다. 만약 이 문구가 '上(위)'을 사용하지 않았다면, '집은 모두 나무판을 씌우고, 풀기와를 쓰지 않았다.'로 분석되어, 두 번째 절의 주어가 '집'이라는 것을 자연스럽게 알 수 있다. 따라서 이 문구에서는 '屋(집)'과 '上(위)'의 지칭에 문제가 있다.

② '屋(주어)+並(부사)+板木(목적어도치)+覆(동사술어1)+上(동사술어2 혹은 보어), 不(부사어)+用(동사술어)+草瓦(목적어)'이다. 이 경우, 문제가 되는 것은 '上'을 '동사술어2'로 처리할 것인지, 아니면 '보어'로 처리할 것인지 분석을 해야 한다. '동사술어2'의 경우, '上'은 '올리다'로 해석이 가능한데, '집은 모두 나무판을 씌워 올리고, 풀기와를 사용하지 않았다.'로 해석된다. 이 경우, 도치된 목적어 '板木'와의 의미 관계가 '覆'와만 공기가 되고, '上'과는 공기가 되지 않아, 문구의 의미는 해석이 가능하나, 문법구조로는 분석이 되지 않는다. '上'을 '보어'로 분석하면, '上'은 방향보어로서 결과의 의미를 나타내게 되는 것인데, 이 시기에 '上'의 결과의 의미를 나타내는 보어의 기능은 다른 예에서 찾을 수 없다. 이에, 우리는 '並'을 동사 용법으로 처리하여, 이 문구를 분석하였다.

8) 彼龍王每日供養不一羅漢僧:

(1) '彼龍王每日供養不一羅漢僧'의 해석에 대한 제가(諸家)들의 의견이 다르다.

羅 振 玉: 彼龍王每日供養不一羅漢僧雖無人見彼聖
藤田豊八: 彼龍毎日供養羅漢僧不一、雖無人見彼聖
桑山正進: 彼龍王每日供養一千羅漢僧。雖無人見彼聖
張 毅: 彼龍王每日供養不一羅漢僧。雖無人見彼聖
정 수 일: 彼龍王每日供養羅漢僧[不一] 雖無人見彼聖

羅振玉은 '不一'로 식자하고, 桑山正進은 '一千'으로 인식하였다. 張毅은 '千一'로 식자한 후에, '不一'의 오자(誤字)라고 적었다. 藤田豊八과 정수일은 '不一'로 식자하고, '不一'이 羅漢僧 뒤에 위치해야한다고 적고 있다.

(2) 이 문구에서 '不'과 '千'의 자형에 대한 토론은 93행에서 분석하였다. 우리는 이 글자를 '不'로 식자한다.

(3) 이 문구의 분석에서 한 가지 의미 있는 분석이 있다. 정기선(2000:286)은 '千一' 글자 사이에 23행의 '天中'과 48행의 '僧有'처럼 필사를 잘못하여 ✔ 표시가 있다고 보았다. 그래서 이 글자를 '一千'으로 보아야 한다고 주장한다(참고로 정기선은 '不'과 '千'에서 '千'으로 식자하여, '一千'으로 해석하였다).

(4) 정기선(2000)은 이 문구를 '용왕은 매일 일천 나한승을 공양한다.'고 한역하였고, 정수일(2004:239)은 '용왕은 매일 나한승만 공양하는 것이 아니다'라고 한역하였다. 桑山正進은 '그 용왕은 날마다 천 명의 아라한승을 공양하고 있다'로 해석하였다.

(5) 우리는 羅振玉과 張毅의 해석에 동의하여, 이 문구를 '不一'로 해석하고자 한다. '彼龍王每日供養不一羅漢僧'은 '주어(彼龍王)+부사어(每日)+술어(供養)+관형어(不一)+목적어(羅漢僧)'로 분석할 수 있다. '不一'는 '같지 않다. 일치하지 않다. 서로 다르다.'의미로 형용사로서 관형어 역할로 뒤의 목적어 '羅漢僧'을 수식한다. 그래서 '이 용왕은 매일 서로 다른 나한승을 공양한다.'로 한역하였다.

9) 亦過齋已:

(1) 정기선(2000:299)은 '亦過齋已'를 '제계 하는지'로 한역하였고, 정수일(2004:239)은 '일단 재가 끝나기만 하면'으로 해석하였다. 桑山正進은 '식사가 끝나면'으로 해석하였다.

上。以此得知。迄今供養不絕。王及大首領。出外乘象。小官乘馬。百姓並皆途步。[10] 國內足寺足僧。大小乘俱行。五天國法。上至國王至國王王妃

(2) 우리는 '亦'는 '이미'로 풀이하였고, '過齋'는 '시주 의식/행사'로 한역하였다. 그리고 '已'는 '끝나다/마치다'로 한역하였다. 한국 한문(漢文) 문헌에서도 '已'는 '끝나다/마치다'로 사용한 문구를 찾을 수 있다. 예를 들면 다음과 같다.

河水東流日夜忙 동으로 흐르는 강물 밤낮으로 바쁘고
路上行人亦未已 길 위의 행인 역시 그치는 일이 없네. 《稼亭集》 제14권

春曹屢惡推多識 미움받고 박식한 자에게 넘겨준 춘조라면
峽府偏閑適晩情 한가로워 만년 보내기 적당했던 협부로세
驚世文章今永已 세상을 놀라게 한 문장 이젠 영영 끝났는가! 《簡易集》 제8권

早晩余亦東 머지않아 이 몸도 서울로 돌아갈 터이니
玆歡嗟遂已 아 여기의 이 기쁨도 이제는 모두 끝났도다. 《簡易集》 제8권

그래서 우리는 이 문구를 '이미 시주 의식이 끝났다'의 의미로 이해하였다.

10) 百姓並皆途步:

(1) 정수일(2004:248)은 많은 역자들이 원문대로 '途步'로 식자하고, '도보'(徒步) 즉 '걷다'로 번역하고 있다고 지적하였고, '途'는 '걷다'의 의미가 없기 때문에, '徒'의 오기(誤記)로 봐야한다고 말하고 있다. 張毅(1994:62) 역시 '徒'의 오자라고 생각한다.

(2) 정기선(2000)은 '맨발로 걷는다.'로 한역하였고, 정수일(2004:240)은 '모두 걸어다닌다.'고 해석하였고, 桑山正進은 '서민은 모두 도보로 간다.'로 해석하였다.

(3) 우리 역시 고대와 근대중국어말뭉치에서 '途步'와 같이 사용된 용법을 찾지 못했다. 따라서 우리 역시 이 문구는 '途步'는 '徒步'의 오기(誤記)라고 생각한다.

(4) '並皆'는 한국한문문헌에서 '모두'의 의미로 해석이 된다. 예를 들면 다음과 같다.

並皆密邇 우리 함께 가까이서 모시면서
勤荷詔敎 부지런히 가르치심을 받았으니
謂當百年 평생 동안 영원히
永資麗澤 이택하기로 생각했는데 《동춘당집(同春堂集)》

追奪公官 공의 관작 추탈하고
拘余荊棘 나를 귀양 보냈으며
爲公訟寃 공을 위해 송원한 자도
並皆斥奔 모두 축출해 물리치고
敷虐肆威 포학과 위엄을 자행하며
逆節萌起 역모를 싹 틔우니 《동춘당집(同春堂集)》

따라서 우리는 이 문구를 '백성들은 모두 걸어서 다닌다.'로 번역하였다.

王子。[11] 下至首領及妻。隨其力能各自造寺也。[12] 還別作。不共修營。彼云。各自功德。何須共造。此既如然。餘王子等亦爾。凡造寺供養。即施村莊百姓。供養三寶。無有空造寺不施百姓者。[13]爲外國法。[14] 王及妃后。[15]

11) 제가(諸家)들은 이 문구에서 '至國王'는 중복된 의미 없는 군더더기라고 서술하였다.

12) 力能: 능력

13) 凡造寺供養。即施村庄百姓。供養三寶。無有空造寺不施百姓者:
정기선(2000)은 '절 짓는 공양만 하면 촌장(땅)을 보시하여 백성들이 삼보를 공양하게 하며, 절만 지어 두고 백성에게 보시 않는 자는 없다.'로 한역하고, 정수일(2004:302)은 '무릇 절을 지어 공양하는 것은 마을과 백성들에게 은혜를 베풀어 삼보를 고양하도록 함이다. 헛되이 절만 짓고 백성들에게 은혜를 베풀지 않는 일은 없다.'로 번역하였다. 桑山正進(1992:39)은 '대체로 절을 짓는다고 하는 공양의 경우에는 촌락과 촌민을 기부하여 삼보를 공양한다. 잘만을 지어서 촌민을 기부하지 않는 것은 없다.'로 해석하였다.
이 문장의 구조나 해석에서 주의해야 할 것은 '施村庄百姓'의 구조이다. 다시 말하자면, '施(술어)+村庄百姓(목적어)'인지, '施(술어)+(직접목적어)+村庄百姓(간접목적어)'인지를 구분하는 것이다.
'施(술어)+村庄百姓(목적어)'의 경우, 촌락과 백성을 보시하는 것으로서, 정기선과 桑山正進(1992:39)의 해석과 비슷하다. '施(술어)+(직접목적어)+村庄百姓(간접목적어)'의 경우, 촌락과 백성이 보시를 받는 대상이 되고(간접목적어), 보시를 받는 물건이 직접목적어가 된다. 이 경우 '施村庄百姓'에서는 직접목적어가 생략된다. 이와 같은 분석은 정수일(2004:302)의 해석과 비슷하다. 이 구문에서 직접목적어는 정수일의 경우처럼 '은혜'가 될 수도 있고, 혹은 '절'도 될 수 있다.
《왕오천축국전》에서 '施'는 '施' 단독(98행), 布施(99행, 100행, 101-102행), 捨施(126행, 127행)로 사용하였다. '施'(98행)은 '베풀다/주다'의 의미이고, 布施(99행, 100행, 101-102행)은 '보시하다/불공(佛供) · 불사(佛事)를 할 때, 신도(信徒)들이 절에 올리는 돈이나 물품(物品)'의 의미이고, 捨施(126행, 127행)은 '시주하다'의 의미이다. 우리는 이 문구에서 '施'가 단독으로 사용되었기에 '베풀다/주다'의 의미로 사용하고자 한다.
동사술어 '施'가 '베풀다, 나누어주다, 미치게 하다'의 의미로 사용될 경우, '施(술어)+직접목적어' 구조로 '施香', '施食', '施恩', '施禮'과 같은 구문이 있다. '施(술어)+직접목적어+간접목적어' 구조는 '施(술어)+직접목적어+전치사+간접목적어' 구조가 되어 '施恩于人', '勿施於人'과 같은 구문이 있다. 다시 말하자면, '직접목적어'와 '간접목적어'가 사용될 경우, '전치사+간접목적어' 구조를 이루게 된다. 따라서 우리는 '施村庄百姓' 구문을 '施(술어)+직접목적어' 구조로 분석하여, '무릇 절을 지어 공양한다는 것은, 바로 촌락과 마을 백성을 시주하여, 삼보를 공양하는 것이다.'로 해석한다. '無有空造寺不施百姓者' 문구 역시 같은 방법으로 '헛되이 절만 짓고 백성을 시주하지 않는 것은 없다.'로 해석한다. 이 문구의 의미로 보면, 절을 짓고 절만 시주하는 것이 아니라, 절을 운영할 수 있도록 한 지역과 그 지역의 사람을 같이 기부하여, 그들로 하여금 절을 시주하게 하는 것 같다. 우리는 정기선과 桑山正進의 해석에 동의한다.

14) 羅振玉은 '爲外國法'은 오류가 있는 문장이라고 하였다.

15) 妃后: 원본에는 '妃姤'로 적혀있으며, '姤'는 '后' 별자이다. 《왕오천축국전》에서 '妃姤'(妃后)는 이곳에서 한번 출현하였다. 정기선은 '비와 후'로 한역하였고, 鄭毅(1994:62)는 '姤'는 '后'의 별자(別字)로 보았다. 桑山正進은 '왕비'로 해석하였다.
우리는 이 글자를 원래 '后妃'로 적어야 된다고 생각한다. '后'는 '正妃'(왕의 정실인 왕비)이고, '妃'는 '次妃'(정실 왕비 이외의 왕비)이다. 따라서 '妃后'가 아니라, '后妃'로 적어야 맞다고 생각한다. 특이한 것으로는 한국의 漢文 문헌에 보면, '妃后'로 사용된 경우가 있다. 예를 들면,

周妃后娠成王於身 立而不跛 坐而不差. 《운양집(雲養集)》제8권

各別村莊百姓。[16] 王子首領各有百姓。布施自由不王也。[17] 造寺亦然須造即造。亦不問王。王亦不敢遮。怕拈罪也。[18] 若富有百姓。[19] 雖無村莊布施。亦勵力造寺。以自經紀得物。供養三寶。[20] 爲五天不賣人。無有奴婢。要須布施百姓村薗也。

## 19. 가섭미라국

다시 여기서 북쪽으로 15일을 가서 산으로 들어가면, 가섭미라국에 이른다. 이 가섭미라국은 역시 북천축국에 속한다. 이 나라는 조금 크다. 왕은 300마리의 코끼리가 있다. 산에서 머문다. 길이 매우 험하여, 다른 나라로부터 침략을 받지 않았다. 백성이 매우 많았는데, 가난한 자가 많고 부유한 자는 적다. 왕과 수령, 부유한 자들의 옷 모양새는 중천축국과 다르지 않다. 그 밖의 백성들은 모두 모포를

(주나라 비후(妃后)가 성왕(成王)을 임신했을 때 서서는 기우뚱하지 않았고, 앉아서는 자세를 바르게 했다.)

16) 王及妃后。各別村莊百姓。王子首領各有百姓: 이 문구에서 '各別村莊百姓'의 술어를 무엇으로 보아야 하는지가 이 구절을 해석하는 관건이 된다. 우리는 두 가지 방법이 있을거라고 추측해 본다. 첫 번째는 '各別村莊百姓' 문구에 '有'가 빠진 형태이다. 그 이유는 이 문장의 바로 뒤 문구 '王子首領各有百姓'에 '有'가 있기 때문에, 비슷한 문형으로 추측해보면 충분히 가능하리라 생각한다. 두 번째는 '各別村庄百姓'에서 '別'을 동사술어로 풀이하는 것이다. 예를 들면, 103행의 '衣著言音人風並別'에서 '別'은 동사술어로 '옷 모양새, 말소리, 풍습 모두 다르다'로 해석이 된다. 따라서 우리는 '各別村庄百姓'에서 '別'을 동사술어로 이해하여 '왕 그리고 왕비는 각각 마을과 백성이 다르다.'로 한역하였다.

17) 布施自由不王也: 이 문구의 완전한 문장은 '布施自由不問王也'이다.

18) 羅振玉은 '王亦不敢遮。怕拈罪也' 문구에 오류가 있다고 하였다.

19) 富有百姓: '富有'는 《왕오천축국전》에서 모두 3번 출현하였다. 이번 행을 제외하고, 30행 '及富有者', 89행 '諸富有者'이다. 이 경우는 모두 '부유한 자'로 해석이 된다. 따라서 '富有百姓'은 '부유한 백성'이라고 해석이 된다.

20) 若富有百姓。雖無村庄布施。亦勵力造寺。以自經紀得物。供養三寶:

(1) '若富有百姓。雖無村庄布施。亦勵力造寺。以自經紀得物。供養三寶。'의 해석에 대한 제가(諸家)의 의견이 다르다. 예를 들면 다음과 같다.

藤田豊八 : 若富有百姓、雖無村莊布施、亦勵力造寺、以自經紀、得物供養三寶
桑山正進 : 若富有百姓。雖無村莊布施。亦勵力造寺。以自經紀得物。供養三寶。
張　　毅 : 若富有百姓。雖無村莊布施。亦勵力造寺。以自經紀。得物供養三寶。
정 수 일 : 若富有百姓 雖無村莊布施 亦勵力造寺 以自經紀得物 供養三寶

정수일(2004:240)은 '만약 백성을 많이 가지고 있다면 마을에 대한 보시는 없지만 절은 힘써 짓는다. 몸소 경영하여 얻은 재물은 삼보에 공양한다.'로 한역하였고, 정기선(2000)은 '만약 부유한 백성이 비록 보시할 촌장이 없어도 역시 열심히 절을 지어 자기가 이끌어 간다. 물건을 얻으면 바로 삼보에 공양한다.'로 해석하였다. 《왕오천축국전》에서는 '供養三寶', '敬信三寶', '甚敬三寶', '大敬三寶', '極敬三寶' 등의 문구를 사용되었다. 따라서 우리는 '以自經紀得物, 供養三寶'로 끊어 읽기가 되는 것이 적합하리라고 생각한다.

(2) 經紀: 경영하다. 관리하다.

걸치고, 그 모습의 추함을 덮었다.

이 땅에서는 구리, 철, 모직천, 모포, 소, 양이 나온다. 코끼리, 작은 말, 맵쌀, 포도 등이 있다. 이 땅은 매우 춥고, 이전의 여러 나라와 다르다. 가을에는 서리가 내리고, 겨울에는 눈이 내린다. 여름에는 장마가 많다. 각종 화초는 계속해서 푸름을 이어가다가, 잎이 시들고, 겨울에는 풀마저 모두 말라버린다. 시내와 계곡은 좁고 작다. 남과 북은 닷새 여정, 동과 서는 하루 여정이면 땅이 다한다. 나머지는 산으로 뒤덮여 있다. 집은 나무판을 나란히 하여 위를 덮었고, 역시 풀기와를 쓰지 않았다. 왕과 수령, 백성 들은 삼보를 매우 공경한다. 이 나라에 용 연못(龍池) 하나가 있다. 이 용왕은 매일 서로 다른 나한승을 공양한다. 비록 그 성승(聖僧)이 먹는 것을 본 사람은 없지만 시주 의식이 끝나면, 바로 빵과 밥이 물 아래에서 하나씩 하나씩 어지러이 올라오는 것을 볼 수 있다. 이것으로 지금까지 공양이 끊어지지 않았음을 알 수 있다.

왕 그리고 대수령은 외출을 할 때 코끼리를 탄다. 낮은 관원은 말을 탄다. 백성들은 모두 걸어서 다닌다. 나라 안에는 절도 많고, 승려도 많다. 대승과 소승이 모두 행해진다.

오천축국 법에는 위로는 국왕, 왕비, 왕자에 이르기까지, 아래로는 수령과 처까지 능력에 따라 각자 절을 짓는다. 여전히 서로 따로 짓고, 함께 짓지 않는다. 그들은 말하기를, 각자의 공덕인데, 왜 함께 지어야할 필요가 있느냐 한다. 이 역시 그렇다. 나머지 왕자들도 모두 그렇다.

무릇 절을 지어 공양한다는 것은, 바로 촌락과 마을 백성을 시주하여, 삼보를 공양하는 것이다. 헛되이 절만 짓고 백성을 시주하지 않는 것은 없다. 외국법에 의하면, 왕 그리고 왕비는 각각 촌락과 백성을 달리하고, 왕자와 수령도 각각의 백성이 있다. 보시는 자유이기에 왕에게 묻지 않는다.

절을 짓는 것도 역시 마찬가지이다. 지어야 할 필요가 있으면 바로 짓고, 왕에게 묻지 않는다. 왕 역시 감히 막지 못한다. 죄를 지을까 두렵기 때문이다. 만약에 부유한 백성은 비록 (절을 지어) 보시할 촌락이 없다고 하더라도, 또한 힘써 절을 짓고, 스스로 경영하여 물건을 얻어, 삼보에 공양한다. 오천축국에서는 사람을 팔지 않고, 노비가 없기에, 백성과 마을을 반드시 보시하여야 한다.

【103】

羅　: 同國娑播慈國此三國並屬吐番所管衣著言音人風並別著皮
藤田 : 同國、娑播慈國、此三國並屬吐蕃所管、衣著言音人風並別、著皮
桑山 : 同國。娑播慈國。此三國並屬吐蕃所管。衣着言音人風並別。着皮
張　: 同國。娑播慈國。此三國並屬吐蕃所管。衣著言音人風並別。著皮
정　: 同國 娑播慈國 此三國並屬吐蕃所管 衣着言音人風並別 着皮
박案 : 同國娑播慈國此三國並屬吐蕃所管衣著言音人風並別著皮

校註

① 播: 원본 형태는 播이다. '播'의 이체자(播)이다.(臺灣教育部異體字字典)

② 屬: 원본 형태는 屬이다. '屬'의 이체자(屬)이다.(臺灣教育部異體字字典)

③ 蕃: 원본 형태는 蕃이다. '蕃'의 이체자(蕃)이다.(臺灣教育部異體字字典)

【104】

羅　: 裘𣰽衫靴袴等也地狹小山川極險亦有寺有僧敬信三寶若是

藤田 : 裘𣰽衫靴袴等也、地狹小、山川極險、亦有寺有僧、敬信三寶、若是

桑山 : 裘𣰽衫靴袴等也。地狭小。山川極險。亦有寺有僧。敬信三寶。若是

張　: 裘𣰽衫靴袴等也。地狹小。山川極險。亦有寺有僧。敬信三寶。若是

정　: 裘𣰽衫靴袴等也 地狹小 山川極險 亦有寺有僧 敬信三寶 若是

박案 : 裘𣰽衫靴袴䒭也地狭小山川極險亦有寺有僧敬信三寶若是

校註

① 靴: 원본 형태는 靴이다. '靴'의 행초서체이다(靴).[1]

② 袴: 원본 형태는 袴이다. '袴'이다.

③ 狹: 원본 형태는 狭이다. '狹'의 행초서체이다(狭).[2]

④ 險: 원본 형태는 險이다. '險'의 이체자(險)이다.(臺灣教育部異體字字典)

⑤ 僧: 원본 형태는 僧이다. '僧'의 행초서체이다(僧).[3]

1) 趙孟頫의 행초서체. 漢典書法 참조.
2) 董其昌의 행초서체. 漢典書法 참조.
3) 敬世江의 행초서체. 漢典書法 참조.

【105】

羅　: 已東吐番總無寺舍不識仏法當土是胡所以信也已東吐番國純住冰
藤田 : 已東吐番、總無寺舍、不識仏法、當土是胡、所以信也、已東吐蕃國、純住冰
桑山 : 已東吐番。惣無寺舍。不識仏法。當土是胡。所以信也。已東吐番國。純住氷
張　: 已東吐蕃。總無寺舍。不識仏法。當土是胡。所以信也。已東吐蕃國。純住冰
정　: 已東吐[蕃]惣無寺舍 不識佛法 當土是胡 所以信也 已東吐蕃國 純住冰
박案 : 已東吐畓惣無寺舍不識仏法當土是胡所以信也已東吐番國純住氷

### 校註

① 吐: 원본 형태는 이다. '吐'의 이체자(吐)이다.(臺灣教育部異體字字典)

② 畓: 원본 형태는 이다. '番'의 이체자(畓)이다.(小學堂)[4] 《왕오천축국전》에서 출현하는 '吐蕃'은 다음과 같다.

> 吐蕃( )所管: 103행
> 已東吐番( )國: 105행
> 爲吐番( )來逼: 115행
> 走投土蕃( ): 210행

위의 예를 보면, '吐蕃'의 '蕃'을 '蕃'과 '番' 두 가지 자형으로 사용한 것을 알 수 있다. '蕃'의 이체자로는 蕃 蕃 蕃 蕃 蕃 蕃 蕃 蕃 蕃 蕃 蕃 蕃 蕃 騷 등이 있고, '番'의 이체자로는 番 番 番 番 番 番 등이 있다. 따라서《왕오천축국전》에서 '番'과 '蕃'이 같이 사용된 듯하다.

③ 惣: 원본 형태는 이다. '惣'의 행초서체이다.

④ 仏: 원본 형태는 이다. '佛'의 이체자(仏)이다.(小學堂)

⑤ 當: 원본 형태는 ( )이다. '當'의 행초서체( )이다.[5]

⑥ 純: 원본 형태는 ( )이다. 제가 모두 '純'으로 식자하고 있다. '純'의 이체자를 살펴보면, 奄 沌 屯 粍 杶 酏 乇 䞐 紓 紌 紨 純 纯 纯 紅 䌾 등이 있다. 이 자형 중에서 과 비슷한 형태는 純, 纯 이다. 그럼에도 불구하고, 과 왼쪽 방(旁)의 자형이 서로 다르다.

⑦ 氷: 원본 형태는 이다. '冰'의 이체자(氷)이다.(小學堂)

4) 趙孟頫의 행초서체. 漢典書法 참조.
5) 王羲之의 행초서체. 漢典書法 참조.

## 20 大勃律國, 楊同國, 娑播慈國

**又迦葉彌羅國東北。隔山十五日程。即是大勃律國。楊同國。娑播慈國。[1) ]此三國並屬吐蕃所管。衣著言音人風並別。著皮裘氎衫靴袴等也。地狹小。山川極險。亦有寺有僧。敬信三寶。若是已東吐番。總無寺舍。不識佛法。當土是胡。所以信也。[2)]**

**20. 대발률국, 양동국, 사파자국**

다시 가섭미라국 동북쪽으로 산을 사이에 두고 15일 정도 걸리는 곳이 바로 대발률국, 양동국, 사파자국이다. 이 세 나라는 모두 토번(티베트)의 관할에 속하여 관리된다. 옷 모양새, 말소리, 풍습 모두 다르다. 가죽 옷, 모직 윗옷, 가죽 신, 바지 등을 입는다. 땅이 협소하고, 산천이 극히 험하다. 역시 절도 있고, 승려도 있다. 삼보를 공경하고 신봉한다. 만약 동쪽의 토번(티베트)이라면, 반드시 절집도 없고, 불법도 모른다. 이 땅은 호족 (지역)이기 때문에 믿는다.

1) 播慈國: 羅振玉은 慧琳의 《一切經音義》에 '婆簸慈'로 쓰여 있다고 말했다.
2) 羅振玉은 '所以信也' 문구는 오류가 있다고 말하였으나, 문장의 구조상으로 보면, 전혀 오류가 없다.

【106】

羅　：山雪山川谷之間以氈帳而居無有城埠屋舍處所與突厥相似隨

藤田：山雪山川谷之間、以氈帳而居、無有城埠屋舍、處所與突厥相似、隨

桑山：山雪山川谷之間。以氈帳而居。無有城埠屋舍。處所与突厥相似。隨

張　：山雪山川谷之間。以氈帳而居。無有城埠屋舍。處所與突厥相似。隨

정　：山雪山川谷之間 以氈帳而居 無有城埠屋舍 處所與突厥相似 隨

박案：山雪山川谷之間用氈帳而居無有城埠屋舍處所与安厥相似隨

校註

① 用: 제가(諸家) 학자 모두 '以'자로 추정하였다. 원본은 ( )와 같이, 거의 자형을 알아볼 수 없다. 《왕오천축국전》에서 '以'는 14번 사용되었다.

獨供養以( )十五石米: 55행
所以( )依山而住: 67행
以( )悲冥路: 85행
以( )此得知: 94행
以( )自經紀: 101행
所以( )信也: 105행
但依氈帳以( )爲居業: 107행
以( )供養衣食: 133행
皆以( )皮毬爲上服: 158행
所以( )彼國云出寶物: 165행
以( )爲上服: 169행
以( )蟲爲食: 191행
所以( )此國無外道: 201-202행

이 글자가 '以'라고 가정한다면, 이 문장의 문형은 '以…而…'(以氈帳而居)로 이루어졌을 것이다. 그러나 《왕오천축국전》에서 '以…而…' 문형으로 이루어진 문구는 없다. 반면에, '以…而…' 문형과 같은 용법으로 사용되는 '用…而…'이 있다. 《왕오천축국전》에서 '用'은 5번 사용되었고, 이 가운데 '用…而…' 문형은 28행에서 한번 사용되었다.

人風法用(用): 24행
惣用(用)土鍋煮飯而食: 28행
市買用(用)銀錢氎布之屬: 61행
上不用(用)草瓦: 92행
但是緣身所愛用(用)之物: 125행

따라서 우리는 이 글자가 '以'도 가능하지만, 《왕오천축국전》에서 '以…而…' 문형이 한 번도 사용된 적이 없어서, '用…而…' 문형으로 사용한 '用'도 가능하다고 생각한다.

② 氈: 원본 형태는 氈(氈)이다. 《왕오천축국전》에서 7번 사용되었다.

依氈(氈)帳以爲居業: 107행
衣著氎布衫皮毬氈(氈)衫等類: 152행
氈(氈)帳爲屋: 191행

위 예문의 자형으로 보면, '氈'이 맞다.

③ 埻: 원본 형태는 埻(埻)이다. 羅振玉은 '埻'은 '郭'의 오자(誤字)라고 서술하였다.

'郭'의 이체자는 鄗 隫 亭 郭 鄗 部 享 郭 隫 亭 郭 享 鄗 鼙 享 亭 享 鄗 鄗 享 鄗 鄗 埻 등이 있다. '埻'은 '郭'의 이체자이다.

④ 䖏: 원본 형태는 䖏이다. '處'의 이체자(䖏)이다.(小學堂)

⑤ 安: 원본 형태는 安(安)이다. '突'의 이체자이다. '突'의 이체자로는 宊 去 埃 唉 宎 宊 突 宎 宊 宊 宎 宎 宊 宎 宎 宊 宎 宊 宊 宎 등이 있다.

安는 '宀'과 夭 혹은 犮 부건으로 이루어졌다. '宀'과 夭 부건으로 이루어진 것은 '突'의 이체자가 宎(186행의 '突')이기에 쉽게 식자할 수 있다.(臺灣教育部異體字字典) 우리는 安는 '宀'과 犮 부건으로 이루어진 安으로 식자하고자 한다. 그 이유는 《왕오천축국전》의 필사자는 犮 부건을 사용할 때 安의 아래(底)와 같은 자형을 사용하였다. 예를 들면, 跋(跋), 髮(髮)과 같다. 새로운 이체자라고 생각한다.

⑥ 相: 원본 형태는 相이다. '相'의 행초서체이다.

⑦ 随: 원본 형태는 随이다. '隨'의 이체자(随)이다.(小學堂)

**【107】**

羅　：逐水草其王雖在一處亦無城但依氈帳以爲居業土地出羊馬貓牛

藤田：逐水草、其王雖在一處、亦無城、但依氈帳以爲居業、土地出羊馬猫牛

桑山：逐水草。其王雖在一處。亦無城。但依氈帳以為居業。土地出羊馬猫牛

張　：逐水草。其王雖在一處。亦無城。但依氈帳以爲居業。土地出羊馬猫牛

정　：逐手草 其王雖在一處 亦無城 但依氈帳以爲居業 土地出羊馬猫牛

박案：逐水草其王雖在一處亦無城但依氈帳以為居業土地出羊馬猫牛

### 校註

① 雖: 원본 형태는 [illegible]이다. '雖'의 이체자(雖)이다.(臺灣教育部異體字字典)

② 處: 원본 형태는 [illegible]이다. '處'의 이체자(處)이다.(臺灣教育部異體字字典)

③ 氈: 원본 형태는 [illegible]([illegible])이다. '氈'의 이체자는 [illegible] 등이 있다. 《왕오천축국전》에서 출현한 '氈'은 아래와 같다.

用氈([illegible])帳而居: 106행

但依氈([illegible])帳以爲居業: 107행

衣著氎布衫皮毬氈([illegible])衫等類: 152행

衣著皮裘氈([illegible])衫: 199행

唯是皮裘氈([illegible])衫: 205행

④ 業: 원본 형태는 [illegible]이다. '業'의 이체자(業)이다.

【108】

羅　：毛 褐之類衣著毛褐皮裘女人亦爾土地極寒不同餘國家常食麨

藤田：毛 褐之類、衣著毛褐皮裘、女人亦爾、土地極寒、不同餘國、家常食麨、

桑山：毯褐之類。衣着毛褐皮裘。女人亦尔。土地極寒。不同餘國。家常食麨

張　：毛 褐之類。衣著毛褐皮裘。女人亦爾。土地極寒。不同餘國。家常食麨

정　：[毯]褐之類 衣着毛褐皮裘 女人亦爾 土地極寒 不同餘國 家常食麨

박案：毯褐之類衣着毛褐皮裘女人亦尔土地極寒不同餘國家常食麨

校註

① 類: 원본 형태는 類이다.

② 着: 원본 형태는 着이다. '著'의 이체자(着)이다.(臺灣教育部異體字字典)

③ 亦: 원본 형태는 亦(亦)이다. 제가(諸家)들은 이 글자를 '亦'으로 식자하고 있다. 《왕오천축국전》에서 '亦'은 49번 사용되었다. 예를 들면 다음과 같다.

造寺亦(亦)然: 99행
王亦(亦)不敢遮: 100행
兒女亦(亦)然: 127행

99행은 해서체 '亦'의 자형이 그대로 남아있고, 100행은 '亦'의 행초서체(亦)[1]이다. INTERNATIONAL DUNHUANG PROJECT(國際燉煌項目)의 亦을 보면, 이 글자 사이의 종이가 찢어졌다. '亦'의 행초서체(亦)가 맞다.

④ 尔: 원본 형태는 尔이다. 제가(諸家) 모두 '尔(爾)'로 식자하고 있다. '尔(尔)'은 '爾'의 이체자이다.(臺灣教育部異體字字典) '尔'은 97행에서 한 번 더 출현한다.

餘王子等亦尔(尔): 97행
女人亦尔(尔): 108행

그러나 97행의 '尔' 역시 아주 명확하게 자형이 보이는 것은 아니다. 《왕오천축국전》에서 '尔(爾)'을 볼 수 있는 글자로는 '彌'이 있다. '彌'은 모두 6번 사용되었다.

1) 王羲之의 행초서체. 漢典書法 참조.

迦葉彌(弥)羅國: 67행

迦彌(弥)羅: 87행

迦葉彌(弥)羅國: 102행

迦葉彌(弥)羅國: 111행

迦葉彌(弥)羅國: 116행

迦葉彌([illegible])羅: 121행

글자 자형을 보면, 비슷하면서도 조금 차이가 나는 것을 볼 수 있다. 특히 [illegible]과 弥의 ‘⺈’ 부건의 차이가 크다. 우리는 이 글자를 ‘尓’로 식자하지만, 《왕오천축국전》을 쓴 이가 수정한 듯하다고 생각한다.

⑤ 麨: 원본 형태는 [illegible]이다. ‘麨’의 이체자(麨)이다.(漢典)

【109】

羅　: 少有餅飦國王百姓等惣不識佛法無有寺舍國人悉皆穿地作抗而

藤田 : 少有餅飰、國王百姓等、惣不識仏法、無有寺舍、國人悉皆穿地作抗而

桑山 : 少有餅飦。國王百姓等。惣不識仏法。無有寺舍。國人悉皆穿地作坑。而

張　: 少有餅飰。國王百姓等。惣不識仏法。無有寺舍。國人悉皆穿地作坑而

정　: 少有餅飰 國王百姓等 惣不識佛法 無有寺舍 國人悉皆穿地作[坑] 而

박案 : 少有餅飦國王百姓等惣不識仏法無有寺舍國人悉皆穿地作抗而

校註

① 飦: 원본 형태는 [glyph]이다. '飯'의 이체자 '飰'와 비슷한 자형이고, '飰'에서 '丶'이 없는 '飦'이다. '飯'의 다른 이체자로는 粄, 饭, 飯, 飰, 餴, 飯, 飯 등이 있다. [glyph]는 새로운 이체자이다.

② 悉: 원본 형태는 [glyph]이다. '悉'의 이체자(悉)이다.(臺灣教育部異體字字典)

③ 抗: 원본 형태는 [glyph]이다. 제가(諸家) 모두 '坑'를 '抗'로 잘못 쓴 글자로 보고 있다. '坑'의 이체자로는 埂坑 등이 있다. 제가(諸家)의 의견이 맞다.

【110】

羅　：臥無有牀席人民極黑白者全希言音與諸國不同多愛喫虱爲著毛

藤田：臥、無有牀席、人民極黑、白者全希、言音與諸國不同、多愛喫虱、爲著毛

桑山：臥無有床席。人民極黑。白者全希。言音与諸國不同。多愛喫虱。為着毛

張　：卧。無有床席。人民極黑。白者全希。言音與諸國不同。多愛喫虱。爲著毛

정　：臥無有床席 人民極黑 白者全希 言音與諸國不同 多愛喫虱 爲着毛

박案：臥無有床席人民極黒白者全希言音与諸國不同多愛喫虱為着毛

校註

① 臥: 원본 형태는 [글자]이다. '臥'의 행초서체([글자])이다.[2)]

② 床: 원본 형태는 [글자]이다. '床'의 이체자(床)이다.(臺灣教育部異體字字典)

③ 黑: 원본 형태는 [글자]이다. '黑'의 이체자(黒)이다.(臺灣教育部異體字字典)

④ 希: 원본 형태는 [글자]이다. 제가(諸家) 모두 '希'로 식자하고 있다. 39행의 '希'는 원본 형태는 [글자]이다. [글자]는 '希'에서 '㐅'가 빠진 형태이다.

2) 劉墉의 행초서체. 漢典書法 참조.

【111】

羅　：褐甚饒蟣虱捉得便杬口裏終不棄也 又迦葉彌羅國西北隔山七日

藤田：褐、甚饒蟣虱、捉得便杬口裏、終不棄也、又迦葉彌羅國西北、隔山七日

桑山：褐。甚饒蟣虱。捉得便扰口裏。終不棄。又迦葉弥羅國西北隔山七日

張　：褐。甚饒蟣虱。捉得便抛口裏。終不棄也。又迦葉彌羅國西北。隔山七日

정　：褐 甚饒蟣虱 捉得便[抛]口裏 終不棄也 又迦葉彌羅國西北隔山七日

박案：褐甚饒蟣虱捉得便杬口裏終不弃也 又迦葉弥羅國西北隔山七日

校註

① 饒: 원문 형태는 饒(饒)이다. '饒'의 이체자는 饒饒饒饒饶饒饒饒 등이다. 새로운 이체자 饒이다.

② 蟣: 원본 형태는 蟣(蟣)이다. 제가(諸家) 모두 '蟣'로 식자하고 있다. '蟣'의 이체자로는 蟻, 虮, 鐖 등이 있다. 蟣의 虫는 '虫'의 이체자(虫)를 사용하고 있다. 새로운 이체자이다.

③ 得: 원본 형태는 得이다. '得'의 행초서체(得)이다.[3]

④ 杬: 원본 형태는 杬이다. 원본 글자 자형으로 보면, '木'과 '尤' 부건으로 이루어진 합체자이다. 羅振玉, 藤田豊八은 杬(yóu)으로 식자하였다. 桑山正進는 扰로 식자하였는데, 부건 '木'과 '扌'는 서로 같이 사용되기 때문에 가능한 추측이다. 扰는 '擾'의 이체자이다. '擾'의 의미로는 '시끄럽다, 흐려지다, 어지럽다, 움직이다'의 의미를 가지고 있다. 張毅과 정수일은 '抛'로 식자하고 있다. '抛'의 이체자로는 拋, 抛 등이 있으나, '尤' 자형을 보이는 이체자는 없다.

3) 王羲之의 행초서체이다. 漢典書法 참조.

# 21 吐番國

**已東吐番國。[1] 純住冰山雪山川谷之間。用氈帳而居。無有城郭屋舍。處所與突厥相似。隨逐[2]水草。其王雖在一處。亦無城。但依氈帳以爲居業。[3] 土地出羊馬猫牛[4]毯褐之類。衣著毛褐皮裘。[5] 女人亦爾。土地極寒。不同餘國。家常食麨少有餅飯。國王百姓等。總不識佛法。無有寺舍。國人悉皆穿地作坑。而臥無有床席。人民極黑。白者全希。言音與諸國不同。多愛喫虱。爲著毛褐。[6] 甚饒蟣虱。捉得便枕口裏。[7] 終不弃也。**

1) 已: '以'와 통한다. '以東'으로 해석한다.
2) 隨逐: 뒤따르다. 동행하다. 따라가다.
3) 但依氈帳以為居業: 정기선(2000:3000)은 '역시 성도 없이 모포 천막 등을 치고 산다.'고 한역하였고, 정수일(2004:263)은 '그것을 큰 재산으로 여긴다.'로 한역하였다. 桑山正進은 '펠트의 텐트에 의거하여 (이를) 재산으로 삼고 있다.'라고 해석하였다. 우리는 정기선의 번역이 우리의 생각과 좀 더 가깝다고 생각하여, '모포 천막을 의지하여 주거 생활을 한다.'로 번역하였다. 정수일의 한역은 문맥이 잘 이어지지 않는다.
4) 猫牛: 야크
5) 毛褐: 털옷
6) 爲著: 착용하기 때문이다.
7) 捉得便枕口裏: 이 문구에 대한 제가(諸家)의 의견은 다음과 같다.

羅振玉 : 捉得便枕口裏終不棄也
藤田豊八 : 捉得便枕口裏、終不棄也
桑山正進 : 捉得便扰口裏。終不棄。又
張毅 : 捉得便抛口裏。終不棄也。
정수일 : 捉得便[抛]口裏 終不棄也

정수일(2004:263)은 '이를 잡기만 하면 곧바로 입속에 넣고 끝까지 버리지 않는다.'로 해석하였고, 정기선(2000)은 '이들이 다니면 잡아서 입에 던져 넣는데 떨어지지 않는다.'로 한역하였다. 桑山正進는 '손으로 잡으면 바로 입 속에 집어넣고, 끝까지 뱉지 않는다.'로 해석하였다.
이 문구 중에서 문제가 되는 글자는 '便' 뒤의 글자를 枕/扰/抛 중 무엇으로 식자할지 변별하는 것이다. 桑山正進는 '扰'로 식자하였으며, 이 글자의 의미는 '시끄럽다/어지럽다/길들이다/움직이다'이다. 張毅와 정수일이 식자한 '抛'는 '던지다'의 의미이다. 羅振玉과 藤田豊八은 枕로 식자하였고, 그 의미는《漢語大詞典》(1989:813)의 4권에 보면, 枕는 나무 이름이고 樟 나무에 속한다고 적고 있다.
이를 근거로 하면, 張毅와 정수일의 의미가 가장 적합하지만, 글자의 자형으로 보면 증명이 쉽게 되지 않는다.

## 21. 토번국

동쪽의 토번국은 순전히 얼음으로 덮인 산, 눈으로 덮인 산의 계곡 사이에 머무는데, 모포 천막을 치고 살며, 성곽이나 가옥이 없다. 사는 곳은 돌궐(투르크)과 비슷하다. 물과 풀을 따라 다닌다. 그 왕은 비록 한 곳에 머물지만, 역시 성(城)이 없다. 그러나 모포 천막을 의지하여 주거 생활을 한다. 이 땅에서는 양, 말, 야크, 모포, 거친 베 등이 생산된다. 옷은 털옷, 가죽옷을 입는다. 여자들도 그렇다. 이 땅은 매우 춥고, 다른 나머지 국가와 다르다. 집에서 자주 쌀이나 보리를 볶은 가루를 자주 먹고, 빵이나 밥은 거의 없다. 국왕과 백성들은 모두 불법을 모르고, 절집이 없다. 이 나라 사람들은 모두 땅을 뚫어 구덩이를 만들어 누우며, 침대와 돗자리가 없다. 백성들은 아주 검고, 흰 사람이 극히 드물다. 말소리는 여러 나라들과 다르다. 이를 잡아먹는 것을 매우 좋아한다. 털로 만든 베옷을 입기 때문에, 서캐와 이가 매우 많아, 잡아 얻으면, 바로 입으로 넣고, 도무지 버리지 않는다.

우리는 우선 이 글자를 枕으로 식자하고자 한다. 그리고 이 문구의 의미는 '잡아 얻으면, 바로 입으로 넣고, 도무지 버리지 않는다.'로 해석하였다.

【112】

羅　: 程在小㔁律國此屬漢國所管衣著人風飲食言音與大㔁律相似著

藤田 : 程､在小㔁律國､此屬漢國所管､衣著人風､飲食言音､與大㔁律相似､著

桑山 : 程。至小勃律國。此屬漢國所管。衣着人風飲食言音。与大勃律相似。着

張　: 程。至小㔁律國。此屬漢國所管。衣著人風。飲食言音。與大㔁律相似。著

정　: 程 至小勃律國 此屬漢國所管 衣着人風飲食言音 與大勃律相似 着

박案 : 程至小㔁律國此属漢國所管衣着人風飲食言音与大㔁律相似着

### 校註

① 属: 원본 형태는 이다. '屬'의 이체자(属)이다.(臺灣教育部異體字字典)

② 着: 원본 형태는  이다.《왕오천축국전》에서 사용된 '着'은 주로 자형을 보인다. 글자 자체로는 정확하지 않은 부분이 있지만, 문맥상 이 글자는 '着'으로 보는 것이 맞다.

氎衫及靴袴等其驢騾頭上種疊布一條女人在餘貧多富少山川狹小
田種不多其山憔杭元無樹木及以諸草其大勃律元是小勃律王所住
之處爲吐蕃來逼走入小勃律國坐首領百姓在彼大勃律不來
又從迦葉彌羅國西北隔山一月程至建馱羅此王及兵馬總是突厥土人
胡兼有婆羅門此國舊是罽賓王王化爲此突厥王阿耶領一部落兵馬投
彼罽賓王於後突厥兵盛便煞彼罽賓王自爲國主因茲國境突厥霸王
此國已北並住中其山並燋無草及樹衣著人風言音節氣並別衣是皮毬
氎衫靴袴之類土地宜大麥小麥全無黍粟及稻人多食麨及餅唯除迦
葉彌羅大勃小勃楊同等國即此建馱羅國乃至五天崑崙等國總無蒲
□蔗此突厥王象有五頭羊有無數駝騾驢等甚多漢地興胡
迴而不過向南爲道路險惡多足劫賊從茲已北西業者多市易
□間□多有□□□□突厥甚敬信三寶王王妃王子首領等各各造寺供
養三寶此王每年兩迴設無遮大齋但是緣身所受用之物妻及象馬等

**【113】**

羅　：氎衫及靴剪其鵔髮頭上纏疊布一條女人在髮貧多富少山川狹小

藤田：氎衫及靴、剪其鵔髮、頭上纏疊布一條、女人在髮、貧多富少、山川狹小、

桑山：氎衫及靴。剪其鬒髮。頭上纓疊布一條。女人在髮。貧多富少。山川狭小。

張　：氎衫及靴。剪其鵔髮。頭上偃疊布一條。女人在髮。貧多富少。山川狹小。

정　：氈衫及靴 剪其[鬒髮] 頭上纏疊布一條 女人在髮 貧多富少 山川狹小

박案：氎衫及靴剪其顋髮頭上偃疊布一條女人在髮貧多冨少山川狹小

校註

① 顋: 원본 형태는 鵔(鵔)이다. 羅振玉은 鵔으로 식자하고 '髮'의 별자(別字)이며 두 개의 '髮'자가 연이어 쓰여진 형태라고 서술하고 있고, 藤田豊八은 鵔으로, 桑山正進은 '鬒'으로, 張毅는 鵔으로, 정수일은 '鬒'로 식자하고 있다.

'髮'의 이체자는 髪犮发䯮頞𩠐㔰䯭髲䯮頞頞頞𩬓𩭐㪉䯭鬝𩮀䯭𩮀鬝髮髲髮髲髮髲髲髲髲髲髲 등이 있고, '鬒'의 이체자로는 须頿鬒鬒鬒鬒 등이 있다.(臺灣教育部異體字字典) 이 글자(鵔)는 '鬒'와 '髮'의 이체자 중 어느 하나의 자형과도 같지 않다. 이 중 비슷한 자형으로는 '髮'의 이체자인 髮, 髮, 髮 등이다. 鵔의 자형을 분석해 보면, 왼쪽 변(邊)은 '髟'의 '镸'이다. 오른쪽 위의 각(角)은 '髟'의 '彡'이며, 이 가운데 '丿' 하나가 생략된 자형이다. 《왕오천축국전》의 113행의 髮(髮)과 145행의 髻(髻)에도 동일한 자형이 보인다. 오른쪽 아래 각(角)은 '突'(원본 한자, 突) 중에서 '犮' 부건과 매우 흡사하거나 '髮'의 이체자 髮의 오른쪽 아래의 각(角)과 비슷하다. 문제는 오른쪽 심(心)이 '日'인지 '田'인지 추측하기가 어렵다. 이렇게 자형을 살펴본 결과, 藤田豊八이 추측한 한자 鵔과 藤田豊八이 추측한 한자 鵔이 鵔와 가장 비슷하다고 추측해 본다. 우리는 鵔 한자를 顋으로 추측한다.

이 문구의 문법 구조를 살펴보면, '剪(동사술어)+其(관형어)+鵔髮(목적어)'로 이루어졌다. 따라서 鵔는 '관형어'(관형어(鵔)+명사(髮)) 역할을 하는 한자이거나, 명사 복합어(명사(鵔)+명사(髮)) 중의 하나일 것이다. 「상고한어말뭉치」와 「근대한어말뭉치」에서 '髮'과 함께 사용된 한자를 찾아보면, '관형어+명사(髮)', '술어+명사(髮)' 구조는 보이지만, '명사+명사(髮)'로 이루어진 명사복합어는 찾을 수 없다. 桑山正進와 정수일가 주장하는 '鬒髮'의 명사 복합어 역시 「상고한어말뭉치」와 「근대한어말뭉치」에서 찾을 수 없다.

② 髮: 원본 형태는 髪(髪)이다. 제가(諸家) 모두 '髮'로 식자한다. 이체자 髮에서 '丿'이 하나 없는 자형이다. '髮'이 맞다.

③ 𠑊: 원본 형태는 [illegible]([illegible])이다. 羅振玉·藤田豊八·桑山正進·정수일은 '纏'으로 식자하고, 張毅는 㢆로 식자하였다. '纏'의 이체자로는 緾 纒 纏 緾 緾 纒 纏 緾 纏 緾 纏 纏 緾 緾 堰 𢃄 纒 纒 𢃄 缠 등이 있다.(臺灣教育部異體字字典) 이체자 중에 [illegible]와 비슷한 자형으로는 纏과 𢃄이 있다. 𢃄에서는 부건 '亻'과 '厂'이 비슷하고, 纏에서는 부건 '厂'과 '黑'이 비슷하다. 우리는 이 글자를 𠑊로 식자하고, 새로운 이체자라고 생각한다.

④ 條: 원본 형태는 條(條)이다. 제가(諸家) 모두 '條'로 식자하였다. '條'의 이체자 중에서 亻을 가진 자형을 찾아보면, 絛 條 條 條 桼 條이 있다. 이체자를 보면, '攵'과 '攴'은 호용된다는 것을 알 수 있다. 새로운 이체자이다.

⑤ 貧: 원본 형태는 貧이다. '貧'의 행초서체(貧)이다.[1]

1) 董其昌의 행초서체. 漢典書法 참조.

【114】

羅　: 田種不多其山憔杬元無樹木及於諸草其大勃律元是小勃律王所住
藤田 : 田種不多、其山憔㼽、元無樹木、及於諸草、其大勃律、元是小勃律王所住
桑山 : 田種不多。其山憔杌。元無樹木及於諸草。其大勃律。元是小勃律王所住
張　: 田種不多。其山憔㼽。元無樹木及於諸草。其大勃律。元是小勃律王所住
정　: 田種不多 其山憔杌 元無樹木及於諸草 其大勃律 元是小勃律王所住
박案 : 田種不多其山憔㼽元無樹木及於諸草其大勃律元是小勃律王所住

校註

① 種: 원본 형태는 [種]이다. '種'이다. '稱'의 '禾' 부건과 자형이 같다.

② 㼽: 원본 형태는 [㼽]([㼽])이다. 羅振玉은 杬으로 식자하고, 藤田豊八과 張毅는 㼽으로, 桑山正進과 정수일은 '杌'로 식자하였다. 瓦는 '瓦'의 이체자이다. 따라서 羅振玉의 杬과 藤田豊八과 張毅의 㼽는 서로 다른 자형의 같은 의미를 가리키는 글자로 생각해도 된다.
우리는 이 한자를 㼽로 식자하고자 한다. 그 이유는 (1) '杌'의 이체자 柮, 阢와 [㼽] 자형이 너무 다르고, (2)《왕오천축국전》에서 '元' 혹은 兀이 '瓦'([㼽])와 같이 사용되지 않았기 때문이다.

> 元([元])不減少: 55행
> 此王元([元])是突厥種族: 185행
> 開元([元])十五年十一月上旬: 217행

③ 無: 원본 형태는 [無]이다. '無'이다.

④ 樹: 원본 형태는 [樹]이다. '樹'의 행초서체([樹])이다.

⑤ 於: 원본 형태는 [於]([於])이다. '於'가 맞다.《왕오천축국전》에서 '於'는 모두 27번 사용되었다.

> 於([於])此寺身亡: 83행
> 經於([於])八日程: 139행
> 住於[於])此國: 148행

⑥ 勃: 원본 형태는 [勃]이다. '勃'의 이체자(勃)이다.(小學堂)

【115】

羅　: 之處爲吐番來逼走入小勃律國坐首領百姓在彼大勃律不來

藤田 : 之處、爲吐番來逼、走入小勃律國坐、首領百姓、在彼大勃律不來、

桑山 : 之處。為吐番來逼。走入小勃律國坐。首領百姓在彼大勃律不來。

張　: 之處。爲吐蕃來逼。走入小勃律國坐。首領百姓。在彼大勃律不來。

정　: 之處 爲吐[蕃]來逼 走入小勃律國坐 首領百姓在彼大勃律不來

박案 : 之處為吐畨來逼走入小勃律國坐首領百姓在彼大勃律不來

校註

① 吐: 원본 형태는  이다. '吐'의 이체자(吐)이다.(臺灣教育部異體字字典)

② 畨: 원본 형태는  이다. '番'의 이체자(畨)이다.(臺灣教育部異體字字典)

③ 坐: 원본 형태는 이다. '坐'의 이체자(坐)이다.(臺灣教育部異體字字典)

# 22 小勃律國

**又迦葉彌羅國西北。隔山七日程。至小勃律國。此屬漢國所管。衣著人風飲食言音。與大勃律相似。著氎衫及靴。剪其鬚髮。頭上纏疊布一條。[1] 女人在髮。[2] 貧多富少。山川狹小。田種不多。其山憔𣏌。元無樹木及於諸**

1) 疊布: 면포. 정수일(2004:275-276) 참조.

2) 衣著人風飲食言音。與大勃律相似。著氎衫及靴。剪其鬚髮。頭上纏疊布一條。女人在髮:

(1) 女人在髮: '女人在髮'는 113행, 160행, 170행, 189행에서 4번 출현한다.

頭上纏疊布一條。女人在髮。貧多富少。(113행)
男人並剪鬚髮。女人在髮。土地足山。(160-161행)
女人亦著寬衫。男人剪髮在鬚。女人在髮。(170행)
此國男人剪鬚髮。女人在髮。(188-189행)

(2) 衣著人風飲食言音。與大勃律相似。著氎衫及靴。剪其鬚髮。頭上纏疊布一條。女人在髮: 이 문구는 크게 두 개의 초점으로 나누어질 수 있다. 하나는 소발률국의 옷 모양새, 풍습, 말소리는 대발률국과 서로 비슷하다는 것을 서술하였다. 둘째는 대발률국과 비슷한 소발률국의 구체적인 내용을 서술한 것이다. 예를 들면, 모직 윗옷을 입고, 가죽신을 신는다는 것이다.

(3) 女人在髮: 이 문구는 2가지로 해석이 가능하다. 첫째는 160-161행, 170행, 188-189행의 '女人在髮'와 같이 중간언어 현상으로 '女人有髮'으로 해석한다.

男人並剪鬚髮。女人有髮。土地足山。(160-161행)
女人亦著寬衫。男人剪髮在鬚。女人有髮。(170행)
此國男人剪鬚髮。女人有髮。(188-189행)

이 경우의 해석은 160-161행의 한국어해석(30. 吐火羅國)을 참조하기 바란다.
둘째, 4개 어구의 '女人在髮'을 다시 살펴보자.

著氎衫及靴。剪其鬚髮。頭上纏疊布一條。女人在髮(113행)
男人並剪鬚髮。女人有髮。土地足山。(160-161행)
女人亦著寬衫。男人剪髮在鬚。女人有髮。(170행)
此國男人剪鬚髮。女人有髮。(188-189행)

위의 160-161, 170, 188-189예문을 보면, 男人과 女人이 대구를 이룬다. 그런데 113행은 男人이 없다. 그래서 '그 수염과 머리카락을 자르고, 머리에 면포 한 장을 두른다. 여자는 머리카락에 (면포가) 있다'로도 해석이 가능하다. 우리는 후자로 해석하고자 한다.

草。[3] 其大勃律。元是小勃律王所住之處。為吐番來逼。走入小勃律國坐。首領百姓在彼大勃律。不來。[4]

## 22. 소발률국

다시 가섭미라국의 서북쪽으로 산을 사이에 두고 7일을 가면, 소발률국에 이른다. 이 나라는 한(漢)나라에 속하여 관리된다. 옷 모양새, 풍습, 말소리는 대발률국과 서로 비슷하다. 모직 윗옷을 입고, 가죽신을 신는다. … 그 수염과 머리카락을 자르고, 머리에 면포 한 장을 두른다. 여자는 머리카락에 (면포가) 있다. 가난한 자들이 많고, 부자들은 적다. 산천이 협소하고, 경작지가 많지 않다. 그 산은 메말라서 원래부터 나무와 여러 가지 풀이 없다. 그 대발률국은 원래 소발률국왕이 머물던 곳이다. 토번이 침공하여 와서, (지금의) 소발률국에 들어와서 주저앉았다. (이 때 소발률국의) 수령과 백성들은 (지금의) 대발률국에 그대로 머물고, (현재의 소발률국으로) 오지 않았다.

3) 及於: '…와/과'의 의미이다.

4) 其大勃律。元是小勃律王所住之處。為吐番來逼。走入小勃律國坐。首領百姓在彼大勃律。不來: 이 문구에 대한 제가(諸家)의 끊어 읽기는 다음과 같다.

羅 振 玉 : 其大勃律元是小勃律王所住之處爲吐番來逼走入小勃律國坐首領百姓在彼大勃律不來
藤田豊八 : 其大勃律、元是小勃律王所住、之處、爲吐番來逼、走入小勃律國坐、首領百姓、在彼大勃律不來
桑山正進 : 其大勃律。元是小勃律王所住之處。為吐番來逼。走入小勃律國坐。首領百姓在彼大勃律不來。
張　　毅 : 其大勃律。元是小勃律王所住之處。爲吐蕃來逼。走入小勃律國坐。首領百姓。在彼大勃律不來。
정 수 일 : 其大勃律 元是小勃律王所住之處 爲吐[蕃]來逼 走入小勃律國坐 首領百姓在彼大勃律不來

이 어구는 소발률국을 소개하는 글에서 출현한다. 이 어구에 대한 해석을 살펴보면, 桑山正進(1992:38)은 "대발률국은 원래 (지금의) 소발률국 왕의 거주지였는데, (일찍이) 토번의 침공을 받았기 때문에 도주하여 소발률국에 와서, 거기에 사는 것이다. 호족이나 서민은 그대로 대발률에 남고 (함께 소발률국으로는) 오지 않았다"로 번역하였다. 정기선(2000:301)은 "그 대발율은 소발융왕이 살던 곳에 토번이 쳐들어와 소발율국에 들어가 살게 되었다. 수령과 백성들은 그 대발율에서 오지 않았다."로 해석하였고, 정수일(2004:272)은 "대발률은 본래 소발률왕이 살던 곳인데, 토번이 내침하자 왕이 소발률국에 들어가 주저앉았다. 수령과 백성들은 거기 대발률에 남아 따라오지 않았다."로 한역하였다.

이 어구를 쉽게 풀어서 해석하자면, 지금의 대발률국은 원래 소발률국왕이 머물던 곳이다. 다시 말하자면, 지금의 대발률국은 원래 소발률국이었다. 그런데 토번이 침공하여 도주하여서, 현재의 소발률국으로 오게 된 것이다. 이 때 소발률국의 수령과 백성은 도주하지 않고 지금의 대발률국에 그대로 머물고, 현재의 소발률국으로 도주하여 오지 않았다는 것이다.

아주 작은 차이이지만, '不來'의 해석이 다르다. 다시 말하자면, '소발률국으로 오지 않았다'와 '대발율에서 오지 않았다/따라오지 않았다'이다. 우리는 桑山正進(1992:38)의 해석이 정확하다고 생각한다. 왜냐하면, 지금 이 글을 쓰는 작가는 소발률국에 있고, 소발률국의 풍습을 소개하고 있다. 따라서 '不來'는 '소발률국으로 오지 않았다'로 해석하는 것이 옳다. 이에 우리는 어구의 끊어 읽기도 '其大勃律。元是小勃律王所住之處。為吐番來逼。走入小勃律國坐。首領百姓在彼大勃律。不來。'하는 것이 더 정확하다고 생각한다.

【116】

羅 : 又從迦葉彌羅國西北隔山一月程至建馱羅此王及兵馬總是突厥土人是

藤田 : 又從迦葉彌羅國西北隔山一月程、至建馱羅、此王及兵馬、總是突厥、土人是

桑山 : 又從迦葉弥羅國西北隔山一月程。至建馱羅。此王及兵馬。惣是突厥。土人(是)

張 : 又從迦葉彌羅國西北隔山一月程。至建馱羅。此王及兵馬。惣是突厥。土人是

정 : 又從迦葉彌羅國西北隔山一月程 至建[馱]羅 此王及兵馬 惣是突厥 土人[是]

박案 : 又從迦葉弥羅國西北隔山一月程至建馱羅此王及兵馬惣是突厥土人是

## 校註

① 弥: 원본 형태는 이다. '彌'의 이체자(弥)이다.(小學堂)

② 馱: 원본 형태는 이다. 羅振玉 · 張毅 · 정수일은 '馱'로 식자하고, 藤田豊八은 馱로 식자하고, 桑山正進은 '馱'로 식자하였다. '馱'의 이체자로는 가 있다. '馱'로 식자하는 것이 옳다.

③ 厥: 원본 형태는 ()이다. 제가(諸家) 모두 '厥'로 식자하고 있다. 《왕오천축국전》에서 16번 사용되었는데, 모두 '突厥'로 사용되었다.

④ 是: 원본 형태는 ()이다. 제가(諸家) 모두 '是'로 식자하고 있다. 앞뒤의 문맥으로 보면, '是'가 맞다.

【117】

羅　: 胡兼有婆羅門此國舊是罽賓王王化爲此突厥王阿耶領一部落兵馬投

藤田 : 胡、兼有婆羅門、此國舊是罽賓王王化、爲此突厥王阿耶、領一部落兵馬、投

桑山 : 胡。兼有婆羅門。此國舊是罽賓王々化。為此突厥王阿耶。領一部落兵馬。投

張　: 胡。兼有婆羅門。此國舊是罽賓王王化。爲此突厥王阿耶領一部落兵馬。投

정　: 胡 兼有婆羅門 此國舊是罽賓王王化 爲此突厥王阿耶 領一部落兵馬 投

박案 : 胡兼有婆羅門此國舊是罽賓王々化為此突厥王阿

校註

① 門: 원본 형태는 ⺆이다. '門'의 초서체(⺆)이다.[1]

② 舊: 원본 형태는 舊(舊)이다. '舊'의 이체자(舊)이다.(臺灣敎育部異體字字典)

③ 罽: 원본 형태는 罽(罽)이다. 羅振玉과 藤田豊八은 罽로 식자하고, '罽'의 별자(別字)라고 말하고 있다.[2] 桑山正進, 張毅, 정수일은 '罽'로 식자하였다. 《왕오천축국전》에서 '罽'는 12번 출현하였다. 몇 개의 예를 보면 다음과 같다.

罽(罽)賓王: 118행
至罽(罽)賓國: 139-140행
罽(罽)賓: 140행
罽(罽)賓國: 141행

위의 예를 보면, 罽은 羅振玉이 식자한 罽이 맞다.
羅振玉가 말한 것과 같이 罽이 '罽'의 별자(別字)라는 의견이 맞는다면, 罽는 어떤 글자일까? 우리는 罽은 '罽'의 이체자 罽의 '炎' 부분을 '夹'으로 사용한 이체자로 보고자 한다. '罽'의 이체자로는 [illegible] 등이 있다.

④ 々: 중문(重文) 표시이다.

⑤ 落: 원본 형태는 落이다. '落'의 초서체(落)이다.[3]

1) 智永의 초서체. 漢典書法 참조.
2) 별자(別字)란 글자 자체를 잘못 쓴 것은 아닌데, 다른 글자를 사용한 것을 말한다. 예를 들면, '斑馬'를 '班馬'로, 'soup'(수프)를 'soap'(비누)로 쓴 것을 가리킨다.
3) 智永의 초서체. 漢典書法 참조.

【118】

羅　：彼罽賓王於後突厥兵盛便煞彼罽賓王自為國主因玆國境突厥覇王

藤田：彼罽賓王、於後突厥兵盛、便煞彼罽賓王、自為國主、因玆國境突厥覇王

桑山：彼罽賓王。於後突厥兵盛。便殺彼罽賓王。自為國主。因玆國境突厥覇王。

張　：彼罽賓王。於後突厥兵盛。便煞彼罽賓王。自爲國主。因玆國境。突厥覇王

정　：彼罽賓王 於後突厥兵盛 便煞彼罽賓王 自爲國主 因玆國境突厥覇王

박案：彼罽賓王於後安厥兵盛便煞彼罽賓王自為國主因玆國境安厥覇王

校註

① 罽: 원본 형태는 ()이다.

② 後: 원본 형태는 이다. 《왕오천축국전》에서 '後'는 2번 사용되었다.

於後()叛: 162행

2번 모두 '於後'로 사용되었다. 이 글자는 '後'가 맞다.

③ 煞: 원본 형태는 이다. '殺'의 이체자(煞)이다.

④ 因: 원본 형태는 이다. 제가(諸家) 모두 '因'으로 식자한다.

【119】

羅　: 此國已北並住中其山並燋無草及樹衣著人風言音節氣並別衣是皮⿰毛皮

藤田 : 此國已北、並住中、其山並燋、無草及樹、衣著人風言音節氣並別、衣是皮⿰毛皮

桑山 : 此國已北並住中。其山並燋。無草及樹。衣着人風言音節氣並別。衣是皮(毯)

張　: 此國已北。並住中。其山並燋無草及樹。衣著人風。言音節氣並別。衣是皮毬

정　: 此國已北並住 {山} 中 其山並燋 無草及樹 衣着人風言音節氣並別 衣是皮[毯]

박案 : 此國已北並住中其山並燋無草及樹衣著人風言音節氣並別衣是皮⿰毛皮

校註

① 節: 원본 형태는 이다. '節'의 이체자(節)이다.(臺灣教育部異體字字典)

② ⿰毛皮: 원본 형태는 ( )이다. 羅振玉과 藤田豊八은 ⿰毛皮로 식자하고, 桑山正進과 정수일은 '毯'으로, 張毅은 '毬'로 식자하였다.

《왕오천축국전》에서 '皮'와 함께 사용된 한자로는 '皮裘'와 '皮毬'가 있다.

著皮( )裘( )氈衫靴袴等也: 103-104행
毛褐皮( )裘( ): 108행
衣著皮( )裘( )疊布: 183-184행
衣著疊布皮( )裘( ): 186행
衣著皮( )裘( )氈衫: 199행
唯是皮( )裘( )氈衫: 205행
皮( )毬( )氈衫: 152행
皮( )毬( )氈布: 158행
衣著疊衫袴等及皮毬( ): 177행
衣著皮毬( )氈衫: 190-191행

《왕오천축국전》에서 '皮'와 함께 사용된 한자로 보면, 는 張毅의 의견처럼 '毬'일 확률이 높다. 그러나 이 글자의 원본 의 자형을 보면, '毬'( , , , )가 아니다. '毬'는 '毛'와 '求' 부건으로 이루어진 합체자인데, 이번 행의 오른쪽 부건과 '毬'(152, 158, 177, 190행)의 오른쪽 '求'의 자형이 서로 다르다.

羅振玉과 藤田豊八이 식자한 ⿰毛皮의 자형을 살펴보면, 의 오른쪽 부건은《왕오천축국전》에서 사용한 전형적인 '皮'의 자형과 비슷하다. 따라서 자형으로 보면, 는 ⿰毛皮으로 식자할 수 있다.

문제는 毬은 방언으로 '여자의 생식기'를 가리킨다.[4] 따라서 문맥상 적합하지 않다.

桑山正進과 정수일이 제기한 '毯'은 '담요'이다. '毯'의 이체자를 살펴보면, 이 있다. 자형이 과 서로 다르다.

張毅이 제기한 '毬'는 '球'와 같아서, '공'이다. '毬'로 정확하게 식자할 수 있는 152행, 158행, 177행, 190행을 다시 살펴보면 다음과 같다.

> 皮( )毬( )氈衫: 152행
> 皮( )毬( )氎布: 158행
> 衣著疊衫袴等及皮毬( ): 177행
> 衣著皮毬( )氈衫: 190-191행

이 문구의 의미를 보면, '공'은 문맥의 의미로 또 적합하지 않다. 왜냐하면, 이 문구들은 모두 의복에 대해서 묘사하고 있기 때문이다.

우리는 를 毬으로 식자하고, '裘(가죽옷)'으로 해석하고자 한다. 다시 말하자면, 는 '毬'( )를 잘못 쓴 것이고, '毬'( ) 역시 '裘(가죽옷)'으로 해석하고자 한다. 이렇게 해석하는 이유는 첫째, '毬'와 '裘'가 모두 [giəu]로 읽을 수 있기 때문이다. 둘째, 위의 예문에 보이는 것처럼《왕오천축국전》의 103-104행, 108행, 183행, 186행, 199행, 205행에서 6차례 '皮裘'를 사용하였기 때문이다.

4)《漢語大詞典》6권(1990:1007) 참조.

【120】

羅　: 氎衫靴袴之類土地宜大麥小麥全無黍粟及稻人多食麨及餅唯除迦

藤田 : 氎衫靴袴之類、土地宜大麥小麥、全無黍粟及稻、人多食麨及餅、唯除迦

桑山 : 氎衫靴袴之類。土地宜大麦小麦。全無黍粟及稻。人多食麨及餅。但除迦

張　: 氎衫靴袴之類。土地宜大麥小麥。全無黍粟及稻。人多食麨及餅。唯除迦

정　: 氎衫靴袴之類 土地宜大麥小麥 全無黍粟及稻 人多食麨及餅 唯除{迦}

박案 : 氎衫靴袴之類圡地冝大麦小麦全無黍粟及稻人多食麨及餅唯除迦

## 校註

① 衫: 원본 형태는 [원본 자형]이다. '衫'의 행초서체([행초서체])이다.[5]

② 冝: 원본 형태는 [원본 자형]이다. '宜'의 이체자(冝)이다.(小學堂)

③ 麦: 원본 형태는 [원본 자형]이다. '麥'의 새로운 이체자이다. '麥'의 이체자로는 [이체자 자형] 등이 있다. 이체자로 사용될 때 일반적으로 '圭' 부건이 사용되는데, 이 한자는 '土'를 사용하였다.

④ 麦: 원본 형태는 [원본 자형]이다. '麥'의 이체자이다.

⑤ 黍: 원본 형태는 [원본 자형]이다. 제가(諸家) 모두 '黍'로 식자한다. 《왕오천축국전》에서 '黍'는 2번 사용되었다.

無有黍([원본 자형])粟等: 51-52행

5) 蘇軾의 행초서체. 漢典書法 참조.

【121】

羅　: 葉彌羅大㔟小㔟楊同等國即此建馱羅國乃至五天崑崙等國總無蒲桃□

藤田 : 葉彌羅大㔟小㔟楊同等國、即此建馱羅國、乃至五天崑崙等國、總無蒲桃、□

桑山 : 葉弥羅大勃小勃楊同等國。即此建馱羅國。乃至五天崑崙等國。惣無(蒲)

張　: 葉彌羅大㔟小㔟楊同等國。即此建馱羅國。乃至五天崑崙等國。惣無蒲

정　: 葉彌羅大勃小勃楊同等國 卽此建馱羅國 乃至五天崑崙等國 惣無[蒲]

박案 : 葉弥羅大㔟小㔟楊同荨國即此建馱羅國乃至五天崑崙等國捴無蒲

校註

① 此: 원본 형태는 이다. '此'이다.

② 㔟: 원본 형태는 이다. '勃'의 이체자(㔟)이다.(小學堂)

③ 馱: 원본 형태는 이다. '馱'의 이체자(馱)이다.(小學堂)

④ 崑: 원본 형태는 이다. '崑'이다.

⑤ 捴: 원본 형태는 이다. '總'의 이체자(捴)이다.(臺灣教育部異體字字典)

⑥ 蒲: 원본 형태는 ()이다. 이 글자 뒤인 122행의 앞부분에 대략 3글자가 보이지 않으며, 4번째 글자는 '甘'이고, 5번째 글자는 '蔗'이다. 그렇다면, 121행의 한 글자와 122행의 세 글자를 합쳐, 아마 두 글자로 이루어진 어휘 3개가 병렬로 있을 것이라 추측된다. 羅振玉·藤田豊八·桑山正進는 '蒲桃□□甘蔗'로 추론하였고, 張毅(1994: 76)는 '蒲桃唯有甘蔗'로 추론하였다. 정수일(2004:292) 역시 이 의견에 동의하였다. 우리는 먼저 《왕오천축국전》에서 蒲桃와 甘蔗와 관련된 토산물의 출현 현황을 살펴보고, 다음으로는 '無+명사구+…'와 같은 문형을 살펴보고자 한다.

(1) 蒲桃와 甘蔗와 관련된 토산물의 출현 현황

> 蒱()桃之類: 90행
> 土地出駞騾羊馬驢牛氎布蒱()桃大小二麥鬱金香等: 143-144행
> 甚足蒱()桃。土地有雪極寒: 152-153행
> 土地足駞騾羊馬氎布蒱()桃。食唯愛餅: 158-159행
> 土地出駞騾羊馬牛驢蒱()桃疊布毛毯之類。衣著疊布皮裘: 186행

'甘蔗'는 122행에서 한번 출현한다. 위의 글자를 보면, 이번 행의 글자가 '蒱'가 맞다.

(2) '無+명사구+…' 문형

無醬有鹽: 28행
無馳騾驢等。有稻田。無黍粟等。至於綿絹之屬: 51-52행
五天惣無。王及領首百姓等: 52행
無霜雪。但有風冷: 68-69행
總無寺舍。不識佛法:105행
全無黍粟及稻。人多食麨及餅: 120행
此國無王。有大首領: 138행
無寺無僧: 190행

《왕오천축국전》에서는 '無有+…'라는 구문도 많이 사용하였지만, 이번 행의 [illegible] 자가 '有'가 아니기 때문에, '無有'로 시작하는 문형은 위의 예문에 제시하지 않았다. 위의 예문으로 보면, '無…'로 이루어진 문형은 '無…有…', '無…但有', '無…無…' 구문이 가능하다.

그렇다면, 위의 (1)의 분석으로 살펴보면, '總無蒲桃□□甘蔗' 문구가 가능하고, 여기에 (2)번의 문형 분석을 더한다면, '總無蒲桃但有甘蔗' 구문이 가능하다. 앞에서 언급한 것과 같이 張毅(1994:76)와 정수일(2004:292)은 '蒲桃唯有'으로 추론하였다. 《왕오천축국전》에서 '唯有'로 이루어진 문구를 살펴보면, 한번 사용되었는데 다음과 같다.

土地所出。唯有氎布象馬萬物。當土不出金銀: 37-38행

이 문형을 살펴보면, '唯有' 구문이 '無+…' 구문과 대비되는 형태가 아니다. 따라서 우리는 '唯有'보다는 '但有'가 더 적합하지 않을까 추론해 본다.

【122】

羅　：□甘蔗此突厥王象有五頭羊馬無數駞騾驢等甚多地與胡

藤田：□甘蔗、此突厥王爲有五頭、羊馬無數、駞騾驢等甚多、地與胡

桑山：[桃][ ][ ](甘)蔗。此突厥王象有五頭。羊馬無數。駝騾驢等甚多。漢地與胡( )

張　：□□□甘蔗。此突厥王象有五頭。羊馬無數。駞騾等甚多。漢地與胡

정　：{桃}(缺, 約二字)[甘]蔗 此突厥王象有五頭 羊馬無數 駝騾驢等甚多 地與胡

박案：桃 但有甘蔗此安厥王象有五頭羊馬無数駞騾驢等甚漢多地與胡□

校註

① 蔗: 원본 형태는 蔗이다. '蔗'이다.

② 数: 원본 형태는 数이다. '數'의 이체자(数)이다. 새로운 이체자이다. 제6행 참조.

③ 駞: 원본 형태는 駞이다. '駝'의 이체자(駞)이다.(小學堂)

④ 漢: 원본 형태는 漢(漢)이다. 이 문구에 대한 제가(諸家)들의 이해는 다음과 같다.

> 羅　：羊馬無數駞驢等甚多地與胡
> 藤田：馬無數、駞驢等甚多、地與胡
> 桑山：羊馬無數。駝騾驢等甚多。漢地與胡
> 張　：羊馬無數。駝騾驢等甚多。漢地與胡
> 정　：羊馬無數 駝騾驢等甚多 地與胡

이 문구를 보면, 두 가지 문제가 토론될 수 있다. (1) 漢를 삭제된 글자로 볼 것인지, (2) 漢을 '漢'으로 보고, '多'의 오른쪽 옆에 표시(多)된 ✔표시를 인정하고, '甚多。漢地'로 식자할 것인지의 문제이다.

먼저, 《왕오천축국전》에서 사용된 '漢'을 살펴보면 다음과 같다.

> 此屬漢(漢)國所管: 112행
> 漢(漢)地: 165행
> 漢(漢)地: 188행

첫 번째 논의에 있어서, 위의 세 문구에서 사용한 '漢'의 자형을 보면, 漢을 '漢'으로 식자하여도 큰 무리는 없을 듯하다. 그렇지만, 漢 글자가 너무 난잡하고 덧입힌 형태가 보인다. 두 번째 논의에 있어서, '多'(多) 옆의 ✔ 표시는 정확히 인식이 된다. 따라서 《왕오천축국전》에서 보이는

✔ 표시는 모두 필사할 때 순서를 바꾸어 쓴 글자에 사용된 것이기에, 이 글자( )는 비록 자형이 다른 구문의 '漢'의 글자처럼 명확하지는 않지만, '漢'으로 이해해야 하고, '多'와 순서를 바꾸어 '甚多。漢地'으로 식자하는 것이 옳은 듯하다.

⑤ 多: 원본 형태는 이다. '多'( ) 옆에 ✔ 표시가 있다.

⑥ 興: 원본 형태는 이다. 羅振玉, 藤田豊八, 張毅, 정수일은 '與'로 식자하고, 桑山正進는 '興'으로 식자하였다. 《왕오천축국전》에서 '興'은 3번 출현하였고, '與'는 24번 출현하였다.

> 龍興( )寺主: 221행
> 名龍興( )寺: 222행
> 言音與( )諸國不同: 110행
> 與( )大勃律相似: 112행
> 與( )建馱羅國相似: 134행

위의 원문 자형을 보면, '興'( )이 맞다.

⑦ □: 원본 형태는 ( )이다. 제가(諸家) 모두 '胡'로 식자하였다. 문제는 원본의 '胡' 글자 밑에 있는 부분이다.

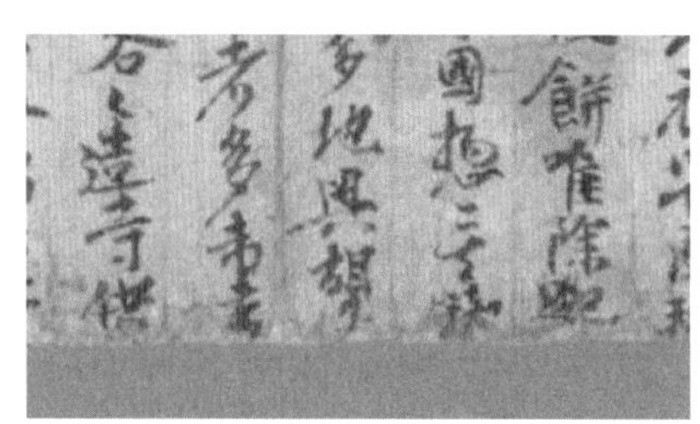

121행의 마지막 글자 '捕'와 123행의 마지막 글자 '店'과 비교해 보면, 충분히 하나의 글자가 올 수 있는 공간이 있다. 제가(諸家) 중에서 桑山正進만이 글자가 있을거라고 추측하였다.

식자에 있어서 두 가지 방법이 가능하다. 하나는 를 두 글자로 보는 것이고, 다른 하나는 를 한 글자로 보는 것이다. 먼저 를 두 글자로 식자하여, 《왕오천축국전》에서 '胡'와 함께 출현한 어휘를 살펴보면 다음과 같다.

當土是胡。所以信也: 105행　土人是胡: 116-117행　此國土人是胡: 141행
土人是胡: 147행　此王是胡: 151행　並是胡國: 175행
此等胡國: 179행　半胡半突厥: 185-186행　又從此胡國已北: 189행
至胡蜜王住城: 193행　此胡蜜王: 198행　又胡蜜國北山裏: 203행
屬胡蜜王: 203-204행　劫彼與胡及於使命: 207행　又從胡蜜國東行十五日: 209행
百姓是胡: 225행

위의 예를 살펴보면, '胡'는 고유명사로 사용되었다. 따라서 단독으로 사용되거나, '胡' 뒤에 또 다른 명사와 함께 명사구를 이루고 있다. 어떤 글자인지 추측하기 어렵다.

[illegible]를 한 글자로 식자하자면, [illegible], [illegible], [illegible], 翟, [illegible]가 비슷한 한자 구조를 가지고 있다. 추정하기 어렵다.

【123】

羅 : □□□□□迴不過向南爲道路險惡多足劫賊從玆已北西業者多市店

藤田 : □□□□□迴不過、向南爲道路險惡、多足劫賊、從玆已北西業者多、市店

桑山 : [ ] [ ] [ ] [ ] ( )廻不過。向南為道路險悪。多足劫賊。從玆已北。悪業者多。市店

張 : □□□□□迴不過。向南爲道路險惡。多足劫賊。從玆已北。西業者多。市店

정 : (缺, 約五字)廻不過 向南爲道路險惡 多足劫賊 從玆已北 [惡]業者多 市[店]

박案 : □□□□廻不過向南為道路險惡多足劫賊從玆已北西業者多市店

校註

① 惡: 원본 형태는 ()이다. 제가(諸家) 모두 '惡'으로 식자하고 있다. 《왕오천축국전》에는 '道路險惡()'라는 문구가 88행에서도 출현하였다. INTERNATIONAL DUNHUANG PROJECT(國際燉煌項目)의 글자로 보면, 글자 가운데의 종이가 찢어졌다. '惡'이 맞다.

② 西: 원본 형태는 이다. 羅振玉과 藤田豊八은 '西'로 식자하고, 張毅는 '西'로 식자하고 '惡'의 오자(誤字)라고 주장한다. 桑山正進, 정수일은 '惡'으로 식자하고 있다. 《왕오천축국전》에서 '惡'은 5번 사용되었고, '西'는 39번 사용되었다.

道路險惡(): 88행

見極惡(): 171행

極惡()風俗: 179행

不識善惡(): 192행

又從迦葉彌羅國西()北隔山一月程: 116행

此城西()三日程: 128행

西()行入山七日: 137행

위 예문 가운데 '惡'과 '西'를 비교하면, 는 '西'이다. '惡'의 오자(誤字)가 맞다. 예문의 88, 171, 179, 192행의 는 '惡'의 이체자(悪)이다.

③ 市: 원본 형태는 이다. 제가(諸家) 모두 '市'으로 식자하고 있다. '市'는《왕오천축국전》에서 3번 사용되었다.

市()店間: 41행

市(𢁉)買用銀錢氎布之屬: 61행

글자의 형태로만 보면, 위의 41행과 61행의 '市'의 자형과 𢁉는 형태가 다르다. 𢁉의 바로 다음 글자인 '店'과 함께 사용된 문구를 찾아보면, 41-42행의 '市店間'이 있다. 이 두 문구를 비교해 보면, 𢁉가 '市'로 추측이 가능하다. '市'의 이체자로는 𠯁𠯁币가 있다. 𢁉는 새로운 이체자이다.

【124】

羅　：□□極多屠煞此王雖是突厥甚敬信三寶王王妃王子首領等各各造市供

藤田：□□、極多屠煞、此王雖是突厥、甚敬信三寶、王王妃王子首領等、各各造寺、供

桑山：之間。極多屠煞。此王雖是突厥。甚敬信三寶。王々妃王子首領等。各々造寺。供

張　：之間。極多屠煞。此王雖是突厥。甚敬信三寶。王王妃王子首領等。各各造寺。供

정　：之間 極多屠煞 此王雖是突厥 甚敬信三寶 王王妃王子首領等 各各造寺 供

박案：之間極多屠煞此王雖是安厥甚敬信三寶王妃王子首領等各造寺供

### 校註

① 雖: 원본 형태는 ()이다. '雖'이다.

② 安: 원본 형태는 이다. '突'의 이체자이다. 106행 참조.

③ 敬: 원본 형태는 이다. '敬'이다.

④ : 중문(重文) 표시이다.

【125】

羅　: 養三寶此王每年兩迴設無遮大齋但是緣身所受用之物妻及象馬等

藤田 : 養三寶、此王每年兩迴設無遮大會、但是緣身所受用之物、妻及爲馬等、

桑山 : 養三寶。此王每年兩廻設無遮大齋。但是縁身所愛用之物。妻及象馬等。

張　: 養三寶。此王每年兩廻設無遮大齋。但是緣身所受用之物。妻及象馬等。

정　: 養三寶 此王每年兩廻設無遮大齋 但是緣身所愛用之物 妻及象馬等

박案 : 養三寶此王每年兩廻設無遮大齋但是緣身所受用之物妻及象馬等

校註

① 遮: 원본 형태는 遮(遮)이다. '遮'이다.

② 齋: 원본 형태는 齋이다. '齋'의 행초서체(齋)이다.[6] 藤田豊八은 '會'로 적었다.

③ 但: 원본 형태는 但(但)이다. 《왕오천축국전》에서 '但'은 4번 출현하였다. 예를 들면 다음과 같다.

> 但(但)抽田子一石與王: 29행
> 但(但)有風: 68행
> 但(但)依氈帳以爲居業: 107행

위 예문의 '但'의 원본 자형과 이 글자(但)를 비교해보면, 조금 다름을 볼 수 있다. '但'의 이체자로는 但信伹俱㑌가 있다. 문의로 보면, '但'으로 식자하여도 무방하나, 더 살펴보아야 할 자형이다. 《왕오천축국전》에서 '但是'를 사용한 것은 이곳이 처음이다.

④ 緣: 원본 형태는 緣이다. '緣'의 행초서체(緣)이다.[7]

⑤ 受: 원본 형태는 受이다. 羅振玉·藤田豊八·張毅는 '受'로 식자하고, 桑山正進과 정수일은 '愛'로 식자하였다. '受'는 《왕오천축국전》에서 한 번도 사용된 적이 없고, '愛'는 이번 행을 제외하고, 8번 사용되었다.

> 唯愛(愛)養牛: 40행

6) 謝無量의 행초서체. 漢典書法 참조.
7) 王羲之의 행초서체. 漢典書法 참조.

多愛(愛)喫: 110행
食唯愛(愛)餠: 159행
國土地人性愛(愛)輿易: 164행
國人愛(愛)煞生: 166행
國人愛(愛)煞: 171행
愛(愛)著白氎帽子: 179행
國人愛(愛)煞: 192행

'愛'와 '受'의 행서를 비교해보면, '愛'는 '心'과 '夊'가 서로 연결되어 쓰여진 자형이 많다(愛, 愛, 愛, 愛, 愛).[8] '受'는 아래(底)가 '又' 혹은 '丈'이 많이 보인다(受, 受, 受, 受). [9] 이를 근거로 하여, 위 예문의 자형을 살펴보면, 40행, 110행, 179행, 192행은 확실히 '愛'로 식자하는 것이 옳다. 그리고 159행, 166행, 171행은 '愛'의 '夊'가 보이기 때문에 '愛'로 식자하는데 무리가 없다. 문제는 164행은 '愛'로 식자하기가 어렵다는 것이다. '受'의 행서(受)와 비교하여도 너무 비슷한 자형을 가지고 있다. 이번 행의 愛(愛) 역시 마찬가지이다. 따라서 이 두 문구는 의미로 변별해야만 한다. 모두 '愛'로 식자하는 것이 옳다. 우리는 이 글자는 '受'로 식자하고 '愛'를 잘못 쓴 것이라고 생각하고자 한다.

8) 漢典書法 참조. 순서대로 陸柬之, 趙孟頫, 蘇軾, 米芾, 王羲之의 서체이다.
9) 漢典書法 참조. 순서대로 陸柬之, 趙孟頫, 蘇軾, 王羲之의 서체이다.

並皆捨施唯留妻及象令僧斷價王還自贖自餘駝馬金銀衣物家具聽僧
貨賣自分利養此王不同餘已北突厥也兒女亦然各各造寺設齋捨施此城俯臨辛頭
大河北岸而置此城西三日程有一大寺即是天親菩薩無著菩薩所住之寺此寺名葛
諾歌有一大塔每常放光此寺及塔舊時葛諾歌王造從王立寺名也又此城東南□
里即是佛過去為尸毗王救鴿處見有寺有僧又佛過去捨頭捨眼餧五夜叉
等處並在此國中在此城東南山裏各有寺有僧見今供養此國大小乘俱行
又從此建馱羅國正北入山三日程至烏長國彼自云鬱地引那此王大敬三寶百姓村莊多
分施入寺家供養少分自留以供養衣食設齋供養每日是常足寺足僧僧稍多
於俗人也專行大乘法也衣著飲食人風與建馱羅國相似言音不同土地足駝騾
羊馬氎布之類節氣甚冷　又從烏長國東北入山十五日程至拘衛國彼
自呼云奢摩褐羅闍國此王亦敬信三寶有寺有僧衣著言音與烏長國
相似著氎衫袴等亦有羊馬等也　又從此建馱羅國西行入山七日至覽波
國此國無王有大首領亦屬建馱羅國所管衣著言音與建馱羅國相似
亦有寺有僧敬信三寶行大乘法　又從此覽波國西行入山經於八日程至罽

**【126】**

羅　：並皆捨施唯妻及象令僧斷價王還自贖自餘馳馬金銀衣物家具聽僧貨
藤田：並皆捨施、唯妻及爲、令僧斷價、王還自贖、自餘馳馬金銀衣物家具、聽僧貨
桑山：並皆捨施。唯妻及家。令僧斷價。王還自贖。自餘駝馬金銀衣物家具。聽僧貨
張　：並皆捨施。唯妻及象。令僧斷價。王還自贖。自餘馳馬金銀衣物家具。聽僧貨
정　：並皆捨施 唯妻及象 令僧斷價 王還自贖 自餘駝馬金銀衣物家具 聽僧貨
박案：並皆捨施唯妻及象令僧斷價王還自贖自餘馳馬金銀衣物家具聽僧貨

**校註**

① 象: 원본 형태는 이다. 羅振玉 · 藤田豊八 · 張毅, 정수일은 '象'으로 식자하고, 桑山正進은 '家'로 식자하고 있다. '象'이 맞다. 《왕오천축국전》에서 '家'는 4번 사용되었다.

家( )常食麩: 108행
寺家( )供養: 133행

② 馳: 원본 형태는 이다. '駝'의 이체자(馳)이다.(小學堂)

③ 聽: 원본 형태는 이다. '聽'의 행초서체( , )이다.[10]

10) 米芾의 행초서체. 漢典書法 참조.

**【127】**

羅　: 賣自分利養此王不同餘已北突厥也兒女亦然各各造寺設齋捨施此城俯臨辛頭

藤田 : 賣、自分利養、此王不同餘已北突厥也、兒女亦然、各各造寺、設齋捨施、此城俯臨辛頭

桑山 : 賣自分利養。此王不同餘已北突厥也。兒女又然。各々造寺。設齋捨施。此城俯臨辛頭

張　: 賣。自分利養。此王不同餘已北突厥也。兒女亦然。各各造寺。設齋捨施。此城俯臨辛頭

정　: 賣 自分利養 此王不同餘已北突厥也 兒女[亦]然 各各造寺 設齋捨施 此城俯臨辛頭

박案 : 賣自分利養此王不同餘已北安厥也兒女亦然各造寺設齋捨施此城俯臨辛頭

**校註**

① 分: 원본 형태는 이다. '分'이다.

② 亦: 원본 형태는 이다. '亦'의 행초서체()이다.[11]

③ : 중문(重文) 표시이다.

④ 齋: 원본 형태는 이다. 《왕오천축국전》에서 '齋'는 5번 출현하였다.

亦不齋(也: 2행
亦過齋()已: 94행
大齋(): 125행
設齋()供養: 133행

'齋'의 자형을 가장 잘 볼 수 있는 것은 133행이다.

⑤ 施: 원본 형태는 이다. '施'이다.

⑥ 辛: 원본 형태는 ()이다. '辛'의 행초서체()이다.[12]

⑦ 頭: 원본 형태는 이다. '頭'이다.

11) 王羲之의 행초서체. 漢典書法 참조.
12) 鮮于樞의 행초서체. 漢典書法 참조.

**【128】**

羅　：大河北岸而置此城西三日程爲一大寺卽是天親菩薩无著菩薩所住之寺此寺名葛

藤田：大河北岸而置、此城西三日程爲一大寺、卽是天親菩薩无著菩薩所住之寺、此寺名葛

桑山：大河北岸而置。(此)城西三日程。有一大寺。卽是天親菩薩无着菩薩所住之寺。此寺名葛

張　：大河北岸而置。此城西三日程。有一大寺。卽是天親菩薩無著菩薩所住之寺。此寺名葛

정　：大河北岸而置 此城西三日程 有一大寺 卽是天親菩薩无着菩薩所住之寺 此寺名葛

박案：大河北岸而置此城西三日程有一大寺即是天親菩薩无着菩薩所住之寺此寺名蒀

**校註**

① 有: 원본 형태는 이다. 羅振玉과 藤田豊八은 '爲'로 식자하고 있다. '有'가 맞다.

② 卽: 원본 형태는 이다. '卽'의 행초서체()이다.[13]

③ 親: 원본 형태는 ()이다. '親'의 행초서체()이다.[14]

④ 薩: 원본 형태는 ()이다. '薩'의 행초서체()이다.[15]

⑤ 此: 원본 형태는 ()이다. 제가(諸家) 모두 '此'로 식자하고 있다. 원본을 보면 이 글자 부분이 파손되어 있는데(), 자세히 보면, '此'의 행초서체를 보면, 오른쪽 부분에 두 획((123행), (125행), (129행))이 보인다. '此'로 식자하는 것이 맞다.

⑥ 蒀: 원본 형태는 이다. '葛'의 이체자(蒀)이다.(臺灣教育部異體字字典)

13) 李世民의 행초서체. 漢典書法 참조.
14) 王鐸의 행초서체. 漢典書法 참조.
15) 顔眞卿의 행초서체. 漢典書法 참조.

**【129】**

羅　: 諸歌有一大塔每常放光此寺及塔舊時葛諸歌王造從王立寺名也又此城東南□

藤田 : 諸歌、有一大塔、每常放光、此寺及塔、舊時葛諸歌王造、從王立寺名也、又此城東南□

桑山 : 諸歌。有一大塔。每常放光。此寺及塔。舊時葛諸歌王造。從王立寺名也。又此城東南( )

張　: 諸歌。有一大塔。每常放光。此寺及塔。舊時葛諸歌王造。從王立寺名也。又此城東南□

정　: 諸歌 有一大塔 每常放光 此寺及塔 舊時葛諸歌王造 從王立寺名也 又此城東{南}(缺, 一字)

박案 : 諸歌有一大塔每常放光此寺及塔舊時葛諸歌王造從王立寺名也又此城東南□

### 校註

① 諾: 원본 형태는 이다. 《왕오천축국전》의 필사자는 '若'자를 (104행) 자형으로 사용하였다. '諾'이 맞다.

② 時: 원본 형태는 ()이다. 제가(諸家) 모두 '時'로 식자하고 있다. 《왕오천축국전》에서 '時'는 모두 5번 사용되었다.

> 塔時(): 13행
> 于時()在南天路: 56행
> 于時()聞說: 84행
> 于時()節度大使趙君: 217행

이번 행의 자형은 위의 예문의 '時'와 다르다. '時'의 이체자로는 旹昒时旨旼旹旹旹旹峕旹時旹旹時旹이 있다. 문맥상으로는 '時'가 맞으나, 자형으로는 더 분석이 되어야 한다.

③ 南□: 원본 형태는 이다. 제가(諸家) 모두 '南'과 또 하나의 글자가 있을 것이라고 추측하고 있다. 《왕오천축국전》에서 '南'은 17번 사용되었다.

> 南()流二千里外: 7행
> 此塔東南()卅里: 8행
> 在此城東南()山裏: 131행

위 예문으로 살펴보면, 이 글자는 '南'이 맞다.

그 다음의 글자 '□' 부분은 원문에서 으로 보이는데, 이 행의 바로 옆 행인 128과 130행으로 비교하자면, 글자 하나가 들어갈 공간이 안 된다.

이 문구는 130행과 이어져서 '又此城東南□里'로 이루어질 수 있는데, 《왕오천축국전》에서 '里'로 이루어진 문구를 살펴보면 다음과 같다.

南流二千里外: 7행
此塔東南卅里: 8행
文里: 12행
故里燈無主: 85행
又安西南去于闐國二千里: 215행

위의 예문으로 추측하건데, '里' 앞의 글자는 거리를 나타내는 숫자가 아닐까 생각해본다.

【130】

羅　: 里卽是仏過去爲尸毗王放鴿處見有寺有僧又仏過去捨頭捨眼餧五夜乂

藤田 : 里、即是仏過去爲尸毗王放鴿處、見有寺有僧、又仏過去捨頭捨眼餧五夜叉

桑山 : 里。即是仏過去為尸毗王救鴿處。見有寺有僧。又仏過去捨頭捨眼餧五夜叉

張　: 里。即是仏過去爲尸毘王救鴿處。見有寺有僧。又<u>仏</u>過去捨頭捨眼餧五夜叉

정　: 里 卽是仏過去爲尸毗王救鴿處 見有寺有僧 又仏過去捨頭捨眼餧五夜叉

박案 : 里即是仏過去為尸毗王救鴿處見有寺有僧又仏過去捨頭捨眼餧五夜叉

### 校註

① 過: 원본 형태는 이다. '過'의 행초서체()이다.[16]

② 救: 원본 형태는 이다. '救'의 행초서체()이다.[17]

③ 叉: 원본 형태는 이다. '叉'이다.

16) 米芾의 행초서체. 漢典書法 참조.

17) 王羲之의 행초서체. 漢典書法 참조.

【131】

羅　: 等處並在此國中在此城東南裏各有寺有僧見今供養此國大小乘俱行

藤田 : 等處、並在此國中、在此城東南山裏、各有寺有僧、見今供養、此國大小乘俱行、

桑山 : 等處。並在此國中。在此城東南山裏。各有寺有僧。見今供養。此國大小乘俱行。

張　: 等處。並在此國中。在此城東南山裏。各有寺有僧。見今供養。此國大小乘俱行。

정　: 等處 並在此國中 在此城東南山裏 各有寺有僧 見今供養 此國大小乘俱行

박案 : 䒭處並在此國中在此城東南山裏各有寺有僧見今供養此國大小乘俱行

校註

① 供: 원본 형태는 供이다. '供'의 이체자(供)를 행초서체로 필사한 듯하다.

② 乘: 원본 형태는 乘이다. '乘'의 행초서체(乘)이다.[18)]

18) 董其昌의 행초서체. 漢典書法 참조.

# 23 建馱羅國

又從迦葉彌羅國西北。隔山一月程。至建馱羅。[1] 此王及兵馬。總是突厥。土人是胡。兼有婆羅門。此國舊是罽賓王王化。[2] 爲此突厥王阿耶。領一部落兵馬。投彼罽賓王。於後突厥兵盛。便殺彼罽賓王。自爲國主。因玆國境突厥覇王。[3] 此國已北並住中。[4] 其山並燋。無草及樹。衣著人風言音節氣並別。衣是皮毬㲲衫靴袴之類。土地宜大麥小麥。全無黍粟及稻。人多食麨及餅。唯除迦葉彌羅大勃小勃楊同等國。[5] 即此建馱羅國。乃至五天崑崙等國。總無蒱桃但有甘蔗。[6] 此突厥王象有五頭。[7] 羊馬無數。駝騾驢等甚多。漢地興胡□□□□□迴不過。[8] 向南爲道路險惡。多足劫賊。從玆

1) 羅振玉은 《西域記》에 '建馱羅'이 '健馱邏'로 기록되어 있다고 서술하고 있다.

2) 此國舊是罽賓王王化: 羅振玉은 '此國舊是罽賓王王化' 문구에 오류가 있다고 지적하였다. '此國舊是罽賓王王化' 구문의 구조로 보면, '是' 뒤의 '罽賓王王化'는 명사구가 되어야 한다. 정기선(2000)은 '이 나라에는 옛날 계빈왕이 있었는데, 계빈왕이 돌궐왕 아야를 교화하여(此國舊是罽賓王王化爲此突厥王阿耶)'로 한역하였고, 정수일(2004:277)은 '이 나라는 옛날에 계빈 왕의 치하에 있었는데'로 번역하였다. 桑山正進(1992:38)은 '이 나라는 계빈왕의 통치하에 있었다.'로 해석하였다.
우리는 '王化'를 '천자의 교화(教化)'의 의미를 참조하고, '罽賓王王化'를 명사구로 분석하기 위하여, '계빈왕이 교화(教化)한 곳'으로 한역하였다.

3) 정기선(2000)은 '따라서 국경에는 돌궐이 패왕하며, 이 나라 북쪽에 살고 있다.'로 한역하였고, 정수일(2004:277)은 '이 나라는 돌궐 패왕과 국경을 접하게 되었다.'로 번역하였다.

4) 羅振玉은 '此國已北並住中' 문구에 빠진 글자가 있다고 서술하였다. 藤田豊八은 '住中' 사이에 '山'자가 빠졌다고 보고 있다. 張毅(2999:72)는 '此國已北。並住中'에서 '中' 앞에 '山'이 빠졌다고 생각하고 있다. 다시 말하자면, 이 문구는 '此國已北。並住山中'이 되어야 한다는 것이다. 가능한 추측이라고 생각한다.

5) 張毅(1994:76)는 '大勃'는 '大勃律', '小勃'는 '小勃律'의 약칭이라고 말한다.

6) 張毅(2999:76)는 이 문구를 '桃唯有甘蔗'로 추측하고 있다. 122행 참조.

7) 藤田豊八과 張毅(2999:78)는 '象有五頭' 문구의 '五' 뒤에 빠진 글자가 있다고 추측하였다. 그 이유는 罽賓, 健陀羅 烏萇 등의 땅을 점령한 突厥 왕이 코끼리 5마리만을 가지고 있다는 것은 쉽게 이해가 되지 않기 때문이다.

8) 漢地興胡□□□□□:
(1) 張毅(2999:78)는 '漢地興胡□□□□□' 문구에서 '胡' 뒤에 5개 글자가 빠졌고, 冉榮華 등의 영어번역본에서는 이 부분이 '戰而不歸東'이라고 소개되었다고 서술하고 있다. 정기선(2000)은 '한나라 땅과 호족 남으로 향하니'로 한역하였고, 정수일(2004:277)은 '이곳(땅)은 호인들과 … 우회할 수 없다.'로 번역하였다. 桑山正進은 '중국에서 찾아오는 흥호는 … 주위를 돌며 다가가지 않는다.'로 해석하였다. 우리는 이 문구를 '한(漢) 나라 땅의 흥호(興胡)는 … 돌아갈 수 없었다.'로 해석하였다.

已北。西業者多。[9] 市店之間。極多屠煞。[10] 此王雖是突厥。甚敬信三寶。王王妃王子首領等。各各造寺。供養三寶。此王每年兩廻設無遮大齋。但是緣身所受用之物。[11] 妻及象馬等。並皆捨施。唯妻及家。令僧斷價。王還自贖。自餘駝馬金銀衣物家具。[12] 聽僧貨賣自分利養。[13] 此王不同餘已北突厥也。兒女亦然。各各造寺。設齋捨施。此城俯臨辛頭大河北岸而置。此城西三日程。有一大寺。即是天親菩薩無著菩薩所住之寺。此寺名葛諾歌。有一大塔。每常放光。[14] 此寺及塔。舊時葛諾歌王造。從王立寺名也。[15] 又此城東南□里。即是佛過去爲尸毗王救鴿處。見有寺有僧。又佛

---

(2) '興胡': 《왕오천축국전》207행에서도 보인다. '興胡' 혹은 '興生胡'의 명칭은 투루판 문서에 보인다. '興胡' 혹은 '興生胡'는 전문적으로 무역업에 종사하는 혹은 고리대금 업종에 종사하는 사람을 가리킨다. 이들의 상업 활동을 한 마디로 표현하지면, '興生販貨, 無所不至'(흥호의 상업은 이르지 않은 않는 곳이 없다)로, 이들은 사막과, 높은 산 등의 자연의 장애물을 만나기도 하고 투르크 등의 습격을 받기도 하였다. (尚衍斌(2001), 〈唐代"興胡"與元代"斡脫"名義考辨〉, 《新疆大學學報(社會科學板)》, 29권 2期, 39-44. 참조)

(3) 소그드인을 胡商 혹은 興生胡라고 불렀다. 소그드인은 본래 '스키타이'라고 불렸다. 스키타이(Scythian), 사쿠라(Skudra), 소그디아(Sogdian), 사카(Saka)라고도 한다. 사카족은 부처 고타마 싯타르타를 배출해낸 부족이다. 소그드(Sogd)인은 이란계의 민족이었으며, 5세기에서 9세기에 걸쳐 중국과 인도, 동로마 제국에 걸쳐 통상을 하였다. 마니교, 조로아스터교, 소그드 문자를 여러 지역에 전파하였다. 중국에서는 속특(粟特)이라고 불렀다. 유럽에서는 특별한 명칭은 없으나, 스코트족의 일부 구성 민족이 스키타이, 소그드인과 같은 민족으로 보는 견해도 있다. 소그드인 성씨로는 강(康), 사(史), 안(安), 조(曹), 석(石), 미(米), 하(何), 화심(火寻), 무지(戊地)라는 성씨가 있어 중국에서는 소무구성(昭武九姓)이라고 하였다. (위키백과 참조)

9) 西業者: '惡業者'가 맞는 표현이다.

10) 極多屠煞: '屠煞極多'가 옳은 표현이다.

11) (1) 但是: 凡是의 의미로 '무릇'의 의미가 있다.

(2) 緣身: '(몸에) 지니다. 가지고 있다.'의 의미이다. 예를 들면 다음과 같다.

若隨齋須布施, 宜以吾緣身衣物充, 不得輒用餘財. (《舊唐書·卷九十六·〈列傳·姚崇〉》

만약 재를 하면서 보시가 필요하다면, 내가 가진 옷과 물건들로 충당해도 된다. 그 밖의 재물들은 함부로 쓰면 안 된다.

(3) 受用之物: '愛用之物'이 맞는 표현이다.

12) 自餘: '이외의, 이를 제외하고'의 의미이다.

13) 利養: '재물의 이익'을 의미한다.

14) 每常: '자주, 항상, 평상시에'의 의미이다. 반면에, '지난날'의 의미도 있다. 문장의 의미로 보면, 이 두 가지의 해석이 모두 가능하다.

15) 從王立寺名也: 정기선(2000)은 '절 이름도 왕이 지었다'로 한역하였고, 정수일(2004:277)은 '지은 왕의 이름을 따서 절 이름을 지었다'로 번역하였다. 桑山正進(1992:39)은 '왕에 의하여 사찰명을 정한 것이다'로 해석하였다. 이 구문에서 '從'은 전치사 '…부터'의 역할이 아니고, 동사의 역할을 담당한다. 이 문장은 두 가지 방법으로

過去捨頭捨眼餧五夜叉等處。[16] 並在此國中。在此城東南山裏。各有寺有僧。見今供養。此國大小乘俱行。

## 23. 건타라국

다시 가섭미라국에서 서북쪽으로 산을 사이에 두고 한 달을 가면, 건타라국에 이른다. 이 나라 왕과 군대는 모두 돌궐인(투르크인)이다. 토착인은 호인(胡人)이고, 브라만도 같이 있다. 이 나라는 옛적에 계빈왕이 교화(敎化)한 곳이다. 때문에 돌궐왕 아야(阿耶)가 한 부락의 군대를 이끌고 이 계빈왕에게 투항하였다. 그 후에 돌궐의 군대가 왕성해지자, 바로 이 계빈왕을 죽이고, 스스로 국가의 주인이 되었다. 따라서 (이 나라) 국경에서 돌궐이 왕 자리를 독점하며, 이 나라 북쪽에 함께 (산속에) 머물고

분석이 된다.

방법1: 從(술어1)+王(목적어)+立(술어2)+寺名(목적어)
방법2: 從(술어1)+王立寺(목적어)+名(술어2)

방법1은 '왕(의 뜻)을 따라서 절의 이름을 세웠다.'로 한역되며, 이 해석은 桑山正進(1992:39)의 해석과 같다. 방법2는 '왕이 절을 세운 것을 따라서 이름하였다.'로 해석된다. 우리는 2가지 방법 모두 문맥의 의미로는 문제가 없다고 생각하지만, 방법2의 해석을 선택하였다. 그 이유는 아래와 같다.
첫째는 이 구절이 속한 전체 문맥의 이해에 방법2의 해석이 더 합당하다. 먼저, 이 구절의 위아래 문장을 살펴보면 다음과 같다.

此城俯臨辛頭大河北岸而置。此城西三日程。有一大寺。即是天親菩薩無着菩薩所住之寺。此寺名葛諾歌。有一大塔。每常放光。此寺及塔。舊時葛諾歌王造。從王立寺名也。(이 성은 인더스 강(辛頭大河)을 아래로 굽어보는 북쪽 언덕에 위치해 있다. 성에서 서쪽으로 삼일을 가면, 큰 절이 하나 있다. 그것은 바로 천친보살(天親菩薩)과 무착보살(無着菩薩)이 머물었던 절이다. 이 절은 갈락가라고 불린다. 큰 탑이 하나 있는데, 늘 빛을 발한다. 이 절과 탑은 옛날 갈락가 왕이 지었다. 왕이 절을 세운 것을 따라서 이름하였다.)

위의 문장(127-129행)을 보면, 이 절의 이름은 갈락가 왕이 절을 지었기 때문에 그 절의 이름을 갈락가로 명명하였다는 것이다. 다시 말하자면, 왕의 뜻에 따라서 절의 이름을 명명했기보다는 갈락가 왕이 절과 탑을 지었기 때문에 그 왕을 기념하기 위해서 절의 이름을 왕의 이름으로 명명했다는 것이다.
둘째는《왕오천축국전》에서는 '名'을 동사의 의미로 '명명하다. … 부른다'로 자주 사용한다. 이에 '名'을 '寺名'의 '절의 이름(사찰명)'과 같이 명사구로 해석하지 않고, '名'을 동사의 의미로 해석하고자 한다.《往五天竺國傳》에서 '名'을 이와 같이 사용한 문구는 다음과 같다.

有一寺。名娑般檀寺(절이 하나 있는데, 사반단사라고 부른다): 8행
寺名達磨斫葛羅(절은 달마작갈라라 부른다): 13행
舊有一王。名尸羅票底(옛날에 왕이 한 명 있었는데, 시라율저라고 부른다): 15행
又跋賀那國東有一國。名骨咄國(또 발하나국 동쪽에 나라가 하나 있는데, 골탈국이라고 부른다): 185행

16) 餧(wèi)는 喂(wèi)와 의미가 동일하여, '먹이다'로 해석한다.

있다. 그 산은 전부 그을린 듯 민둥산으로 풀과 나무가 없다. 옷 모양새, 풍습, 말소리, 절기가 사뭇 다르다. 옷은 모직 윗옷, 가죽신, 바지 등이다. 이 나라 땅은 보리와 밀에 알맞고, 기장, 조 그리고 벼는 전혀 없다. 사람들은 보릿가루와 빵을 많이 먹는다.

단지 가섭미라국, 대발률국, 소발률국, 양동국 등 나라를 제외하고, 즉 이 건타라국과 오천축과 곤륜 등 나라에 이르기까지 포도는 없으나 사탕수수는 있다.

이 돌궐 왕은 코끼리 다섯 마리를 가지고 있고, 양과 말은 수를 셀 수 없으며, 낙타와 노새, 당나귀 등은 심히 많다. 한(漢) 나라 땅의 흥호(興胡)는 … 돌아갈 수 없었다. 남으로 가면 길이 험악하고, 도적들이 아주 많다. 여기에서 북쪽으로 가면 악업을 일삼는 자들이 많다. 시장 점포에서는 도살을 많이 한다.

이 왕은 비록 돌궐인(투르크인)이지만, 삼보를 매우 공경하고 믿는다. 왕, 왕비, 왕자, 수령 등은 각각 절을 지어, 삼보를 공양한다. 이 나라 왕은 매년 두 차례씩 무차대재(無遮大齋)를 연다. 무릇 몸에 가지고 다니는 물건과 처 그리고 코끼리, 말 등을 모두 시주한다. 오직 처와 집은 승려에게 가격을 매기게 하고서, 값을 치르고, 왕이 스스로 값을 치르고 찾아온다. 나머지 낙타, 말, 금, 은, 의복, 가구는 승려의 말을 듣고, 물건을 팔아서 스스로 이익을 나눈다. 이 왕은 다른 북쪽의 돌궐인과 다르다. 자녀 역시 그렇다. 각각 절을 지어 재(齋)를 열어 시주를 한다.

이 성은 인더스 강(辛頭大河)을 아래로 굽어보는 북쪽 언덕에 위치해 있다. 성에서 서쪽으로 3일을 가면, 큰 절이 하나 있다. (그것은) 바로 천친보살(天親菩薩)과 무착보살(無着菩薩)이 머물었던 절이다. 이 절은 갈락가라고 불린다. 큰 탑이 하나 있는데, 늘 빛을 발한다. 이 절과 탑은 옛날 갈락가 왕이 지었다. (그래서) 왕이 절을 세운 것을 따라서 이름 하였다.

다시 이 성의 동남쪽 …리에는 불타가 과거에 시비왕(尸毗王)이 되어 비둘기를 구한 곳이다. 절과 승려가 있는 것이 보인다. 또 불타가 과거에 머리와 눈을 던져 오야차(五夜叉)를 먹였던 곳 등이 이 나라에 있다. 이 성 동남쪽의 산에 각각 절도 있고, 승려도 있다. 지금도 공양하는 것을 볼 수 있다. 이 나라는 대승과 소승이 모두 행해진다.

## 【132】

羅　: 又從此建馱羅國正北入山三日程至烏長國彼自云鬱地引杝此王大敬三寶百姓村莊多

藤田 : 又從此建馱羅國、正北入山三日程、至烏長國、彼自云鬱地引杝、此王大敬三寶、百姓村莊、多

桑山 : 又從此建駝羅國正北入山三日程。至烏長國。彼自云欝地引那。此王大敬三寶。百姓村庄。多

張　: 又從此建馱羅國。正北入山三日程。至烏長國。彼自云鬱地引那。此王大敬三寶。百姓村莊。多

정　: 又從此建馱羅國正北入山三日程 至烏長國 彼自云鬱地引(那) 此王大敬三寶 百姓村庄 多

박案 : 又從此建馱羅國正北入山三日程至烏長國彼自云鬱地引杝此王大敬三寶百姓村莊多

### 校註

① 馱: 원본 형태는 馱이다. '馱'의 이체자(馱)이다.(小學堂)

② 正: 원본 형태는 正이다. '正'이 이체자(㱏)이다.(臺灣教育部異體字字典)

③ 鬱: 원본 형태는 欝(欝)이다. 羅振玉 · 藤田豊八 · 桑山正進 · 張毅 · 정수일 모두 '鬱'로 식자한다. '鬱'의 이체자는 欝, 欝, 蔚, 欝, 欝, 欝, 鬱, 欝, 欝, 欝, 欝, 欝, 欝, 欝, 鬱, 欝, 欝, 欝, 欝, 欝, 欝, 欝, 欝, 欝, 鬱, 鬱, 鬱, 郁, 鬱, 鬱, 鬱, 鬱 등이 있다.(臺灣教育部異體字字典)

원본 欝의 좌각(左角)은 '扌'으로 보이는데, 위의 臺灣教育部異體字字典의 이체자를 보면, '扌' 부건이 보이지 않는다. 이는 '木'을 이렇게 사용한 듯하다. 이체자에서 '木'은 '扌' 편방과 서로 호용되기 때문이다.[1] 欝의 우각(右角)은 '寸'처럼 보인다. 144행의 鬱(欝)의 우각(右角)을 보면, 이 역시도 '扌' 부건과 비슷하다는 것을 알 수 있다.

欝의 하각(下角)을 보면, '目', '寸'인지 혹은 '艮', '寸'인지 정확히 구별이 가지 않는다. 이번 행 欝의 하각(下角)은 '目', '寸' 같고, 144행 欝의 하각(下角)은 '艮', '寸' 같다.

1) 이규갑, 2012, 〈異體字 字形類似偏旁의 互用類型 地圖 構築-木 · 礻 · 禾 등과 日 · 月 · 目 等을 중심으로〉, 《중국언어연구》, 43:221-240, 참조.

臺灣教育部異體字字典의 이체자를 보면, 하각(下角)에 '目', '寸'과 '艮', '寸'을 모두 사용한다. 臺灣教育部異體字字典의 이체자 중에서 𢹇가 가장 비슷한 자형을 가지고 있다. 따라서 우리는 𢹇를 '扌', '歹', '扌', '冖', '目', '寸'으로 식자하고자 한다. 새로운 이체자다.

④ 舥: 원본 형태는 舥이다. '那'의 이체자(舥)이다.(臺灣教育部異體字字典)

⑤ 疰: 원본 형태는 疰이다. '莊'의 이체자(疰)이다(小學堂). 《왕오천축국전》의 필사자는 '士'를 圡로 적었다. 따라서 疰의 심(心)도 같은 이치로 보면 된다.

【133】

羅　: 分施入寺家供養少分自留以供養衣食設齋供養每日是常足寺足僧僧稍多

藤田 : 分施入寺家供養、少分自留、以供養衣食、設齋供養、每日是常、足寺足僧、僧稍多

桑山 : 分施入寺家供養。少分自留以供養衣食。設齋供養。每日是常。足寺足僧。僧稍多

張　: 分施入寺家供養。少分自留。以供養衣食。設齋供養每日是常。足寺足僧。僧稍多

정　: 分施入寺家供養 少分自留以供養衣食 設齋供養 每日是常 足寺足僧 僧稍多

박案 : 分施入寺家供養少分自畄以供養衣食設齋供養每日是常足寺足僧〻稍多

校註

① 畄: 원본 형태는 畄(畄)이다. '留'의 이체자(畄)이다.(臺灣敎育部異體字字典)

② 〻: 중문(重文) 표시이다.

【134】

羅　：於俗人也專行大乘法也衣著飮食人風與建馱羅國相似言音不同土地足驢騾

藤田：於俗人也、專行大乘法也、衣著飮食人風、與建馱羅國相似、言音不同、土地足驢騾

桑山：於俗人也。專行大乘法也。衣着飮食人風。与建馱羅國相似。言音不同。土地足駝騾

張　：於俗人也。專行大乘法也。衣著飮食人風。與<u>建馱羅</u>國相似。言音不同。土地足驢騾

정　：於俗人也 專行大乘法也 衣着飮食人風 與建馱羅國相似 言音不同 土地足駝騾

박案：於俗人也專行大乘法也衣著飮食人風与建馱羅國相似言音不同土地足驢騾

校註

① 於: 원본 형태는 이다. '於'의 행초서체()이다.[2]

② 馱: 원본 형태는 이다. '馱'의 이체자(馱)이다.(小學堂)

③ 言: 원본 형태는 이다.

2) 敬世江의 행초서체. 漢典書法 참조.

【135】

羅　: 羊馬氎布之類節氣甚冷 又從烏長國東北入山十五日程至拘衛國彼

藤田 : 羊馬氎布之類、節氣甚冷、又從烏長國、東北入山十五日程、至拘衛國、彼

桑山 : 羊馬氎布之類。節氣甚冷。 又從烏長國東北入山十五日程。至拘衛國。彼

張　: 羊馬氎布之類。節氣甚冷。又從烏長國。東北入山十五日程。至拘衛國。彼

정　: 羊馬氎布之類 節氣甚冷 又從烏長國東北入山十五日程 至拘衛國 彼

박案 : 羊馬氎布之類節氣甚冷 又從烏長國東北入山十五日程至拘衛國彼

校註

① 類: 원본 형태는 이다. '類'이다.

② 節: 원본 형태는 이다. '節'의 행초서체()이다.[3]

3) 敬世江의 행초서체. 漢典書法 참조.

# 24 烏長國

又從此建馱羅國。正北入山三日程。至烏長國。彼自云鬱地引那。此王大敬三寶。百姓村莊。多分施入寺家供養。少分自留以供養衣食。[1] 設齋供養。每日是常。[2] 足寺足僧。僧稍多於俗人也。專行大乘法也。衣著飲食人

1) 此王大敬三寶。百姓村莊。多分施入寺家供養。少分自留以供養衣食:
이 구문을 정기선(2000)은 '이곳 왕은 삼보를 공경하며, 백성 촌락을 나누어서 많은 것은 절에 공양하고, 적은 것은 자기가 남겨 의식공양에 쓴다.'로 한역하고, 정수일(2004:302)은 '이 나라 왕은 삼보를 크게 공경하고, 백성과 마을 사람들은 많은 분량을 절에 시주하여 공양하며, 집에서는 적은 분량만 남겨두어 (중들에게) 의식(衣食)으로 공양한다.'로 번역하였다. 桑山正進(1992:39)은 '이곳의 왕은 크게 삼보를 공경하여, 마을사람, 촌장 대부분을 절에 기부해 공양하고, 나머지는 자기 주변에 두어 (승려의) 의복, 음식물을 공양한다.'로 해석하였다.
이 구문에서 살펴보고자 하는 것은 주어와 '百姓村莊'의 문장 성분이다. 정기선과 桑山正進의 해석으로 보면, 주어는 '王'이고, '百姓村莊'은 목적어가 된다. 정수일의 해석으로 보면, '王'은 '此王大敬三寶' 구문의 주어이고, '百姓村莊'은 '百姓村莊。多分施入寺家供養' 구문의 주어이다.
우리는 '凡造寺供養。即施村庄百姓。供養三寶。無有空造寺不施百姓者(98행)'과 같은 의미 맥락에서 보아야 한다고 생각한다. 다시 말하자면, 절에 시주를 하는 대상이 '村庄百姓'이 되는 것이다. 따라서 '此王大敬三寶。百姓村莊。多分施入寺家供養。少分自留以供養衣食'에서 주어는 '王'이 되고, '百姓村莊'은 목적어가 된다.
그렇다면, 이 구문에서 술어 역할을 할 수 있는 동사는 무엇일까? '多分施入寺家供養'에서는 '分, 施, 入, 供養'이며, '少分自留以供養衣食'에서는 '分, 留, 供養'이다. 이 동사 중에서 '分, 施'의 의미와 문법기능을 먼저 살펴보면 다음과 같다.
먼저, '分'을 분석하자면, 이 구문에서 대칭이 되는 어휘는 '多分'과 '少分'이다. 이를 해석하자면, '많이 분배하다/적게 분배하다' 혹은 '많은 부분/적은 부분'으로 한역할 수 있는데, '많은 부분/적은 부분'으로 번역하고자 한다. 그 이유는 '施入'와 '自留'의 대상이 '多分'과 '少分'이기 때문이다. 따라서 우리는 '分'을 동사로 분석하지 않는다. '施'는 '凡造寺供養。即施村庄百姓。供養三寶。無有空造寺不施百姓者(98행)'에서 분석한 것과 같이, '施(술어)+직접목적어' 구조를 이룬다.
이를 근간으로 하면, '多分施入寺家供養'에서는 술어 역할을 하는 것은 '施, 入, 供養'이며, '少分自留以供養衣食'에서는 '留, 供養'이다. 따라서 우리는 이 문구를 '이 왕은 크게 삼보를 공경한다. (왕은) 백성과 촌락의 많은 부분을 베풀어 절에 들어가게 하여 공양하고, (백성과 촌락의) 작은 부분을 스스로 남김으로서 (승려의) 의식(衣食)을 공양하게 한다.'로 번역하고자 한다.
이 구문의 문법 구조는 '此(관형어)+王(주어)+大+(부사어)+敬(술어)+三寶(목적어). (주어생략)+百姓村莊(목적어)+多分(술어1의 목적어)+施(술어1)+入(술어2)+寺家(장소명사구)+供養(술어3), (주어생략)+少分(술어4의 목적어)+自(부사어)+留(술어4)+以(조사)+供養(술어5)+衣食(술어5의 목적어)'과 같이 분석한다. '多分'과 '少分' 그리고 '百姓村莊'은 동격으로 목적어 역할을 한다.
'多分'을 사용한 《왕오천축국전》의 '共罽賓國少有相似。多分不同(157행)'에서도 '多分'은 '계빈국와 서로 비슷한 곳이 적고, 많은 부분이 같지 않다.'와 같이 많은 부분 혹은 대부분으로 해석하는 것이 옳다.

2) 每日是常: '是'에는 '有'의 '있다'의 의미가 있다. '常'에는 '常規'의 '통상의 규칙' 혹은 '매일 명령을 받아 수행하는

風。與建馱羅國相似。言音不同。土地足駝騾羊馬氎布之類。節氣甚冷。[3)]

## 24. 오장국

다시 건타라국의 정면 북쪽에서 산으로 들어가 사흘을 가면 오장국에 이른다. 그들 스스로 울지인나라고 부른다. 이 왕은 크게 삼보를 공경한다. (왕은) 백성과 촌락의 많은 부분을 베풀어 절에 들어가게 하여 공양하고, (백성과 촌락의) 작은 부분을 스스로 남김으로써 (승려의) 의식(衣食)을 공양하게 한다. 재를 배설하여 공양한다. 매일 (명령을 받아 수행하여) 규칙적이다. 절도 많고, 승려도 많다. 승려가 속인보다 조금 많다. 오로지 대승법만을 행한다. 옷 모양새, 음식, 풍습은 건타라국과 서로 비슷하다. 말소리는 다르다. 이 땅은 낙타, 노새, 양, 말, 모직천 등이 많다. 기후는 매우 춥다.

규칙'의 의미가 있다.

3) 節氣: 계절, 기후의 의미이다.

【136】

羅　: 自呼云奢摩褐羅闍國此王亦敬信三寶有寺有僧衣著言音與烏長國

藤田 : 自呼云奢摩褐羅闍國、此王亦敬信三寶、有寺有僧、衣著言音、與烏長國

桑山 : 自呼奢摩褐羅闍國。此王亦敬信三寶。有寺有僧。衣着言音与烏長國

張　: 自呼云奢摩褐羅闍國。此王亦敬信三寶。有寺有僧。衣著言音。與烏長國

정　: 自呼奢摩褐羅闍國 此王亦敬信三寶 有寺有僧 衣着言音與烏長國

박案 : 自呼云奢摩褐羅闍國此王亦敬信三寶有寺有僧衣着言音与烏長國

校註

① 褐: 원본 형태는 이다. '褐'의 이체자(褐)이다.(臺灣教育部異體字字典)

② 國: 원본 형태는 이다. '國'의 일부이다.

【137】

羅　：相似著氎衫袴等亦有羊馬等也 又從此建馱羅國西行入山七日至覽彼

藤田：相似、著氎衫袴等、亦有羊馬等也、又從此建馱羅國、西行入山七日、至覽彼

桑山：相似。着氎衫袴等。亦有羊馬等也。 又從此建駝羅國西行入山七日。至覽波

張　：相似。著氎衫袴等。亦有羊馬等也。又從此建馱羅國。西行入山七日。至覽波

정　：相似 着氎衫袴等 亦有羊馬等也 又從此建馱羅國西行入山七日 至覽波

박案：相似着氎衫袴等亦有羊馬等也 又從此建馱羅國西行入山七日至覽波

校註

① 覽: 원본 형태는 覽이다. '覽'의 행초서체(覽)이다.[1]

② 波: 원본 형태는 [波]([波])이다. 제가(諸家) 모두 '彼'로 식자하고, '波'의 오자(誤字)라고 지적하였다. 《왕오천축국전》에서 '彼'는 38번 출현하였고, '波'는 9번 출현하였다.

彼(彼)自云鬱地引那: 132행
彼(彼)即無雪: 141행
彼(彼)自呼云: 147행
至波(波)斯國: 161행
從波(波)斯國: 167행
波(波)斯國: 180행

위 예문의 '彼'와 '波'의 형태를 보면, [波]가 오히려 '彼'의 '彳' 부수로 보이기 보다는 '波'의 '氵' 부수로 보인다.

羅振玉은 '彼'는 '濫波國'의 '波'라고 진술하고 있으며, 桑山正進, 張毅, 정수일은 '覽波'의 '波'를 잘못 쓴 것이라고 말하고 있다. '覽波'는 산스크리트 람파카(Lampākā)이다. '覽, 濫, 波, 彼'의 중국 중고음을 살펴보면 다음과 같다.

| | | 성모 | 운모 |
|---|---|---|---|
| 周法高 擬音 | 覽 | l | ɑm |
| | 濫 | l | ɑm |
| | 波 | p | uɑ |
| | 彼 | p | ie |

위의 중고음을 고려하면, '覽波' 혹은 '濫波'가 맞다.

1) 米芾의 행초서체. 漢典書法 참조.

## 25 拘衛國

又從烏長國。東北入山十五日程。至拘衛國。[1] 彼自呼奢摩褐羅闍國。此王亦敬信三寶。有寺有僧。衣著言音與烏長國相似。著氎衫袴等。亦有羊馬等也。

### 25. 구위국

또 오장국에서 동북쪽으로 산으로 들어가 15일을 가면, 구위국(拘衛國)에 이른다. 그 곳 사람들은 스스로 사마갈라사국이라고 부른다. 이 나라 왕은 또한 삼보를 공경하고 믿는다. 절도 있고, 승려도 있다. 옷 모양새, 말소리는 오장국과 서로 비슷하다. 모직 윗옷과 모직 바지를 입는다. 역시 양과 말 등도 있다.

1) 張毅(1999:87)과 정수일(2004:307)은 구위국(拘衛國)은 오장국(烏長國)의 서북쪽에 있다고 지적하고 있다.

【138】

羅　：國此國無王有大首領亦屬建馱羅國所管衣著言音與建馱羅國相似

藤田：國、此國無王、有大首領、亦屬建馱羅國所管、衣著言音、與建馱羅國相似、

桑山：國。此國無王。有大首領。亦屬建駝羅國所管。衣着言音。与建駝羅國相似

張　：國。此國無王。有大首領。亦屬建馱羅國所管。衣著言音。與建馱羅國相似

정　：國 此國無王 有大首領 亦屬建馱羅國所管 衣着言音與建馱羅國相似

박案：國此國無王有大首領亦屬建馱羅國所管衣著言音与建馱羅國相似

校註

① 無: 원본 형태는 이다. '無'이다.

② 屬: 원본 형태는 이다. '屬'의 이체자이다.

【139】

羅　: 亦有寺有僧敬信三寶行大乘法 又從此覽波國西行入山經於八日程至闞

藤田 : 亦有寺有僧、敬信三寶、行大乘法、又從此覽波國、西行入山、經於八日程、至罽

桑山 : 亦有寺有僧。敬信三寶。行大乘法。 又從此覽波國而行入山。經於八日程。至闞

張　: 亦有寺有僧。敬信三寶。行大乘法。又從此覽波西行入山。經於八日程。至闞

정　: 亦有寺有僧 敬信三寶 行大乘法 又從此覽波國西行入山 經於八日程 至闞

박案 : 亦有寺有僧敬信三寶行大乘法 又從此覽波國西行入山經於八日程至罽

校註

① 乘: 원본 형태는 乘이다. '乘'의 이체자이다.

② 西: 원본 형태는 西이다. 羅振玉·藤田豊八·張毅·정수일은 '西'로 식자하고, 桑山正進은 '而'로 식자하며 '西'가 옳다고 하였다. 《왕오천축국전》에서 '西'는 39번 출현하였고, '而'은 16번 출현하였다.

> 此城西(西)三日程: 128행
> 西(西)行: 146행
> 西(西)行一月: 161행
> 常於西(西)海汎舶入南海: 164행
> 逐涼而(而)坐: 140행
> 暖而(而)不寒: 141행
> 云自手煞而(而)食: 171행

위의 예문을 보면, 《왕오천축국전》의 필사자가 '西'와 '而'를 비슷하게 필사한 부분이 있다는 것을 알 수 있다.

《왕오천축국전》에서 '西'와 '而'의 구문상의 활용을 살펴보면, '西行'은 7번 출현하고, '而行'은 한 번도 출현하지 않는다. 따라서 이 글자는 '西'로 읽는 것이 옳다.

③ 經: 원본 형태는 經이다. '經'의 행초서체(經)이다.[1]

④ 罽: 원본 형태는 罽이다. '罽'이다.

1) 趙孟頫의 행초서체. 漢典書法 참조.

# 26 覽波國

又從此建馱羅國。西行入山七日。至覽波國。此國無王。有大首領。亦屬建馱羅國所管。衣著言音。與建馱羅國相似。亦有寺有僧。敬信三寶。行大乘法。

### 26. 람파국

다시 이 건타라국에서 서쪽으로 가서 산에 들어가 7일을 가면, 람파국에 이른다. 이 나라는 왕이 없고, 대수령이 있다. 또한 건타라국의 관할에 속하여 관리된다. 옷 모양새, 말소리는 건타라국과 서로 비슷하다. 역시 절도 있고, 승려도 있다. 삼보를 공경하고 믿으며, 대승법이 행하여지고 있다.

賓國此國亦是建馱羅王所管此王夏在罽賓逐涼而坐冬往建馱羅趁暖而住彼即無雪暖而不寒其罽賓國冬天積雪爲此冷也此國土人是胡王及兵馬突厥衣著言音食飲與吐火羅國大同少異無問男之與女並皆著㲲布衫袴及靴男女衣服無有差別男人並剪鬚髮女人髮在土地出駝騾羊馬驢牛㲲布蒲桃大小二麥鬱金香等國人大敬信三寶足寺足僧百姓家各絲造寺供養三寶大城中有一寺名沙糸寺寺中見佛螺髻骨舍利見在王官百姓每日供養此國行小乘亦住山裏山頭無有草木恰似火燒山也　又從此罽賓國西行七日至謝䫻國彼自呼云社護羅薩他那土人是胡王及兵馬即是突厥其王即是罽賓王姪兒自把部落兵馬住於此國不屬餘國亦不屬阿叔此王及首領雖是突厥極敬三寶足寺足僧行大乘法有一大突厥首領名娑鐸幹每年一迴設金銀無數多於彼王衣著人風土地所出與罽賓王相似言音各別　又從謝䫻國北行七日至犯引國此王是胡不屬餘國兵馬強多諸國不敢來侵衣著㲲布衫皮毬氈衫等類土地出羊馬㲲布之屬甚足蒲桃土地有雪極寒住多依山王及首領百姓等大敬三寶足寺足僧行

【140】

羅　：賓國此國亦是建馱羅王所管此王夏在罽賓逐涼而坐冬往建馱羅趂暖而

藤田：賓國、此國亦是建馱羅國王所管、此王夏在罽賓、逐涼而坐、冬往建馱羅、趂暖而

桑山：賓國。此國亦是建駝羅國王所管。此王夏在罽賓。逐涼而坐。冬往建馱羅。趂暖而

張　：賓國。此國亦是建馱羅王所管。此王夏在罽賓。逐涼而坐。冬往建馱羅。趁暖而

정　：賓國 此國亦是建馱羅國王所管 此王夏在罽賓 逐涼而坐 冬往建馱羅 趂暖而

박案：賓國此國亦是建馱羅王所管此王夏在罽賓逐涼而坐冬往建馱羅趂暖而

校註

① 亦: 원본 형태는 [illegible]이다. '亦'이다.

② 所: 원본 형태는 [illegible]이다. '所'이다.

③ 坐: 원본 형태는 [illegible]이다. '坐'의 이체자(坐)이다.(小學堂)

③ 往: 원본 형태는 [illegible]이다. '往'이다.

④ 趂: 원본 형태는 [illegible]이다. '趁'의 이체자로는 [illegible]이 있다. 새로운 이체자의 자형을 가지고 있다.

⑤ 暖: 원본 형태는 [illegible]([illegible])이다. '暖'의 행초서체(暖)이다.[1]

1) 陸柬之의 행초서체. 漢典書法 참조.

【141】

羅　：住彼即無雪暖而不寒其罽賓國冬天積雪爲此冷也此國土人是胡王及兵馬

藤田：住、彼即無雪、暖而不寒、其罽賓國冬天積雪、爲此冷也、此國土人是胡、王及兵馬

桑山：住。彼即無雪。暖而不寒。其罽賓國冬天積雪。為此冷也。此國土人是胡。王及兵馬

張　：住。彼即無雪。暖而不寒。其罽賓國冬天積雪。爲此冷也。此國土人是胡。王及兵馬

정　：住 彼即無雪 暖而不寒 其罽賓國冬天積雪 爲此冷也 此國土人是胡 王及兵馬

박案：住彼即無雪暖而不寒其罽賓國冬天積雪為此冷也此國土人是胡王及兵馬

校註

① 暖: 원본 형태는 暖이다. '暖'이다.

## 【142】

羅　：突厥衣著言音食飮與吐火羅國大同少異無問男之與女並皆著氈布衫

藤田：突厥、衣著言音食飮、與吐火羅國、大同少異、無問男之與女、並皆著氈布衫

桑山：突厥。衣着言音食飮。与吐火羅國大同小異。無問男之与女。並皆着氊布衫

張　：突厥。衣著言音食飮。與吐火羅國大同少異。無問男之與女。並皆著氈布衫

정　：突厥 衣着言音飮食與吐火羅國大同小異 無問男之與女 並皆着氊布衫

박案：安厥衣著言音食飮与吐火羅國大同少異無問男之与女並皆著氈布衫

### 校註

① 吐: 원본 형태는 吐이다. '吐'의 이체자(𠯈)이다.(臺灣教育部異體字字典)

② 火: 원본 형태는 火이다. '火'이다.

③ 問: 원본 형태는 問이다. '問'이다.

④ 氈: 원본 형태는 氈이다. 羅振玉 · 藤田豊八 · 張毅는 '㲮'으로 식자하고, 桑山正進와 정수일은 '氊'로 식자하였다. 우리는 '氊'의 이체자 '氈'로 식자한다.

【143】

羅　：袴及靴男女衣服無有差別男人並剪鬚髮女人髮在土地出駞騾羊馬驢牛

藤田：袴及靴、男女衣服無有差別、男人並剪鬚髮、女人髮在、土地出駞騾羊馬驢牛

桑山：袴及靴。男女衣服無有差別。男人並剪鬚髮。女人髮在。土地出駝騾羊馬驢牛

張　：袴及靴。男女衣服無有差別。男人並剪鬢髮。女人髮在。土地出駞騾羊馬驢牛

정　：袴及靴 男女衣服無有差別 男人並剪鬚髮 女人髮在 土地出駝騾羊馬驢牛

박案：袴及靴男女衣䏺無有差別男人並剪鬚髮女人髮在土地出駞騾羊馬驢牛

### 校註

① 靴: 원본 형태는 靴이다. '靴'이다.

② 䏺: 원본 형태는 䏺(䏺)이다. '服'의 이체자(䏺)이다.(臺灣教育部異體字字典)

③ 差: 원본 형태는 差이다. '差'의 이체자(差)이다.(臺灣教育部異體字字典) '差'의 이체자로는 差差差差差差差差差差差이 있다.

④ 鬚: 원본 형태는 鬚이다. '鬚'의 이체자(鬚)이다.

⑤ 髮: 원본 형태는 髮이다. '髮'의 이체자(髮)이다.

⑥ 驢: 원본 형태는 驢이다. '驢'이다.

【144】

羅　：氎布蒲桃大小二麥鬱金香等國人大敬信三寶足寺足僧百姓家各絲造寺

藤田：氎布蒲桃大小二麥鬱金香等、國人大敬信三寶、足寺足僧、百姓家各絲造寺、

桑山：氎布蒱桃大小二麦蔚金香等、國人大敬信三寶。足寺足僧。百姓家各竝造寺。

張　：氎布蒲桃大小二麥鬱金香等。國人大敬信三寶。足寺足僧。百姓家各絲造寺。

정　：氎布蒱桃大小二麥鬱金香等 國人大敬信三寶 足寺足僧 百姓家各 {竝} 造寺

박案：氎布蒱桃大小二麦鬱金香等國人大敬信三寶足寺足僧百姓家各絲造寺

校註

① 蒱: 원본 형태는 蒱(蒱)이다. '蒱'이다.

② 麦: 원본 형태는 麦이다. '麥'의 이체자(麦)이다.(小學堂)

③ 鬱: 원본 형태는 鬱이다. '鬱'의 이체자이다. 132행 참조.

④ 絲: 원본 형태는 丝(丝)이다. 藤田豊八과 張毅는 '自'를 '絲'로 잘못 쓴 것이라고 지적하였고, 桑山正進과 정수일(2004:317)은 '竝'으로 식자하고 있다. '絲'는 166행에서 丝로 사용되었고, '竝'은 사용된 적이 없다.

'絲'의 이체자로는 丝 絲 絲 絲 丝 糸이 있고, '竝'의 이체자로는 竝 併 竝 竝 並 竝이 있다. 두 글자의 이체자로 보아도, 이 글자는 '絲'가 맞는 것 같다. 비록 이 글자를 '絲'로 인정하다고 하더라도, '百姓家各絲造寺' 문구의 의미로 살펴보면, 의미가 통하지 않는다.

'各'은 《왕오천축국전》에서의 활용을 보면, '各'이 단독으로 문장성분을 이루는 경우는 22, 31, 82, 99, 131, 151, 164, 175, 176, 181, 184, 203, 204, 206행이 있고, '各自'로 사용된 곳은 96, 97행이며, '各各'로 사용된 곳은 124, 127행이다. 따라서 이 글자는 藤田豊八과 張毅의 의견처럼 '自'를 '絲'로 잘못 쓴 오자(誤字)라고 해석하는 것이 옳다고 생각한다.

【145】

羅　：供養三寶大城中有一寺名沙糸寺寺中貝佛螺髻骨舍利見在王官百姓每日供

藤田：供養三寶、大城中有一寺、名沙糸寺、寺中貝仏螺髻骨舍利見在、王官百姓每日供

桑山：供養三寶。大城中有一寺。名沙糸寺。寺中見仏螺髻骨舍利見在。王官百姓每日供

張　：供養三寶。大城中有一寺。名沙糸寺。寺中貝仏螺髻骨舍利。見在王官百姓每日供

정　：供養三寶 大城中有一寺 名沙糸寺 寺中見佛螺髻骨舍利 見在王官百姓每日供

박案：供養三寶大城中有一寺名沙糸寺〻中見仏螺髻骨舍利見在王官百姓每日供

校註

① 〻: 중문(重文) 표시이다.

② 見: 원본 형태는 見이다. 藤田豊八은 '貝'로 식자하고, 이 글자가 잘못되었다고 지적하였다. 張毅는 '貝'로 식자하고, '有'를 잘못 쓴 것이라고 지적하고 있다. 우리는 '見'으로 식자한다.

③ 螺: 원본 형태는 螺(螺)이다. 虫는 '虫'의 이체자이다. 111행의 蟣(蟣)도 이와 같다.

④ 髻: 원본 형태는 髻(髻)이다. '髻'의 행초서체(髻)이다.[2] 왼쪽 방(旁)은 '髟'의 '長'이다. 오른쪽 위의 각(角)은 '髟'의 '彡'이고, 오른쪽 아래 각(角)은 '吉'이다.

⑤ 骨: 원본 형태는 骨(骨)이다. '骨'의 행초서체(骨, 骨)이다.[3] '骨'의 이체자는 [illegible] [illegible] [illegible] [illegible]이 있다.

2) 徐伯清의 행초서체. 漢典書法 참조.

3) 趙孟頫, 董其昌의 행초서체. 漢典書法 참조.

【146】

羅　: 養此國行小乘亦住山裏山頭無有草木恰似火燒山也 又從此罽賓國西行

藤田 : 養、此國行小乘、亦住山裏、山頭無有草木、恰似火燒山也、又從此罽賓國西行

桑山 : 養。此國行小乘。亦住山裏。山頭無有草木。恰似火燒山也。 又從此軽賓國西行

張　: 養。此國行小乘。亦住山裏。山頭無有草木。恰似火燒山也。又從此罽賓國西行

정　: 養 此國行小乘 亦住山裏 山頭無有草木 恰似火燒山也 又從此罽賓國西行

박案 : 養此國行小乘亦住山裏山頭無有草木恰似火燒山也 又從此罽賓國西行

校註

① 乘: 원본 형태는 乗이다. '乘'이다.

② 西: 원본 형태는 西이다. '西'이다.

# 27 罽賓國

又從此覽波國。西行入山。經於八日程。至罽賓國。此國亦是建馱羅國王所管。此王夏在罽賓。逐凉而坐。冬往建馱羅。趁暖而住。彼即無雪。暖而不寒。其罽賓國冬天積雪。爲此冷也。[1] 此國土人是胡 。王及兵馬突厥。[2] 衣著言音食飲。與吐火羅國大同小異。無問男之與女。[3] 並皆著㲲布衫袴及靴。男女衣服無有差別。男人並剪鬚髮。女人髮在。土地出駝騾羊馬驢牛㲲布蒲桃大小二麥鬱金香等。國人大敬信三寶。足寺足僧。百姓家各絲造寺供養三寶。[4] 大城中有一寺。名沙糸寺。寺中見佛螺髻骨舍利見在。[5]

1) 爲此: '因爲'의 의미이며, '… 때문에, …로 인하여'로 해석한다.
2) 王及兵馬突厥: 이 문구의 완전한 문장은 '王及兵馬突厥'이다.
3) 無問: '不論'의 의미이며. '…을 막론하고, …이든 간에, …든'로 해석한다.
男之與女: '男之與女'에서 '之'는 특별한 의미가 없는 용법이다. 예를 들면, 久而久之(오랜 시일이 지나다/긴 시간이 지나다)와 같다.
4) '百姓家各絲造寺供養三寶'에서 '絲'는 '自'로 이해한다. 144행 풀이 참조.
5) 寺中見佛螺髻骨舍利見在王官百姓每日供養: 이 문구에서 분석하고자 하는 것은 어느 곳에서 끊어 읽어야 하는가를 판단하는 것이다. 제가(諸家)들의 분석을 보면 다음과 같다.

藤田豊八 : 供養三寶、大城中有一寺、名沙糸寺、寺中貝仏螺髻骨舍利見在、王官百姓每日供養
桑山正進 : 供養三寶。大城中有一寺。名沙糸寺。寺中見仏螺髻骨舍利見在。王官百姓每日供養
張　　毅 : 供養三寶。大城中有一寺。名沙糸寺。寺中貝仏螺髻骨舍利。見在王官百姓每日供養
정 수 일 : 供養三寶 大城中有一寺 名沙糸寺 寺中見佛螺髻骨舍利 見在王官百姓每日供養

위의 예를 보면, 이 문구를 '寺中見佛螺髻骨舍利見在。王官百姓每日供養'로 이해할 것인지, '寺中見佛螺髻骨舍利。見在王官百姓每日供養'로 이해할 것인지 두 가지 경우이다.

(1) '見在'는 '尚存, 现今存在'의 의미로 '아직 존재한다./지금도 존재한다.'는 의미이다. 《왕오천축국전》에서 3번 사용되었다. 예를 들면 다음과 같다.

二。毗耶離城菴羅薗中。有塔見在。其寺荒廢無僧: 42-43행
三。迦毗耶羅國。即佛本生城。無憂樹見在。彼城已廢。有塔無僧。亦無百姓: 43-44행

위 예문의 문형으로 보면, '見在'는 구문의 끝에 위치하고 있다. '見在'의 의미나 문형으로 보면, '見在'는 자동사이기 때문에 '見在'의 뒤에 목적어 성분이 올 수 없다.

王官百姓每日供養。此國行小乘。亦住山裏。山頭無有草木。恰似火燒山也。

## 27. 계빈국

다시 이 람파국에서 서쪽으로 산으로 들어가 8일 정도 가면 계빈국에 이른다. 이 나라 역시 건타라국의 왕이 관리한다. 왕은 여름에 계빈에 있으면서, 시원한 곳을 따라 머문다. 겨울에는 건타라국으로 가서 따뜻한 곳을 따라 거주한다. 그 곳은 눈이 오지 않고, 따뜻하며 춥지 않다. 그 계빈국은 겨울에 눈이 쌓이기 때문에 춥다. 이 나라 토착인(土人)은 호족(胡族)이고, 왕과 군사들은 돌궐인이다. 옷 모양새, 말소리, 음식은 토화라와 대동소이하다. 남자와 여자를 막론하고, 모두 모직 천 윗옷과 바지를 입고, 가죽신을 신는다. 남자와 여자의 의복에는 차이가 없다. 남자는 수염과 머리카락을 모두 자르고, 여자는 머리카락이 있다. 이 땅에서는 낙타, 노새, 양, 말, 당나귀, 소, 모직 천, 포도, 보리와 밀, 울금향(튤립) 등이 난다. 이 나라 사람들은 삼보를 크게 공경하고 믿는다. 절도 많고, 승려도 많다. 백성들은 각자 절을 지어 삼보를 공양한다. 큰 성 안에 한 절이 있다. 사사사(沙糸寺)이라고 부른다. 절 안에서 부처의 트레머리와 뼈 사리가 있는 것을 보았다. 왕과 관리 그리고 백성들은 매일 공양한다. 이 나라는 소승이 행하여지고 있다. 역시 산 속에서 산다. 산꼭대기에는 풀과 나무가 없다. 마치 불이 산을 태운 것과 같다.

(2) 이 문구에서 술어 역할을 하는 어휘는 '見, 見在, 供養'이다. '見'는 주어(행위자)가 목적을 가지고 의도적으로 직접 보는 경우로, '보다'의 의미를 가진다. '見在'의 '見'은 주어(행위자)의 의도와 목적과 관계없이 어떤 사물이 행위자에게 보이게 되는 경우로, 어떤 존재가 '눈앞에 보이다/나타나다'의 의미를 가진다. '供養'은 '공양하다'의 의미로 《왕오천축국전》에서 10번 출현하였다.

就彼大設供養。於其空中。有: 5행
常供養。彼禪師衣食:9행
獨供養以十五石米: 55행
彼龍王每日供養不一羅漢僧: 93행
迄今供養不絕: 94행
即施村莊百姓供養三寶: 98행
得物供養三寶: 101행
見今供養: 131행
少分自留以供養衣食。設齋供養。每日是常: 133행

위의 예문을 보면, '供養' 뒤에 목적어가 없는 경우가 3번이고, 목적어가 있는 경우가 6번(9, 55, 93, 98, 101, 133행)이다. 다시 말하자면, 《왕오천축국전》에서 '供養'은 목적어가 출현하기도 하고, 목적어가 생략되기도 하였다.

이상의 분석을 통하여, 이 문구는 '寺中見佛螺髻骨舍利見在。王官百姓每日供養'로 이해하는 것이 옳은 듯하다. 이 문구를 분석하면, '주어(생략)+寺中(부사어)+見(주요술어)+佛螺髻骨舍利見在(목적어)'로 구성되어 있고, 목적어는 '佛螺髻骨舍利(주어)+見在(술어)'으로 이루어졌다. 따라서 우리는 藤田豊八와 桑山正進의 의견이 맞다고 생각한다.

【147】

羅　：七日至謝颶國彼自呼云社護羅薩他舥土人是胡王及兵馬卽是突厥其

藤田：七日、至謝颶國、彼自呼云社護羅薩他舥、土人是胡、王及兵馬、即是突厥、其

桑山：七日。至謝颶國。自呼云社護羅薩他那。土人是胡。王及兵馬即是突厥。其

張　：至七日謝颶國。彼自呼云社護羅薩他郍。土人是胡。王及兵馬。即是突厥。其

정　：七日 [至]謝颶國 彼自呼云社護羅薩他[那] 土人是胡 王及兵馬卽是突厥 其

박案：至七日謝颶國彼自呼云社護羅薩他舥土人是胡王及兵馬即是安厥其

校註

① 七: 원본 형태는  이다. '七' 오른쪽 위에 '✔' 표시가 있다. '七日'이 '至' 앞으로 이동해야 한다.

② 日: 원본 형태는 이다. '日' 오른쪽 위에 '✔' 표시가 있다.

③ 薩: 원본 형태는 이다. '薩'의 행초서체()이다.[1]

1) 漢典書法 참조.

【148】

羅　：王卽是罽賓王姪兒自把部落兵馬住此於國不屬餘國亦不屬阿叔此王

藤田：王即是罽賓王姪兒、自把部落兵馬、住此於國、不屬餘國、亦不屬阿叔、此王

桑山：王即是罽賓王姪兒。自把部落兵馬住於此國。不屬餘國。亦不屬阿叔。此王

張　：王即是罽賓王姪兒。自把部落兵馬。住於此國。不屬餘國。亦不屬阿叔。此王

정　：王卽是罽賓王姪兒 自把部落兵馬 住[於此]國 不屬餘國 亦不屬阿叔 此王

박案：王即是罽賓王姪兒自把部落兵馬住此於國不屬餘國亦不屬阿[illegible]此王

### 校註

① 落: 원본 형태는 [illegible]([illegible])이다. '落'의 행초서체([illegible])이다.[2)]

② 屬: 원본 형태는 [illegible]이다. '屬'이다.

③ 於: 원본 형태는 [illegible]이다. '於'의 오른쪽 위에 '✔' 표시가 있다. 앞의 '此'와 순서가 바뀌었다.

④ [illegible]: 원본 형태는 [illegible]([illegible])이다. '叔'의 이체자([illegible])이다.(臺灣敎育部異體字字典)

2) 王羲之의 행초서체. 漢典書法 참조.

【149】

羅　：及首領雖是突厥極敬三寶足寺足僧行大乘法有一大突厥首領名娑

藤田：及首領、雖是突厥、極敬三寶、足寺足僧、行大乘法、有一大突厥首領、名娑

桑山：及首領。雖是突厥。極敬三寶。足寺足僧。行大乘法。有一大突厥首領。名娑

張　：及首領。雖是突厥。極敬三寶。足寺足僧。行大乘法。有一大突厥首領。名娑

정　：及首領 雖是突厥 極敬三寶 足寺足僧 行大乘法 有一大突厥首領 名娑

박案：及首領雖是安厥極敬三寶足寺足僧行大乘法有一大安厥首領名娑

校註

① 極: 원본 형태는 [illegible]이다. '極'의 행초서체([illegible])이다.[3]

3) 王羲之의 행초서체. 漢典書法 참조.

【150】

羅　：鐸幹每年一迴設金銀無數多於彼王衣著人風土地所出與罽賓王相似言

藤田：鐸幹、每年一迴、設金銀無數、多於彼王、衣著人風、土地所出、與罽賓王相似、言

桑山：鐸幹。每年一廻設金銀無數。多於彼王。衣着人風土地所出。与罽賓王相似。言

張　：<u>鐸幹</u>。每年一迴 。設金銀無數。多於彼王。衣着人風。土地所出。與<u>罽賓</u>王相似。言

정　：鐸幹 每年一廻設金銀無數 多於彼王 衣着人風土地所出 與罽賓王相似 言

박案：鐸幹每年一廻設金銀無数多於彼王衣着人風圡地所出与罽賓王相似言

校註

① 鐸: 원본 형태는 이다. '鐸'이다.

② 数: 원본 형태는 이다. '數'의 이체자(数)이다.

【151】

羅　：音各別 又從謝颶國北行七日至犯引國此王是胡不屬餘國兵馬强多

藤田：音各別、又從謝颶國、北行七日、至犯引國、此王是胡、不屬餘國、兵馬强多、

桑山：音各別。 又從謝颶國北行七日。至犯引國。此王是胡。不屬餘國。兵馬強多。

張　：音各別。又從謝颶國。北行七日。至犯引國。此王是胡。不屬餘國。兵馬强多。

정　：音各別 又從謝颶國北行七日 至犯引國 此王是胡 不屬餘國 兵馬强多

박案：音各別 又從謝颶國北行七日至犯引國此王是胡不属餘國兵馬强多

校註

① 犯: 원본 형태는 [犯]이다. '犯'의 행초서체(犯)이다.[4]

② 引: 원본 형태는 [引]([引])이다. '引'이다. 《왕오천축국전》의 필사자는 '弓'을 [引]의 '弓'처럼 필사하였다. 예를 들면, 198행의 '弱'을 [弱](弱의 행초서체 [弱])처럼 필사하였다.

③ 属: 원본 형태는 [属]이다. '屬'의 이체자(属)이다.(臺灣教育部異體字字典)

④ 餘: 원본 형태는 [餘]이다. '餘'이다.

4) 王羲之이 행초서체. 漢典書法 참조.

# 28 謝颶國

又從此罽賓國。西行至七日謝颶國。[1] 彼自呼云社護羅薩他那。土人是胡。王及兵馬即是突厥。其王即是罽賓王姪兒。自把部落兵馬。住於此國。[2] 不屬餘國。亦不屬阿叔。[3] 此王及首領。雖是突厥。極敬三寶。足寺足僧。行大乘法。有一大突厥首領。名娑鐸幹。[4] 每年一廻設金銀無數。[5] 多於彼王。衣著人風土地所出。與罽賓王相似。[6] 言音各別。

## 28. 사율국

다시 이 계빈국에서 서쪽으로 7일을 가면, 사율국에 이른다. 그 곳은 스스로를 사호라살타나라고 부른다. 토착인은 호족이다. 왕 그리고 군대는 돌궐인(투르크인)이다. 그 왕은 계빈왕의 조카이다. (이 조카는) 스스로 부락인과 군대를 이끌고, 이 나라에 머문다. 다른 나라에 예속되지 않고, 또한

1) 西行至七日謝颶國: 원문에 잘못 썼다고 표시가 되어있다. '西行七日。至謝颶國'이 옳은 표현이다.

2) 自把部落兵馬。住於此國: '把'의 용법

(1) 첫 번째는 '自(주어)+把部落兵馬(부사어, 전치사구(把(전치사)+部落兵馬(명사구))+住(술어)+於此國(보어, 전치사구(於(전치사)+此國(명사구)' 문형으로 '스스로(계빈왕의 조카) 부락인과 군대를 이 나라에 머물게 하였다'로 한역된다. 이 문형은 전치사 '把'의 문법의미 때문에 치사(致使)의 의미를 가져, '…를 초래하다. …을 하게하다.'의 의미가 있다.

(2) 두 번째는 '自(주어)+把(술어1)+部落兵馬(목적어)+住(술어2)+於此國(보어, 전치사구(於(전치사)+此國(명사구)' 문형으로 '스스로(계빈왕의 조카) 부락인과 군대를 이끌고(장악하고), 이 나라에 머문다.'로 한역된다. 이 문형은 연동문으로 두 개의 술어가 있어, 치사(致使)의 의미가 없다.

(3) 이 문장이 두 가지 방법으로 분석이 가능하다고 생각하지만, '把'가 전치사 용법과 동사의 용법을 모두 가지고 있다고 한다면, 이는 '把'가 아직 전치사 용법으로 완전히 허화되지 않았음을 보여주는 것이다. 따라서 우리는 이 문구의 '把'는 동사용법으로 사용되었다고 분석될 수 있다.

3) 阿叔: 숙부

4) 娑鐸幹: 張毅(1999:94)와 정수일(2004:323)은 '娑鐸幹'의 '娑'은 필요 없이 더해진 글자이고, '鐸幹'은《新唐書》권221하 〈사율〉조에 나오는 '達干, Tarkan'으로, 돌궐 대신의 의미이라고 서술하고 있다. '鐸幹'과 '達干'의 중국중고음을 살펴보면, '鐸幹'은 'dɑk-kɑn'이고, '達干' 역시 'dɑt-kɑn'이다. 따라서 우리는 '娑鐸幹'의 '娑'는 인간세계의 의미를 가지고 있기 때문에, '娑鐸幹'은 '인간세계의 대신'이라는 의미로 추측하고자 한다.

5) 每年一廻設金銀無數: 羅振玉은 '設' 다음에 빠진 글자가 있다고 하였다.

6) 衣著人風土地所出。與罽賓王相似: 이 구문을 그대로 번역하면 '옷 모양새, 풍습, 토지에서 나는 것은 계빈왕과 서로 비슷하다.'이다. 문맥상, '계빈왕'이 아니고, '계빈국'과 비슷하다고 해야 옳다. 그래서 우리는 '계빈국'으로 한역하였다.

숙부에도 예속되지 않는다. 이 왕 그리고 수령은 비록 돌궐인이지만, 지극히 삼보를 공경한다. 절도 많고, 승려도 많다. 대승법을 행한다. 한 대돌궐 수령이 있는데, 사탁간이라고 부른다. 매년 한 번 금과 은을 무수히 베푸는데, 그 곳의 왕보다 많다. 옷 모양새, 풍습, 땅에서 나는 것은 계빈국과 서로 비슷하다. 말소리는 각각 다르다.

【152】

羅　：諸國不敢來侵衣著氎布衫皮毬氈衫等類土地出羊馬疊布之屬甚

藤田：諸國不敢來侵、衣著氎布衫皮毬氈衫等類、土地出羊馬疊布之屬、甚

桑山：諸國不敢来侵。衣着氎布衫皮毬氈衫等類。土地出羊馬氎布之屬。甚

張　：諸國不敢來侵。衣著氎布衫皮毬氈衫等類。土地出羊馬氎布之屬。甚

정　：諸國不敢來侵 衣着氎布皮毬氈衫等類 土地出羊馬氎布之屬 甚

박案：諸國不敢來侵衣着氎布衫皮毬氈衫等類土地出羊馬氎布之属甚

## 校註

① 來: 원본 형태는 이다. '來'이다.

② 侵: 원본 형태는 이다. '侵'이다. 63행 참조.

③ 氈: 원본 형태는 이다. 《왕오천축국전》에서 '氈'는 7번 출현하였다.

用氈( )帳而居: 106행

依氈( 帳以爲居業: 107행

氈( )帳爲屋: 191행

衣著皮裘氈( )衫: 199행

唯是皮裘氈( )衫: 205행

【153】

羅　：足蒲桃土地有雪極寒住多依山王及首領百姓等大敬三寶足寺足僧行

藤田：足蒲桃、土地有雪、極寒、住多依山、王及首領百姓等、大敬三寶、足寺足僧、行

桑山：足蒱桃。土地有雪極寒。住多依山。王及首領百姓等。大敬三寶。足寺足僧。行

張　：足蒲桃。土地有雪極寒。住多依山。王及首領百姓等。大敬三寶。足寺足僧。行

정　：足蒱桃 土地有雪極寒 住多依山 王及首領百姓等 大敬三寶 足寺足僧 行

박案：足蒱桃土地有雪極寒住多依山王及首領百姓䓁大敬三寶足寺足僧行

校註

① 桃: 원본 형태는 ()이다. '桃'의 행초서체()이다.[1]

② 王: 원본 형태는 ()이다. '王'이다.

1) 王羲之의 행초서체. 漢典書法 참조.

大小乘此國及謝䫻等亦並剪於鬚髮人風大分與罽賓相似別異處
多當土言音不同餘國　又從此犯引國北行廿日至吐火羅國王住城名為
縛底耶見今大寔兵馬在彼鎮押其王被逼走向東一月程在蒲
特山住見屬大寔所管言音與諸國別共罽賓國少有相似多分不同
衣著皮毬氎布等上至國王下及黎庶皆以皮毬為上服土地足駝騾羊馬
氎布蒲桃食唯愛餅土地寒冷冬天霜雪也國王首領及百姓等甚敬三
寶有寺有僧行小乘法食肉及葱韮等不事外道男人並剪鬚髮女人在髮
土地足山　又從吐火羅國西行一月至波斯國此王先管大寔大寔是波斯王放駝
戶於後叛便殺彼王自立為主然今此國却被大寔所吞衣舊著寬氎布衫
並剪鬚髮食唯餅肉縱然有米亦磨作餅喫也土地出駝騾羊馬出高大
驢氎布寶物言音各別不同餘國土地人性愛興易常於西海汎舶入南海
向師子國取諸寶物所以彼國云出寶物亦向崑崙國取金亦汎舶漢地直
至廣州取綾絹絲綿之類土地出好細疊國人愛煞生事天不識仏法

【154】

羅　：大小乘法此國及謝颶等亦並剪於鬚髮人風大分與罽賓相似別異處

藤田：大小乘法、此國及謝颶等、亦並剪於鬚髮、人風大分與罽賓相似、別異處

桑山：大小乗法。此國及謝颶等。亦並剪於鬚髮。人風大分与罽賓相似。別異處

張　：大小乘法。此國及謝颶等。亦並剪於鬚髮。人風大分與罽賓相似。別異處

정　：大小乘法 此國及謝颶等 亦並剪於[鬚髮] 人風大分與罽賓相似 別異處

박案：大小乗法此國及謝颶䒭亦並剪於鬚髮人風大分与罽賓相似別異處

校註

① 於: 원본 형태는 お이다. '於'의 행초서체(お)이다.[2]

② 鬚: 원본 형태는 [illegible]([illegible])이다. '鬚'의 행초서체([illegible])이다.[3]

③ 髮: 원본 형태는 [illegible]([illegible])이다. '髮'의 이체자 髮와 가장 비슷한 자형이지만, 획이 하나 적다. 새로운 이체자이다.

④ 分: 원본 형태는 [illegible]이다. '分'의 행초서체([illegible])이다.[4]

⑤ 處: 원본 형태는 [illegible]이다. '處'의 이체자(處)이다.(小學堂)

2) 敬世江의 행초서체. 漢典書法 참조.

3) 褚遂良의 행초서체. 漢典書法 참조.

4) 智永의 행초서체. 漢典書法 참조.

## 【155】

羅　: 多當土言音不同餘國 又從此犯引國北行廿日至吐火羅國王住城名爲

藤田 : 多、當土言音、不同餘國、又從此犯引國、北行廿日、至吐火羅國王住城、名爲

桑山 : 多。當土言音。不同餘國。 又從此犯引國北行廿日。至吐火羅國王住城。名為

張　: 多。當土言音。不同餘國。又從此犯引國。北行廿日。至吐火羅國。王住城名爲

정　: 多 當土言音 不同餘國 又從此犯引國北行二十日 至吐火羅國 王住城名爲

박案 : 多當土言音不同餘國 又從此犯引國北行卄日至吐火羅國王住城名為

### 校註

① 言: 원본 형태는 이다. '言'이다.

② 卄: 원본 형태는 이다. '廿'의 이체자(卄)이다.(臺灣教育部異體字字典)

# 29 犯引國

又從謝颶國。北行七日。至犯引國。此王是胡。不屬餘國。兵馬强多。諸國不敢來侵。衣著㲲布衫皮毬毰衫等類。[1] 土地出羊馬㲲布之屬。甚足蒲桃。土地有雪極寒。住多依山。王及首領百姓等。大敬三寶。足寺足僧。行大小乘法。此國及謝颶等。亦並剪於鬚髮。人風大分與罽賓相似。別異處多。[2] 當土言音。不同餘國。

## 29. 범인국

다시 사율국에서 북쪽으로 7일을 가면 범인국에 이른다. 이 왕은 호족이다. (이 나라는) 다른 나라에 속하지 않는다. 군대가 아주 많이 강하여, 다른 나라들이 감히 침략하지 못한다. 옷은 모직천 윗옷, 가죽옷, 모포 윗옷 등을 입는다. 이 땅에서는 양, 말, 모직천 등이 생산된다. 포도가 아주 많이 나온다. 이 땅은 눈이 있어 매우 춥다. 머무는 곳은 대부분 산을 의지한다. 왕과 수령 그리고 백성 등은 삼보를 크게 공경하며, 절도 많고, 승려도 많다. 소승법과 대승법이 행해진다. 이 나라와 사율국 등 역시 모두 수염과 머리카락을 자른다. 풍습은 대부분 계빈국과 서로 비슷하지만, 그 외의 다른 점도 많다. 이곳의 말소리는 다른 나라와 같지 않다.

1) 衣著㲲布衫皮毬毰衫等類:

(1) 桑山正進은 '의복은 면직물 상의, 모피 외투, 펠트 상의'로 해석하였고, 정기선은 '의복은 모직으로 만든 윗옷, 가죽구두, 담요, 윗옷 등을 입고'로 한역하였다. 정수일(2004:324)은 '의상은 모직 옷과 가죽 외투, 펠트 웃옷 따위를 입는다.'로 번역하였다.

(2) '衣著㲲布毬皮毰衫等類'에서 '毬'를 우리는 '裘'로 이해하고자 한다. 119행 참조.

(3) '㲲'는 올이 가늘고 고은 모직물을 일컫고, '毰'는 털로 아무 무늬 없이 짠 모직물을 가리킨다.

따라서 우리는 이 문구를 '옷은 모직천 윗옷, 가죽옷, 모포 윗옷 등을 입는다.'로 번역하였다.

2) 別異處多: 羅振玉은 '多' 위에 글자가 빠진 것 같다고 하였다. 그 이유는 '人風大分與罽賓相似。別異處多。(풍습은 대부분 계빈국과 서로 비슷하다. 다른 점도 많다)'의 의미 때문이라고 생각된다. 예를 들면, 범인국의 풍습이 대부분 계빈국과 서로 비슷한데, 다른 점도 '역시' 혹은 '더욱' 많다고 하는 것이 문의에 적합하기 때문이다.

【156】

羅　：縛底耶見今大寔兵馬在彼鎮押其王被其王被逼走向東一月程在蒱

藤田：縛底耶、見今大寔兵馬、在彼鎮押、其王被其王被逼、走向東一月程、在蒱

桑山：縛底耶。見今大寔兵馬。在彼鎮押。其王被其王被逼。走向東一月程。在蒱

張　：縛底耶。見今大寔兵馬。在彼鎮押。其王被其王被逼。走向東一月程。在蒲

정　：縛底耶 見今大寔兵馬 在彼鎮押 其王被其王被逼 走向東一月程 在蒱

박案：縛底耶見今大寔兵馬在彼鎮押其王被其王被逼走向東一月程在蒱

校註

① 縛: 원본 형태는 이다. '縛'이다.

② 耶: 원본 형태는 이다. 성(城)의 이름 '縛底耶'의 '耶'이다. '縛底耶'는 薄佉羅, 婆佉羅, 縛竭羅, 縛底野 등으로도 사용되었다. 이들 이름의 중국 중고음을 살펴보면 다음과 같다.

| | | 성모 | 운모 |
|---|---|---|---|
| 周法高 擬音 | 縛 | b | uɑ |
| | 底 | t | iɛi |
| | 耶 | 0 | ia |
| | 薄 | b | ɑk |
| | 佉 | kʰ | iɑ |
| | 羅 | l | ɑ |
| | 婆 | b | uɑ |
| | 佉 | kʰ | iɑ |
| | 羅 | l | ɑ |
| | 縛 | b | uɑ |
| | 竭 | g | iɑt |
| | 羅 | l | ɑ |
| | 縛 | b | uɑ |
| | 底 | t | iɛi |
| | 野 | 0 | ia |

위의 중고음을 보면, '縛底耶'의 '耶'에 해당하는 '羅'와 '野'가 모두 [ɑ] 음이다. 따라서 를 '耶'로 식자하는 것은 적합하다.

③ 被: 원본 형태는 ( )이다. '枝'와 같은 자형을 보이나, '被'이다. 《왕오천축국전》 필사자는 '皮' 부건을 처럼 두 부분으로 나누어 필사하였다. 이로 인하여, 에서 '皮'의 별(撇)이 없는 것처럼 보인다.

【157】

羅　：持山住見屬大寔所管言音與諸國別共罽賓國少爲相似多分不同衣

藤田：持山住、見屬大寔所管、言音與諸國別、共罽賓、少有相似、多分不同、衣

桑山：特山住。見屬大寔所管。言音与諸國別。共罽賓國少有相似。多分不同。衣

張　：特山住。屬大寔所管。言音與諸國别。共罽賓國少有相似。多分不同。衣

정　：特山住 見屬大寔所管 言音與諸國別 共罽賓國少有相似 多分不同 衣

박案：特山住見属大寔所管言音与諸國別共罽賓國少有相似多分不同衣

校註

① 屬: 원본 자형은 이다. '屬'이다.

② 寔: 원본 자형은 이다. '寔'의 이체자(寔)이다.(小學堂)

③ 諸: 원본 형태는 이다. '諸'이다.

④ 衣: 원본 형태는 이다. 158행의 처음 글자 '着'로 이 글자가 '衣'라는 것은 쉽게 추측할 수 있다.

【158】

羅　: 著皮毬氎布等上至國王下及黎庶皆以皮毬爲上服土地足馳騾羊馬

藤田 : 著皮毬氎布等、上至國王、下及黎庶、皆以皮毬爲上服、土地足馳騾羊馬

桑山 : 着皮毬氎布等。上至國王。下及黎庶。皆以皮毬為上服。土地足駝騾羊馬

張　: 著皮毬氎布等。上至國王。下及黎庶。皆以皮毬爲上服。土地足馳騾羊馬

정　: 着皮毬氎布等 上至國王 下及黎庶 皆以皮毬爲上服 土地足[駝]騾羊馬

박案 : 着皮毬氎布等上至國王下及黎庶皆以皮毬為上䏁土地足馳騾羊馬

校註

① 等: 원본 형태는 이다. 16행 참조.

② 至: 원본 형태는 이다. '至'이다.

③ 黎: 원본 형태는 ()이다. '黎'이다.

④ 毬: 원본 형태는 ()이다. 이 글자의 '求'와 米芾의 행초서체 '求'()와 비슷하다.

⑤ 䏁: 원본 형태는 이다. '服'의 이체자(䏁)이다.(臺灣教育部異體字字典)

【159】

羅　: 氎布蒲桃食唯愛餅土地寒冷冬天霜雪也國王首領及百姓等甚敬三

藤田 : 氎布蒲桃、食唯愛餅、土地寒冷、冬天霜雪也、國王首領及百姓等、甚敬三

桑山 : 氎布蒱桃。食唯愛餅。土地寒冷。冬天霜雪也。國王首領及百姓等。甚敬三

張　: 氎布蒲桃。食唯愛餅。土地寒冷。冬天霜雪也。國王首領及百姓等。甚敬三

정　: 氎布蒱桃 食唯愛餅 土地寒冷 冬天霜雪也 國王首領及百姓等 甚敬三

박案 : 氎布蒱桃食唯愛餅土地寒冷冬天霜雪也國王首領及百姓等甚敬三□

## 校註

① 霜: 원본 형태는 이다. '霜'이다.

② □: 원본 형태는 ()이다. 이것의 앞 글자는 '三'이고, 160행의 첫 글자가 '寶'이기 때문에, 제가(諸家) 역시 이 부분에 대한 언급이 없었다. 이 무엇인지 분별할 수 없다.

【160】

羅　：寶足寺足僧行小乘法食內及慈悲等不事外道男人並剪鬚髮女人在髮土

藤田：寶、足寺足僧、行小乘法、食內及慈悲等、不事外道、男人並剪鬚髮、女人在髮、土

桑山：寶。足寺足僧。行小乘法。食內及慈悲等。不事外道。男人並剪鬚髮。女人在髮。土

張　：寶。足寺足僧。行小乘法。食內及葱韮等。不事外道。男人並剪鬚髮。女人在髮。土

정　：寶 足寺足僧 行小乘法 食內及葱[韮]等 不事外道 男人並剪鬚髮 女人在髮 土

박案：寶足寺足僧行小乘法食內及慈悲等不事外道男人並剪鬚髮女人在髮土

校註

① 內: 원본 형태는 內이다. 羅振玉과 藤田豊八은 잘못 쓴 글자라고 지적하고 있다. 張毅·桑山正進·정수일은 '內'로 식자하고 있지만, 잘못 쓴 글자로서 '肉'으로 이해하는 것이 옳다고 지적하고 있다. '肉'의 행초서체나 이체자 중에 內와 같은 자형은 없다.

食唯餠肉: 163행　　食多餠麨: 184행
食內及葱韮等也: 214-215행　　不食肉也: 216행
不食肉也: 218행

위의 예문으로 살펴보면, 제가(諸家)의 의견처럼 '肉'가 맞다.

② 慈: 원본 형태는 慈이다. 羅振玉과 藤田豊八은 '慈'으로 식자하였다. 桑山正進은 慈으로 식자하였고, 張毅과 정수일은 '葱'으로 식자하였다. '葱'의 이체자(慈)이다. (小學堂) '慈'의 이체자는 慈 慈 慈 慈 慈 慈 慈 慈 慈 慈 慈 등이 있다.

③ 悲: 원본 형태는 悲이다. 羅振玉과 藤田豊八은 '悲'로 식자하였다. 桑山正進과 정수일은 '悲'으로 식자하였고, 張毅은 韮으로 식자하였다. 원본의 글자 형태로 보면, 이 글자는 '悲'이며, '실의하다, 낙담하다, 슬퍼하다, 쓸쓸하다, 섭섭하다'의 뜻이다. '悲'는 '슬프다. 슬퍼하다'의 뜻이다. 문구의 내용을 감안해보면, '悲'는 오자(誤字)이다. 張毅의 의견처럼 韮이 맞으며, 韮는 '韭'의 이체자이다.(臺灣教育部異體字字典)

④ 等: 원본 형태는 等이다. 16행 참조.

【161】

羅　: 地足山 又從吐火羅國西行一月至波斯國此王先管大寔大寔是波斯王放馳

藤田 : 地足山、又從吐火羅國、西行一月、至波斯國、此王先管大寔、大寔是波斯王放馳

桑山 : 地足山。 又從吐火羅國西行一月。至波斯國。此王先管大寔。大寔是波斯王放駝

張　: 地足山。又從吐火羅國。西行一月。至波斯國。此王先管大寔。大寔是波斯王放馳

정　: 地足山 又從吐火羅國西行一月 至波斯國 此王先管 {大寔} 大寔是波斯王放駝

박案 : 地足山 又從吐火羅國西行一月至波斯國此王先管大〻寔〻是波斯王放馳

校註

① 從: 원본 형태는 [illegible]이다. '從'이다.

② 吐: 원본 형태는 [illegible]이다. '吐'이다.

③ 〻: 중문(重文) 표시이다.

# 30 吐火羅國

**又從此犯引國。北行廿日。至吐火羅國王住城。名爲縛底耶。[1] 見今大寔兵馬。[2] 在彼鎭押。其王被其王被逼。[3] 走向東一月程。在蒲特山住。見屬大寔所管。言音與諸國別。共罽賓國少有相似。多分不同。衣著皮毬氎布等。[4] 上至國王。下及黎庶。皆以皮毬爲上服。[5] 土地足駞騾羊馬氎布蒱桃。食唯愛餠。土地寒冷。冬天霜雪也。國王首領及百姓等。甚敬三寶。**

1) 至吐火羅國王住城名爲縛底耶: 이 문구에 대한 제가(諸家)의 끊어 읽기는 다음과 같다.

藤田豊八 : 至吐火羅國王住城、名爲縛底耶
桑山正進 : 至吐火羅國王住城。名爲縛底耶
張　　毅 : 至吐火羅國。王住城名爲縛底耶
정 수 일 : 至吐火羅國 王住城名爲縛底耶

이 문구의 끊어 읽기를 '至吐火羅國王住城。名為縛底耶'로 이해할 것인지, '至吐火羅國。王住城名爲縛底耶'로 이해할 것인지의 문제이다.
《왕오천축국전》에서 '至'는 술어로 사용되었다. '名爲'는 이번 행에서 처음 사용되었고, 다른 곳에서는 '名'이 술어로 '부르다. 이름을 …라고 하다.'로 사용되었다. 이곳의 '名爲'는 '名'을 명사로 '爲'를 동사로 하여 '이름이 …이다.'로 한역하고자 한다. 《왕오천축국전》에서 출현한 '王住' 혹은 '住城' 구문을 보면, 모두 '至…'와 함께 사용되었다.

至中天竺國王住城。名葛那及自: 21행
至西天國王住城: 59행
至胡蜜王住城: 193행

위의 예문을 기초로 하면, '至吐火羅國王住城名爲縛底耶'은 '至吐火羅國王住城, 名爲縛底耶'으로 끊어 읽어야 한다.

2) 見今: 현재. 지금.
3) 其王被其王被逼:
(1) 이 문구에서 '其王被'는 중복된 글자이다.
(2) 在彼鎭押其王被其王被逼: 鄭基先(2000)은 이 문구를 '지금 대식국 병마가 그 곳에서 왕을 진압하고 왕을 감추고 억지로 동쪽으로 한 달간 데려가 포특산에서 산다.'로 한역하였다.
4) 衣著皮毬氎布等皮毬: '衣著皮毬氎布等'에서 '毬'를 우리는 '裘'로 이해하고자 한다. 119행 참조.
5) 羅振玉 張毅(2004:97)은 '皮毬'는 '皮裘'를 잘못 쓴 글자라고 지적하였다. '毬'의 이체자로는 [illegible] 등이 있고, '裘'의 이체자로는 [illegible] 등이 있다.

足寺足僧。行小乘法。食肉及葱韮等。[6] 不事外道。男人並剪鬚髮。女人在髮。[7] 土地足山。

## 30. 토화라국

다시 이 범인국에서 북쪽으로 20일을 가면, 토화라국왕이 머무는 성에 이른다. 이름은 박저야로 부른다. 지금은 대식 군대가 이곳에 주둔하여 관리한다. 그 왕은 강요당하여, 동쪽으로 향하여 한 달 걸리는 곳으로 가, 포특산에 머물렀다. 대식에 속하여 관리되는 것으로 보인다. 말소리는 다른 나라들과 다르고, 계빈국와 서로 비슷한 부분이 다소 있긴 하지만, 많은 부분이 같지 않다. 옷은 가죽옷, 모직천 등을 입는다. 위로는 국왕에 이르기까지 아래로는 서민에까지 모두 가죽을 윗옷으로 한다. 이 땅에는 낙타, 노새, 양, 말, 모직천, 포도가 많다. 음식은 오직 빵을 좋아한다. 이 땅은 춥고 차며, 겨울에는 서리와 눈이 내린다. 국왕과 수령 그리고 백성 등은 삼보를 매우 존경한다. 절도 많고, 승려도 많다. 소승법을 행한다. 고기와 파 부추 등을 먹는다. 외도(外道)를 섬기지 않는다. 남자는 수염과 머리카락을 자르고, 여자는 머리카락이 있다. 이 땅에는 산이 많다.

6) 韮는 韮의 오자(誤字)이다.

7) 男人並剪鬚髮。女人在髮: 이 문구에서 살펴보고자 하는 것은 '在'의 사용이다.

'女人在髮'는 '女人有髮'로 표현되어야 옳은 문장이다. 우리는 이런 오류가 발생한 이유를, 혜초의 모국어인 한국어와 목표언어인 중국어 사이에서 발생한 중간언어 현상으로 판단하였다. 중국어의 '有'와 '在'는 모두 한국어에서 '있다'와 대응을 이루는 동사이다.

(1) 중국어 '有'는 동사용법으로 사용되며, '가지다, 있다'의 소유의미를 갖는다. 이후 '존재하다, 획득하다, 점유하다, 발생하다' 등의 의미로 확대되었다.

(2) 중국어 '在'는 동사용법으로 사용되며, '존재하다, 생존하다'의 의미를 갖는다. 이후 '…에 거주하다, …에 처하다. …에 남아있다. …에 속하다' 등의 의미로 확대되었다. 또한 장소 · 시간 · 범위 · 위치 등을 나타내는 어휘와 함께 '~에 있다'의 의미로 사용된다.

우리는 '女人在髮'의 문장오류가 발생한 이유를 Selinker(1972)가 제안한 '중간언어의 5개의 주요과정' 가운데, '부정적 언어전이'와 '목표언어 패턴의 과도일반화'에서 연유한 것으로 분석하였다. '女人在髮'은 혜초의 모국어인 한국어에서 하나의 문법항목으로 표현되는 '있다'를 이와 대비하는 두 개의 중국어 문법항목 '有'와 '在'를 과도하게 일반화 시키면서 나타난 중간언어 현상이라 할 수 있다. 즉 한국어에서는 한 개의 문법항목으로 사용되는 어휘가 목표언어(중국어)에서 두 개의 문법항목으로 분리되어 표현되는 것으로, 모국어인 한국어가 목표언어인 중국어로 전이되는 과정에서 나오는 부정적 전이이다. 170행의 "女人亦著寬衫。男人剪髮在鬚。女人在髮", 188-190행의 "此國男人剪鬚髮。女人在髮。"의 '女人在髮'도 같은 중간언어 현상의 어구이다.

【162】

羅　：戶於後叛便煞彼王自立爲主然今此國却被大寔所呑衣舊著寬氎布衫

藤田：戶、於後叛、便煞彼王、自立爲主、然今此國、却被大寔所呑、衣舊著寬氎布衫、

桑山：戶。於後叛。便殺彼王。自立為主。然今此國。却被大寔所呑。衣舊着寬氎布衫。

張　：户。於後叛。便煞彼王。自立爲主。然今此國。却被大寔所呑。衣舊著寬氎布衫

정　：戶 於後叛 便煞彼王 自立爲主 然今此國 却被大寔所呑 衣舊着寬氎布衫

박案：戶於後叛便煞彼王自立為主然今此國却被大寔所呑衣舊著寬氎布衫

### 校註

① 後: 원본 형태는 ( )이다. '後'의 행초서체이다( ).[1]

② 叛: 원본 형태는 ( )이다. '叛'의 행초서체( )이다.[2]

③ 煞: 원본 형태는 이다. '殺'의 이체자(煞)이다.

④ 舊: 원본 형태는 이다. '舊'이다.

1) 智永의 행초서체. 漢典書法 참조.

2) 智永의 행초서체. 漢典書法 참조.

【163】

羅　: 剪鬚髮食唯餅肉縱然有米亦磨作餅喫也土地出騗騾羊馬出高大

藤田 : 剪鬚髮、食唯餅肉、縱然有米、亦磨作餅喫也、土地出騗騾羊馬、出高大

桑山 : 剪鬚髮。食唯餅肉。縱然有米。亦磨作餅喫也。土地出駝騾羊馬。出高大

張　: 剪鬚髮。食唯**餅**肉。**縱**然有米。亦磨作**餅**喫也。土地出騗騾羊馬。出高大

정　: 剪[鬚髮] 食唯餅肉 縱然有米 亦磨作餅喫也 土地出駝騾羊馬 出高大

박案 : 剪鬚髮食唯餅肉縱然有米亦磨作餅喫也**土**地出騗騾羊馬出高大

### 校註

① 有: 원본 형태는 이다. '有'이다.

② 米: 원본 형태는 이다. '米'이다.

③ 餅: 원본 형태는 ()이다. '餠'이다.

**【164】**

羅　：驢氈布寶物言音各別不同餘國土地人性受與易常於西海汎舶入南海

藤田：驢氈布寶物、言音各別、不同餘國、土地人性、受與易、常於西海汎舶、入南海、

桑山：驢氈布寶物。言音各別。不同餘國。土地人性。愛興易。常於西海汎舶入南海。

張　：驢氈布寶物。言音各別。不同餘國。土地人性。受與易。常於西海汎舶入南海。

정　：驢氈布寶物 言音各別 不同餘國 土地人性 [愛興]易 常於西海汎舶入南海

박案：驢氈布寶物言音各別不同餘國土地人性受與易常於西海汎舶入南[海]

校註

① 驢: 원본 형태는 ■이다. '驢'의 행초서체이다(■).[3)]

② 不: 원본 형태는 ■이다. '不'의 행초서체이다(■).[4)]

③ 受: 원본 형태는 ■이다. '愛'를 잘못 쓴 것이다. 125행 참조.

④ 興: 원본 형태는 ■이다. 藤田豊八는 '與'로 식자하고, '貿'를 잘못 쓴 것이라고 지적하였다. ■는 '興'이다. 122행 참조.

⑤ 常: 원본 형태는 ■이다. '常'이다.

⑥ 汎: 원본 형태는 ■이다. '汎'이다.

⑦ [海]: 원본 형태는 ■이다. 《왕오천축국전》에서 7번 출현하였다.

傍海(■)西北: 172행
北至北海(■): 189행
巨海(■)凍: 196행

'海'가 맞다.

3) 王羲之의 행초서체. 漢典書法 참조.
4) 王羲之의 행초서체. 漢典書法 참조.

向師子國取諸寶物所以彼國云出寶物亦向崑崙國取金亦汎舶漢地直

【165】

羅　: 向師子國取諸寶物所以彼國云出寶物亦向崑崙國取金亦汎舶漢地直

藤田 : 向師子國、取諸寶物、所以彼國云出寶物、亦向崑崙國取金、亦汎舶漢地、直

桑山 : 向師子國取諸寶物。所以彼國云出寶物。亦崑崙國取金。亦汎舶漢地。直

張　: 向獅子國取諸寶物。所以彼國云出寶物。亦向崑崙國取金。亦汎舶漢地。直

정　: 向師子國取諸寶物 所以彼國云出寶物 亦向崑崙國取金 亦汎舶漢地 直

박案 : 向师子國取諸寶物。所以彼國云出寶物。亦向崑崙國取金。亦汎舶漢地。直

### 校註

① 取: 원본 형태는 이다. '取'이다.

② 汎: 원본 형태는 이다. '汎'이다.

【166】

羅　: 至廣州取綾絹絲綿之類土地出好細疊國人愛煞生事天不識佛法

藤田 : 至廣州、取綾絹絲綿之類、土地出好細疊、國人愛煞生、事天、不識仏法、

桑山 : 至廣州。取綾絹絲綿之類。土地出好細疊。國人愛殺生。事天不識仏法。

張　: 至廣州。取綾絹絲綿之類。土地出好細疊。國人愛煞生。事天。不識仏法。

정　: 至廣州 取綾絹絲綿之類 土地出好細疊 國人愛煞生 事天不識佛法

박案 : 至廣州取綾絹絲綿之類土地出好細疊國人愛煞生事天不識仏法

校註

① 綾: 원본 형태는 ()이다. '綾'의 이체자(綾)이다.(臺灣教育部異體字字典)

② 絹: 원본 형태는 이다. '絹'의 행초서체()이다.[5]

③ 類: 원본 형태는 이다. '類'이다.

④ 愛: 원본 형태는 이다. '愛'이다. 164행 참조.

⑤ 仏: 원본 형태는  이다. '佛'의 이체자(仏)이다.(小學堂)

5) 陸柬之의 행초서체. 漢典書法 참조.

# 31 波斯國

又從吐火羅國。西行一月。至波斯國。此王先管大大寔寔[1]是波斯王放駝戶。[2] 於後叛。便殺彼王。自立爲主。然今此國。却被大寔所呑。衣舊著寬氎布衫。剪鬚髮。食唯餅肉。縱然有米。[3] 亦磨作餅喫也。土地出駝騾羊馬。出高大驢氎布寶物。言音各別。不同餘國。土地人性。受興易。[4] 常於西海汎舶入南海。向師子國取諸寶物。所以彼國云出寶物。[5] 亦向崑崙國取金。[6] 亦汎舶漢地。直至廣州。取綾絹絲綿之類。土地出好細疊。國人愛

1) 大大寔寔: 중문(重文)이다. '…大寔。大寔…'이다.
2) 放駝戶: 張毅(1994:101)은 '放'은 '牧'을 잘못 쓴 것이라고 지적하고 있다. 우리는 '放'의 의미에 '가축을 데리고 들판에 나가 풀을 먹이다'의 의미가 있기 때문에, 특별히 '牧'으로 인식할 필요는 없다고 생각한다.
3) 縱然: '即使'의 의미로서 '설령…하더라도'라고 해석한다.
4) 受興易: '愛興易'이다.
愛興易: '興易'는 '경영하여 이익을 구한다.'의 의미로 사용되어, 교역(交易)과 무역(貿易)과 비슷한 말이다. 예를 들면, 《敦煌變文集 · 大目乾連冥間救母變文》: "昔佛在世时，弟子厥號目連…於一時間，欲往他國興易。"(옛날에 부처가 세상에 있을 때 목련이라고 하는 제자가 있었다. … 어느 날 다른 나라로 나가 장사를 하고 싶었다.)는 구문이 있다. 蔣禮鴻은 이를 "《目連緣起》稱目連'偶自一日，欲往經營，先至堂前，白於慈母：兒擬外州經營求財，侍奉尊親。'據此，'興易'就是經營求利。"(《目連緣起》에서 목련이 '어느 날 장사가 하고 싶었다. 우선 안채로 가서 어머니께 고하기를, 아들은 외지로 나가 장사를 하고 재물을 모아서 부모님을 봉양하고자 합니다.'라고 하였다. 이로써 근거할 때, '興易'는 장사하여 이익을 구하다의 뜻이다.)라고 해석하였다.
5) 云出의 云은 아주 많은 것을 비유할 때 사용한다. 예를 들면, 云從은 따르는 자가 매우 많다는 비유이고, 云会는 마치 구름이 모인 것 같이 매우 많다는 비유이다. 云涛는 파도가 거센 것 같이, 구름이 많은 것을 표현한다. 따라서 云出는 매우 많이 생산되다/나온다는 의미이다.
6) 向師子國取諸寶物…亦向崑崙國取金: 두 문구에서 보이는 '向'은 중국어의 근대한어(近代漢語)에서 문법의미가 비교적 복잡한 전치사라고 蔣紹愚 · 曹廣順(2005:169)은 소개하고 있다. '向'의 용법 중에서 동작 행위의 소재지를 소개하거나, 동작 행위의 발생지를 소개하는 문법의미는 근대한어(近代漢語)에서만 보이고, 명 · 청(明 · 淸) 시기에는 소실되었다고 한다.(蔣紹愚 · 曹廣順(2005:171)). 《近代漢語語法史硏究綜述》참조)
高田時雄(1992)는 '向'을 '在'의 의미로 해석하여, '…에서'로 해석하기도 한다.(高田時雄. 1992. 慧超《往五天竺國傳》の言語と敦煌寫本の性格」. 桑山正進(편.).《慧超往五天竺國傳》. 京都: 京都大學人文科學硏究所. 197-212.)
중국어의 전치사는 동사에서 파생되어 문법화 과정을 거친 것이 대부분 일 것이다. 문제는 두 문구의 '向'의 의미를 살펴보면, 아직도 동사의 의미가 소실되지 않았다. 다시 말하자면, '向'을 전치사로 분석하여, '…으로/…으로 향하여'로 해석하여도 되지만, 동사로 분석하여, '…향하여 가다'로 해석하여도 된다. 우리는 후자를 선택하고자 한다. 167행의 '向小拂臨國住也'의 '向'의 해석도 마찬가지이다.

煞生。事天。不識佛法。

## 31. 파사국

또 토화라국에서 서쪽으로 한 달을 가면, 파사국(페르시아)에 이른다. 이 왕은 먼저 대식국을 지배하였다. 대식국은 파사국의 왕의 낙타를 방목하는 사람들이었다. 그 후에 반란을 일으켜 그 왕을 죽이고, 스스로 주인이 되었다. 그래서 지금 이 나라는 오히려 대식국에 병합되어 버렸다. 옷은 예로부터 헐렁한 모직천 상의를 입었다. 수염과 머리카락을 깎는다. 오직 빵과 고기만 먹는다. 설령 쌀이 있을지라도, 또한 갈아서 빵을 만들어 먹는다. 이 땅에서는 낙타, 노새, 양, 말이 나오고, 큰 당나귀와 모직천, 보물이 나온다. 말소리는 서로 다르며, 다른 나라와 같지 않다. 이 땅의 사람들의 성품은 경영을 하여 이익을 추구하는 것을 좋아한다. 자주 서해에서 큰 배를 띄워, 남해로 가고, 사자국(스리랑카)으로 행하여 가서, 많은 보물을 취하였다. 그래서 그 나라에서 많은 보물이 나온다고 말한다. 또한 곤륜국에 가서 금을 취한다. 역시 중국으로 배를 띄워, 곧바로 광주(廣州)까지 이르러, 무늬 있는 비단, 무늬 없는 비단, 실, 솜 등을 취한다. 이 땅에서는 좋은 가는 모직물이 나온다. 이 나라 사람들은 살생을 좋아한다. 하늘을 섬기고, 불법을 알지 못한다.

又從波斯國北行十日入山至大寔國彼王住不本國見向小拂臨國住也為
打得彼々國復居山島處所極牢為此就彼土地出駝騾羊馬疊布毛毯
亦有寶物衣著細疊寬衫々上又披一疊布以為上服王及百姓衣服一種無別
女人亦著寬衫男人剪髮在鬚女人在髮吃食無問貴賤共同一盆而
食手把亦匙筋取見極惡云自手殺而食得福無量國人愛殺事天
不識仏法國法無有跪拜法也　又小拂臨國傍海西北即是大拂臨
國此王兵馬強多不屬餘國大寔數迴討擊不得突厥侵亦不得土
地足寶物甚足駝騾羊馬疊布等物衣著與波斯大寔相似言
音各別不同　又從大寔國已東並是胡國即是安國曹國史國石騾
米國康國中雖各有王並屬大寔所管為國狹小兵馬不多不能自
護土地出駝騾羊馬疊布之類衣著疊衫袴等及皮毬言音不同
諸國　又此六國總事火祆不識仏法唯康國有一寺有一僧又不解敬也
此等胡國並剪鬢髮愛著白氎帽子極惡風俗婚姻交雜納母及

【167】

羅　: 又從波斯國北行十日入山至大寔國彼王住不本國見向小拂臨國住也爲

藤田 : 又從波斯國、北行十日、入山至大寔國、彼王住不本國、見向小拂臨住也、爲

桑山 : 又從波斯國北行十日入山。至大寔國。彼王不住本國。見向小拂臨國住也。為

張　: 又從波斯國。北行十日入山至大寔國。彼王住不本國。見向小拂臨國住也。爲

정　: 又從波斯國北行十日入山 至大寔國 彼王[不住]本國 見向小拂臨國住也 爲

박案 : 又從波斯國北行十日入山至大寔國彼王住不夲國見向小拂臨國住也為

校註

① 至: 원본 형태는 이다. '至'이다.

② 不: 원본 형태는 이다. '不' 옆에 ✔표시가 있다. 바로 앞의 '住'과 바뀌었다는 표시이다.

③ 夲: 원본 형태는 이다. '本'의 이체자(夲)이다.

④ 臨: 원본 형태는 ()이다. '臨'이다.

【168】

羅　：打得彼國彼國復居山島處所極罕爲此就彼土地出駞騾羊馬疊布毛毿

藤田：打得彼國、彼國復居山島、處所極罕、爲此就彼、土地出駞騾羊馬疊布毛毿、

桑山：打得彼國。彼國復居山島。處所極窄。為此就彼。土地出駝騾羊馬疊布毛毯。

張　：打得彼彼國國復居山島。處所極窄。爲此就彼。土地出駞騾羊馬疊布毛毬。

정　：打得[彼國 彼國]復居山島 處所極窄 為此就彼 土地出駝騾羊馬疊布毛毯

박案：打得彼〻國〻復居山鳥霻所極窄為此就彼土地出駞騾羊馬疊布毛

校註

① 〻: 중문(重文) 표시이다.

② 霻: 원본 형태는 이다. '處'이다.

③ 窄: 원본 형태는 이다. 羅振玉과 藤田豊八은 '罕'로 식자하였다. '窄'가 맞다. '窄'의 이체자이다.(小學堂)

④ 為: 원본 형태는 이다. '為'의 행초서체()이다.[1]

⑤ 就: 원본 형태는 이다. 《왕오천축국전》에 보이는 부건 '尤'의 형태가 있다. '就'이다.

⑥ 駞: 원본 형태는 이다. '駝'의 이체자(駞)이다.(小學堂)

⑦ : 원본 형태는 ()이다. 羅振玉은 毿으로, 藤田豊八은 毿으로, 桑山正進은 毯으로, 張毅는 毬으로, 정수일은 毯로 식자하였다. 이 글자의 바로 앞 글자는 '毛'이다. 《왕오천축국전》에서 '毛'와 함께 사용되는 글자를 찾아보면 다음과 같다.

毛毯(): 89행
毛毯()牛羊: 90행
衣著毛褐()皮裘: 108행
爲著毛褐(): 110-111행
毛毬()之類: 186행

위의 구문으로 보면, 이 글자가 '毬'로 추측이 될 수도 있으나, 와 의 자형은 많이 다르다.

의 자형을 보면, 정확하게 식자가 되는 부분은 '毛' 부건이고, 의 변(邊)의 부건 중에

1) 王羲之의 행초서체. 漢典書法 참조.

'米' 혹은 '木'과 비슷한 자형이 보인다. 이를 근거로 '毛'와 '米' 혹은 '木' 부건이 있는 한자를 찾아보면, 毬, 毯, ⿰毛米, ⿰毛束, ⿰毛罙, ⿹勹⿰毛米, ⿰毛宗, ⿰毛彔, ⿰毛⿱穴米, ⿰毛朮, ⿰毛录, ⿰毛系 등이 있다.

毬는 '球'과 같으며. '공'이다. 毯는 담요이다. ⿰毛米는 '鞠'와 같으며, 옛날 유희용으로 사용한 '가죽 공'이다. '⿰毛束'는 《康熙字典》에 보면, '氍毹'으로 '모직물 담요'이다. '⿰毛罙'는 '鞠'의 이체자이며, 따라서 '⿰毛米'와도 관련이 있으며, '가죽 공'이다. ⿹勹⿰毛米는 '鞠'의 이체자이며, 옛날 유희용으로 사용한 '가죽 공'이다. ⿰毛宗은 돼지나 말의 목등의 긴 털을 가리키다. ⿰毛彔는 ⿰非毛와 같고, 억센 털을 가리킨다. ⿰毛⿱穴米, ⿰毛朮, ⿰毛录, ⿰毛系은 그 의미를 찾기가 쉽지 않다.

이 글자들의 의미로 보면, '담요'(毯, ⿰毛束)나 '공'(毬, ⿰毛米, ⿰毛罙, ⿹勹⿰毛米) 그리고 '털'(⿰毛宗, ⿰毛彔) 중의 하나일 것으로 추측된다. 식자하기 어렵다.

【169】

羅　：亦有寶物衣著細疊寬衫衫上又披一疊布以爲上服王及百姓衣服一種無別

藤田：亦有寶物、衣著細疊寬衫、衫上又披一疊布、以爲上服、王及百姓衣服、一種無別、

桑山：亦有寶物。衣着細疊寬衫。衫上又披一疊布。以為上服。王及百姓衣服。一種無別

張　：亦有寶物。衣著細疊寬衫。衫上又披一疊布。以爲上服。王及百姓衣服。一種無別。

정　：亦有寶物 衣着細疊寬衫 衫上又披一疊布 以爲上服 王及百姓衣服 一種無別

박案：亦有寶物衣著細疊寬衫々上又披一疊布以為上肥王及百姓衣肥一種無別

校註

① 々: 중문(重文) 표시이다.

② 肥: 원본 형태는 [illegible]이다. '服'이다.

③ 種: 원본 형태는 [illegible]([illegible])이다. '種'이다.

④ 無: 원본 형태는 [illegible]이다. '無'이다.

【170】

羅　：女人亦著寬衫男人剪髮在鬚女人在髮喫食無問貴賤共同一盆而

藤田：女人亦著寬衫、男人剪髮在鬚、女人在髮、喫食無問貴踐、共同一盆、而

桑山：女人亦着寛衫。男人剪髮在鬚。女人在髮。喫食。無問貴賤。共同一盆而

張　：女人亦著寬衫。男人剪髮在鬢。女人在髮。喫食無問貴賤。共同一盆而

정　：女人亦着寬衫 男人剪髮在[鬚] 女人在髮 喫食無問貴賤 共同一盆而

박案：女人亦著寬衫男人剪髮在鬚人女在髮喫食無問貴賤共同一盆而

校註

① 女: 원본 형태는 이다. '女' 옆에 ✔표시가 있다. 바로 뒤의 '人'과 바뀌었다는 표시이다.

② 問: 원본 형태는 이다. '問'의 행초서체()이다.[2]

③ 賤: 원본 형태는 이다. '賤'이다. 藤田豊八은 '踐'으로 식자하였지만, '賤'이 맞다.

④ 盆: 원본 형태는 이다. '盆'의 행초서체()이다.[3]

2) 智永의 행초서체. 漢典書法 참조.

3) 敬世江의 행초서체. 漢典書法 참조.

**【171】**

羅　: 食手把亦匙箸取見極惡云自手煞而食得富無量國人愛煞事天

藤田 : 食手把、亦匙箸取、見極惡、云自手煞而食、得富無量、國人愛煞事天、

桑山 : 食。手把。亦匙筯取。見極惡。云自手殺而食。得福無量。國人愛殺事天。

張　: 食。手把亦匙筋取。見極惡。云自手煞而食。得福無量。國人愛煞事天。

정　: 食 手[亦把]匙[筋]取 見極惡 云自手煞而食 得福無量 國人愛煞事天

박案 : 食手把亦匙筯取見極惡云自手煞而食得福無量國人愛煞事天

### 校註

① 亦: 원본 형태는 이다. '亦'이다.

② 筯: 원본 형태는 이다. '箸'의 이체자이다.(小學堂)

③ 惡: 원본 형태는 ()이다. '惡'의 행초서체()이다.[4]

④ 無: 원본 형태는 이다. '無'이다.

⑤ 愛: 원본 형태는 ()이다. '愛'의 행초서체()이다.[5]

4) 智永의 행초서체. 漢典書法 참조.

5) 敬世江의 행초서체. 漢典書法 참조.

【172】

羅　: 不識佛法國法無有跪拜法也 又小拂臨國傍海西北即是大拂臨

藤田 : 不識仏法、國法無有跪拜法也、又小拂臨國、傍海西北、即是大拂臨

桑山 : 不識仏法。國法無有跪拜法也。 又小拂臨國傍海西北。即是大拂臨

張　: 不識仏法。國法無有跪拜法也。又小拂臨國。傍海西北。即是大拂臨

정　: 不識仏法 國法無有跪拜法也 又小拂臨國傍海西北 卽是大拂臨

박案 : 不識仏法國法無有跪拜法也 又小拂臨國傍海西北即是大拂臨

校註

① 識: 원본 형태는 이다. '識'이다.

② 仏: 원본 형태는 이다. '佛'의 이체자(仏)이다.(小學堂)

③ 西: 원본 형태는 이다. '西'이다.

# 32 大寔國

**又從波斯國。北行十日入山。至大寔國。彼王住不本國。1) 見向小拂臨國住也。2) 爲打得彼彼國復居山島。3) 處所極牢。爲此就彼。土地出駝騾羊馬**

1) 彼王住不本國: 彼王不住本國이다.
彼王不住本國: 桑山正進은 '그 왕은 자신들이 원래 있던 나라에 살지 않고'로 해석하였고, 정기선(2000)은 '그 곳 왕은 본국에 살지 않고'로 한역하였다. 정수일(2004:360)은 '대식국 왕은 본국에 살지 않고'로 한역하였다. 우리는 이 문구를 '이 왕은 본국에 살지 않고'로 번역하였다.

2) 見向小拂臨國住也:
(1) 이 문구의 한국어 해석을 살펴보면, 정기선(2000)은 '소불림국에 가서 산다.'로 한역하였고, 정수일(2004:360)은 '소불림국에 가서 살기는 하는데'로 해석하였다. 桑山正進은 '현재는 소블림국에 살고 있다.'로 해석하였다.
(2) 우리는 이 문구의 해석은 그 다음 문구와 관련이 있다고 생각된다. 그 다음 문구는 '爲打得彼國(이 나라를 싸워서 얻기 위해서)'이다. 다시 말하자면, 아직 '소불림국'을 싸워서 얻은 것은 아니다. 따라서 비록 지금과 같이 나라와 나라 사이의 국경선의 경계가 명확하지는 않았겠지만, 대식국의 왕이 '소불림국'에 벌써 가서 사는 것은 아닐 것이라 추측된다. 따라서 우리는 이 문구를 '소불림국을 향하여 가서 머무는 것을 보았다/소불림국을 가까운 곳에서 바라보며 머무는 것을 보았다.'로 해석하고자 한다. '向'에 대한 해석은 31. 波斯國(파사국)의 해석 참조.
(3) 向:《왕오천축국전》에서 向은 5번 사용되었다.

誰爲向林飛(58행): 누가 신라(鷄林)을 향하여 날아갈까!
向南爲道路險惡(123행): 남으로 가면 길이 험악하고
走向東一月程(156행): 동쪽으로 향하여 한 달 걸리는 곳으로 갔는데
向師子國取諸寶物(165행): 사자국으로 향하여 가서, 많은 보물을 가져온다.

위의 예문처럼《왕오천축국전》의 '向'은 '…으로 향하다. …을 향해 있다. 나아가다.'라는 의미의 동사로 해석된다.

3) 爲打得彼彼國國復居山島:
(1) 爲打得彼彼國國: '打得彼國。彼國復居山島'이다.
(1) 이 문구의 끊어 읽기에 대한 제가(諸家)의 의견은 다음과 같다.

羅 振 玉 : 打得彼國彼國復居山島
藤田豊八 : 打得彼國、彼國復居山島、
桑山正進 : 打得彼國。彼國復居山島。
張　　毅 : 打得彼彼國國復居山島。
정 수 일 : 打得[彼國 彼國]復居山島

위의 끊어 읽기 형태를 보면, 藤田豊八과 桑山正進은 '彼國。彼國'으로 두 문구로 나누었다. 張毅(1994:114)과 정수일(2004:363)은 앞의 '彼國'는 '打得彼國'로 해석하고, 뒤의 '彼國'은 필요 없이 덧붙여진 것이라고 하고 있다.

(2) 우리의 분석은 다음과 같다.

① 《왕오천축국전》의 원문에 '彼'와 '國'에 확실히 중문(重文) 표시가 되어있다. 《왕오천축국전》에서 중문(重文) 표시가 있는 곳은 다음과 같다.

但抽田子一石與王。王自遣人運將: 29행
綏綏報云: 32행
浮雲颯颯歸: 57행
漸漸有山: 66행
常被中天及迦葉彌羅國屢屢所吞: 67행
即見餅飯從水下紛紛亂上: 94행
上至國王至國王王妃王子: 96행
亦不問王。王亦不敢遮: 100행
此國舊是罽賓王王化: 117행
王王妃王子首領等。各各造寺: 124행
各各造寺: 127행
足寺足僧。僧稍多於俗人也: 133-134행
名沙糸寺。寺中貝仏螺髻骨舍利: 145행
此王先管大寔。大寔是波斯王放駝: 161행
衣著細疊寬衫。衫上又披一疊布: 169행

위의 예문을 보면, 중문(重文)되는 글자가 한 구문 안에 속하는 것으로는 32, 57, 66, 67, 94, 96, 117, 124, 127행이 있다. 그리고 비록 중문(重文)이 되는 글자이지만, 한 구문에 속하지 않는 것으로는 29, 100, 133, 145, 161, 169행이 있다. 따라서 이번 행의 '彼彼國國(彼國彼國)' 중문(重文) 현상도 필요 없이 덧부친 것으로 분석되기 보다는, 정상적인 구문으로 분석되는 것이 옳다고 생각한다. 따라서 원문의 '彼彼國國'는 '彼國彼國'로 읽는 것이 옳다.

② 앞의 '彼國'의 문장구조를 보면, '打得'의 목적어가 되어 '打得(술어)+彼國(목적어)' 구조로 '이 나라를 쳐서 얻다.'가 된다.

③ 뒤의 '彼國'을 주어로 볼 것인지(藤田豊八과 桑山正進의 의견), 잘못 쓴 글자로 보고 해석을 하지 않을 것인지(張毅와 정수일의 의견)를 분석하는 것이 이 문구 해석의 관건이다. 먼저, '彼國'을 주어로 생각하는 관점에서 이 문구를 분석하면, '居'는 자동사로 '술어'의 역할을 담당한다. '復'는 부사와 동사의 역할이 있는데, 우리는 '돌아가다'의 의미로 분석하였다. 따라서 '이 나라는 산도에 돌아가 거주하였다.'로 해석이 된다. 사실, '復'을 부사로 해석하여도 의미상으로는 큰 차이가 없다.

④ '彼國復居山島'에서 '彼國'는 어느 나라일까? 바로 소불림국이다. 다시 말하자면, 대식국의 왕이 소불림국을 침략하려고(爲打得彼國), 소불림국(彼國) 주변에 머물고 있는 것이다(向小拂臨國住). 그래서 소불림국(彼國)이 '山島'로 돌아가서 머물게 된 것이다.

⑤ 따라서 이 문장은 '彼王不住本國, 見向小拂臨國住也。爲打得彼國。彼國復居山島, 處所極牢, 爲此就彼。'와 같이 '彼國復居山島, 處所極牢, 爲此就彼'를 하나의 문맥으로 보아야한다. '處所極牢, 爲此就彼'에서 '處所'는 어느 곳을 가리키는가? 바로 '山島'를 말하는 것이다. '爲此就彼'에서 '此'과 '彼'는 무엇을 말하는 것일까? '此'는 대식국이 소불림국을 침략해서 얻기 위해서 소불림국 주변에 와 있기에 山島로 피신해 온 사건을 말한다. 그리고 '彼'는 '山島'을 가리킨다.

⑥ 정수일(2004:361) 역시 '그 나라는 산도에서도 산다.'로 해석이 되기 때문에, '彼國'을 주어로 보면 안된다는 의견을 제시하였다. 張毅(1994:114) 역시 '彼國復居山島'으로 해석하면 문맥이 잘 이해가 되지 않는다고 했지만, '彼國復居山島' 문구만을 문맥의 단위로 보지 않고, '彼國復居山島, 處所極牢, 爲此就彼。'을 한 문맥으로 보면, 문구의 이해에는 문제가 없다.

⑦ 참고로, '山島'에 대한 이해는 '섬 비슷한 곳', '아라비아 반도의 메디나 방면', '키프로스나 소아시아',

疊布毛毯。亦有寶物。衣著細疊寬衫。衫上又披一疊布。以爲上服。[4] 王及百姓衣服。一種無別。女人亦著寬衫。男人剪髮在鬚。女人在髮。喫食。無問貴賤。共同一盆而食。手把。亦匙箸取。[5] 見極惡。云自手殺而食。得

'동로마 섬들' 등이 있다. 우리는 산도(山島)로 해석하였다.
따라서 우리는 이 문구를 '이 나라를 싸워서 얻기 위해서이다. 이 나라는 산도(山島)에 돌아가 거주하였는데'로 번역하고자 한다.

4) 以爲: 삼는다. …이 되다.

5) 共同一盆而食。手把。亦匙筯取: 이 문구에 대한 제가(諸家)의 해석은 다음과 같다.

藤田豊八 : 共同一盆、而食手把、亦匙箸取、
桑山正進 : 共同一盆而食。手把。亦匙筯取。
張　　毅 : 共同一盆而食。手亦把匙筯取。
정 수 일 : 共同一盆而食 手[亦把]匙[筯]取

藤田豊八은 '共同一盆、而食手把、亦匙箸取'로 끊어 읽기를 했고, 桑山正進은 '共同一盆而食。手把。亦匙筯取'로 끊어 읽기를 하여 '식사할 때에는 귀천의 구분 없이 접시 하나를 같이 쓰며 먹는다. 손으로 집거나 수저나 젓가락을 쓰기도 한다.'로 해석하였다. 張毅와 정수일은 '共同一盆而食。手亦把匙筯取'로 이 문구를 이해하였다. 정수일(2004:360)은 '다 같이 한 그릇에서 먹는다. 손에 숟가락과 젓가락도 들었다.'로 한역하였다. 정기선(2000)은 '공동으로 한 대야에 두어 먹으며 손으로 수저로 먹는 모양이 아주 험하다.'로 번역하였다. 우리는 이 문구를 桑山正進와 같이 '共同一盆而食。手把。亦匙筯取'로 분석한다.

(1) 먼저 藤田豊八의 '…。而食…' 구문에 대해서 살펴보면, '…而…'로 이루어진 구문은 다음과 같다.

惣用土鍋煮飰而食: 28행
在地而坐: 34행
所以依山而住: 67행
於泉水邊有一塔。而仏所剃頭及剪爪甲:80-81행
國人悉皆穿地作坑而臥: 109-110행
逐涼而坐: 140행
九箇王各領兵馬而住: 203행
惣來遶王四面而坐: 31행
依山作城而住: 66행
得色得力而已: 78-79행
以氈帳而居: 106행
大河北岸而置: 128행
暖而不寒: 141행

이 가운데 '…而+동사…'로 이루어진 구문을 살펴보면, 모두 '而' 앞에서 끊어 읽기를 하지 않는다(28, 31, 34, 66, 67, 106, 109-110, 128, 140, 203행). 따라서 藤田豊八의 끊어 읽기는 맞지 않다.

(2) 張毅와 정수일의 분석으로, 원문의 '手把亦匙筯取'를 '手亦把匙筯取'로 해석하였다. 이런 유형으로 분석을 하려면, 첫 번째는 필사자가 의도하지 않게 실수로 순서를 바꾸어 써서 이를 교정하는 '✔' 표시가 있으면 좋은데, 원문에는 그런 표시가 존재하지 않는다. 두 번째는 원문대로 하면 문구의 이해에 문제가 있어서, 어쩔 수 없이 수정을 해야 한다는 것이다. 그렇다면, 張毅와 정수일는 왜 '亦把'로 이해하고자 했을까? 우리가 추측하건데, 張毅와 정수일은 '把'를 동사술어로 해석하고자 하지 않았을까 생각해본다. 만약 우리의 추측이 옳다고 한다면, 이 문장의 구조는 '手(주어)+亦(부사어)+把(동사술어1)+匙筯(명사구)+取(동사술어2)'로 문법에 적합한 문장이 된다. 참고로, 148행의 '自把部落兵馬'에서 '把' 역시 동사용법으로 사용되었다. 한 가지 더 분석을 해야 하는 것은 '亦'이다. '亦'은 주로 '또한'의 문법의미를 가지고 있어, 앞의 문구에

福無量。國人愛殺。事天。[6)] 不識佛法。國法無有跪拜法也。

## 32. 대식국

다시 파사국에서 북쪽으로 열흘을 가서 산으로 들어가면, 대식국(아랍)에 이른다. 이 왕은 본국에

이어서 무엇을 더 첨가한다는 의미이다.

(3) 桑山正進의 분석처럼 '共同一盆而食。手把。亦匙箸取'을 원문 그대로 해석하는 방법이다. 우리는 이 방법을 선택한다. 왜냐하면, 해석상에 전혀 문제가 없기 때문이다. 예를 들면, 대식국 사람들이 식사할 때 함께 한 그릇에 먹는다(共同一盆而食). 그 음식은 손으로 쥐기도 하고(手把), 또는 숟가락이나 젓가락으로 먹기도 한다(亦匙箸取). 이처럼 원문 문구의 해석에 있어서 전혀 어색한 부분이 없다.
따라서 이 문장은 '共同一盆而食。手把。亦匙箸取。'로 끊어 읽고, '手(명사구)+把(동사술어)+(목적어 생략)+亦(부사어)+匙箸(명사구)+取(동사술어2)+(목적어 생략)'으로 문법구조가 분석이 된다. 우리는 이 문구를 '함께 한 그릇으로 먹는다. 손으로 쥐기도 하고, 또는 숟가락이나 젓가락으로 취하기도/먹기도 한다.'로 한역하고자 한다. 桑山正進의 의견이 옳다.

6) 見極惡。云自手殺而食。得福無量。國人愛殺。事天。不識佛法。:

(1) 國人愛殺。事天: 이 문구를 제가(諸家)들은 아래와 같이 끊어 읽기를 하였다.

藤田豊八 : 國人愛煞事天、不識仏法、
桑山正進 : 國人愛殺事天。不識仏法。
張　　毅 : 國人愛煞事天。不識仏法。
정 수 일 : 國人愛煞事天 不識仏法

제가(諸家) 모두 '國人愛煞事天。不識仏法'와 같이 끊어 읽기를 했으나, 우리는 '國人愛殺。事天。不識佛法'이 옳다고 생각한다. 왜냐하면, 이 나라 사람들이 살생을 좋아하고(國人愛殺), 하늘을 섬긴다(事天)는 두 가지 사실 묘사가 한 문구 안에 포함되는 것보다는 하늘을 섬기지만(事天), 불법을 모른다(不識佛法)는 두 가지 종교에 관련된 사실 묘사가 한 문맥으로 이어지는 것이 문맥의 의미상 더 잘 어울리기 때문이다.

(2) 見極惡。云自手殺而食: 이 문구에 대한 이해를 살펴보면, 藤田豊八은 '접시 하나를 공용하여 먹는다. 매우 꼴사납다.'로 해석하였고, 정수일(2004:360)은 '다 같이 한 그릇에서 먹는다. 손에 숟가락과 젓가락도 들었으나, 보기에 매우 흉하다.'로 한역하였다. 정기선(2000)은 '공동으로 한 대야에 두어 먹으며 손으로 수저로 먹는 모양이 아주 험하다.'로 번역하였다. 桑山正進은 '식사할 때에는 귀천의 구분 없이 접시 하나를 같이 쓰며 먹는다. 손으로 집거나 수저나 젓가락을 쓰기도 한다. (이것은) 대단히 모양새가 좋지 않다. 자기 손으로 죽인 것을 먹으면 복을 한없이 얻는다고 한다. 이 나라 사람들은 살생을 즐긴다.'로 해석하였다. 이 번역을 보면, '見極惡'를 앞의 문구 '喫食。無問貴賤。共同一盆而食。手把。亦匙箸取'와 연결하여 해석한 것을 알 수 있다.
우리는 이 해석에 문제를 제기하고자 한다. 1) 함께 한 그릇에 손으로 밥을 먹는 것이 흉하거나, 그렇게 꼴사납거나, 험한 일일까? 지금의 현대사회와는 비교할 수 없지만, 승려 혜초(慧超:704~787)가 인도를 여행하던 720 년경의 환경에 이런 행위가 정말로 그렇게 흉했을까? 2) 따라서 '見極惡'이 그 뒤의 문구 '云自手殺而食。得福無量'와 해석되어야 하는 것이 아닐까? 다시 말하자면, 혜초께서 매우 흉한 것을 보았는데, 그것이 바로 '스스로 죽인 것을 먹어야, 무한한 복을 얻는다.'는 이상한 생각과 그로 인한 행동이다. 그래서 이 나라 사람들은 살생을 좋아한다는 것이다. 이에 우리는 이 문구를 '매우 흉한 것을 보았는데, 스스로 죽인 것을 먹어야, 무한한 복을 얻는다고 말한다.'고 해석하였다.

살지 않고, 소불림국을 (가까운 곳에서) 바라보며 머무는 것을 보았다. 이 나라를 싸워서 얻기 위해서이다. 이 나라는 산도(山島)에 돌아가 거주하였는데, 그 처소가 아주 견고하다. 이 때문에 그 곳(山島)에 갔다. 이 땅에는 낙타, 노새, 양, 말, 모직천, 毛毯이 나온다. 역시 보물이 있다. 옷은 가는 모직물로 만든 헐렁한 윗옷을 입는다. 윗옷 위에는 또 모직천 하나를 걸쳐서, 윗옷으로 한다. 왕과 백성의 옷은 한 가지로서 서로 다르지 않다. 여자도 역시 헐렁한 윗옷을 입는다. 남자는 머리카락은 자르는데, 수염은 있다. 여자는 머리카락이 있다. 먹는 것은 귀천을 따지지 않고 함께 한 그릇으로 먹는다. 손으로 쥐기도 하고, 또는 숟가락과 젓가락으로 (음식을) 취한다. 매우 흉한 것을 보았다. 스스로 죽인 것을 먹어야 무한한 복을 얻는다고 말한다. 이 나라 사람들은 살생을 좋아하고, 하늘을 섬기며 불법을 모른다. 나라의 법에는 무릎을 꿇고 예배하는 법이 없다.

【173】

羅　: 國此王兵馬强多不屬餘國大寔數迴討擊不得突厥侵亦不得土

藤田 : 國、此王兵馬强多、不屬餘國、大寔數迴討擊不得、突厥侵亦不得、土

桑山 : 國。此王兵馬強多。不屬餘國。大寔數廻討擊不得。突厥侵亦不得。土

張　: 國。此王兵馬强多。不屬餘國。大寔數迴討擊不得。突厥侵亦不得。土

정　: 國 此王兵馬强多 不屬餘國 大寔數廻討擊不得 突厥侵亦不得 土

박案 : 國此王兵馬強多不属餘國大寔數廻討擊不得安厥侵亦不得土

校註

① 此: 원본 형태는 ()이다. 잘못 쓴 글자 위에 수정한 것이다. '此'이다.

② 王: 원본 형태는 ()이다. 잘못 쓴 글자 위에 수정한 것이다. '王'이다.

③ 兵: 원본 형태는 ()이다. 잘못 쓴 글자 위에 수정한 것이다. '兵'이다.

④ 強: 원본 형태는 이다. '强'의 이체자(強)이다.(小學堂)

⑤ 寔: 원본 형태는 이다. '寔'이 이체자(寔)이다.(小學堂)

⑥ 數: 원본 형태는 이다. '數'이다.

⑦ 侵: 원본 형태는 이다. '侵'이다. 63행 참조.

【174】

羅　：地足寶物甚足馳騾羊馬疊布等物衣著與波斯大寔相似言

藤田：地足寶物、甚足馳騾羊馬疊布等物、衣著與波斯大寔相似、言

桑山：地足寶物。甚足駝騾羊馬疊布等物。衣着与波斯大寔相似。言

張　：地足寶物。甚足馳騾羊馬疊布等物。衣著與波斯大寔相似。言

정　：地足寶物 甚足駝騾羊馬疊布等物 衣着與波斯大寔相似 言

박案：地足寶物甚足馳騾羊馬疊布等物衣着与波斯大寔相似言

校註

① 足: 원본 형태는 이다. '足'이다.

② 等: 원본 형태는 이다. '等'의 행초서체()이다.[1]

1) 智永의 행초서체. 漢典書法 참조.

【175】

羅　: 音各別不同 又從大寔國已東並是胡國卽是安國曹國史國石騾

藤田 : 音各別不同、又從大寔國已東、並是胡國、即是安國、曹國、史國、石騾

桑山 : 音各別不同。 又從大寔國已東並是胡國。即是安國。曹國。史國。石騾

張　: 音各别不同。又從大寔國已東。並是胡國。即是安國。曹國。史國。石騾

정　: 音各別不同 又從大寔國已東 並是胡國 卽是安國 曹國 史國 石騾

박案 : 音各別不同 又從大寔國已東並是胡國即是安國曺國史國石騾

**校註**

① 即: 원본 형태는 [illegible]이다. '即'이다.

② 曺: 원본 형태는 [illegible]이다. '曹'의 이체자(曺)이다.(小學堂)

# 33 大拂臨國

又小拂臨國傍海西北。即是大拂臨國。此王兵馬强多。不屬餘國。大寔數迴討擊不得。突厥侵亦不得。土地足寶物。甚足駝騾羊馬疊布等物。衣著與波斯大寔相似。言音各別不同。

### 33. 대불림국

다시 소불림국에서 바다 가까이 서북쪽은 바로 대불림국이다. 이 나라 왕의 군대는 아주 많이 강하다. 다른 나라에 예속되지 않았다. 대식국(아랍)이 수차례 정벌을 시도하였으나 얻지 못하였다. 돌궐이 침입하였어도 역시 얻지 못하였다. 이 땅은 보물이 풍족하고, 낙타, 노새, 양, 말, 모직 천 등의 물건들이 매우 풍족하다. 옷 모양새는 파사국, 대식국과 서로 비슷하다. 말소리가 각각 다르고 같지 않다.

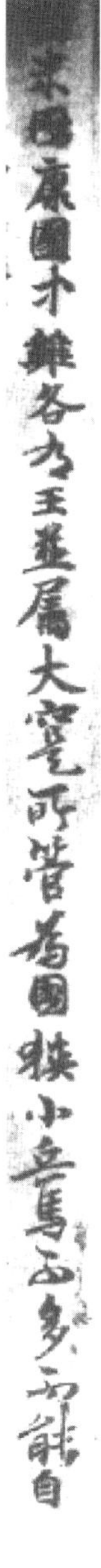

【176】

羅　：國米國康國中雖各有王並屬大寔所管爲國狹小兵馬不多而能自

藤田：國、米國、康國、中雖各有王、並屬大寔所管、爲國狹小、兵馬不多、而能自

桑山：國。米國。康國等。雖各有王。並屬大寔所管。為國狭小。兵馬不多。不能自

張　：國。米國。康國等。雖各有王。並屬大寔所管。爲國狹小。兵馬不多。不能自

정　：國 米國 康國等 雖各有王 並屬大寔所管 爲國狹小 兵馬不多 不能自

박案：國米國康國等雖各有王並属大寔所管為國狭小兵馬不多不熊自

校註

① 等: 원본 형태는 [자형]이다. 羅振玉과 藤田豊八은 '中'으로 식자하였다. 智永의 '中'의 행초서체 중에 [자형] 유형이 있어서 이렇게 식자한 듯하다. '等'의 행초서체([자형])이다.[1]

② 属: 원본 형태는 [자형]이다. '屬'이다.

③ 不: 원본 형태는 [자형]이다. 《왕오천축국전》에서 '不'는 95번, '而'는 16번 사용하였다. 羅振玉·藤田豊八는 '而'로 식자하였고, 桑山正進·張毅·정수일은 '不'로 식자하였다. '而'과 '不'의 예를 보면, 다음과 같다.

云自手煞而([자형])食: 171행
九箇王各領兵馬而([자형])住: 203행
暖而不([자형])寒: 141행
彼王住不([자형])本國: 167행
不([자형])屬餘國: 173행
又不([자형])解敬也: 178행

위의 예문의 원문 자형을 보면, [자형]는 '不'가 맞다.

④ 熊: 원문 형태는 [자형]이다. '能'의 이체자(熊)이다.(臺灣教育部異體字字典)

1) 智永의 행초서체. 漢典書法 참조.

【177】

羅　：護土地出馳騾羊馬疊布之類衣著疊衫袴帶及皮毬言音不同

藤田：護、土地出馳騾羊馬疊布之類、衣著疊衫袴帶及皮毬、言音不同

桑山：護。土地出駝騾羊馬疊布之類。衣着疊衫袴等及皮毬。言音不同

張　：護。土地出馳騾羊馬疊布之類。衣著疊衫袴等及皮毬。言音不同

정　：護 土地出駝騾羊馬疊布之類 衣着疊衫袴等及皮毬 言音不同

박案：護圡地出馳騾羊馬疊布之類衣着疊衫袴等及皮毬言音不同

校註

① 護: 원본 형태는 이다. '護'이다.

② 騾: 원본 형태는 이다. '騾'의 행초서체()이다.[2)]

③ 着: 원본 형태는 이다. '著'의 이체자이다.(臺灣教育部異體字字典)

④ 等: 원본 형태는 이다. 羅振玉 · 藤田豊八는 '帶'로 식자하였다. '等'의 행초서체()이다.[3)]

⑤ 毬: 원본 형태는 ()이다. '毬'이다.

⑥ 同: 원본 형태는 이다. '同'이다.

2) 智永의 행초서체. 漢典書法 참조.

3) 智永의 행초서체. 漢典書法 참조.

【178】

羅　: 諸國 又此六國總事火祆不識佛法唯康國有一寺有一僧又不解敬也

藤田 : 諸國、又此六國總事火祆、不識佛法、唯康國有一寺、有一僧、又不解敬也、

桑山 : 諸國。又此六國。惣事火祆。不識仏法。唯康國有一寺。有一僧。又不解敬也。

張　: 諸國。又此六國惣事火祆。不識仏法。唯康國有一寺。有一僧。又不解敬也。

정　: 諸國 又此六國 惣事火祆 不識佛法 唯康國有一寺 有一僧 又不解敬也

박案 : 諸國 又此六國惣事火祆不識仏法/唯康國有一寺有一僧又不解敬也

**校註**

① 此: 원본 형태는 이다.

② 惣: 원본 형태는 이다. '總'의 이체자이다.(臺灣教育部異體字字典)

③ 唯: 원본 형태는 이다. '唯'이다.

【179】

羅　：此中胡國並剪鬚髮愛著白氎帽子極惡風俗婚姻交雜納母及

藤田：此中胡國、並剪鬚髮、愛著白氎帽子、極惡風俗、婚姻交雜、納母及

桑山：此等胡國。並剪鬚髮。愛着白氎帽子。極悪風俗。婚姻交雜。納母及

張　：此等胡國。並剪鬚髮。愛著白氎帽子。極惡風俗。婚姻交雜。納母及

정　：此等胡國 並剪[鬚髮] 愛着白氎帽子 極惡風俗 婚姻交雜 納母及

박案：此等胡國並剪鬚髮愛着白氎帽子極惡風俗婚姻交雜納母及

### 校註

① 等: 원본 형태는 寸이다. 羅振玉과 藤田豊八은 '中'으로 식자하였다. '等'이다. 176행 참조.

② 着: 원본 형태는 着이다. '著'의 이체자이다.(臺灣教育部異體字字典)

③ 帽: 원본 형태는 帽이다. '帽'의 행초서체(帽)이다.[4]

④ 極: 원본 형태는 極이다. '極'이다.

⑤ 惡: 원본 형태는 惡이다. '惡'이다.

⑥ 婚: 원본 형태는 婚(婚)이다. '婚'의 이체자(婚)이다.(臺灣教育部異體字字典)

⑦ 姻: 원본 형태는 姻이다. '姻'의 행초서체(姻)이다.[5]

⑧ 納: 원본 형태는 納이다. '納'이다.

4) 文征明의 행초서체. 漢典書法 참조.

5) 米芾의 행초서체. 漢典書法 참조.

姉妹為妻波斯國亦納母為妻其吐火羅國乃至罽賓國犯引國謝
䫻國兄弟十人五人三人兩人共娶一妻不許各娶一婦恐破家計
又從康國已東即跋賀那國有兩王縛叉大河當中西流河南一王屬大
寔河北一王屬突厥所管土地亦出駝騾羊馬疊布之類衣著皮裘疊
布食多餅麨言音各別不同餘國不識佛法無有寺舍僧尼
又跋賀那國東有一國名骨咄國此王元是突厥種族當土百姓半胡半
突厥土地出駝騾羊馬牛驢蒲桃疊布毛毯之類衣著疊布皮裘
言音半吐火羅半突厥半當土王及首領百姓等敬信三寶有寺有僧行
小乘法此國屬大寔所管外國雖云道國共漢地一箇大州相似此國男女
剪鬚髮女人在髮　又從此胡國已北北至北海西至西海東至漢國已
北總是突厥所住境界此等突厥不識佛法無寺無僧衣著皮毬
氈衫以蟲為食亦無城郭住處氈帳為屋行住隨身隨逐水草男
人並剪鬚髮女人在頭言音与諸國不同國人愛煞不識善惡土地足駝騾

【180】

羅　：姉妹爲妻波斯國亦納母爲妻其吐火羅國仍至罽賓國犯引國謝

藤田：姉妹爲妻、波斯國亦納母爲妻、其吐火羅國、乃至罽賓國犯引國謝

桑山：姉妹為妻。波斯國亦納母為妻。其吐火羅國。乃至罽賓國。犯引國。謝

張　：姉妹爲妻。波斯國亦納母爲妻。其吐火羅國。乃至罽賓國。犯引國。謝

정　：姉妹爲妻 波斯國亦納母爲妻 其吐火羅國 乃至罽賓國 犯引國 謝

박案：姉妹為妻波斯國亦納母為妻其吐火羅國乃至罽賓國犯引國謝

校註

① 姉: 원본 형태는 ()이다. '姉'는 '姊'의 이체자이다.(小學堂)

② 至: 원본 형태는 이다. '至'이다.

【181】

羅　: 颶國中兄弟十人五人三人兩人共娶一妻不許各娶一婦恐破家計

藤田 : 颶國中、兄弟十人五人三人兩人、共娶一妻、不許各娶一婦、恐破家計、

桑山 : 颶國等。兄弟十人五人三人兩人。共娶一妻。不許各娶一婦。恐破家計。

張　: 颶國等。兄弟十人五人三人兩人。共娶一妻。不許各娶一婦。恐破家計。

정　: 國等 兄弟十人五人三人兩人 共娶一妻 不許各娶一婦 恐破家計

박案 : 颶國等兄弟十人五人三人兩人共娶一妻不許各娶一婦恐破家計

校註

① 等: 원본 형태는 이다. '等'의 행초서체이다.

② 兄: 원본 형태는 이다. '兄'의 행초서체()이다.[6]

③ 一妻: 원본 형태는 ()이다. '一妻'이다. 29행 참조.

④ 娶: 원본 형태는 이다. 《왕오천축국전》에서 '取'는 모두 이 글자의 부건 '取'와 같은 자형을 취하였다. 예를 들면, (166행), (171행)이다.

⑤ 恐: 원본 형태는 이다.

6) 智永의 행초서체. 漢典書法 참조.

## 34 安國，曹國，史國，石騾國，米國，康國

又從大寔國已東並是胡國。即是安國。曹國。史國。石騾國。米國。康國等。雖各有王。並屬大寔所管。爲國狹小。兵馬不多。不能自護。土地出駝騾羊馬疊布之類。衣著疊衫袴等及皮毬。[1] 言音不同諸國。又此六國。總事火祆。不識佛法。唯康國有一寺。有一僧。又不解敬也。[2] 此等胡國。並剪鬚髮。愛著白毬帽子。[3] 極惡風俗。[4] 婚姻交雜。納母及姊妹爲妻。[5] 波斯國亦納母爲妻。其吐火羅國。乃至罽賓國。犯引國。謝䫻國等。兄弟十人五人三人兩人。共娶一妻。不許各娶一婦。恐破家計。

### 34. 안국, 조국, 사국, 석라국, 미국, 강국

또 대식국으로부터 동쪽은 바로 호국이다. 안국(부하라), 조국(카부단), 사국(킷쉬), 석라국(타슈켄트), 미국(펜지켄트), 강국(사마르칸트) 등이다. 비록 각각 왕이 있지만, (모두) 대식에 속하여 관리된다. 나라가 협소하고 군대가 많지 않아서, 스스로 지킬 수 없다. 이 땅에서는 낙타, 노새, 양, 말, 모직 천 등이 생산된다. 옷은 모직 천 윗옷과 바지 등과 가죽 외투를 입는다. 말소리는 다른 나라와 같지 않다. 또 이 여섯 나라는 모두 조로아스터교를 섬기며, 불법을 모른다. 유일하게 강국(康國)에만 절이 하나 있고, 승려가 한 명 있다. 그러나 예법을 이해하지 못한다. 이 호국들에서는 수염과 머리카락을 자르고, 하얀색 가죽 모자를 쓰는 것을 좋아한다. 지극히 악한 풍습이 있는데, 혼인을 뒤섞어서 하며, 어머니와 자매를 받아들여 아내로 삼는다. 파사국 역시 어머니를 받아들여 처로 삼는다. 이 토화라국과 계빈국, 범인국, 사율국에 이르기 까지, 형제 열 명이나, 다섯 명이나, 세 명이나, 두 명이나, 함께 한 명의 아내를 취한다. 각자가 한 명의 아내를 취하는 것을 허락하지 않는다. 집안 살림이 파탄 나는 것을 두려워해서이다.

1) 衣著疊衫袴等及皮毬: '皮毬'의 '毬'를 우리는 '裘'로 이해하고자 한다. 119행 참조.
2) 又不解敬也: 정기선(2000)은 '공경할 줄은 모른다.'로 한역하였고, 정수일(2004:373)은 '또한 (불법을) 해득하여 경신하려고 하지 않는다.'로 해석하였다. 桑山正進은 '178 (그러나 사람들은) 어떻게 (삼보를) 공경해야 할지를 모른다.'로 해석하였다.
3) 愛著白毬帽子: '白毬'의 '毬'를 우리는 '裘'로 이해하고자 한다. 119행 참조.
4) 極惡風俗: '風俗極惡'가 옳은 표현이다.
5) 納母及姊妹爲妻: 이 문구의 문형은 '納…爲…'이다.

【182】

羅　: 又從康國已東卽跋賀舵國又兩王縛又大河當中西流河南一王屬大

藤田 : 又從康國已東、即跋賀舵國、又兩王、縛又大河、當中西流、河南一王屬大

桑山 : 又從康國已東。即跋賀那國。有兩王。縛叉大河當中西流。河南一王屬大

張　: 又從康國已東。即跋賀郍國。有兩王。縛叉大河當中西流。河南一王屬大

정　: 又從康國已東 卽跋賀那國 有兩王 縛叉大河當中西流 河南一王屬大

박案 : 又從康國已東即跋賀舡國有兩王縛叉大河當中西流河南一王属大

校註

① 跋: 원본 형태는 이다. '跋'이다. 《왕오천축국전》에서 부건은 모두 이와 같이 쓰였다. 예를 들면, (髮)과 같다.

② 舡: 원본 형태는 이다. '那'의 이체자(舡)이다.(臺灣教育部異體字字典)

③ 有: 원본 형태는 이다. 羅振玉은 '又'라고 식자하고, '有'를 잘못 쓴 글자라고 하였다. 잘못 쓴 글자가 아니고, '有'의 행초서체()이다.[1]

④ 兩: 원본 형태는 이다. '兩'이다.

⑤ 叉: 원본 형태는 이다. 제가(諸家) 모두 '又'로 식자한다. 이 글자는 '縛又大河' 중의 글자이다. 張毅는 '縛又大河'에서 '又'가 '叉'라고 서술하였다. 《西域記》에서는 '縛叉'를 '縛芻'라고 하였다. 중국 중고음(中古音)을 살펴보면 다음과 같다.

| | | 성모 | 운모 |
|---|---|---|---|
| 周法高 擬音 | 縛 | b | uɑ |
| | 又 | j | iəu |
| | 叉 | tʂʰ | a |
| | 芻 | tʂʰ | iuo |

정수일(2004:393)은 발하나의 한복판을 관통하여 서쪽으로 흐르는 강은 아무다리야 강(Amu Darya, 阿姆河)이 아니라 시르다리야 강(Sir Darya, 錫爾河)인데, 혜초가 혼동하여 아무다리야 강으로 적었고, 또 시르다리야 강의 고명(古名)은 '락사르테스(Laxartes)'이라고 서술하고 있다. 위의 중고음(中古音)으로 보면, 張毅의 의견처럼 '縛叉'가 맞다. 음역(音譯)으로 보면, '縛芻'보다 '縛叉'가 원음에 더 가깝다.

1) 智永의 행초서체. 漢典書法 참조.

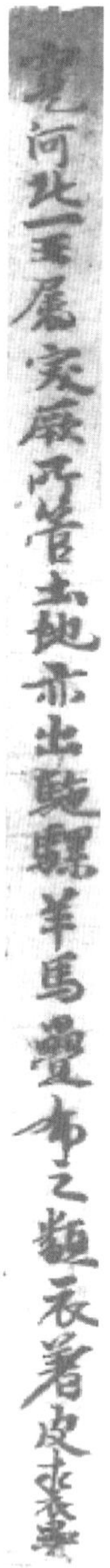
寔河北一王屬安厥所管土地亦出駞騾羊馬疊布之類衣着皮裘疊

【183】

羅 : 寔河北一王屬突厥所管土地亦出駞騾羊馬疊布之類衣著皮裘疊

藤田 : 寔、河北一王屬突厥所管、土地亦出駞騾羊馬疊布之類、衣著皮裘疊

桑山 : 寔。河北一王屬突厥所管。土地亦出駝騾羊馬疊布之類。衣着皮裘疊

張 : 寔。河北一王屬突厥所管。土地亦出駞騾羊馬疊布之類。衣著皮裘疊

정 : 寔 河北一王屬突厥所管 土地亦出駝騾羊馬疊布之類 衣着皮毬疊

박案 : 寔河北一王属安厥所管土地亦出駞騾羊馬疊布之類衣着皮裘疊

校註

① 寔: 원본 형태는 寔이다. '寔'의 이체자이다.(小學堂)

② 安: 원본 형태는 安이다. '突'의 이체자(安)이다. 106행 참조.

③ 厥: 원본 형태는 厥이다. '厥'이다.

④ 疊: 원본 형태는 疊이다. '疊'이다.

【184】

羅　：布食多餅麨言音各別不同餘國不識佛法無有寺舍僧尼

藤田：布、食多餅麪、言音各別、不同餘國、不知仏法、無有寺舍僧𡰥、

桑山：布。食多餅麨。言音各別。不同餘國。不識仏法。無有寺舍僧尼。

張　：布。食多餅麨。言音各别。不同餘國。不識仏法。無有寺舍僧尼。

정　：布 食多餅麨 言音各別 不同餘國 不識仏法 無有寺舍僧尼

박案：布食多餅麨言音各別不同餘國不識仏法無有寺舍僧𡰥

校註

① 麨: 원본 형태는 麨(麨)이다. 羅振玉은《慧超往五天竺國傳校錄札記》에서는 麪으로 식자하였고,《慧超往五天竺國傳殘卷》에서는 '麨'으로 식자하였다. 羅振玉은《慧超往五天竺國傳校錄札記》에서 '麨'가 맞다고 서술하였다. '麨'의 이체자(麨)이다.(《敦煌俗字典》(2005:45)) '麨'의 다른 이체자로는 [illegible] 등이 있다.

② 餘: 원본 형태는 餘이다. '餘'이다.

③ 仏: 원본 형태는 仏이다. '佛'의 이체자이다.

④ 𡰥: 원본 형태는 𡰥이다. '尼'의 이체자이다.(小學堂)

# 35 跋賀那國

又從康國已東。即跋賀那國。有兩王。縛叉大河當中西流。河南一王屬大寔。河北一王屬突厥所管。土地亦出駝騾羊馬疊布之類。衣着皮裘疊布。食多餅麨。言音各別。不同餘國。不識佛法。無有寺舍僧尼。

### 35. 발하나국

또 강국(사마르칸드)에서 동쪽은 발하나국(페르가나)이다. 두 명의 왕이 있다. 시르다리야 강(縛叉大河)은 한 중간에서 서쪽으로 흐른다. 강의 남쪽의 한 명의 왕은 대식에 속한다. 강의 북쪽의 한 명의 왕은 돌궐에 속하여 관리된다. 이 땅 역시 낙타, 노새, 양, 말, 모직 천 등이 나온다. 옷은 가죽 옷과 모직 천을 입는다. 빵과 미숫가루를 많이 먹는다. 말소리는 서로 각각 다르고, 다른 나라와 같지 않다. 불법을 알지 못하고, 절도 없고, 승려와 여승도 없다.

【185】

羅　：又跋賀舥國東有一國名骨咄國此王元是突厥種族當土百姓半胡半

藤田：又跋賀舥國東有一國、名骨咄國、此王元是突厥種族、當土百姓、半胡半

桑山：又跋賀那國東有一國。名骨咄國。此王元是突厥種族。當土百姓。半胡半

張　：又跋賀鄁國東有一國。名骨咄國。此王元是突厥種族。當土百姓。半胡半

정　：又跋賀那國東有一國 名骨咄國 此王元是突厥種族 當土百姓 半胡半

박案：又跋賀舥國東有一國名骨咄國此王元是安厥種族當土百姓半胡半

### 校註

① 舥: 원본 형태는 이다. '那'의 이체자(舥)이다.(臺灣教育部異體字字典)

② 此: 원본 형태는 이다. '此'이다.

③ 種: 원본 형태는 이다. '種'이다.

④ 族: 원본 형태는  이다. '族'의 이체자(族)이다.(臺灣教育部異體字字典)

【186】

羅　: 突厥土地出駞騾羊馬牛驢蒲桃疊布毛毯之類衣著疊布皮裘

藤田 : 突厥、土地出駞騾羊馬牛驢蒲桃疊布毛毯之類、衣著疊布皮裘、

桑山 : 突厥。土地出駝騾羊馬牛驢蒲桃疊布毛毬之類。衣着疊布皮裘。

張　: 突厥。土地出駞騾羊馬牛驢蒲桃疊布毛毯之類。衣著疊布皮裘。

정　: 突厥 土地出駝騾羊馬牛驢蒲桃疊布毛毬之類 衣着疊布皮[裘]

박案 : 𥦬厥土地出駞騾羊馬牛驢蒲桃疊布毛毬之類衣着疊布皮裘

校註

① 𥦬: 원본 형태는 이다. '突'의 이체자(𥦬)이다.(臺灣教育部異體字字典)

② 駞: 원본 형태는 이다. '駝'의 이체자(駞)이다.(小學堂)

③ 驢: 원본 형태는 이다. '驢'의 행초서체()이다.[1]

④ 桃: 원본 형태는 이다. '桃'이다.

⑤ 裘: 원본 형태는 이다. '裘'이다.

1) 王羲之의 행초서체. 漢典書法 참조.

【187】

羅　：言音半吐火羅半突厥半當土王及首領百姓大敬信三寶有寺有僧行

藤田：言音半吐火羅、半突厥、半當土、王及首領百姓、大敬信三寶、有寺有僧、行

桑山：言音半吐火羅。半突厥。半當土。王及首領百姓等。敬信三寶。有寺有僧。行

張　：言音半吐火羅半突厥。半當土。王及首領百姓等敬信三寶。有寺有僧。行

정　：言音半吐火羅半突厥半當土 王及首領百姓等 敬信三寶 有寺有僧 行

박案：言音半吐火羅半安厥半當土王及首領百姓等敬信三寶有寺有僧行

校註

① 等: 원본 형태는 이다. '等'이다. '等'의 행초서체()이다.[2] 羅振玉와 藤田豊八은 '大'로 식자하였다.

2) 智永의 행초서체. 漢典書法 참조.

【188】

羅　：小乘法此國屬大寔所管外國雖云道國共漢地一個大州相似此國男女

藤田：小乘法、此國屬大寔所管、外國雖云道國、共漢地一箇大州相似、此國男女

桑山：小乗法。此國屬大寔所管。外國雖云道國。共漢地一箇大州相似。此國男女

張　：小乘法。此國屬大寔所管。外國雖云道國。共漢地一箇大州相似。此國男女

정　：小乘法 此國屬大寔所管 外國雖云道國 共漢地一箇大州相似 此國男[人]

박案：小乗法此國属大寔所管外國錐云道國共漢地一箇大州相似此國男女

### 校註

① 乗: 원본 형태는 이다. '乘'의 이체자(乗)이다.(小學堂)

② 寔: 원본 형태는 이다. '寔'의 이체자(寔)이다.(小學堂)

③ 錐: 원본 형태는 이다. '雖'의 이체자(錐)이다.(小學堂)

④ 共: 원본 형태는 이다. '共'이다.

⑤ 箇: 원본 형태는 이다. '個'의 이체자(箇)이다.

【189】

羅　: 剪鬚髮女人在髮 又從此胡國已北北至北海西至西海東至漢國已

藤田 : 剪鬚髮、女人在髮、又從此胡國已北、北至北海、西至西海、東至漢國已

桑山 : 剪鬚髮。女人在髮。 又從此胡國已北。北至北海。西至西海。東至漢國已

張　: 剪鬢髮。女人在髮。又從此胡國已北。北至北海。西至西海。東至漢國。已

정　: 剪[鬚髮] 女人在髮 又從此胡國已北 北至北海 西至西海 東至漢國 已

박案 : 剪鬚髮女人在髮 又從此胡國已北至北海西至西海東至漢國已

校註

① 剪: 원본 형태는 ()이다. '剪'이다.

② 鬚: 원본 형태는 이다. '鬚'이다.

③ 髮: 원본 형태는 이다. '髮'이다.

④ : 중문(重文) 표시이다.

# 36 骨咄國

又跋賀那國東有一國。名骨咄國。此王元是突厥種族。當土百姓。半胡半突厥。土地出駝騾羊馬牛驢蒱桃疊布毛毬之類。衣著疊布皮裘。言音半吐火羅。半突厥。半當土。王及首領百姓等。敬信三寶。有寺有僧。行小乘法。此國屬大寔所管。外國雖云道國。共漢地一個大州相似。[1] 此國男女剪鬚髮。女人在髮。[2]

## 36. 골탈국

또 발하나국 동쪽에 나라가 하나 있는데, 골탈국이라고 부른다. 이 왕은 원래 돌궐 종족이다. 토착민은 반은 호족이고 반은 돌궐족이다. 이 땅에서는 낙타, 노새, 양, 말, 소, 당나귀, 포도, 모직 천, 가죽 옷 등이 나온다. 옷은 모직 천과 가죽 옷을 입는다. 말소리는 반은 토화라 언어이고, 반은 돌궐 언어이며, 반은 토착 언어이다. 왕 그리고 수령, 백성 등은 삼보를 공경한다. 절도 있고, 승려도 있다. 소승법을 행한다. 이 나라는 대식에 속하여 관리된다. 외국에서는 비록 '나라'라고 말하지만, 중국의 큰 주(州) 하나와 서로 비슷하다. 이 나라의 남자는 수염과 머리카락을 자르고, 여자는 머리카락이 있다.

1) 共: …와

2) 此國男女剪鬚髮。女人在髮: 羅振玉은 여자는 머리카락이 있기 때문에, '此國男女剪鬚髮' 문구에서 '女'는 의미가 없는 문구라고 말하고 있다. 張毅(1994:133)는 '此國男女剪鬚髮' 문구에서 '女'는 '人'을 잘못 쓴 것이라고 서술하고 있다. 143행 '男人並剪鬚髮。女人髮在。', 160행 '男人並剪鬚髮。女人在髮。' 그리고 170행 '男人剪髮在鬚。女人在髮。'에 동일한 문구가 사용되었다. 따라서 張毅(1994:133)의 의견처럼 '男人'을 '男女'로 오기한 것이라고 생각된다.

**【190】**

羅　：北總是突厥所住境界此等突厥不識佛法無寺無僧衣著皮毬

藤田：北、總是突厥所住境界、此等突厥不識仏法、無寺無僧、衣著皮毬

桑山：北。惣是突厥所住境界。此等突厥不識仏法。無寺無僧。衣着皮毬

張　：北惣是突厥所住境界。此等突厥不識仏法。無寺無僧。衣着皮毬

정　：北惣是突厥所住境界 此等突厥不識佛法 無寺無僧 衣着皮毬

박案：北惣是突厥所住境界此等突厥不識仏法無寺無僧衣着皮毬

### 校註

① 等: 원본 형태는 이다. '等'이다.

② 無: 원본 형태는 이다. '無'이다.

【191】

羅　：氈衫以虫爲食亦無城郭住處氈帳爲屋行住隨身隨逐水草男

藤田：氈衫､以虫爲食､亦無城郭住處､氈帳爲屋､行住隨身､隨逐水草､男

桑山：氈衫。以宍為食。亦無城墎住處。氈帳為屋。行住随身。随逐水草。男

張　：氈衫。以蟲爲食。亦無城墎住處。氈帳爲屋。行住隨身。隨逐水草。男

정　：氈衫 以[宍]爲食 亦無城廓住處 氈帳爲屋 行住隨身 隨逐水草 男

박案：氈衫以虫為食亦無城墎住處氈帳為屋行住随身随逐水草男

**校註**

① 氈: 원본 형태는 氈(氈)이다.

② 虫:원본 형태는 虫이다. 羅振玉・藤田豊八・張毅는 '虫'(蟲)으로 식자하고, 桑山正進와 정수일은 '宍'으로 식자하였다. '宍'은 '肉'의 이체자이며, '肉'의 다른 이체자로는 肉宍宜肉肉肉囝宍肉肉肉月등이 있다. '虫'은 '蟲'의 이체자이며, '蟲'의 다른 이체자로는 蟲虫虫虫蟲虫蟲 등이 있다. '虫'이 맞다.
王邦維(1995:72)은 虫을 '肉'의 이체자로 식자하였다. 그렇지만,《왕오천축국전》의 다른 곳에서 출현하는 '肉'은 모두 정확하게 식자가 가능한 '肉'인데, 이번 글자는 원래의 글자 위에 다시 쓴 글자 같다고 서술하고 있다.

③ 墎: 원본 형태는 墎이다. '郭'의 이체자(墎)이다.(小學堂)

③ 帳: 원본 형태는 帳이다. '帳'이다.

④ 屋: 원본 형태는 屋이다. '屋'이다. '尸'의 아래(底) '至'는《왕오천축국전》에서 보이는 '至 '와 동일하다.

⑤ 身: 원본 형태는 身이다. '身'의 행초서체(身, 身)이다.[1]

⑥ 草: 원본 형태는 草이다. '草'의 행초서체(草)이다.[2]

1) 智永, 孫過庭의 행초서체. 漢典書法 참조.

2) 智果의 행초서체. 漢典書法 참조.

【192】

羅　: 人並剪鬚髮女人在頭言音與諸國不同國人愛煞不識善惡土地足馳騾

藤田 : 人並剪鬚髮、女人在頭、言音與諸國不同、國人愛煞、不識善惡、土地足馳騾

桑山 : 人並剪鬚髮。女人在頭。言音与諸國不同。國人愛殺。不識善悪。土地足駝騾

張　: 人並剪鬚髮。女人在頭。言音與諸國不同。國人愛煞。不識善惡。土地足馳騾

정　: 人並剪[鬚髮] 女人在頭 言音與諸國不同 國人愛煞 不識善惡 土地足駝騾

박案 : 人並剪鬚髮女人在頭言音与諸國不同國人愛煞不識善惡土地足馳騾

**校註**

① 頭: 원본 형태는 頭이다. '頭'이다.

② 与: 원본 형태는 与이다. '與'의 이체자이다.

③ 愛: 원본 형태는 愛이다. '愛'이다.

④ 煞: 원본 형태는 煞이다. '殺'의 이체자이다.

⑤ 善: 원본 형태는 善이다. 제가(諸家) 모두 '善'으로 식자한다. 《왕오천축국전》에서 출현한 '善'은 다음과 같다.

> 土地人善(善): 40행
> 國人多善(善)唱歌: 62행
> 大雲寺主秀行善(善)能講說: 218-219행
> 善(善)解律藏: 219행

위의 예를 들면, 善과 기타 '善'과의 필획에 다른 점이 있지만, 문구의 의미로 보면, '善'으로 식자해도 무방하리라 생각된다.

⑥ 惡: 원본 형태는 惡이다. '惡'의 행초서체(惡)이다.[3]

3) 王羲之의 행초서체. 漢典書法 참조.

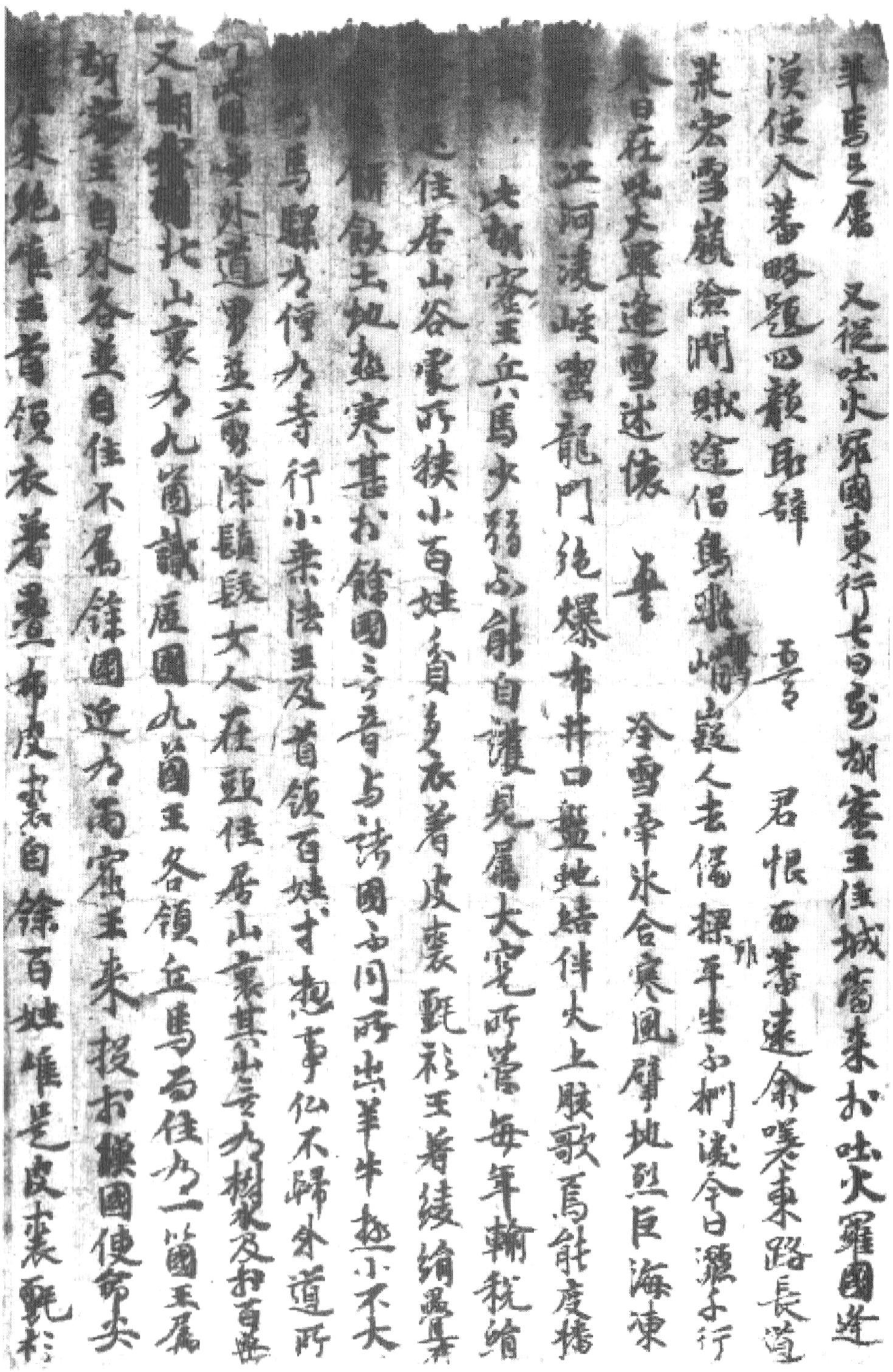
羊馬之屬 又從吐火羅國東行七日至胡蜜王住城 當來於吐火羅國逢
漢使入蕃 略題四韻取辭 五言 君恨西蕃遠 余嗟東路長 道
荒宏雪嶺 險澗賊途倡 鳥飛驚峭嶷 人去偏樑難 平生不捫淚 今日灑千行
冬日在吐火羅逢雪述懷 五言 冷雪牽氷合 寒風擘地烈 巨海凍
墁壇 江河凌崖囓 龍門絶爆布 井口盤蛇結 伴火上胲歌 焉能度播
蜜 此胡蜜王兵馬少弱 不能自護 見屬大寔所管 每年輸稅絹
三千疋 住居山谷 處所狹小 百姓貧多 衣著皮裘氈衫 王著綾絹疊布
衣 食唯餠麨 土地極寒 甚於餘國 言音與諸國不同 所出羊牛 極小不大
亦有馬騾 有僧有寺 行小乘法 王及首領百姓等 總事佛不歸外道 所
以此國無外道 男並剪除鬚髮 女人在頭 住居山裏 其山無有樹水及於百草
又胡蜜國北山裏 有九箇識匿國 九箇王各領兵馬而住 有一箇王屬
胡蜜王 自外各並自住 不屬餘國 近有兩窟王來投於漢國 使命安
西 往來絶 唯王首領衣著疊布皮裘 自餘百姓唯是皮裘氈衫

【193】

羅　：羊馬之屬 又從吐火羅國東行七日至胡蜜王住城當來於吐火羅國逄

藤田：羊馬之屬、又從吐火羅國、東行七日、至胡蜜王住城、當來於吐火羅國、逄

桑山：羊馬之屬。 又從吐火羅國東行七日。至胡蜜王住城。當来於吐火羅國。逄

張　：羊馬之屬。又從吐火羅國。東行七日。至胡蜜王住城。當來於吐火羅國。逄

정　：羊馬之屬 又從吐火羅東行七日 至胡蜜王住城 當來於吐火羅國 逄

박案：羊馬之屬 又從呫火羅國東行七日至胡蜜王住城當来於呫火羅國逄

校註

① 蜜: 원본 형태는 이다. '蜜'의 행초서체()이다.[4]

② 當: 원본 형태는 이다. '當'이다.

③ 来: 원본 형태는 이다. '來'의 이체자(来)이다.(小學堂)

④ 逄: 원본 형태는 이다. '逢'의 이체자(逄)이다.(臺灣教育部異體字字典)

4) 趙孟頫의 행초서체. 漢典書法 참조.

# 37 突厥

又從此胡國已北。北至北海。西至西海。東至漢國已北。總是突厥所住境界。[1] 此等突厥不識佛法。無寺無僧。衣著皮毬氎衫。[2] 以虫爲食。亦無城郭住處。氈帳爲屋。[3] 行住隨身。[4] 隨逐水草。男人並剪鬚髮。女人在頭。[5]

1) 北至北海西至西海東至漢國已北總是突厥所住境界: 제가(諸家)들의 끊어 읽기가 다르다. 예를 들면, 다음과 같다.

藤田豊八 : 北至北海、西至西海、東至漢國已北、總是突厥所住境界、
桑山正進 : 北至北海。西至西海。東至漢國已北。惣是突厥所住境界。
張　　毅 : 北至北海。西至西海。東至漢國。已北惣是突厥所住境界。
정 수 일 : 北至北海 西至西海 東至漢國 已北惣是突厥所住境界

이 문구의 끊어 읽기를 '東至漢國已北。惣是突厥所住境界'로 이해할 것인지, '東至漢國。已北惣是突厥所住境界'로 이해할 것인지의 문제이다. 《왕오천축국전》에서 출현하는 '已北'을 살펴보면 다음과 같다.

從玆已北。漸漸有山: 66행
此國已北並住中: 118-119행
從玆已北。西業者多: 123행
此王不同餘已北突厥也: 127행

위의 예문을 보면, '已北'는 항상 앞 문구와 관련이 되어 사용되었다. 그리고 '總'의 문장에서의 위치를 살펴보면 다음과 같다.

總用土鍋。 煮飯而食: 28행
總來遶王四面而坐: 31행
其牛總白: 38행
總不養畜: 40행
五天總無: 52행
總不識不法: 109행
總是突厥: 116행
總無蒲桃但有甘蔗: 121-122행
又此六國總事火祆: 178행
總事佛不歸外道: 201행

'總'은 부사로서 문장에서 부사어로 사용되어, 술어 앞에 위치한다. '總'과 '已北'이 함께 문구를 이루어 사용되었는지를 살펴보면, 《왕오천축국전》에서 한번도 출현하지 않는다. 따라서 우리는 藤田豊八와 桑山正進의 의견처럼 '北至北海。西至西海。東至漢國已北。惣是突厥所住境界'와 같이 끊어 읽는 것이 합당하리라 생각한다.

2) 衣著皮毬氎衫: '皮毬'의 '毬'를 우리는 '裘'로 이해하고자 한다. 119행 참조.

3) 無城郭住處。氈帳爲屋: 정수일(2004:399)은 '성곽을 거처로 하는 일도 없으며, 펠트 천막을 집으로 삼는다.'로 한역하였고, 정기선(2000)은 '성곽도 없고 사는 곳은 천막을 둘러 집으로 삼는다.' 우리는 '성곽과 거처가 없고, 모포 천막을 집으로 삼는다.'로 번역하였다. 우리는 '城郭住處'을 병렬 관계로 보았다. 그 이유는 《왕오천축국전》

言音與諸國不同。國人愛殺。不識善惡。土地足駝騾羊馬之屬。

## 37. 돌궐

또 이 호국의 북쪽으로, 북쪽은 북해에 이르고, 서쪽은 서해에 이르고, 동쪽은 중국의 북쪽에 이르러, 모두 돌궐(투르크)이 머무는 경계이다. 이들 돌궐은 불법을 알지 못한다. 절도 없고, 승려도 없다. 옷은 가죽옷과 모포 윗옷을 입는다. 벌레를 먹을거리로 삼는다. 또한 성곽과 거처가 없고, 모포 천막을 집으로 삼는다. 행장은 몸에 지니고, 물과 풀을 쫓아 따라 다닌다. 남자는 모두 수염과 머리카락을 자르고, 여자는 머리카락이 있다. 말소리는 다른 나라들과 같지 않다. 이 나라 사람들은 살생을 좋아하고, 선악을 알지 못한다. 이 땅은 낙타, 노새, 양, 말 등이 풍족하다.

에서 명사를 병렬로 연결할 때, 접속사를 사용하지 않고, 명사를 나열하는 경우가 많이 보인다. 따라서 우리는 '城郭住處'를 성곽과 거처'로 번역하였다.

4) 行住: 가고 머물다.

5) 女人在頭: '女人在頭'는 192행과 202행에서 2번 출현한다. '女人在頭'에서 '在頭'는 '有髮'을 잘못 쓴 것이다. '女人在髮'는 '22절 소발률국' 해석 참조.

【194】

羅　: 漢使入蕃略題四韻取辭 五言 君恨西蕃遠余嗟東路長道

藤田 : 漢使入蕃、略題四韻取辭、 五言、 君恨西蕃遠、余嗟東路長、道

桑山 : 漢使入蕃。略題四韻。取辭。 五言。 君恨西蕃遠。余嗟東路長。道

張　: 漢使入蕃。略題四韻取辭。五言。君恨西蕃遠。余嗟東路長。道

정　: 漢使入蕃 略題四韻取辭 五言 君恨西蕃遠 余嗟東路長 道

박案 : 漢使入蕃略題四韻取辞 五言 君恨西蕃逺余嗟東路長道

校註

① 漢: 원본 형태는 漢이다. '漢'이다.

② 蕃: 원본 형태는 蕃이다. '蕃'이다. 105행 참조.

③ 辞: 원본 형태는 辞이다. '辭'의 이체자(辞)와 비슷하다.

④ 逺: 원본 형태는 逺이다. '遠'의 이체자(逺)이다.(臺灣敎育部異體字字典)

⑤ 嗟: 원본 형태는 嗟이다. '嗟'의 이체자에는 嗟 자형이 없다. 예를 들면, 差嗟羞謎 善膳膳跍蹉蹉 등이다. '差'의 이체자를 살펴보면, 差左差差差差差差差差 差등이 있다. 嗟는 差에 '口'를 합친 자형이다. 새로운 이체자이다.

## 【195】

羅　: 荒宏雪嶺險澗賊途倡 鳥飛驚峭嶷人去偏樑平生不押淚今日灑千行

藤田 : 荒宏雪嶺、險澗賊途倡、□鳥飛驚峭嶷、人去偏樑、雖平生不押淚、今日灑千行、

桑山 : 荒宏雪嶺。險澗賊途倡。鳥飛驚峭嶷。人去偏樑難。平生不押淚。今日灑千行。

張　: 荒宏雪嶺。險澗賊途倡。鳥飛驚峭嶷。人去偏樑□。平生不押淚。今日灑千行。

정　: 荒宏雪嶺 險澗賊途倡 鳥飛驚峭嶷 人去偏樑{難} 平生不押淚 今日灑千行

박案 : 荒宏雪嶺險澗賊途倡鳥飛驚峭嶷人去偏樑(難)平生不押淚今日灑千行

### 校註

① 險: 원본 형태는 이다. '險'의 이체자(険)이다.(臺灣教育部異體字字典)

① 賊: 원본 형태는 이다. '賊'이다.

② 鳥: 원본 형태는 이다. '鳥'이다.

③ 飛: 원본 형태는 이다. '飛'의 행초서체(, , )이다.1)

④ 峭: 원본 형태는 ()이다. '峭'를 쓰고, 바로 옆에 썼던 글씨를 지운 듯하다().

⑤ 偏: 원본 형태는 이다. 제가(諸家) 모두 '偏'으로 식자하고 있다. 《왕오천축국전》의 다른 곳에서 '偏'은 사용된 적이 없다. 자형과 비슷한 글자로는 제가가 언급한 '偏'가 맞다. 그러나 정확한 자형은 아니다. 智永의 초서 혹은 자형으로 보면, 傷, 傷, 傳, 偏 등이 와 비슷하다. 분석이 더 필요한 글자이다.

⑥ 難: 원본 형태는 이다. 원문에 보면, '樑'과 '平'의 오른쪽 사이에 적혀있다(). 먼저 羅振玉・藤田豊八・桑山正進・張毅・정수일의 이 시에 대한 이해를 살펴보자.

| 羅振玉 | 藤田豊八 | 桑山正進 | 張毅 | 정수일 |
|---|---|---|---|---|
| 君恨西蕃遠<br>余嗟東路長<br>道荒宏雪嶺<br>險澗賊途倡<br>□鳥飛驚峭<br>嶷人去偏樑(雖)<br>平生不押淚<br>今日灑千行 | 君恨西蕃遠、<br>余嗟東路長、<br>道荒宏雪嶺、<br>險澗賊途倡、<br>□鳥飛驚峭嶷、<br>人去偏樑、<br>雖平生不押淚、<br>今日灑千行、 | 君恨西蕃遠。<br>余嗟東路長。<br>道荒宏雪嶺。<br>險澗賊途倡。<br>鳥飛驚峭嶷。<br>人去偏樑難。<br>平生不押淚。<br>今日灑千行 | 君恨西蕃遠。<br>余嗟東路長。<br>道荒宏雪嶺。<br>險澗賊途倡。<br>鳥飛驚峭嶷。<br>人去偏樑□。<br>平生不押淚。<br>今日灑千行。 | 君恨西蕃遠<br>余嗟東路長<br>道荒宏雪嶺<br>險澗賊途倡<br>鳥飛驚峭嶷<br>人去[難]偏樑<br>平生不押淚<br>今日灑千行 |

1) 陸柬之, 米芾, 왕희지의 행초서제. 漢典書法 참조.

羅振玉은 [illegible]을 '雖'로 식자하고, 불필요한 글자라고 생각하였고, '樑'의 위에 한 글자가 빠진 듯하다고 하였다. 藤田豊八도 [illegible]를 '雖'로 식자하였다. 藤田豊八의 이 시에 대한 이해는 다른 이와 많이 다른데, 어떤 구는 여섯 글자로 이루어져 있어, 조금 이해하기 어려운 방점(傍點)을 달았다. 桑山正進(1992:25)은 [illegible]를 '難'으로 식자하였다. 張毅(1994:140-141)는 '人去偏樑□' 구의 마지막 글자를 적지 않았고, 모르는 글자로 남겨놓았다. 정수일(2004:413)은 [illegible]을 '難'으로 해석하였고, 더 나아가 '人去偏樑[難]'을 '人去[難]偏樑'으로 이해하는 것이 타당하다고 서술하였다. 이 의견의 장점으로는 아래에서 설명을 하겠지만, 이 시의 압운(押韻)을 분석해보면, '樑'과 다른 압운 글자(長, 倡, 行)와 운(韻)이 같다는 것이다. 따라서 이 주장이 전혀 근거가 없는 것은 아니다.

우리는 몇 가지 방법을 사용하여 이 글자를 살펴보고자 한다.

1) 자형: 《왕오천축국전》에서 출현한 '難'을 살펴보면, 다음과 같다.

八塔難([illegible])誠見: 19행
甚難([illegible])方迷: 45행

자형으로만 보면, [illegible]가 반드시 '難'이라고 식자하기에는 조금 무리가 있어 보인다. 예를 들면, '**堇**'과 '隹' 모두 위 예문의 자형과 조금씩 다르다. '隹'을 사용한 '雖' ([illegible], 176행) 역시 '隹'이 정확하게 필사되었다.

2) 압운: [illegible]자가 속해 있는 문구는 시(詩)이다. 시의 압운 글자를 살펴보면, 압운 글자는 長, 倡, 行으로서 운(韻)은 '-ɑŋ'이다. 桑山正進의 해석으로 보면, [illegible]이 바로 제6구의 마지막 자리에 있는 글자로서 '-ɑŋ' 운(韻)이 있어야 하는 부분이다. 만약에 [illegible]을 '難'으로 식자하면, 이 운(韻)은 반드시 '-ɑŋ'이어야 하는데, 실제로는 '-ɑn'이다. 다시 말하자면, '難'은 이 시의 '-ɑŋ' 압운에 맞지 않는다. 따라서 [illegible]가 '難'이 아닐 수도 있다. 더불어 [illegible]는 '雖'도 아니다. 왜냐하면 '雖'의 운(韻)은 '-iuɪi'이다.

정수일은 '難'의 자리를 이동하여 압운 자리에 '樑'을 배치하였는데, '樑'의 운(韻)은 '-iɑŋ'이다. 그래서 위에서 서술한 것처럼, 이 시의 압운으로 보면, 그의 주장에 전혀 근거가 없는 것은 아니다.

[illegible] 글자는 '-ɑŋ' 압운을 가진 글자여야 한다. 周法高의 중국 중고음(中古音) 구성에서 '-ɑŋ' 운(韻)을 가지고 있는 한자를 찾아보면 다음과 같다.

蕩, 崵, 婸, 簹, 潒, 像, 愓, 壿, 盪, 暘, 簜, 螗, 顙, 鎟, 鎟, 磉, 榜, 膀, 蚝, 螃, 蒡, 髈, 駔, 鸗,髒, 曩, 瀼, 沆, 骯, 趽, 笐, 蚢, 吭, 曭, 儻, 傷, 憹, 曭, 篣, 帑, 爣, 臆, 颺, 曭, 攩, 莽, 茻, 蚷,
瞵, 莽, 暽, 鏻, 蟒, 漭, 莾, 黨, 讜, 欓, 鄚, 藁, 朗, 脼, 誏, 俍, 崀, 榔, 寁, 坱, 姎, 映, 泱, 咉,
醠, 笶, 盎, 駚, 鞅, 慷, 忼, 嵻, 骯, 軌, 康, 慷, 炕, 髈, 骁, 航, 酐, 旷, 趽, 駉, 奘, 蒼, 汻, 酐,
旰, 宕, 踼, 碭, 逿, 蕩, 囥, 螗, 浪, 閬, 埌, 蘭, 蒗, 吭, 行, 笐, 盎, 醠, 枊, 駉, 岇, 莽, 傍, 徬,
藏, 奘, 輩, 譡, 儅, 黨, 當, 擋, 闣, 抗, 閌, 炕, 犺, 伉, 亢, 蚢, 硠, 邡, 蓇, 阬, 頏, 螃, 搒, 舫,
謗, 儻, 揚, 湯, 蕩, 盪, 鍚, 儴, 瀼, 壤, 喪, 喪, 鋼, 掆, 漭, 㕶, 莽

위의 글자 중에서, [illegible]와 비슷한 글자는 '頏', '頫' 밖에 없다. '頏'은 새가 날아가는 모습의 의미이다. '頫'는 구부리다, (머리를) 숙이다, 눕다 등의 의미이다. '人去偏樑□' 시구의 의미로 살펴보면, 문구의 의미가 어색하다.

3) 대구: [illegible]는 '鳥飛驚峭嶷, 人去偏樑□' 구절 중의 하나이다. [illegible]을 '難'으로 식자하고, 이 대구 어휘의 의미와 품사를 살펴보면 다음과 같다.

(1) 鳥飛驚峭嶷, 人去偏樑難

| 鳥 | 飛 | 驚 | 峭嶷 |
|---|---|---|---|
| 명사 | 동사 | 형용사 | 명사 |
| ↕ | ↕ | | |
| 人 | 去 | 偏樑 | 難 |
| 명사 | 동사 | 명사 | 형용사 |

(2) 鳥飛驚峭嶷, 人去難偏樑

| 鳥 | 飛 | 驚 | 峭嶷 |
|---|---|---|---|
| 명사 | 동사 | 형용사 | 명사 |
| ↕ | ↕ | ↕ | ↕ |
| 人 | 去 | 難 | 偏樑 |
| 명사 | 동사 | 형용사 | 명사 |

위의 두 가지 방법 중에서 대구의 가장 이상적인 형태는 (2)이다. 위에서 언급한 바와 같이 정수일의 의견이 전혀 근거가 없지 않다고 한 것이 또한 이런 연유이기도 하다. 다시 말하자면, 압운도 맞고, 대구의 형식도 맞다. 따라서 우리는 정수일의 의견이 옳다고 생각한다.

⑦ 灑: 원본 형태는 [illegible]이다. '灑'이다.

【196】

羅　: 冬日在吐火羅逢雪述懷 五言 冷雪牽冰合寒風擘地烈巨海凍

藤田 : 冬日在吐火羅逢雪述懷、五言、冷雪牽冰合、寒風擘地烈、巨海凍

桑山 : 冬日在吐火羅。逢雪述懷。 五言。 冷雪牽氷合。寒風擘地烈。巨海凍

張　: 冬日在吐火羅逄雪述懷。五言。冷雪牽冰合。寒風擘地烈。巨海凍

정　: 冬日在吐火羅 逢雪述懷 五言 冷雪牽并氷合 寒風擘地[烈] 巨海凍

박案 : 冬日在吐火羅逄雪述懷 五言 冷雪牽氷合寒風擘地烈巨海凍

**校註**

① 逄: 원본 형태는 逄이다. '逢'의 이체자(逄)이다.(臺灣教育部異體字字典)

① 牽: 원본 형태는 牽이다. 안진경(顔眞卿) '牽'의 해서체(牽)이다.[2]

② 氷 : 원본 형태는 氷이다. '冰'의 이체자(氷)이다.(小學堂)

③ 擘: 원본 형태는 擘이다. '擘'이다.

2) 漢典書法 참조.

【197】

羅　: 塄壇江河凌崕囑龍門絕瀑布井口盤虵結伴火上骸歌焉能度播

藤田 : 塄壇、江河凌崕囑、龍門絕瀑布、井口盤虵結、伴火上骸歌、焉能度播

桑山 : 塄壇。江河凌崕囑。龍門絶爆布。井口盤吔結。伴火上骸歌。焉能度播

張　: 墁壇。江河凌崕囑。龍門絕瀑布。井口盤虵結。伴火上骸歌。焉能度播

정　: 墁壇 江河凌崖囓 龍門絕[瀑]布 井口盤虵結 伴火上[陔]歌 焉能度播

박案 : 墁壇江河淩崕嚙龍門絕爆布井口盤虵結伴火上胲歌焉能度播

校註

① 墁: 원본 형태는 ■(墁)이다. 제가(諸家) 모두 '墁'로 식자한다. 글자가 잘 보이지 않는다.

② 淩: 원본 형태는 淩이다. 凌의 이체자(淩)이다.(臺灣教育部異體字字典)

③ 崕: 원본 형태는 崕(崕)이다. 羅振玉 · 藤田豊八 · 桑山正進 · 張毅은 '崕'으로 식자하였고, 정수일은 '崖'로 식자하였다. '崖'은 정자(正字)이고, '崕'은 이체자이다.(臺灣教育部異體字字典) '崖'의 다른 이체자를 살펴보면, 厓厓厓崖崖崔등이 있다. 崕는 '山'의 방(傍)의 위치가 바뀐 崖이다. 따라서 崕는 '崖'의 이체자이다.

④ 嚙: 원본 형태는 嚙이다. '囓'의 이체자는 齧齧齧齧齧齧嚙齧嚙齧齧齧齧齧齧嚙齧齧齧囓咱 嚙齧 등이 있다. 다음과 같다. 이 글자는 嚙이다. 새로운 이체자이다.

⑤ 虵: 원본 형태는 虵이다. '蛇'의 이체자(虵)이다.(小學堂) 桑山正進는 '吔'로 식자하고 있다.

⑥ 胲: 원본 형태는 胲이다. '亥'는 동기창(董其昌)의 행초서체(亥)와 비슷하다. 羅振玉는 骸, 藤田豊八와 桑山正進는 骸으로 식자하였고, 張毅(1999:144)는 骸으로 식자하고, 骸은 '胲'이라고 설명하였고, 骸는 '陔' 혹은 '垓'를 잘못 쓴 것이 아닐까 추측하였다. 정수일(2004:408)은 骸으로 식자하고, '陔'(계단)이 아닐까 추측하였다.

'胲'의 의미를 살펴보면, 陳國慶(1983:211-212)이 편집한 《漢書藝文志注釋彙編》의 《五音奇胲用兵》二十三卷(亡)에 아래와 같은 주석이 있다.

如淳曰 : 音該。師古曰 : 許慎云 : 胲 , 軍中約也。王念孫讀書雜志五 : 說文 , 奇侅 , 非常也。淮南兵略篇 , 明於刑德奇賌之數。又曰 : 明於奇正賌陰陽刑德 , 五行望氣候 , 星龜策禨祥。高注云 , 奇賌陰陽奇秘之要 , 非常之術。史記倉公傳 , 受其脈書上下經 , 五色診 , 奇咳術。然則奇侅者非

常也。侅正字也、胲，咳，賌，皆借字耳。… 師古徒以奇胲用兵四字連文，遂以胲為軍中約，不知軍中約之字自作該，非奇胲之義。且奇胲二字，同訓為非常，若以胲為軍中約，則與奇之義不相屬矣。

여순(如淳)은 "음은 該이다."라고 주를 달았고, 안사고(顔師古)는 "허신은 「胲는 군에서의 약속이다.」라고 하였다"라고 주를 달았다. 왕념손(王念孫)은 《讀書雜志》卷五에서 "설문해자에 따르면 奇侅이다. 이상하다는 뜻이다. 《淮南子·兵略》에서 "형벌과 교화와 이상한 술수에 밝았다.(明於刑德奇賌之數)"라 하였다. 또한 "이상한 술수, 음양, 형벌과 교화, 오행, 구름의 기세를 살피고 점치기, 별자리를 살피고 점치기, 거북의 등껍질을 불에 구워 터지는 무늬를 보고 점치기, 길흉의 징조에 밝았다.(明於奇正賌、陰陽、刑德、五行、望氣、候星、龜策、禨祥)"라고 하였다. 이에 대해 고유(高誘)가 주를 달기를, "奇賌은 음양의 비밀스러운 요술이다. 이상한 술수이다.(奇賌陰陽奇秘之要，非常之術)"라고 하였다. 《史記·倉公傳》에 "맥서(脈書), 상경(上經), 하경(下經), 오색진(五色診), 기해술(奇咳術)을 전수받았다."라고 하였다. 그러한 즉 '奇侅'는 이상하다(非常)는 것이다. 侅가 正字이고, 胲, 咳, 賌가 가차자이다. ……안사고(顔師古)는 (한서 예문지의 책 이름을 보고) 헛되이 奇胲用兵 네 자를 연달아 읽어 胲를 軍中約이라고 하였다. 軍中約이라고 해석되는 것은 該이고, 奇胲의 뜻이 아니라는 것을 모른 것이다. 게다가 奇胲 두 자는 일정한 것이 아니다(非常)로 해석되는데, 만약 胲를 軍中約이라고 한다면 奇자의 의미와 서로 상관되지 않는다.

위의 내용을 통하여, 우리는 두 가지 사실을 알 수 있다. (1) 안사고(顔師古)가 '胲'를 '軍中約'로 잘못 주(注)한 것을 알 수 있다. 《說文解字》에는 "該，軍中約也"라고 적고 있다. 따라서 '軍中約'가 '胲'의 의미가 아니다. (2) 侅가 正字이고, 胲, 咳, 賌가 가차자라는 것이다. 따라서 胲는 侅의 가차자이다. 이것으로 추측하건대, 胲는 '이상하다'는 의미라 해석되는 것이 옳을 듯하다.

⑦ 能: 원본 형태는 [能]이다. '能'의 이체자(能)이다.(臺灣教育部異體字字典)

⑧ 焉: 원본 형태는 [焉]이다. '焉'의 행초서체([焉])이다.[3)]

3) 智永의 행초서체. 漢典書法 참조.

【198】

羅　: 蜜 此胡蜜王兵馬少弱不能自護見屬大寔所管每年輸稅絹

藤田 : 蜜、此胡蜜王、兵馬少弱、不能自護、見屬大寔所管、每年輸稅絹

桑山 : 蜜。 此胡蜜王。兵馬少弱。不能自護。見屬大寔所管。每年輸稅絹

張　: 蜜。此胡蜜王。兵馬少弱。不能自護。見屬大寔所管。每年輸稅絹

정　: 蜜 此胡蜜王 兵馬少弱 不能自護 見屬大寔所管 每年輸稅絹

박案 : 蜜 此胡蜜王兵馬少弱不能自護見屬大寔所管每年輸稅絹

### 校註

① 蜜: 원본 형태는 이다. '蜜'이다.

② 弱: 원본 형태는 이다. '弱'의 행초서체()이다.[4]

③ 絹: 원본 형태는 이다. '絹'의 이체자(絹)이다.(臺灣教育部異體字字典)

4) 李邕(675-747)의 행초서체. 漢典書法 참조.

【199】

羅　：三千疋住居山谷處所狹小百姓貧多衣著皮裘氈衫王著綾絹疊布

藤田：三千疋、住居山谷、處所狹小、百姓貧多、衣著皮裘氈衫、王著綾絹疊布、

桑山：三千疋。住居山谷。處所狭小。百姓貧多。衣着皮裘氈衫。王着綾絹疊布。

張　：三千疋。住居山谷。處所狹小。百姓貧多。衣著皮裘氈衫。王**著綾絹**疊布。

정　：三千疋 住居山谷 處所狹小 百姓貧多 衣着皮裘氈衫 王着綾絹疊布

박案：三千疋住居山谷處所狭小百姓貧多衣着皮裘氈衫王着綾絹疊布

校註

① 疋: 원본 형태는 이다. '匹'의 이체자이다.(小學堂)

② 多: 원본 형태는 이다. '多'이다.

③ 綾: 원본 형태는 이다. '綾'이다.

④ 絹: 원본 형태는 이다. '絹'이다.

⑤ 布: 원본 형태는 이다. 《왕오천축국전》에서 의 앞 글자 '疊'와 함께 사용된 어휘는 '細疊'와 '疊布'이다. 따라서 이 글자는 '布'가 맞다.

【200】

羅　: 食唯餅⿰飠少土地極寒甚於餘國言音與諸國不同所出羊牛極小不大

藤田 : 食唯餅⿰飠少、土地極寒、甚於餘國、言音與諸國不同、所出羊牛、極小不大、

桑山 : 食唯餅⿰飠少。土地極寒。甚於餘國。言音与諸國不同。所出羊牛。極小不大。

張　: 食唯餅⿰飠少土地極寒。甚於餘國。言音與諸國不同。所出羊牛。極小不大。

정　: 食唯餅(⿰飠少) 土地極寒 甚於餘國 言音與諸國不同 所出羊牛 極小不大

박案 : 食唯餅⿰飠少圡地極寒甚於餘國言音与諸國不同所出羊牛極小不大

校註

① ⿰飠少: 원본 형태는 [illegible]이다. '⿰麥少'의 이체자(⿰飠少)이다.(臺灣教育部異體字字典) '⿰麥少'의 이체자로는 [illegible] 등이 있다. 28행, 60행 참조.

【201】

羅　：亦有馬騾有僧有寺行小乘法王及首領百姓等總事佛不歸外道所

藤田：亦有馬騾、有僧有寺、行小乘法、王及首領百姓等、總事仏、不歸外道、所

桑山：亦有馬騾。有僧有寺。行小乗法。王及首領百姓等。惣事仏。不歸外道。所

張　：亦有馬騾。有僧有寺。行小乘法。王及首領百姓等。惣事仏不歸外道。所

정　：亦有馬騾 有僧有寺 行小乘法 王及首領百姓等 惣事佛 不歸外道 所

박案：亦有馬騾有僧有寺行小乗法王及首領百姓等惣事仏不歸外道所

### 校註

① 等: 원본 형태는 이다. '等'의 행초서체이다.

② 惣: 원본 형태는 이다. '惣'이며, '總'의 이체자이다.

③ 歸: 원본 형태는 이다. '歸'이다.

【202】

羅　: 以此國無外道男並剪除鬚髮女人在頭住居山裏其山無有樹水及於百草

藤田 : 以此國無外道、男並剪除鬚髮、女人在頭、住居山裏、其山無有樹水及於百草、

桑山 : 以此國無外道。男並剪除鬚髮。女人在頭。住居山裏。其山無有樹水及於百草。

張　: 以此國無外道。男並剪除鬚髮。女人在頭。住居山裏。其山無有樹水及於百草。

정　: 以此國無外道 男並剪除[鬚髮] 女人在頭 住居山裏 其山無有樹水及於百草

박案 : 以此國無外道男並剪除鬚髮女人在頭住居山裏其山無有樹水及於百草

校註

① 以: 원본 형태는 이다. '以'이다.

② 草: 원본 형태는 이다. '草'이다.

# 38 胡蜜國

又從吐火羅。東行七日。至胡蜜王住城。當來於吐火羅國。逢漢使入蕃。[1] 略題四韻。取辭。五言。君恨西蕃遠。余嗟東路長。道荒宏雪嶺。險澗賊途倡。鳥飛驚峭嶷。人去偏樑難。[2] 平生不捫淚。今日灑千行。冬日在吐火

1) 逢漢使入蕃:

(1) 정수일(2004:406)은 '이역으로 들어가는 중국 사신을 만났다.'로 한역하였고, 桑山正進은 '당나라의 사절이 외국으로 가는 것과 마주쳤다.'로 해석하였다. 정기선은 '중국에서 온 사신이 이 번국에 들었다.'로 해석하였다.

(2) '逢漢使入蕃' 문구에서 주요술어는 '逢'이다. 그리고 이 문구의 주어는 생략되었지만, 혜초 당사자이다. 그렇다면, '入' 들어가는 사람은 누구일까? 당연히 중국(당(唐)) 사신이다.

(3) 정수일(2004:412)은 '蕃'의 의미가 '외국/이역/이민족'이라 뜻으로 사용되었다고 설명하였다. '蕃'은 '番'과 통한다. '番'은 외국 혹은 외족을 지칭할 때 사용된다. 사실 '蕃' 역시도 중국 이외의 국가의 의미가 있다. 따라서 우리는 이 문구를 '(나는) 중국 사신이 다른 나라로 들어가는 것을 마주쳤다.'로 해석하고자 한다. 참고로 '逢'은 '우연히 마주치다'는 의미이다.

(4) 《高麗史》에 東藩과 西蕃에 대한 언급이 있다.

宋商客, 東·西蕃, 耽羅國, 各獻方物.
송나라의 상인들과 동번·사번 및 탐라국에서도 토산물을 바쳤다.
(《高麗史》㢧二 世家六 靖宗 十一月(1034년))

九月 戊子 東蕃歸德將軍吳多等二十三人來朝.
9월 무자일 동번의 귀덕장군 오다 등 23명이 입조해왔다.
(《高麗史》㢧二 世家六 靖宗 元年 九月(1035년))

二月 甲寅 東蕃首領大信等來, 獻駱駝.
2월 갑인일 동번의 수령 대신 등이 와서 낙타를 바쳤다.
(《高麗史》㢧二 世家六 靖宗 二年 二月(1036년))

2) 人去[illegible](偏)樑難:

(1) [illegible]는 아직 정확한 자형을 알 수 없다. 제가 모두 '偏' 식자하고 있다. 우리도 우선 '偏'로 식자하고 문구를 분석하고자 한다.

(2) 이 문구를 桑山正進(1992:44)는 '人去偏樑難'으로 식자하여 이를 '사람이 가기에는 기어오르기도 어려울 정도이네.'로 해석하였다. 정수일(2004:406)은 '人去難偏樑'으로 식자하여 이를 '사람은 기우뚱한 다리 건너기 어렵네.'로 한역하였다. 정기선(2000)은 '사람 길은 치우쳐 산마루가 아니지.'로 번역하였다. 우리는 이 문구의 해석을 대구로 살펴보고자 한다.

鳥飛驚峭嶷　날아가는 새도 험준한 산에 놀라고,

羅。逢雪述懷。五言。冷雪牽冰合。寒風擘地烈。巨海凍墁壇。江河凌崖囓。龍門絕爆布。井口盤蛇結。伴火上胲歌。[3] 焉能度播蜜。此胡蜜王。兵馬少弱。不能自護。見屬大寔所管。每年輸稅絹三千疋。住居山谷。處所狹小。百姓貧多。衣著皮裘氈衫。王著綾絹疊布。食唯餅麨。[4] 土地極寒。甚於餘國。言音與諸國不同。所出羊牛。極小不大。亦有馬騾。有僧有寺。行小乘法。王及首領百姓等。總事佛。不歸外道。所以此國無外道。男並剪除鬚髮。女人在頭。住居山裏。其山無有樹水及於百草。[5]

## 38. 호밀국

또 토화라국에서 동쪽으로 7일을 가면, 호밀(와칸) 왕이 머무는 성에 이른다. 마침 토화라국에서 올

人去偏樑難 (1)사람이 가기에는 기어오르기도 어려울 정도이네(桑山正進)
人去難偏樑 (2)사람은 기우뚱한 다리 건너기 어렵네(정수일)
人去偏樑難 (3)사람 길은 치우쳐 산마루가 아니지(정기선)

위의 세 가지 의견 중에서 (3)은 대구의 의미로 적합하지 않다고 생각한다. 이 세 가지 의견 중에서 가장 적합한 의견은 정수일의 한역이라고 생각한다. 참고로, 張毅(1999:144)는 이 문구를 '人去偏河樑'으로 이해하고자 하였다. 이 의견은 압운 글자 '長', '倡', '行'의 '-aŋ' 운을 지켰다는 장점이 있다. 그리고 대구 어휘의 의미와 품사를 살펴보면, 아래와 같이 아주 이상적이다. 문제는 '[illegible]'자의 자형을 변별하지 못했고, 새로운 글자로 대체했다는 아쉬움이 있다.

| 鳥 | 飛 | 驚 | 峭嶷 |
|---|---|---|---|
| 명사 | 동사 | 형용사 | 명사 |
| ↕ | ↕ | ↕ | ↕ |
| 人 | 去 | 偏 | 河樑 |
| 명사 | 동사 | 형용사 | 명사 |

3) 이 문구(伴火上胲歌)를 정기선(2000)은 '불타는 빰과 함께'로 번역하였고, 정수일(2004:407)은 '불을 벗 삼아 층층 오르며 노래한다마는'으로 한역하였다. 桑山正進(1992:45)은 '불을 손에 쥐고 노래를 부르며 올라가 보기는 하나'로 해석하였다.
張毅(1999:144)는 胲는 '陔' 혹은 '垓'를 잘못 쓴 것이 아닐까 생각하였다. '陔'는 층계 혹은 언덕의 의미이고, 垓는 땅의 가장자리 혹은 층계의 의미이다.
우리는 이 문구(伴火上胲歌)만 보면, 張毅의 의견도 수용이 가능하다고 생각하지만, 이 시의 전체적인 내용을 보면, 아직도 쉽게 이해가 가지 않는다. 시 전체를 보면, 어느 어휘 하나 혹은 어느 문구 하나 긍정적인 묘사가 없다. 모두 힘들고, 지친 여정을 묘사한 것들이다. 그런데 갑자기 '歌'(노래) 나온다. 이것이 시 전체의 의미와 어떻게 연결이 되는지 아직 이해가 되지 않는다.
4) 麨: 보리를 볶은 후에 갈아서 만든 마른 양식이다.
5) (1) 羅振玉과 張毅는 '樹水'가 아니고, '樹木'이라고 지적하고 있다.
(2) '及於': '…와/과'의 의미

때, 중국 사신이 다른 나라로 들어가는 것을 마주쳤다. 간략하게 사운(四韻)을 취하여 오언시를 읊어본다.

> 당신은 서쪽 번국이 멀다고 원망하고,
> 나는 동쪽 길이 멀다고 탄식하네.
> 길은 험하고 거대한 눈 고개,
> 위험한 계곡에는 도적떼가 가득한 길만 많네.
> 날아가는 새도 험준한 산에 놀라고
> 길 가는 사람도 기우뚱한 다리 건너기 어렵네.
> 일평생 눈물을 닦아본 적 없건만,
> 오늘 가는 곳마다 눈물을 흘리네.

겨울 토화라국에서 눈을 맞으며 감회를 읊는다. 오언(五言)

> 차가운 눈이 얼음까지 끌어 모으고,
> 차가운 바람이 땅을 매섭게 가른다.
> 거대한 바다는 제단처럼 얼어 버렸고,
> 강물은 얼음 벼랑을 갈아먹는다.
> 용문의 폭포수마저 얼어 끊기고,
> 우물 입구는 뱀이 똬리를 튼 것처럼 얼어붙었다.
> 불을 벗 삼아 이상한 노래를 부르며 오르지만,
> 어떻게 파미르 고원을 넘을 수 있을는지요.

이 호밀왕은 군대가 적고 약하여, 스스로를 보호하지 못한다. 대식에 속하여 관리되는 것으로 보인다. 매년 비단 삼천 필을 세금으로 보낸다. 산골짜기에 살고, 처소가 협소하다. 백성 중에 가난한 이가 많다. 옷은 가죽옷과 모포 윗옷을 입는다. 왕은 비단과 모직 천을 입는다. 먹는 것은 오직 빵과 보릿가루 뿐이다. 이 땅은 매우 추운데, (그 추위가) 다른 나라보다 심하다. 말소리는 여러 나라들과 같지 않다. 양과 소가 나오지만, 극히 작고 크지 않다. 역시 말과 노새가 있다. 승려가 있고 절도 있다. 소승법을 행한다. 왕과 수령 그리고 백성 등은 모두 부처를 섬기며, 외도에 귀의하지 않았다. 따라서 이 나라에는 외도가 없다. 남자는 수염과 머리카락을 모두 깎고, 여자는 머리카락이 있다. 산 속에 살고 있다. 그 산에는 나무와 풀이 없다.

【203】

羅　: 又胡蜜國北山裏有九個識匿國九個王各領兵馬而住有一箇王屬

藤田 : 又胡蜜國北山裏、有九箇識匿國、九個王各領兵馬而住、有一箇王、屬

桑山 : 又胡蜜國北山裏。有九箇識匿國。九箇王各領兵馬而住。有一箇王。屬

張　: 又胡蜜國北山裏。有九箇識匿國。九箇王各領兵馬而住。有一箇王。屬

정　: 又胡蜜國北山裏 有九箇識匿國 九箇王各領兵馬而住 有一箇王 屬

박案 : 又胡蜜國北山裏有九箇識匿國九箇王各領丘馬而住有一箇王屬

校註

① 蜜: 원본 형태는 이다. '蜜'이다.

② 箇: 원본 형태는 이다. '個'의 이체자이다.

③ 匿: 원본 형태는 이다. 208행의 '匿'()과 같은 자형이다. '匿'이다.

④ 丘: 원본 형태는 이다. '兵'을 잘못 쓴 글자이다.

【204】

羅　：胡蜜王自外各並自住不屬餘國近有兩窟王來投於漢國使命安

藤田：胡蜜王、自外各並自住、不屬餘國、近有兩窟王、來投於漢國、使命安

桑山：胡蜜王。自外各並自住。不屬餘國。近有兩窟王。来投於漢國。使命安

張　：胡蜜王。自外各並自住。不屬餘國。近有兩窟王。來投於漢國。使命安

정　：胡蜜王 自外各並自住 不屬餘國 近有兩窟王 來投於漢國 使命安

박案：胡蜜王自外各並自住不属餘國近有兩窟王来投於漢國使命安

校註

① 蜜: 원본 형태는 [蜜]이다. '蜜'이다.

② 属: 원본 형태는 [属]이다. '屬'의 이체자(属)이다.(臺灣教育部異體字字典)

③ 窟: 원본 형태는 [窟]이다. '窟'의 이체자(窟)와 비슷하다.(臺灣教育部異體字字典)

④ 漢: 원본 형태는 [漢]이다. 漢[1] 자형으로 쓰여진 글자 위에 덧쓴 것 같은 모양이 보인다. 《왕오천축국전》에서 '漢'은 20번 출현하고, 그 중에서 '漢'의 자형이 다른 것과 조금 정상적이지 못한 것은 122행 [漢]이 하나 더 있다.

⑤ 安: 원본 형태는 [安]이다. '安'이다.

1) 陸柬之의 행초서체. 漢典書法 참조.

【205】

羅　：西往來絕唯王首領衣着疊布皮裘自餘百姓唯是皮裘氈衫

藤田：西、往來絕、唯王首領、衣著疊布皮裘、自餘百姓、唯皮裘氈衫、

桑山：西。往来絶。唯王首領。衣着疊布皮裘。自餘百姓唯是皮裘氈衫。

張　：西。往來絕。唯王首領。衣著疊布皮裘。自餘百姓。唯是皮裘氈衫。

정　：西 往來[不]絕 唯王首領 衣着疊布皮裘 自餘百姓 唯是皮裘氈衫

박案：西往来絕唯王首領衣着疊布皮裘自餘百姓唯是皮裘氈衫

### 校註

① 往: 원본 형태는 이다. '往'이다.

② 来: 원본 형태는 이다. '來'의 이체자이다.

② 唯: 원본 형태는 이다. '唯'이다.

極寒爲居雪山不同餘國亦有羊馬牛驢言音各別不同諸國
彼王常遣三二百人於大播蜜川劫彼興胡及於使命縱劫得絹積
在庫中聽從壞爛亦不解作衣著也此識匿等國無有佛法也
又從胡蜜國東行十五日過播蜜川即至葱嶺鎮此即屬漢兵馬見今鎮
押此即舊日王裴星國境爲王背叛走投土蕃然今國界無有百姓外
國人呼云渴飯檀國漢名葱嶺　又從葱嶺步入一月至疏勒外國自
呼名伽師祇離國此亦漢軍馬守捉有寺有僧行小乘法喫肉及葱
韮等土人著疊布衣也　又從疏勒東行一月至龜茲國即是安西
大都護府漢國兵馬大都集處此龜茲國足寺足僧行小乘法食肉及
葱韮等也漢僧行大乘法　又安西南去于闐國二千里亦足漢軍馬
領押足寺足僧行大乘法不食肉也從此已東並是大唐境界諸人共知
不言可悉　開元十五年十一月上旬至安西于時節度大使趙君
且於安西有兩所漢僧住持行大乘法不食肉也大雲寺主秀行善能

【206】

羅　：土極寒爲居雪山不同餘國亦有羊馬牛驢言音各別不同諸國

藤田：土極寒、爲居雪山、不同餘國、亦有羊馬牛驢、言音各別、不同諸國、

桑山：土地極寒。為居雪山。不同餘國。亦有羊馬牛驢。言音各別。不同諸國。

張　：土地極寒。爲居雪山。不同餘國。亦有羊馬牛驢。言音各別。不同諸國。

정　：土地極寒 爲居雪山 不同餘國 亦有羊馬牛驢 言音各別 不同諸國

박案：土地極寒為居雪山不同餘國亦有羊馬牛驢言音各別不同諸國。

校註

① 不: 원본 형태는 이다. '不'이다.

【207】

羅　: 彼王常遣三二百人於大播蜜川劫彼與胡及於使命縱劫得絹積

藤田 : 彼王常遣三二百人於大播蜜川、劫彼興胡、及於使命、縱劫得絹、積

桑山 : 彼王常遣三二百人於大播蜜川。劫彼興胡及於使命。縱劫得絹。積

張　: 彼王常遣三二百人於大播蜜川。劫彼與胡及於使命。縱劫得絹。積

정　: 彼王常遣三二百人於大播蜜川 劫彼興胡及於使命 縱劫得絹 積

박案 : 彼王常遣三二百人於大播蜜川刼彼興胡及於使命縱劫得絹積

校註

① 播: 원본 형태는 [원본 자형]이다. '播'의 이체자(播)이다.(臺灣教育部異體字字典)

② 刼: 원본 형태는 [원본 자형]이다. '劫'의 이체자(刼)이다.(小學堂)

③ 縱: 원본 형태는 [원본 자형]이다. '縱'의 행초서제([자형])이다.[2]

④ 興: 원본 형태는 [원본 자형]이다. 藤田豊八・桑山正進・정수일은 '興'으로 식자하고, 羅振玉과 張毅는 '與'로 식자하였다. 《왕오천축국전》에서 '與'는 24번 사용되었다.

言音與([자형])諸國別: 157행

言音與([자형])諸國不同: 192행

言音與([자형])諸國不同: 200행

《왕오천축국전》에서 '與'는 이체자 与 자형을 사용한다. '興'이 맞다.

⑤ 絹: 원본 형태는 [원본 자형]이다. '絹'이다.

2) 王詵(1048-1104)의 행초서체. 漢典書法 참조.

【208】

羅　: 在庫中聽從壞爛亦不解作衣著也此識匿等國無有佛法也

藤田 : 在庫中、聽從壞爛、亦不解作衣著也、此識匿等國、無有仏法也、

桑山 : 在庫中。聽従壊爛。亦不解作衣着也。此識匿等國。無有仏法也。

張　: 在庫中。聽從壞爛。亦不解作衣著也。此識匿等國無有仏法也。

정　: 在庫中 聽從壞爛 亦不解作衣着也 此識匿等國 無有仏法也

박案 : 在庫中聽従壞爛亦不解作衣着也此識匿等國無有仏法也

校註

① 従: 원본 형태는 [従]이다. '從'의 이체자(従)이다.(臺灣教育部異體字字典)

② 壞: 원본 형태는 [壞]([壞])이다. '壞'의 행초서체([壞])이다.[3]

③ 爛: 원본 형태는 [爛]이다. '爛'이다.

④ 匿: 원본 형태는 [匿]이다. '匿'이다.

3) 歐陽詢(557-641)의 행초서체. 漢典書法 참조.

# 39 識匿國

又胡蜜國北山裏。有九個識匿國。九個王各領兵馬而住。有一個王。屬胡蜜王。自外各並自住。不屬餘國。近有兩窟王。來投於漢國。使命安西。往來絕。[1] 唯王首領。衣著疊布皮裘。自餘百姓唯是皮裘氈衫。土地極寒。爲居雪山。不同餘國。亦有羊馬牛驢。言音各別。不同諸國。彼王常遣三二百人於大播蜜川。[2] 劫彼興胡及於使命。[3] 縱劫得絹。積在庫中。聽從壞爛。亦不解作衣著也。此識匿等國。無有佛法也。

## 39. 식닉국

또 호밀국에서 북쪽 산에 아홉 개의 식닉(쉬그난)국이 있다. 아홉 왕은 각자가 군대를 거느리면서 머물고 있다. 한 왕이 있는데, 호밀 왕에 속한다. 그 이외에는 각자가 스스로 살고 있으며, 다른 나라에 속해 있지 않다. 최근에 두 굴왕이 중국에 투항하였다. 안서(安西)에 사신을 보냈지만, 왕래가 끊겼다. 오직 왕과 수령만이 옷으로 모직 천과 가죽 외투를 입는다. 나머지 백성은 가죽옷과 모포 윗옷만을 입는다. 이 땅은 매우 추워, 설산에 거처하며, 다른 나라들과 같지 않다. 또한 양, 말, 소, 노새가 있다. 말소리가 각각 다르며, 다른 나라들과 같지 않다. 이 왕은 자주 이삼백 명을 대파밀 평원에 보내어, 흥호(興胡)와 사신들의 물건을 강탈하였다. 설령 비단을 빼앗았다하더라도, 창고에 쌓아놓고, 명령에 따라 (비단이) 썩거나 상해도 그대로 둔다. 또 옷을 만드는 것도 모른다. 이 식닉국 등의 나라에는 불도(佛道)가 없다.

1) 往來絕: 羅振玉은 '往來絕'의 '絕' 위에 '不'자가 빠진 듯하다고 하였다. 羅振玉의 의견을 참조하면, '往來不絕' 구문이 된다. 張毅(1999:145) 역시 같은 의견을 가지고 있다. 우리는 가능하면 원문을 수정하지 않는다는 원칙에 따라, 이 문구를 중국 당(唐)나라가 그 전에 안서 지역에 사신을 보냈지만, 왕래가 끊겼었다는 의미로 해석하였다.

2) 정수일(2004:419)은 '川'은 '강'의 의미도 있지만, '평원'의 의미도 가지고 있다고 서술하였다. 옳은 주장이다. 예를 들면, '米粮川'으로 곡창지대를 가리키는 단어도 있다.

3) 劫彼興胡及於使命: 이 구문의 몇 가지 어휘를 살펴보고, 구문을 문법 분석하고자 한다.
   (1) '及於': '…와/과'의 의미
   (2) 문법분석으로는 '劫(동사술어)+彼興胡及於使命(목적어)'이고, '彼興胡及於使命'는 명사구로 '彼(지시대명사)+興胡(명사)+及於(접속사)+使命(명사)'로 구성되어있다.

【209】

羅　：又從胡蜜國東行十五日過播蜜以卽至葱嶺鎭此卽屬漢兵馬見今鎭

藤田：又從胡蜜國、東行十五日、過播蜜以、即至葱嶺鎮、此即屬漢、兵馬見今鎮

桑山：又從胡蜜國東行十五日。過播蜜川。即至𦶇嶺鎮。此是屬漢。兵馬見今(鎮)

張　：又從胡蜜國東行十五日。過播蜜川。即至葱嶺鎮。此即屬漢。兵馬見今鎮

정　：又從胡蜜國東行十五日 過播蜜川 卽至葱嶺鎭 此是屬漢 兵馬見今[鎭]

박案：又從胡蜜國東行十五日過播蜜川即至𦶇嶺鎮此是屬漢兵馬見今鎮

### 校註

① 播: 원본 형태는 이다. '播'의 이체자(播)이다.(臺灣教育部異體字字典)

② 川: 원본 형태는 이다. 羅振玉, 藤田豊八은 '以'로 식자하고, 桑山正進, 張毅, 정수일은 '川'으로 식자하였다. 《왕오천축국전》에서 '以'는 14번 출현하였다.

> 以(  )爲上服: 169행
> 以(  )虫爲食: 191행
> 所以( )此國無外道: 201-202행

위의 예를 보면, 은 '川'이 맞다.

③ 𦶇: 원본 형태는 이다. '葱'의 이체자(𦶇)이다.(小學堂)

④ 即: 원본 형태는  이다. 桑山正進과 정수일은 '是'로 식자하였다. '即'이 맞다.

⑤ 鎮: 원본 형태는 이다. '鎮'이다. 제가(諸家) 모두 '鎮 '으로 식자하고 있다.

【210】

羅　: 押此卽舊日王裵星國境爲王背叛走投土蕃然今國界無有百姓外

藤田 : 押、此即舊日王裵星國境、爲王背叛、走投土蕃、然今國界無有百姓、外

桑山 : 押。此即舊日王裵星國境。為王背叛。走投土蕃。然今國界。無有百姓。外

張　: 押。此卽舊日王裵星國境。爲王背叛。走投土蕃。然今國界無有百姓。外

정　: 押 此卽舊日王裵星國境 爲王背叛 走投土蕃 然今國界無有百姓 外

박案 : 押此即舊日王裵星國境為王背叛赱投土蕃然今國界無有百姓外

校註

① 舊: 원본 형태는 (　)이다. '舊'의 행초서체(　, 　)이다.[1)]

② 叛: 원본 형태는 (　)이다. 제가(諸家) 모두 '叛'으로 식자한다. 그러나 자형으로 보면, '反' 부건 이외에는 정확히 판별이 되지 않는다. '叛'은 162행에서 한 번 더 출현하는데, 원본 형태는 　이고, 智永의 행초서체(　)를 사용하고 있다. 智永의 행초서체에는 '半'과 '反' 부건이 보인다. 그러나 　에는 '半' 부건이 정확히 보이질 않는다. 《왕오천축국전》에서 '背'은 이곳에서 한번 출현한다. 따라서 '背'과 연관된 어휘도 찾을 방법이 없다.

③ 赱: 원본 형태는 　이다. '走'의 이체자(赱)이다.(臺灣教育部異體字字典)

1) 趙孟頫의 행초서체. 漢典書法 참조.

【211】

羅　: 國人呼云渴飯檀國漢名葱嶺 又從葱嶺步入一月至疎勒外國自

藤田 : 國人呼云渴飯檀國、漢名葱嶺、又從葱嶺、步入一月、至疎勒、外國自

桑山 : 國人呼云渴飯檀國。漢名葱嶺。又從葱嶺步入一月。至踈勒。外國自

張　: 國人呼云渴飯檀國。漢名葱嶺。又從葱嶺步入一月。至踈勒。外國自

정　: 國人呼云渴飯檀國 漢名葱嶺 又從葱嶺步入一月 至疎勒 外國自

박案 : 國人呼云渴飯檀國漢名葱嶺 又從葱嶺步入一月至踈勒外國自

## 校註

① 檀: 원본 형태는 이다. '檀'의 이체자(檀)이다.(臺灣教育部異體字字典)

② 步: 원본 형태는 이다. '步'의 행초서체()이다.[2] 의 자형이 마치 '少'와 비슷하지만, '少'의 이체자는 와 같다.

③ 踈: 원본 형태는 이다. 羅振玉 · 藤田豊八 · 정수일은 '疎'으로 식자하고, 桑山正進과 張毅는 '踈'로 식자하였다. 이 글자의 자형은 '踈'가 맞다.

'踈'의 이체자로 蹠가 있다.(小學堂) '疏'의 이체자는 '疎'와 '蹠'이다.(小學堂) '踈', '蹠', '疏', '疎'의 중국 중고음을 살펴보면 다음과 같다.

| | | 성모 | 운모 |
|---|---|---|---|
| 周法高 擬音 | 踈 | ʂ | io |
| | 蹠 | ʂ | io |
| | 疏 | ʂ | io |
| | 疎 | ʂ | io |

'踈', '蹠', '蹠' '疏'는 서로 통가자로 사용되었으며, 같은 음을 가지기 때문에, 음역(音譯)에 같이 사용되었다.

2) 智永의 행초서체. 漢典書法 참조.

# 40 葱嶺鎭

又從胡蜜國。東行十五日。過播蜜川。即至葱嶺鎭。此是屬漢。兵馬見今鎭押。此即舊日王裴星國境。爲王背叛。走投土蕃。然今國界。無有百姓。外國人呼云渴飯檀國。漢名葱嶺。

## 40. 총령진

또 호밀국에서 동쪽으로 십오일을 가면, 파미르 고원을 지나고, 총령진에 이른다. 이곳은 중국에 속한다. 군대가 현재 진압하고 있다. 이곳은 옛날 배성왕이 (다스리던 나라의) 국경 지대이다. 왕이 된 자는 배신하고 토번에 투항하였다. 그리하여 지금 국경 지대에는 백성이 없다. 외국인들이 갈반단국(渴飯檀國)이라 부르며, 중국 이름으로는 총령(葱嶺)이다.

【212】

羅　：呼名伽師祇離國此亦漢軍馬守捉有寺有僧行小乘法喫肉及葱

藤田：呼名伽師祇離國、此亦漢軍馬守促、有寺有僧、行小乘法、喫肉及葱

桑山：呼名伽师秖離國。此亦漢軍馬守捉。有寺有僧。行小乗法。喫肉及菍

張　：呼名<u>伽師秖離國</u>。此亦漢軍馬守捉。有寺有僧。行小乘法。喫肉及葱

정　：呼名伽師秖離國 此亦漢軍馬守捉 有寺有僧 行小乘法 喫肉及葱

박案：呼名伽师祇離國此亦漢軍馬守捉有寺有僧行小乗法喫肉及菍

### 校註

① 呼: 원본 형태는 이다. '呼'이다.

② 捉: 원본 형태는 이다. '捉'이다.

③ 菍: 원본 형태는 이다. '菍'이다. '葱'의 이체자(菍)이다.

【213】

羅　：韮等土人著疊布衣也 又從疎勒東行一月至龜茲國即是安西

藤田：韮等、土人著疊布衣也、又從疎勒東行一月、至龜茲國、即是安西

桑山：韮等。土人着疊布衣也。 又從踈勒東行一月。至龜茲國。即是安西

張　：韮等。土人著疊布衣也。又從<u>踈勒</u>東行一月。至<u>龜茲國</u>。即是<u>安西</u>

정　：韮等 土人着疊布衣也 又從疎勒東行一月 至龜茲國 卽是安西

박案：韮等圡人著疊布衣也 又從疎勒東行一月至龜茲國即是安西

校註

① 韮: 원본 형태는 韮이다. '韭'의 이체자(韮)이다.(小學堂)

② 踈: 원본 형태는 踈이다. '踈'이다. 211행 참조.

③ 圡: 원본 형태는 圡이다. '土'의 이체자(圡)이다.(臺灣敎育部異體字字典)

# 41 踈勒國

## 又從葱嶺。步入一月。[1] 至踈勒。外國自呼名伽師祇離國。此亦漢軍馬守

1) 又從葱嶺步入一月至踈勒: 張毅(1994:153)은 '又從葱嶺步入一月 '에서 '步'를 '行'으로 썼어야 한다고 주장하고 있다. 《왕오천축국전》은 새로운 주제를 시작할 때, 아래와 같은 5가지 문형으로 시작한다.

(1) '又從…行…至' 문형
又從南天。北行兩月。至西天國王住城: 59행
又從西天。北行三箇餘月。至北天國也: 65행
又從此闍蘭達羅國。西行經一月。至吒社國: 72행
又從此吒國。西行一月。至新頭故羅國: 74-75행
又從此罽賓國。西行。至七日謝䫻國: 146-147행
又從謝䫻國。北行七日。至犯引國: 151행
又從此犯引國。北行廿日。至吐火羅國: 155행
又從吐火羅國。西行一月。至波斯國: 161행
又從吐火羅。東行七日。至胡蜜王住城: 193행
又從胡蜜國。東行十五日。過播蜜川。即至葱嶺鎮: 209행
又從踈勒。東行一月。至龜兹國: 213행
又從安西。東行□□。至焉耆國。是漢軍兵領押: 224-225행

(2) '又從…行…入…至' 문형
又從此。北行十五日入山。至迦葉彌羅國: 87행
又從波斯國。北行十日入山。至大寔國。彼王不住本國: 167행
又從此建馱羅國。西行入山七日。至覽波國: 137-138행
又從此覽波國。西行入山。經於八日程。至罽賓國: 139-140행

(3) '又從…入…至' 문형
又從此建馱羅國。正北入山三日程。至烏長國: 132행
又從烏長國。東北入山十五日程。至拘衛國: 135행
又從葱嶺。步入一月。至踈勒: 211행

(4) '又…隔…至' 문형
又迦葉彌羅國東北。隔山十五日程。即是大勃律國: 102행
又迦葉彌羅國西北。隔山七日程。至小勃律國: 111-112행
又從迦葉彌羅國西北。隔山一月程。至建馱羅: 116행

(5) '又從…至' 문형

捉。有寺有僧。行小乘法。喫肉及葱韭等。土人著疊布衣也。

## 41. 소륵국

다시 총령에서 걸어서 한 달을 가면 소륵(카슈가르)에 이른다. 외국에서는 (자기들) 스스로 가사지리국이라고 부른다. 이곳 역시 중국 군대가 지키고 있다. 절도 있고, 승려도 있다. 소승법이 행해진다. 고기와 파, 부추 등을 먹는다. 토착인은 모직 천 옷을 입는다.

又即從此波羅痆斯國。西行□月。至中天竺國王住城: 20-21행
又從此胡國已北。北至北海。西至西海。東至漢國: 189행

위의 문형을 보면, 張毅가 언급한 것과 같은 '又從…步入…至' 문형은 211행에서 한번만 출현한다. 문제는 '又從…行…至' 문형이나, '又從…行…入…至' 문형을 사용하지 않는다고, 張毅의 의견처럼 '又從葱嶺步入一月'에서 '步'가 잘못 쓰였다고 할 충분한 근거는 되지 않는다. 왜냐하면, 위의 예처럼 '又從…行…至'과 '又從…行…入…至' 문형이 《왕오천축국전》에서 많이 출현하는 구문임에는 틀림이 없지만, 이 두 문형만이 있는 것은 아니기 때문이다.

【214】

羅　：大都護府漢國兵馬大都集處此龜兹國足寺足僧行小乘法喫肉及

藤田：大都護府、漢國兵馬、大都集處、此龜茲國、足寺足僧、行小乘法、喫肉及

桑山：大都護府。漢國兵馬大都集處。此龜茲國。足寺足僧。行小乗法。食肉及

張　：大都護府。漢國兵馬大都集處。此龜茲國。足寺足僧。行小乘法。食肉及

정　：大都護府 漢國兵馬大都集處 此龜茲國 足寺足僧 行小乘法 食肉及

박案：大都護府漢國兵馬大都集䖏此龜茲國足寺足僧行小乗法食肉及

校註

① 䖏: 원본 형태는 이다. '處'의 이체자이다.(小學堂)

② 乗: 원본 형태는 이다. '乘'의 이체자이다.(小學堂)

③ 食: 원본 형태는 이다. '食'이다.

【215】

羅　: 葱韮等也漢僧行大乘法 又安西南去于闐國二千里亦是漢軍馬

藤田 : 葱韮等也、漢僧行大乘法、又安西南去于闐國二千里、亦是漢軍馬

桑山 : 葱韮等也。漢僧行大乘法。 又安西南去于闐國二千里。亦足漢軍馬

張　: 葱韮等也。漢僧行大乘法。又安西南去于闐國二千里。亦足漢軍馬

정　: 葱韮等也 漢僧行大乘法 又安西南去于闐國二千里 亦足漢軍馬

박案 : 葱韮等也漢僧行大乘法 又安西南去于闐國二千里亦足漢軍馬

校註

① 葱: 원본 형태는 [illegible]이다. '葱'이다. '葱'의 이체자(葱)이다.

② 韮: 원본 형태는 [illegible]이다. '韭'의 이체자(韮)이다.(小學堂)

③ 等: 원본 형태는 [illegible]이다. '等'의 이체자(等)이다.(臺灣教育部異體字字典)

④ 足: 원본 형태는 [illegible]이다. 羅振玉과 藤田豊八는 '是로 식자하고 있으며, 桑山正進과 정수일은 '足'으로 식자하고 있다. 張毅(1994:167)는 '足'으로 식자하고, '是'로 써야 한다고 설명하고 있다. 자형으로 보면, '足'이 맞다. '是'의 이체자를 보면, [illegible] 등이 있다. 모두 '日'을 정확히 식별할 수 있다. '足'의 이체자를 보면, [illegible] 등이 있다. 모두 '口'를 정확히 식별할 수 있다. 따라서 [illegible]는 '足'이 맞다.

⑤ 馬: 원본 형태는 [illegible]이다. '馬'이다.

# 42 龜茲國

又從踈勒。東行一月。至龜茲國。即是安西大都護府。漢國兵馬大都集處。此龜茲國。足寺足僧。行小乘法。食肉及葱韭等也。漢僧行大乘法。

### 42. 구자국

또 소륵에서 동쪽으로 한 달을 가면, 구자(쿠차)국에 이른다. 이곳은 안서대도호부[1]이다. 중국 군대가 대부분이 모여 있는 곳이다. 이 구자국은 절도 많고 승려도 많다. 소승법이 행해지고 있다. 고기와 파, 부추 등을 먹는다. 중국 승려는 대승법을 행한다.

1) 안서도호부(安西大都護府): 중국 당(唐) 시대에 서방의 무역로를 관할하기 위해 설치. 안서(安西)의 네 개의 진(鎭)을 관할하였다. 중국 당(唐) 태종(640년)부터 덕종(790년)까지 150년 동안 존재하였다.

【216】

羅　：領押足寺足僧行大乘法不食肉也從此已東並是大唐境界諸人共知

藤田：領押、足寺足僧、行大乘法、不食肉也、從此已東、並是大唐境界、諸人共知、

桑山：領押。足寺足僧。行大乗法。不食肉也。從此已東。並是大唐境界。諸人共知。

張　：領押。足寺足僧。行大乘法。不食肉也。從此以東。並是大唐境界。諸人共知。

정　：領押 足寺足僧 行大乘法 不食肉也 從此已東 並是大唐境界 諸人共知

박案：領押足寺足僧行大乗法不食肉也從此已東並是大唐境界諸人共知

校註

① 乗: 원본 형태는 乗이다. '乘'의 이체자이다.

② 已: 원본 형태는 已이다. '已'이다.

③ 知: 원본 형태는 知(知)이다. '知'의 행초서체(知)이다.[1]

1) 王羲之의 행초서체. 漢典書法 참조.

【217】

羅　：不言可悉 開元十五年十一月上旬至安西于時節度大使趙君

藤田：不言可悉、開元十五年十一月上旬、至安西、于時節度大使趙君、

桑山：不言可悉。開元十五年十一月上旬。至安西。于時節度大使趙君。

張　：不言可悉。開元十五年十一月上旬。至安西。于時節度大使趙君。

정　：不言可悉 開元十五年十一月上旬 至安西 于時節度大使趙君

박案：不言可悉 開元十五年十一月上旬至安西于時節度大使趙君

### 校註

① 悉: 원본 형태는 이다. '悉'의 이체자()이다.(小學堂)

② 節: 원본 형태는 이다. '節'의 이체자()이다.[2]

2) 陸柬之의 행초서체. 漢典書法 참조.

# 43 于闐國

又安西南去于闐國二千里。[1] 亦足漢軍馬領押。[2] 足寺足僧。行大乘法。不食肉也。從此已東。並是大唐境界。諸人共知。不言可悉。

## 43. 우전국

또 안서 남쪽에서, 우전(코탄)국에 이르기는 이천 리이다. 역시 중국 군대가 많고, (중국 군대가) 통솔하여 진압하고 있다. 절도 많고 승려도 많다. 대승법이 행해지고 있다. 고기를 먹지 않는다. 이곳으로부터 동쪽으로는 당나라의 경계이다. 모든 사람이 알고 있고, 말하지 않아도 다 알고 있다.

1) 又安西南去于闐國二千里: 정기선(2000)은 '또 안서에서 남으로 가니, 우진국 이천 리에'로 한역하였고, 정수일(2004:439)은 '다시 안서 남쪽에서 우전국까지는 이 천리이다.'로 한역하였다. 桑山正進은 '또한 서안으로부터 남쪽 2천리에는 우전국이 있으며'로 해석하였다.

2) 亦足漢軍馬領押:

(1) 張毅는 이 구문의 '足'은 '是'가 되어야 한다고 말하고 있다. 즉, '亦是漢軍馬領押'이다.

(2) 정수일(2004:439)는 '이곳에도 중국 군사가 많이 주둔하고 있다.'고 한역하였고, 정기선은 '중국 군마가 진압하고 있다.'고 번역하였다.

(3) '亦足漢軍馬領押'로 보면, 술어로 사용할 수 있는 어휘는 '足'과 '領押' 두 개가 있다. 《왕오천축국전》에서 '足'은 '많다/풍부하다'의 의미로 사용되고 있다. 예를 들면, '足寺足僧'(절도 많고, 승려도 많다)이다. 《왕오천축국전》에서 출현한 '領'과 '押'의 용법을 보면, (1) '領'은 '首領'을 제외하고, 모두 뒤에 목적어를 가지며, '통솔하다/인솔하다'의 의미로 사용되었다. (2) '押'은 아래의 구문과 같이, '鎭押'과 '領押'와 같이 사용되면서 뒤에 목적어가 없다.

在彼鎭押　　: 156행
兵馬見今鎭押 : 209-210행
是漢軍兵領押 : 224-225행

'亦足漢軍馬領押'을 문법분석하면, (1) '亦(부사어)+足(술어1)+漢軍馬(목적어)+領押(술어2)'이며, '또한 중국 군대가 많고, 통솔하여 진압하고 있다.'로 해석이 가능하다. (2) '亦是漢軍馬領押'을 문법분석하면 해석하면, '亦(부사어)+是(술어1)+漢軍馬領押(목적어)'이며, 목적어는 '漢軍馬(주어)+領押(술어)'로 이루어졌다. 이를 번역하면, '중국 군대가 통솔하여 진압하고 이다.'와 같이 문의가 맞지 않는다. (3) 다른 하나의 문법분석은 '亦是(부사어)+漢軍馬(주어)+領押(술어)'로, 이를 번역하면 '마찬가지로 중국 군대가 통솔하며 진압한다.'로 한역이 된다. 다시 말하자면, 총령진에서 카슈가르(Kashgar, 踈勒 şio-lək), 쿠차국 그리고 코탄국에 이르기까지 중국 군대가 통솔한다는 말하고 있다. 따라서 문법분석에 따르면, (1)과 (3)은 문법적으로 적합한 문장이 된다. 따라서 張毅(2004:167)의 의견은 다시 생각해 볼 여지가 많다. 그의 의견은 224-225행의 '是漢軍兵領押' 문구에 의하여 나온 듯하다.

【218】

羅　：且於安西有兩所漢僧住持行大乘法不食肉也大雲寺主秀行善能

藤田：且於安西、有兩所漢僧住持、行大乘法、不食肉也、大雲寺主秀行、善能

桑山：且於安西。有兩所漢僧住持。行大乘法。不食肉也。大雲寺主秀行。善能

張　：且於安西。有兩所漢僧住持。行大乘法。不食肉也。大雲寺主秀行善能

정　：且於安西 有兩所漢僧住持 行大乘法 不食肉也 大雲寺主秀行 善能

박案：且於安西有兩所漢僧住持行大乘法不食肉也大雲寺主秀行善䏻

校註

① 䏻: 원본 형태는 䏻이다. '能'이다.

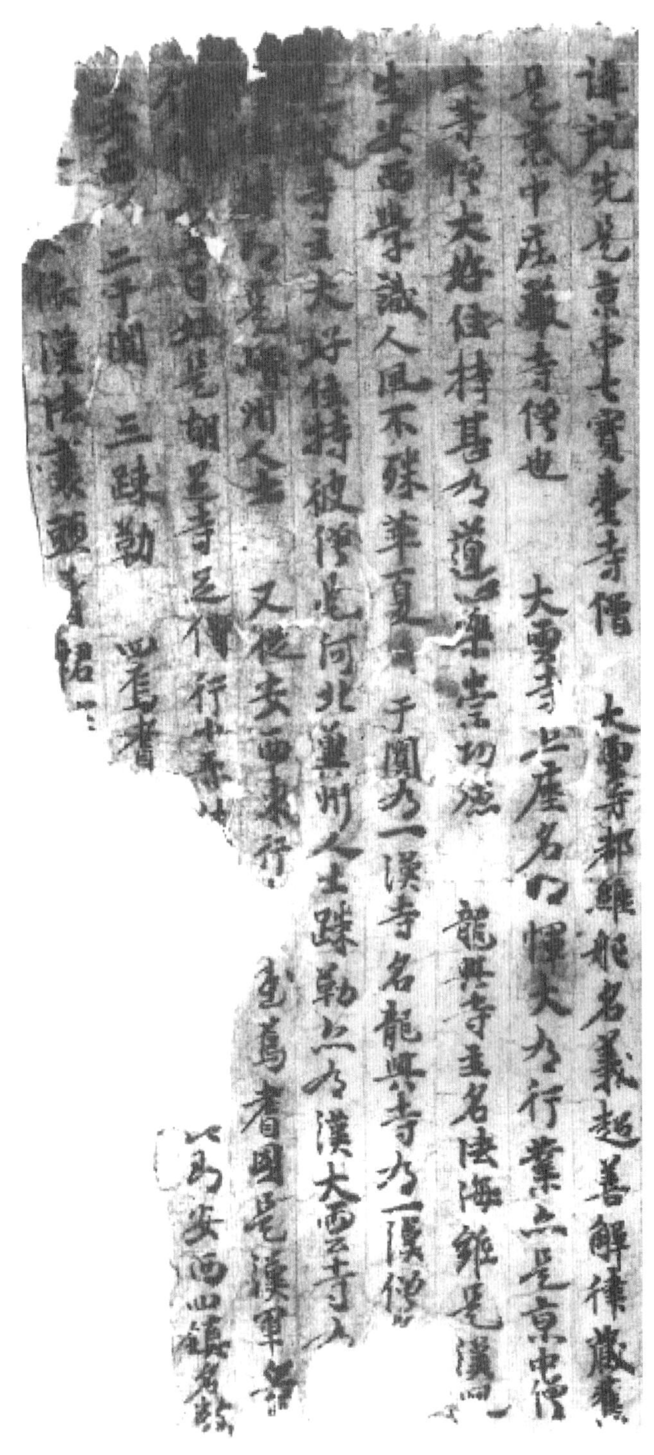

講說先是京中七寶臺寺僧 大雲寺都維那名義超善解律藏舊
是京中莊嚴寺僧也 大雲寺上座名明惲大有行業亦是京中僧
此等僧大好住持甚有道心樂崇功德 龍興寺主名法海雖是漢兒
生安西學識人風不殊華夏 于闐有一漢寺名龍興寺有一漢僧
[illegible]是彼寺主大好住持彼僧是河北冀州人士疏勒亦有漢大雲寺有
一漢僧住持即是岷州人士 又從安西東行[illegible]至焉耆國是漢軍兵
[illegible]有王百姓是胡足寺足僧行小乘法 [illegible]以為安西四鎮名數
[illegible]二于闐 三疏勒 四焉耆
[illegible]依漢法裹頭著裙[illegible]

【219】

羅　: 講說先是京中七寶臺寺□大雲寺維舥名義超善解律藏舊

藤田 : 講說、先是、京中七寶臺寺□、大雲寺維舥。名義超、善解律藏、舊

桑山 : 講說。先是京中七寶臺寺僧。 大雲寺都維那。名義超。善解律藏。舊

張　: 講說。先是。京中七寶臺寺僧。大雲寺都維郍名義超。善解律藏。舊

정　: 講說 先是京中七寶臺寺僧 大雲寺都維[那] 名義超 善解律藏 舊

박案 : 講說先是京中七寶臺寺僧 大雲寺都維郍名義超善解律蔵舊

校註

① 講: 원본 형태는 ()이다. '講'의 행초서체()이다.[1]

② 京: 원본 형태는 이다. '京'의 이체자()이다.(小學堂)

③ 寶: 원본 형태는 이다. '寶'의 이체자()이다.(小學堂)

④ 郍: 원본 형태는 이다. '那'의 이체자(郍)이다.(臺灣教育部異體字字典)

⑤ 超: 원본 형태는 이다. '超'의 행초서체()이다.[2]

⑥ 蔵: 원본 형태는 이다. '藏'의 이체자(蔵)이다.(小學堂)

⑦ 舊: 원본 형태는 이다. '舊'의 행초서체()이다.[3]

1) 趙孟頫의 행초서체. 漢典書法 참조.
2) 智永의 행초서체. 漢典書法 참조.
3) 趙孟頫의 행초서체. 漢典書法 참조.

【220】

羅　：是京中莊嚴寺僧也 大雲寺上座名明惲大有行業亦是京中僧

藤田：是京中莊嚴寺僧也、大雲寺上座、名明惲、大有行業、亦是京中僧、

桑山：是京中㽵嚴寺僧也。 大雲寺上座。名明惲。大有行業。亦是京中僧。

張　：是京中㽵嚴寺僧也。大雲寺上座。名明惲。大有行業。亦是京中僧。

정　：是京中庄嚴寺僧也 大雲寺上座 名明惲 大有行業 亦是京中僧

박案：是京中㽵嚴寺僧也 大雲寺上座名明惲大有行業亦是京中僧

### 校註

① 㽵: 원본 형태는  이다. '莊'의 이체자이다.(臺灣教育部異體字字典)

② 座: 원본 형태는  이다. '座'의 이체자이다.(臺灣教育部異體字字典)

③ 明: 원본 형태는 이다. '明'의 행초서체( )이다.[4]

4) 智永의 행초서체. 漢典書法 참조.

## 【221】

羅　：此等僧大好住持甚有道心樂崇功慮 龍興寺主名法海雖是漢兒

藤田：此等僧、大好住持、甚有道心、樂從功慮、龍興寺主、名法海、雖是漢兒

桑山：此等僧大好住持。甚有道心。樂崇功德。龍興寺主。名法海。雖是漢児

張　：此等僧。大好住持甚有道心。樂崇功德。龍興寺主。名法海。雖是漢兒

정　：此等僧大好住持 甚有道心 樂崇[功德] 龍興寺主 名法海 雖是漢兒

박案：此䓁僧大好住持甚有道心樂崇功德 龍興寺主名法海𨿽是漢児

### 校註

① 心: 원본 형태는 이다. '心'이다.

② 功: 원본 형태는 이다. '功'이다.

③ 德: 원본 형태는 이다. '德'이다.

④ 𨿽: 원본 형태는 이다. '雖'의 이체자(𨿽)이다.(臺灣教育部異體字字典)

⑤ 児: 원본 형태는 이다. '兒'의 이체자(児)이다.(小學堂)

【222】

羅　: 生安西學識人風不殊華夏 于闐有一漢寺名龍興寺有一漢僧名□□

藤田 : 生安西、學識人風、不殊華夏、于闐、有一漢寺、名龍興寺、有一漢僧、名□□、

桑山 : 生安西。學識人風。不殊華夏。 于闐有一漢寺。名龍興寺。有一漢僧。(名)[ ] [ ]

張　: 生安西。學識人風。不殊華夏。于闐有一漢寺。名龍興寺。有一漢僧。名□□。

정　: 生安西 學識人風 不殊華夏 于闐有一漢寺 名龍興寺 有一漢僧 {名}(缺, 約二字)

박案 : 生安西學識人風不殊華夏 于阗有一漢寺名龍興寺有一漢僧□□□

校註

① 阗: 원본 형태는 [阗]이다. '闐'의 이체자(阗)이다.(小學堂)

② 龍: 원본 형태는 [龍]이다. '龍'의 이체자(龍)이다.(臺灣教育部異體字字典)

③ □: 원본 형태는 〃이다.

【223】

羅　: 是彼寺主大好住持彼僧是河北冀州人士疎勒亦有漢大雲寺有一漢

藤田 : 是彼寺主、大好住持、彼僧是河北冀州人士、疎勒亦有漢大雲寺、有一漢

桑山 : 是彼寺主。大好住持。彼僧是河北冀州人士。踈勒亦有漢大雲寺。有一漢

張　: 是彼寺主。大好住持。彼僧是河北冀州人士。疎勒亦有漢大雲寺。有一漢

정　: 是彼寺主 大好住持 彼僧是河北冀州人士 疎勒亦有漢大雲寺 有一漢

박案 : 是彼寺主大好住持彼僧是河北兾州人士踈勒亦有漢大雲寺有□漢

校註

① 兾: 원본 형태는 이다. '冀'의 이체자(兾)이다.(臺灣教育部異體字字典)

② 踈: 원본 형태는 이다. '踈'이다. 211행 참조.

③ 勒: 원본 형태는 이다. '勒'의 행초서체()이다.[5]

④ 有: 원본 형태는 이다. '有'이다.

⑤ □: 원본 형태는 보이지 않는다. 222행의 '有一漢寺'와 '有一漢僧' 구문으로 추측하건데, 제가(諸家)의 의견처럼 이 글자가 '一'로 추측이 가능하다.

⑥ 漢: 원본 형태는 보이지 않는다. 222행의 '有一漢寺'와 '有一漢僧' 구문으로 추측하건데, 제가(諸家)의 의견처럼 이 글자가 '漢'으로 충분히 추측이 가능하다.

5) 米芾의 행초서체. 漢典書法 참조.

【224】

羅　：僧住持即是岷州人士 又從安西東行□□至焉耆國是漢軍兵

藤田：僧住持、即是岷州人士、又從安西東行□□至焉耆國、是漢軍兵

桑山：僧住持。即是嶓州人士。又從安西東行[ ] [ ]。至焉耆國。是漢軍兵[馬]

張　：僧住持。即是嶓州人士。又從安西東行□□至焉耆國。是漢軍兵

정　：僧住持 卽是嶓州人士 又從安西東行(缺, 約二字) 至焉耆國 是漢軍兵{馬}

박案：僧住持即是嶓州人士 又從安西東行□日至焉耆國是漢軍兵馬

校註

① 僧: 원본 형태는 [원본 글자]이다. '僧'이다.

② 持: 원본 형태는 [원본 글자]이다. '持'이다.

③ 日: 원본은 파손되어 보이지 않는다. ▌한국어 해석의 '41.踈勒國(소륵국)'의 해석을 보면,《왕오천축국전》에서는 새로운 주제를 시작할 때, 5가지 문형을 주로 사용하였는데, 그 중에서 '又從…行…至'와 '又從…行…入…至' 문형을 가장 많이 사용하였다. 이 두 문형을 다시 자세히 보면, '又從…行…日(月)至'와 '又從…行…入…日(月)…至'로 이루어진 것을 알 수 있다.

1) '又從…行…至' 문형

又從南天。北行兩月。至西天國王住城: 59행
又從西天。北行三箇餘月。至北天國也: 65행
又從此闍蘭達羅國。西行經一月。至吒社國: 72행
又從此吒國。西行一月。至新頭故羅國: 74-75행
又從此罽賓國。西行七日。至謝𩗗國: 146-147행
又從謝𩗗國。北行七日。至犯引國: 151행
又從此犯引國。北行廿日。至吐火羅國: 155행

2) '又從…行…日(月)…入…至' 문형

又從此。北行十五日入山。至迦葉彌羅國: 87행
又從波斯國。北行十日入山。至大寔國。彼王不住本國: 167행
又從此建馱羅國。西行入山七日。至覽波國: 137-138행

又從此覽波國。西行入山。經於八日程。至罽賓國: 139-140행

따라서 우리는 파손된 부분의 두 글자 중에서 한 글자는 日이라고 추측해 본다.

③ 嵒: 원본 형태는 이다. '岷'의 이체자이다.

④ 焉: 원본 형태는 이다. '焉'이다.

⑤ [馬]: 원본 형태는 이다. '馬'의 앞 글자 '兵'으로 '兵馬'로 추측이 가능하다. '兵馬'는 모두 16번 사용되었다.

# 44 安西

開元十五年十一月上旬。至安西。于時節度大使趙君。且於安西。[1] 有兩所漢僧住持。行大乘法。不食肉也。大雲寺主秀行。善能講說。先是京中七寶臺寺僧。大雲寺都維那。[2] 名義超。善解律藏。[3] 舊是京中莊嚴寺僧也。大雲寺上座。名明惲。大有行業。亦是京中僧。此等僧。大好住持。[4] 甚有道心。樂崇功德。龍興寺主。名法海。雖是漢兒。生安西。學識人風。不殊華夏。于闐有一漢寺。名龍興寺。有一漢僧。□□□是彼寺主。大好住持。彼僧是河北冀州人士。[5] 踈勒亦有漢大雲寺。有□漢僧住持。即是岷州人士。[6]

### 44. 안서

개원 15년(727) 11월 상순 안서에 이르렀다. 그 때의 절도사는 조군이었다. 그리고 안서에는 절이 두 개 있다. 중국 승려인 주지는 대승법을 행한다. 고기를 먹지 않는다. 대운사 사주(寺主) 수행(秀行)은 강설을 아주 잘한다. 이전에 장안에 있던 칠보대사의 승려였다. 대운사 도유나(都維那)의 이름은 의초(義超)라고 부르며, 율장의 해석을 아주 잘한다. 전에는 장안의 장엄사 승려이었다.

대운사 도유나(都維那)의 이름은 의초(義超)라고 부른다. 율장의 해석을 아주 잘한다. 전에는 장안의 장엄사 승려이었다. 대운사 상좌(上座)의 이름은 명휘(明揮)라고 부른다. 불도를 크게 닦았다. 역시 장안의 승려이다. 이 승려들은 절을 잘 관리한다. 불도의 마음이 아주 많고, 즐거이 공덕(功德)을 쌓는다.

용흥사 사주(寺主)는 이름이 법해(法海)라고 부른다. 비록 중국인이나, 안서에서 태어났다. 학식과

1) 且於安西: 이 문구는 '且+於安西'로 해석을 해야 한다. '且'는 '그리고/또한/더욱이/게다가'의 의미로 접속사의 사용된다.
2) 都維那: 도유나는 사찰 내의 업무를 총괄하고, 불사(佛事)를 주관하거나 감독하는 임무를 맡고 있다.
3) 律藏: 부처가 제정한 계율을 기록한 문헌을 통틀어 일컫는다.
4) 大好住持: '18. 신두고라국'의 해석을 참조하기 바란다.
5) 기주(冀州)는 현재 하북성(河北省) 기현(冀縣)이다.
6) 민주(岷州)는 현재 감숙성(甘肅省) 민현(岷縣)이다.

인품이 중국인과 다르지 않다. 우전(于闐)에 중국 절이 한 곳 있는데, 용흥사라 부른다. 한 명의 중국 승려가 있다. … 이 절의 사주(寺主)이며, 절을 잘 관리한다. 이 승려는 하북 기주 사람이다. 소륵에도 중국 절인 대운사가 있다. 중국 승려 한 분이 있는데, 아주 절을 잘 관리하며, 민주 사람이다.

【225】

羅　: 領押有王百姓是胡足寺足僧行小乘法□□□□□此即安西山鎮名數

藤田 : 領押、有王、百姓是胡、足寺足僧、行小乘法、□□□□□此即安西山鎮名數、

桑山 : 領押。有王。百姓是胡。足寺足僧。行小乘(法)。〈缺〉此即安西四鎮名數。

張　: 領押。有王。百姓是胡。足寺足僧。行小乘法。□□□□□此即安西四鎮名數

정　: 領押 有王 百姓是胡 足寺足僧 行小乘[法] (缺, 約六字) [此]即安西四鎮 名[數]

박案 : 領押有王百姓是胡足寺足僧行小乘法 … 此即安西四鎮名數

## 校註

① 領: 원본 형태는 이다. '領'이다. 《왕오천축국전》에서 '領'은 32번 출현하였다.

王及首領( ): 201행
各領( )兵馬: 203행
唯王首領( ): 205행
領( )押: 216행

② 法: 원본 형태는 이다. '法'으로 추측이 가능하다.

③ 此: 원본 형태는 이다. '此'로 추측이 가능하다.

④ 數: 원본 형태는 이다. '數'로 추측이 가능하다. '數'의 이체자(数)이다. 제6행 참조하기 바란다.

【226】

羅　：一安西 二于闐 三疎勒 四焉耆 下缺

藤田： 一安西、 二于闐、 三踈勒、 四焉耆、〈下缺〉

桑山：一安西 二于闐 三踈勒 四焉耆。〈缺〉

張　：一安西。二于闐。三疏勒。四焉耆。(約缺十二字)

정　：一安西 二于闐 三疎勒 四焉耆 (缺, 約十三字)

박案：一安西 二于闐 三踈勒 四焉耆 …

校註

① 勒: 원본 형태는 勒이다. '勒'의 행초서체(勒)이다.[1]

② 焉: 원본 형태는 焉이다. '焉'이다.

1) 李世民의 행초서체. 漢典書法 참조.

【227】

羅　：上缺 人依漢法裹頭著裙 下缺

藤田：〈上缺〉人依漢法、裹頭著裠〈下缺〉

桑山：〈缺〉(大)依漢法。裏頭(着)裙(衫)〈缺〉

張　：(約缺四字)依漢法裹頭著裙。(下缺)

정　：(缺, 約四字) [大]依漢法 裏頭[着]裙(缺, 約十五字)

박案：…□依漢法裏頭着裙…

校註

① □: 원본 형태는  이다. 藤田豊八은 '人'으로 추측하였고, 桑山正進과 정수일은 '大'로 추측하였다. 식자가 어렵다.

② 着: 원본 형태는 이다. 着로 추측이 가능하다. '著'의 이체자(着)이다.

③ 裙: 원본 형태는 이다. '裙'이다.

④ 裏: 원본 형태는 ()이다. '裡'의 이체자(裏)이다.(臺灣教育部異體字字典) 羅振玉・藤田豊八・張毅은 '裹'로 식자하고, 桑山正進과 정수일은 '裏'로 식자한다.

⑤ : 식자가 어렵다.

# 45 焉耆國

又從安西。東行□日。至焉耆國。是漢軍兵馬領押。[1] 有王。百姓是胡。足寺足僧。行小乘法 … 此即安西四鎮。名數一安西。二于闐。三疎勒。四焉耆。…□依漢法。褁頭著裙[2] …

1) 是: '이곳은 … 이다.'의 의미로 해석한다.

2) 褁頭著裙:
羅振玉 · 藤田豊八 · 張毅은 '褁'로 식자하고, 桑山正進과 정수일은 '裹'로 식자한다. 이 문구에 대한 제가(諸家)의 의견을 정리하면, 다음과 같다.

羅 振 玉 : 上缺 人依漢法褁頭著裙 下缺
藤田豊八 : 〈上缺〉人依漢法、褁頭著裠 〈下缺〉
桑山正進 : 〈缺〉(大)依漢法。裹頭(着)裙(衫) 〈缺〉
張　　毅 : (約缺四字)依漢法褁頭著裙。(下缺)
정 수 일 : (缺, 約四字) [大]依漢法 裹頭[着]裙 (缺, 約十五字)

위에서 보는 바와 같이, [illegible]는 '褁(裹)頭著裙' 문구를 이루고 있다. 《왕오천축국전》에서 출현한 각 글자에 대한 이해는 아래와 같다.

(1) 褁: '褁'는 《왕오천축국전》에서 한 번도 출현하지 않았다.

(2) 裹: '裹'는 《왕오천축국전》에서 '裹'는 6번 출현하였다.

| | |
|---|---|
| 王官屋裹: 30행 | 此寺東澗裹: 80행 |
| 在此城東南山裹: 131행 | 亦住山裹: 146행 |
| 住居山裹: 202행 | 又胡蜜國北山裹: 203행 |

《說文解字》에서 '裹'는 안에 입는 옷(內衣)의 뜻으로 설명되어 있다. 그리고 이 뜻에서 파생되어, 안과 밖의 '안'을 가리키기도 한다.

(3) 裙: '裙'은《왕오천축국전》에서 '裙'은 이번 행 이외에는 출현하지 않았다. 몸 아래 부분에 입는 옷을 가리킨다. 현대중국어에서는 '치마'를 가리킨다.
'褁(裹)頭著裙'의 한국어 번역을 살펴보면, 정수일(2004:452)은 '裹頭[着]裙'로 식자하고 '중국식대로 안에 치마를 입는다.'로 한역하였고, 정기선(2000)은 '머리하고 옷 입고'로 번역하였다. 桑山正進은 '裹頭(着)裙(衫)'로 식자하고 '머리를 싸매고, 치마를 입으며'로 해석하였다.
'裹頭'와 '褁頭'의 의미를 살펴보면 다음과 같다.

(1) 裹頭著裙의 裹頭는 '내부', '안'의 의미로, 예를 들면《儒林外史·第四十七回》:「裡頭換梁柱，釘椽子，木工還不知要多少？(내부는 대들보와 기둥을 교체하고 서까래도 못질해서 고정시켜야 하니, 목수도 얼마나 필요할지 모르겠다.)」

## 45. 언기국

또 안서 동쪽으로 …일을 가면, 언기국(焉耆國)에 이른다. 이곳은 중국 군대가 통솔하여 진압하는 곳이다. 왕이 있다. 백성은 호족이다. 절도 많고 승려도 많다. 소승법이 행해지고 있다.
이 곳이 바로 안서사진(安西四鎭)이다. 이름을 열거해보면, 첫째는 안서, 둘째는 우전, 셋째는 소륵, 넷째는 언기이다. … 중국의 법에 의거하여, 머리를 두건으로 감싸 매고 치마를 입는다. …

(2) 褁頭著裙의 褁頭는 '두건 등으로 머리를 감싸 매다'의 의미로, 예를 들면 韓愈의 〈寄盧仝〉:「一奴長鬚不褁頭, 一婢赤腳老無齒。(하나 있는 종은 수염이 길고 머리를 감싸 매지 못하고, 하나 있는 하녀는 맨발에다 늙어서 이가 하나도 없다.)」또 杜甫의 〈兵車行〉:「去時里正與褁頭, 歸來頭白還戍邊。(떠날 때 촌장께서 두건 싸주시더니, 돌아와 백발에도 아직 변방을 지키네.)」등에서 확인할 수 있다.
우리는 이 문구를 '褁頭著裙'로 식자한다. 그 이유는 '裏頭(부사어)+著(술어)+裙(목적어)' 구조보다, '褁(술어)+頭(목적어)+著(술어)+裙(목적어)' 구조가 문구의 구조상 더 적합하기 때문이다. 따라서 '머리를 두건으로 감싸 매고 치마를 입는다.'로 해석하고자 한다.

# 2 《往五天竺國傳》 교주본

1 三寶。赤足裸形。外道不著衣服…
2 □食即喫。亦不齋也。地皆平…………無
3 有奴婢。將賣人罪與殺人罪不殊…………
4 一月。至拘尸那國。佛入涅槃處。其城荒廢。無人住也。佛入涅槃處置塔。有
5 禪師。在彼掃灑。每年八月八日。僧尼道俗。就彼大設供養。於其空中。有
6 幡現。不知其數。衆人同見。當此日之發心非一。此塔西有一河。名阿伊羅鉢底
7 水。南流二千里外。方入恒河。彼塔四絕。無人住也。林木極荒。往彼禮拜者被
8 犀牛大虫所損也。此塔東南卅里。有一寺。名娑般檀寺。有卅餘人村莊三五所
9 常供養。彼禪師衣食。令在塔所供養 ………
10 日。至波羅痆斯國。此國亦廢。無王。即六………
11 彼五俱輪。見素形像在於塔中 ………
12 上有獅子。彼幢極麤。五人合抱。文理細 ………
13 塔時。並造此幢。寺名達磨斫葛羅。僧 ………
14 外道不著衣服。身上塗灰。事於大天。此寺中有一金銅像。五百…
15 是摩揭陁國。舊有一王。名尸羅栗底。造此像也。兼造一金銅□。□
16 輻團圓。正等卅餘步。此城俯臨恒河北岸置也。即此鹿野苑。拘尸那□
17 舍城。摩訶菩提等。四大靈塔在摩揭陀國王界。此國大小乘俱行。于
18 時得達摩訶菩提寺。稱其本願。非常歡喜。略題述其愚志。五言
19 不慮菩提遠。焉將鹿苑遙。只愁懸路險。非意業風飄。八塔難誠見。
20 □差經劫燒。何其人願滿。目覩在今朝。又即從此波羅痆斯國。西行
21 □月。至中天竺國王住城。名葛那及自。此中天王境界。極寬。百姓繁鬧。
22 王有九百頭象。餘大首領各有三二百頭。其王每自領兵馬鬪戰。常與餘四
23 天戰也。中天王常勝。彼國法。自知象少兵少。即請和。每年輸稅。不交陣
24 相殺也。衣著言音人風法用。共五天相似。唯南天村草百姓。語有差別。仕□
25 之類。中天不殊。五天國法。無有枷棒牢獄。有罪之者。據輕重罰錢。亦無
26 刑戮。上至國王下及黎庶。不見遊獵放鷹走犬等事。道路雖即足賊。
27 取物即放。亦不殤殺。如若□物。即有損也。土地甚暖。百卉恒青。無有霜
28 雪。食唯粳粮餅麨蘇乳酪等。無醬有鹽。總用土鍋。煮飰而食
29 無鐵釜等也。百姓無別庸稅。但抽田子五石與王。王自遣人運將。田主亦

不爲送也。彼土百姓。貧多富少。王官屋裏及富有者。著氎一雙。自外一隻。貧者著半片。女人亦然。其王每坐衙處。首領百姓總來遶王。四面而坐。□諍道理。訴訟紛紜。非常亂鬧。王聽不嗔。緩緩報云。汝是。汝不是。彼百姓等。取王一口語爲定。更不再言。其王首領等。甚敬信三寶。若對師僧前。王及首領等。在地而坐。不肯坐床。王及首領。行坐來去處。自將床子隨身。到處即坐。他床不坐。寺及王宅。並皆三重作樓。從下第一重作庫。上二重人住。諸大首領等亦然。屋皆爲平頭。塼木所造。自外□並皆爲草屋。似於漢屋兩下作也。又是一重。土地所出。唯有氎布象馬等物。當土不出金銀。並從外國來也。亦不養駝騾驢猪等畜。其牛總白。萬頭之內。希有一頭赤黑之者。羊馬全少。唯王有三二百口。六七十疋。自外首領百姓。總不養畜。唯愛養牛。取乳制酪蘇也。土地人善。不多愛殺。於市店間。不見有屠行賣肉之處。此中天大小乘俱行。即此中天界內有四大塔。恒河在北岸有三大塔。一在舍衛國給孤園中。見有寺有僧。二在毗耶離城菴羅園中。有塔見在。其寺荒廢。無僧。三在迦毗耶羅國。即佛本生城。無憂樹見在。彼城已廢。有塔無僧。亦無百姓。此城最居□。林木荒多。道路足賊。往彼禮拜者。甚難方迷。四是三道寶階塔。在中天王住城西七日程。在兩恒河間。佛當從刀利天。變成三道寶階。下閻浮提地處。左金。右銀。中吠瑠璃。佛於中道。梵王左路。帝釋右階。侍佛下來。即於此□置塔。見有寺有僧。即從中天國南行三個餘月。至南天竺國王所住。王有八百頭象。境土極寬。南至南海。東至東海。西至西海。北至中天西天東天等國。接界。衣著飲食人風。與中天相似。唯言音稍別。土地熱於中天。土地所出。氎布象水牛黃牛。亦少有羊。無馳騾驢等。有稻田。無有黍粟等。至於綿絹之屬。五天總無。王及首領百姓等。極敬三寶。足寺足僧。大小乘俱行。於彼山中。有一大寺。是龍樹菩薩使夜叉神造。非人所作。並鑿山爲柱。三重作樓。四面方圓爲三百餘步。龍樹在日。寺有三千僧。獨供養以十五石米。每日供三千僧。其米不竭。取却還生。元不減少。然今此寺廢。無僧也。龍樹壽年七百。方始亡也。于時在南天路。爲言曰五言。月夜□□路。浮雲颯颯歸。減書參去便。風急不聽迴。我國天岸北。他邦地角西。日南無有鴈。誰爲向林飛。又從南天。北行兩月。至西天國王住城。此西天王亦五六百頭象。土地所出氎布及銀象馬羊牛。多出大小二麥及諸荳等。稻穀全少。食多餠麨乳酪蘇油。市買用銀錢氎布之屬。王及首領百姓等。極敬信三寶。足寺足僧。大小乘俱行。土地甚寬。西至西海。國人多善唱歌。餘四天國不如此國。又無枷棒牢獄刑戮等事。見今被大寔來侵。半國已損。又五天法。出外去者。不將隨身粮食。到處即便乞得食也。唯王首領等出。自賫粮。不食百姓□□。又從西天。北行三個餘月。至北天國也。名闍蘭達羅國。王有三百頭象。依山作城而住。從玆已北。漸漸有山。爲國狹小。兵馬不多。常被中天及迦葉彌羅國屢屢所呑。所以依山而住。人風衣著言音。與中天不殊。土地稍冷於中天等也。亦無霜雪。但有風冷。土地所有出象氎布稻麥。驢騾少有。其王有馬百疋。首領三五疋。百姓並無。西是平川。東近雪山。國內足寺足僧。大小乘俱行。又一月程過雪山。東有一小國。名蘇跋那具怛羅。屬土蕃國所管。衣著共北天相似。言音即別。土地極寒也。又從此閣蘭達羅國。西行經一月。至吒社國。言音稍別。大分相似。衣著人風土地所出。節氣寒暖。與北天相似。亦足寺足僧大小乘俱行。王及首領百姓等。大敬信三寶。又從此吒社國。西行一月。至新頭故羅國。衣著風俗節氣寒暖。與北天相似。言音稍別。此國極足駱駝。國人取乳酪喫也。及百姓等。大敬三寶。足寺足僧。即造順正理論衆賢論師。是此國人也。此國大小乘俱行。見今大寔侵。半國損也。即從此國乃至五天。不多飲酒。遍歷五天。不見有醉人相打之者。縱有飲者。得色得力而已。不見有歌舞作劇飲宴之者。又從北天國有一寺。名多摩三磨娜。佛在之日。來此說法。廣度人天。此寺東澗裏。於泉水邊。有一塔。□佛所剃頭及剪爪甲。在此塔中。此見有三百餘僧。寺有大辟支佛牙及骨舍利等。更有七八所寺。各五六百人。大好住持。王及百姓等。非常敬信。又山中有一寺。名那揭羅馱娜。有一漢僧。於此寺身亡。彼大德說。從中天來。明閑三藏聖教。將欲還鄉。忽然□和。便即化矣。于時聞說。莫不傷心。便題四韻。以悲冥路。五言。故里燈無主。他方寶樹摧。神靈去何處。玉貌已成灰。憶想哀情切。悲君願不隨。熟知鄉國路。空見白雲歸。又從此。北行十五日入山。至迦羅國。此迦彌羅。亦是北天數。此國稍大。王有三百頭象。住在山中。道路險惡。不被外國所侵。人民極眾。貧多富少。王及首領諸富有者。衣著與中天不殊。自外百姓。悉披毛毯。覆其形醜。土地出銅鐵氎布毛毯牛羊。有象少馬粳米蒲桃之類。土地極寒。不同已前諸國。秋霜冬雪。夏足霖雨。百卉亘青。葉彫冬草悉枯。川谷狹小。南北五日程。東西一日行。土地即盡。餘並蔭山。屋並板木覆。上不用草瓦。王及首領百姓等甚敬三寶。國內有一龍池。彼龍王每日供養不一羅漢僧。雖無人見彼聖僧食。亦過齋已。即見餅飯從水下紛紛亂上。以此得知。迄今供養不絕。王及大首領。出外乘象。小官乘馬。百姓並皆途步。國內足寺足僧。大小乘俱行。五天國法。上至國王王妃王子。下至首領及妻。隨其力能各自造寺也。還別作。不共修營。彼云。各自功德。何須共造。此既如然。餘王子等亦爾。凡造寺供養。即施村莊百姓。供養三寶。無有空造寺不施百姓者。爲外國法。王及妃后。各別村莊百姓。王子首領各有百姓。布施自由不問王也。造寺亦然須造即造。亦不問王。王亦不敢遮。怕拈罪也。若富有百姓。雖無村莊布施。亦勵力造寺。以自經紀得物。供養三寶。爲五天不賣人。無有奴婢。要須布施百姓村薗也。又迦葉彌羅國東北。隔山十五日程。即是大勃律國。楊同國。娑播慈國。此三國並屬吐蕃所管。衣著言音人風並別。著皮裘氎衫靴袴等也。地狹小。山川極險。亦有寺有僧。敬信三寶。若是已東吐番。總無寺舍。不識佛法。當土是胡。所以信也。已東吐番國。純住冰山雪山川谷之間。用氈帳而居。無有城郭屋舍。處所與突厥相似。隨逐水草。其王雖在一處。亦無城。但依氈帳以爲居業。土地出羊馬猫牛毯褐之類。衣著毛褐皮裘。女人亦爾。土地極寒。不同餘國。家常食麨少有餅飯。國王百姓等。總不識佛法。無有寺舍。國人悉皆穿地作坑。而

110 臥無有床席。人民極黑。白者全希。言音與諸國不同。多愛喫虱。爲著毛
111 褐。甚饒蟣虱。捉得便□口裏。終不弃也。又迦葉彌羅國西北。隔山七日
112 程。至小勃律國。此屬漢國所管。衣著人風飲食言音。與大勃律相似。著
113 氎衫及靴。剪其鬚髮。頭上纏疊布一條。女人在髮。貧多富少。山川狹小。
114 田種不多。其山憔□。元無樹木及於諸草。其大勃律。元是小勃律王所住
115 之處。為吐番來逼。走入小勃律國坐。首領百姓在彼大勃律。不來。
116 又從迦葉彌羅國西北。隔山一月程。至建馱羅。此王及兵馬。總是突厥。土人是
117 胡。兼有婆羅門。此國舊是罽賓王王化。爲此突厥王阿耶。領一部落兵馬。投
118 彼罽賓王。於後突厥兵盛。便殺彼罽賓王。自爲國主。因茲國境突厥霸王。
119 此國已北並住中。其山並燋。無草及樹。衣著人風言音節氣並別。衣是皮□
120 氎衫靴袴之類。土地宜大麥小麥。全無黍粟及稻。人多食麨及餅。唯除迦
121 葉彌羅大勃小勃楊同等國。即此建馱羅國。乃至五天崑崙等國。總無蒲
122 桃但有甘蔗。此突厥王象有五頭。羊馬無數。駝騾驢等甚多。漢地興胡□
123 □□□□廻不過。向南爲道路險惡。多足劫賊。從茲已北。惡業者多。市店
124 之間。屠殺極多。此王雖是突厥。甚敬信三寶。王王妃王子首領等。各各造寺。供
125 養三寶。此王每年兩廻設無遮大齋。但是緣身所愛用之物。妻及象馬等。
126 並皆捨施。唯妻及家。令僧斷價。王還自贖。自餘駝馬金銀衣物家具。聽僧貨
127 賣自分利養。此王不同餘已北突厥也。兒女亦然。各各造寺。設齋捨施。此城俯臨辛頭
128 大河北岸而置。此城西三日程。有一大寺。即是天親菩薩無著菩薩所住之寺。此寺名葛
129 諾歌。有一大塔。每常放光。此寺及塔。舊時葛諾歌王造。從王立寺名也。又此城東南□
130 里。即是佛過去爲尸毗王救鴿處。見有寺有僧。又佛過去捨頭捨眼餧五夜叉
131 等處。並在此國中。在此城東南山裏。各有寺有僧。見今供養。此國大小乘俱行。
132 又從此建馱羅國。正北入山三日程。至烏長國。彼自云鬱地引那。此王大敬三寶。百姓
村莊。多
133 分施入寺家供養。少分自留以供養衣食。設齋供養。每日是常。足寺足僧。僧稍多
134 於俗人也。專行大乘法也。衣著飲食人風。與建馱羅國相似。言音不同。土地足駝騾
135 羊馬氎布之類。節氣甚冷。又從烏長國。東北入山十五日程。至拘衛國。彼
136 自呼奢摩褐羅闍國。此王亦敬信三寶。有寺有僧。衣著言音與烏長國
137 相似。著氎衫袴等。亦有羊馬等也。又從此建馱羅國。西行入山七日。至覽波
138 國。此國無王。有大首領。亦屬建馱羅國所管。衣著言音。與建馱羅國相似
139 亦有寺有僧。敬信三寶。行大乘法。又從此覽波國。西行入山。經於八日程。至罽
140 賓國。此國亦是建馱羅國王所管。此王夏在罽賓。逐涼而坐。冬往建馱羅。趁暖而
141 住。彼即無雪。暖而不寒。其罽賓國冬天積雪。爲此冷也。此國土人是胡 。王及兵馬
142 是突厥。衣著言音食飲。與吐火羅國大同小異。無問男之與女。並皆著氎布衫
143 袴及靴。男女衣服無有差別。男人並剪鬚髮。女人髮在。土地出駝騾羊馬驢牛
144 氎布蒲桃大小二麥鬱金香等。國人大敬信三寶。足寺足僧。百姓家各自造寺
145 供養三寶。大城中有一寺。名沙糸寺。寺中見佛螺髻骨舍利見在。王官百姓每日供
146 養。此國行小乘。亦住山裏。山頭無有草木。恰似火燒山也。又從此罽賓國。西行
147 七日。至謝颶國。彼自呼云社護羅薩他那。土人是胡。王及兵馬即是突厥。其
148 王即是罽賓王姪兒。自把部落兵馬。住於此國。不屬餘國。亦不屬阿叔。此王

149 及首領。雖是突厥。極敬三寶。足寺足僧。行大乘法。有一大突厥首領。名娑
150 鐸幹。每年一廻設金銀無數。多於彼王。衣著人風土地所出。與罽賓王相似。言
151 音各別。又從謝䫻國。北行七日。至犯引國。此王是胡。不屬餘國。兵馬强多。
152 諸國不敢來侵。衣著氎布衫皮毬氈衫等類。土地出羊馬氎布之屬。甚
153 足蒲桃。土地有雪極寒。住多依山。王及首領百姓等。大敬三寶。足寺足僧。行
154 大小乘法。此國及謝䫻等。亦並剪於鬚髮。人風大分與罽賓相似。別異處
155 多。當土言音。不同餘國。又從此犯引國。北行廿日。至吐火羅國王住城。名爲
156 縛底耶。見今大寔兵馬。在彼鎮押。其王被逼。走向東一月程。在蒲
157 特山住。見屬大寔所管。言音與諸國別。共罽賓國少有相似。多分不同。衣
158 著皮裘氎布等。上至國王。下及黎庶。皆以皮裘爲上服。土地足駞騾羊馬
159 氎布蒲桃。食唯愛餅。土地寒冷。冬天霜雪也。國王首領及百姓等。甚敬三
160 寶。足寺足僧。行小乘法。食肉及葱韭等。不事外道。男人並剪鬚髮。女人有髮。土
161 地足山。又從吐火羅國。西行一月。至波斯國。此王先管大寔。大寔是波斯王放駝
162 戶。於後叛。便殺彼王。自立爲主。然今此國。却被大寔所呑。衣舊著寬氎布衫。
163 剪鬚髮。食唯餅肉。縱然有米。亦磨作餅喫也。土地出駝騾羊馬。出高大
164 驢氎布寶物。言音各別。不同餘國。土地人性。愛興易。常於西海汎舶入南海。
165 向師子國取諸寶物。所以彼國云出寶物。亦向崑崙國取金。亦汎舶漢地。直
166 至廣州。取綾絹絲綿之類。土地出好細疊。國人愛殺生。事天。不識佛法。
167 又從波斯國。北行十日入山。至大寔國。彼王不住本國。見向小拂臨國住也。爲
168 打得彼國。彼國復居山島。處所極牢。爲此就彼。土地出駝騾羊馬疊布毛□。
169 亦有寶物。衣著細疊寬衫。衫上又披一疊布。以爲上服。王及百姓衣服。一種無別。
170 女人亦著寬衫。男人剪髮在鬚。女人有髮。喫食。無問貴賤。共同一盆而
171 食。手把。亦匙箸取。見極惡。云自手殺而食。得福無量。國人愛殺。事天。
172 不識佛法。國法無有跪拜法也。又小拂臨國傍海西北。即是大拂臨
173 國。此王兵馬强多。不屬餘國。大寔數廻討擊不得。突厥侵亦不得。土
174 地足寶物。甚足駝騾羊馬疊布等物。衣著與波斯大寔相似。言
175 音各別不同。又從大寔國已東並是胡國。即是安國。曹國。史國。石騾
176 國。米國。康國等。雖各有王。並屬大寔所管。爲國狹小。兵馬不多。不能自
177 護。土地出駝騾羊馬疊布之類。衣著疊衫袴等及皮裘。言音不同
178 諸國。又此六國。總事火祆。不識佛法。唯康國有一寺。有一僧。又不解敬也。
179 此等胡國。並剪鬚髮。愛著白裘帽子。風俗極惡。婚姻交雜。納母及
180 姊妹爲妻。波斯國亦納母爲妻。其吐火羅國。乃至罽賓國。犯引國。謝
181 䫻國等。兄弟十人五人三人兩人。共娶一妻。不許各娶一婦。恐破家計。
182 又從康國已東。即跋賀那國。有兩王。縛又大河當中西流。河南一王屬大
183 寔。河北一王屬突厥所管。土地亦出駝騾羊馬疊布之類。衣著皮裘疊
184 布。食多餅麨。言音各別。不同餘國。不識佛法。無有寺舍僧尼。
185 又跋賀那國東有一國。名骨咄國。此王元是突厥種族。當土百姓。半胡半
186 突厥。土地出駝騾羊馬牛驢蒲桃疊布毛裘之類。衣著疊布皮裘。
187 言音半吐火羅。半突厥。半當土。王及首領百姓等。敬信三寶。有寺有僧。行
188 小乘法。此國屬大寔所管。外國雖云道國。共漢地一個大州相似。此國男人

剪鬚髮。女人有髮。又從此胡國已北。北至北海。西至西海。東至漢國已北。總是突厥所住境界。此等突厥不識佛法。無寺無僧。衣著皮裘氈衫。以蟲爲食。亦無城郭住處。氈帳爲屋。行住隨身。隨逐水草。男人並剪鬚髮。女人有髮。言音與諸國不同。國人愛殺。不識善惡。土地足駝騾羊馬之屬。又從吐火羅。東行七日。至胡蜜王住城。當來於吐火羅國。逢漢使入蕃。略題四韻。取辭。五言。君恨西蕃遠。余嗟東路長。道荒宏雪嶺。險澗賊途倡。鳥飛驚峭嶷。人去偏樑難。平生不捫淚。今日灑千行。冬日在吐火羅。逢雪述懷。五言。冷雪牽冰合。寒風擘地烈。巨海凍墁壇。江河凌崖囓。龍門絕爆布。井口盤蛇結。伴火上胲歌。焉能度播蜜。此胡蜜王。兵馬少弱。不能自護。見屬大寔所管。每年輸稅絹三千疋。住居山谷。處所狹小。百姓貧多。衣著皮裘氈衫。王著綾絹疊布。食唯餅□。土地極寒。甚於餘國。言音與諸國不同。所出羊牛。極小不大。亦有馬騾。有僧有寺。行小乘法。王及首領百姓等。總事佛。不歸外道。所以此國無外道。男並剪除鬚髮。女人有髮。住居山裏。其山無有樹水及於百草。又胡蜜國北山裏。有九個識匿國。九個王各領兵馬而住。有一個王。屬胡蜜王。自外各並自住。不屬餘國。近有兩窟王。來投於漢國。使命安西。往來絕。唯王首領。衣著疊布皮裘。自餘百姓唯是皮裘氈衫。土地極寒。爲居雪山。不同餘國。亦有羊馬牛驢。言音各別。不同諸國。彼王常遣三二百人於大播蜜川。劫彼興胡及於使命。縱劫得絹。積在庫中。聽從壞爛。亦不解作衣著也。此識匿等國。無有佛法也。又從胡蜜國。東行十五日。過播蜜川。即至葱嶺鎮。此是屬漢。兵馬見今鎮押。此即舊日王裴星國境。爲王背叛。走投土蕃。然今國界。無有百姓。外國人呼云渴飯檀國。漢名葱嶺。又從葱嶺。步入一月。至疏勒。外國自呼名伽師祇離國。此亦漢軍馬守捉。有寺有僧。行小乘法。喫肉及葱韭等。土人著疊布衣也。又從疏勒。東行一月。至龜茲國。即是安西大都護府。漢國兵馬大都集處。此龜茲國。足寺足僧。行小乘法。食肉及葱韭等也。漢僧行大乘法。又安西南去于闐國二千里。亦足漢軍馬領押。足寺足僧。行大乘法。不食肉也。從此已東。並是大唐境界。諸人共知。不言可悉。開元十五年十一月上旬。至安西。于時節度大使趙君。且於安西。有兩所漢僧住持。行大乘法。不食肉也。大雲寺主秀行。善能講說。先是京中七寶臺寺僧。大雲寺都維那。名義超。善解律藏。舊是京中莊嚴寺僧也。大雲寺上座。名明揮。大有行業。亦是京中僧。此等僧。大好住持。甚有道心。樂崇功德。龍興寺主。名法海。雖是漢兒。生安西。學識人風。不殊華夏。于闐有一漢寺。名龍興寺。有一漢僧。□□□是彼寺主。大好住持。彼僧是河北冀州人士。疏勒亦有漢大雲寺。有□漢僧住持。即是岷州人士。又從安西。東行□日。至焉耆國。是漢軍兵馬領押。有王。百姓是胡。足寺足僧。行小乘法 … 此即安西四鎮。名數一安西。二于闐。三疏勒。四焉耆。…

□依漢法。裹頭著裙 …

# 3 《往五天竺國傳》 한글 번역

## 1. 단락

(1. 上缺) 삼보(三寶)··· 맨발에 알몸이다. 외도(外道)는 옷을 입지 않는다. ······음식은 바로 먹으며, 또한 재계(齋戒)도 하지 않는다. 땅은 모두 평평하고 ··· 노비가 없다. 사람을 파는 죄는 사람을 죽인 죄와 다르지 않다 ···

(2. 구시나국) 한 달 만에 구시나국(拘尸那國)에 이르렀다. 부처님이 열반에 드신 곳이다. 그 성은 황폐하여, 사람이 살지 않는다. 부처님이 열반하신 곳에 탑을 세웠는데, 선사(禪師)가 있어, 그 곳에서 청소를 한다. 매년 8월 8일에는 남승과 여승, 도인과 속인이 그 곳에서 크게 공양을 한다. 그 하늘에는 긴 깃발이 있어 드러나 보이고, 그 수를 알 수 없을 지경이다. 많은 사람들이 함께 우러러보며, 그 날을 맞아 정진하고자 하는 보리심을 낸 자가 여럿이다. 이 탑 서쪽에 강이 하나 있는데, 아이라발저 강(阿伊羅鉢底水)이라 부른다. 남쪽으로 2,000리 밖으로 흐르는데, 바야흐로 항하(恒河)로 흘러간다. 그 탑은 사면이 다른 마을과 왕래가 끊겨서, 사람이 살지 않으며, 산림과 나무들이 극히 황폐하였다. 그 곳에 가서 예배하는 자는 코뿔소와 호랑이의 해를 입기도 한다. 이 탑 동남쪽 30리에 절이 하나 있는데, 사반단사(娑般檀寺)라고 부른다. 30여 명이 사는 촌락이 몇 곳이 있는데, 언제나 공양을 한다. 그 선사의 의복과 음식은 탑에서 공양 ······ 명하였다.

(3. 파라날사국) 며칠이 걸려, 파라날사국(波羅痆斯國)에 이르렀다. 이 나라 역시 황폐하였고, 왕이 없다. 즉 여섯 ··· 그 다섯 구륜 ···. 진흙으로 만든 모양이 탑 중간에 ··· 있는 것을 보았다. 위에는 사자가 있고, 그 돌기둥은 아주 굵다. 다섯 사람이 함께 에워싸야 할 정도이다. 무늬가 섬세하고 ··· 탑을 ··· 할 때, 이 돌기둥도 만들었는데, 절은 달마작갈라(達磨斫葛羅)라 부른다. 승려는 ··· 외도는 옷을 입지 않고, 몸에 재를 바르고, 대천(大天)을 섬긴다.

(4. 마게타국) 이 절에는 금동상 하나가 있다. 오백 ······ 마게타국(摩揭陁國)이다. 옛날에 왕이 한 명 있었는데, 시라율저(尸羅栗底)라고 불렀는데, 이 동상을 만들었다. 동시에 금동 ··· 하나도 만들었는데, ··· 바퀴가 둥글며, 마침 30여 걸음에 상당하다. 이 성은 갠지스 강을 아래로 숙여보는

북쪽 언덕에 위치해 있다.

(5. 사대영탑) 바로 이 녹야원(鹿野苑), 구시나왕(拘尸那王)…, 사성(舍城), 마하보제(摩訶菩提) 등 4대 영탑(靈塔)이 마게타(摩揭陀) 왕의 지경에 있다. 이 나라는 대승과 소승을 함께 행한다. 그 때 마하보제 절에 도착하여서, 그 원래의 소망한대로 부합하니, 매우 기뻤다. 제목을 생략하고, 나의 우매한 마음을 적어본다. 오언(五言)시.

> 보리수가 멀다고 걱정하지 않는데,
> 어찌 녹야원이 멀다 하리오.
> 그저 길이 험하다고 근심할 뿐이었는데,
> 뜻밖에 업풍(業風)이 휘몰아치네.
> 여덟 탑은 참으로 보기 어려운데,
> … 불경도 약탈당하고 불타버렸네.
> 어찌 사람이 소망하는 것이 다 이루어지겠느냐 만은,
> 오늘 친히 내 눈으로 보는구나.

## 2. 단락

(6. 중천축국 갈나급자) 다시 곧 이 파라날사국(波羅痆斯國)에서 서쪽으로 … 달 걸려 중천축국 왕이 머무는 성에 이르렀다. 그 성은 갈나급자(葛那及自)라 부른다. 이 중천축국 왕의 지경은 매우 넓다. 백성들은 번영하였다. 왕은 900 마리의 코끼리를 가지고 있다. 다른 대수령들은 각각 이삼백 마리씩 가지고 있었다. 그 왕은 매번 스스로 병마를 이끌고 전쟁을 하였는데, 다른 네 천축국과 자주 전쟁을 하였다. 중천국왕이 항상 승리를 거두었다. 그 나라의 국법에는 코끼리가 적고 병력이 적음을 스스로 알면, 곧 화친을 청한다. 매 년 세금을 바치며, 교전을 하지 않고, 서로 죽이지 않았다.

(7. 오천축국의 풍습) 옷 모양새, 말소리, 민풍, 법률 적용이 오천축국이 서로 비슷하다. 단지 남천축국의 시골 백성들의 말소리는 차이가 있다. 벼슬살이의 종류가 중천국과 다르지 않다. 오천축국의 국법에는 목에 칼을 씌우는 형벌, 곤장을 때리는 형벌, 감옥에 가두는 형벌이 없다. 죄가 있으면, 죄의 경중에 근거하여 벌금을 물린다. 역시 형벌이나 사형은 없다. 위로는 국왕으로부터 아래로는 서민에 이르기까지, 밖으로 나가 수렵을 한다거나, 사냥매를 날리거나, 사냥개를 풀어 놓는 일 등을 보지 못했다. 길에는 비록 도적이 많지만, 물건을 취하고 바로 놓아준다. 역시 다치게 하거나 죽이지 않는다. 만약에 물건을 …면, 바로 상해를 입게 된다. 토지가 매우 따뜻하여, 온갖 풀들이 항상 푸르고, 서리와 눈이 없다. 음식은 오로지 찰지지 않은 곡물, 빵과

볶은 곡물가루, 버터와 치즈 등이다. 간장은 없고, 소금은 있다. 늘 흙으로 만든 솥을 사용하여 밥을 지어 먹는다. 무쇠로 만든 솥은 없다. 백성들은 다른 부역과 세금은 없다. 그러나 밭을 뽑아 오석을 왕에게 준다. 왕이 스스로 사람과 운반병을 보낸다. 땅주인 역시 (수확물을) 보내지 않는다. 이 땅의 백성 중에 가난한 자가 많고, 부유한 자가 적다. 관원, 처 그리고 부유한 자들은 모직물 한 벌(쌍)을 입고, 그 나머지 사람들은 한 조각을 입고, 가난한 자들은 반 조각을 입는다. 여자들 역시 동일하다. 그 왕은 매번 관청에 오르면, 수령과 백성들이 모두 와서 왕을 에워싸고, 사면에 앉는다. 서로 이치를 간하는데, 소송이 분분하여, 매우 난잡하고, 떠들썩하다. (그러나) 왕은 듣고 화를 내지 않고, 천천히 '그대는 옳고, 그대는 틀리다.'라고 회답을 해 준다. 이 백성들은 왕의 한 마디 말을 취하여, 다시는 더 이상 말하지 않는다. 그 왕과 수령들은 삼보(三寶)를 매우 공경하고 믿는다. 만약 사승(師僧, 수행자의 스승)의 앞이라면, 왕과 수령 등은 땅에 앉고, 좌탑에 앉으려 하지 않는다. 왕과 수령은 (사람들이) 오고 다니는 곳에 다니면서 앉거나, 스스로 좌탑을 몸에 지니고 다니면서, 장소에 이르면 바로 앉는다. 남의 좌탑에는 앉지 않는다. 절이나 궁궐은 모두 3층으로 집을 만들었다. 아래로부터 첫 번째 층은 창고로 사용하고, 그 위의 두 개 층은 사람이 머문다. 많은 대수령들도 이와 같다. 집 모양은 모두 평평한 지붕으로 되어있고, 벽돌이나 목재로 만들었다. 그 외에 …는 모두 풀로 이어 만든 초가집이며, 중국의 집의 맞배지붕과 비슷하게 만들었다. 또한 단층이다. 이 땅에서 생산되는 것은 단지 모직 천, 코끼리, 말 등이다. 이 땅에서는 금과 은이 나오지 않는다. 모두 외국에서 들여온다. 또한 낙타, 노새, 나귀, 돼지 등 가축을 기르지 않는다. 이곳의 소는 모두 희다. 만 마리 중에 보기 드물게 검붉은 소가 한 마리 정도 있다. 양과 말은 모두 적다. 오직 왕만이 이삼백 마리의 양과 육칠십 마리의 말을 가지고 있다. 그 외 수령과 백성들은 모두 짐승을 기르지 않았고, 오직 소를 키우기 좋아하여, 치즈와 버터를 얻었다. 이 곳 사람들은 선량하고, 살생을 많이 즐겨하지 않는다. 시장 점포에는 고기 파는 곳이 보이지 않는다.

(8. 중천축국의 사대탑) 이 중천축국에서는 대승과 소승이 모두 행해진다. 바로 이 중천축국의 국경 안에 네 개의 큰 탑이 있다. 항하(恒河)의 북쪽 언덕에 세 개의 큰 탑이 있다.

(9. 사위국 탑) 첫째는 사위국(舍衛國) 급고원(給孤薗)에 (탑이) 있다. 절이 있는 것과 승려가 있는 것을 보았다.

(10. 비야리성 탑) 둘째는 비야리 성(毗耶離城)의 암라원(菴羅園)에 있다. 탑이 아직 남아있다. 그 절은 황폐하고, 승려가 없다.

(11. 가비야라국 탑) 셋째는 가비야라국(迦毗耶羅國)에 있는데, 바로 부처가 본시 태어난 성이

다. 무우수(無憂樹)가 지금까지 존재한다. 이 성은 이미 황폐하였다. 탑은 있으나 승려가 없다. 또한 백성들도 없다. 이 성은 가장 … 자리하고 있다. 숲의 나무들이 아주 많이 황폐하였다. 길에는 도적이 많다. 이곳을 향하여 가는 예배자들은 매우 힘겹고 또 (길을) 잃기도 한다.

(12. 중천축탑) 넷째는 삼도보계탑(三道寶階塔)이다. 중천축국 왕이 머무는 성에서 서쪽으로 7일 거리의 두 항하 사이에 (삼도보계탑(三道寶階塔)이) 있다. 부처님이 그때에 도리천(忉利天)에서 (설법에) 종사하시고, (하늘을) 삼도보계(三道寶階)로 변하게 하여, 염부제(閻浮提)라는 곳으로 내려왔다. (삼도보계는) 왼쪽은 금으로, 오른쪽은 은으로, 가운데는 폐유리로 되어있다. 부처님은 가운데 길로, 범왕은 왼쪽 길로, 제석(帝釋)은 오른쪽 계단으로, 부처님을 보좌하면서 내려왔다. 그리하여 이곳에 탑을 세웠다. 절도 있고, 승려도 있는 것을 보았다.

## 3. 단락

(13. 남천축국) 바로 중천축국에서 남쪽으로 석 달 남짓을 가면, 남천축국 왕이 머무는 곳에 이른다. 왕은 코끼리 800 마리를 가지고 있다. 지경의 땅이 매우 넓다. 남쪽으로 남해에 이르고, 동쪽으로는 동해에 이르고, 서쪽으로는 서해에 이르고, 북쪽으로는 중천축국, 서천축국, 동천축국 등의 국가에 이르며, (그 국가들과) 경계를 접하고 있다. 옷 모양새, 음식, 풍습은 중천축국과 서로 비슷하다. 다만 말소리가 조금 다르다. 토지는 중천축국보다 덥다. 그 땅에서 생산되는 것은 모직 천, 코끼리, 물소, 황소이다. 역시 적은 수의 양이 있다. 낙타, 노새, 나귀 등은 없다. 벼를 심는 논밭은 있고, 기장과 조는 없다. 솜과 면직물 종류 등에 관해서는 오천축국 어디에도 없다. 왕과 수령, 백성들은 지극히 삼보를 존경한다. 절도 많고, 승려도 많다. 대승과 소승 모두 행해진다. 그 곳 산중에 큰 절이 하나 있다. 용수보살(龍樹菩薩)이 야차신(夜叉神)으로 하여금 만들게 한 것이며, 사람이 만든 것이 아니다. 산을 뚫어 기둥으로 만들었고, 3층으로 누각을 만들었다. 사방 둘레가 300여 보나 된다. 용수 생전에는 절에는 3,000명의 승려가 있었다. 오직 열다섯 섬의 쌀로 공양을 하였다. 매일 삼천 명의 승려를 공양하였으나, 그 쌀은 없어지지 않고, 오히려 다시 생겼다. 처음 시작한 양에서 줄지 않았다. 그러나 지금 이 절은 황폐해지고, 승려도 없다. 용수(龍樹)의 수명은 700년이 되어서야 입적하였다. 그 때에 남천축국의 길에서 오언(五言)으로 시를 짓고자 한다.

달 밝은 밤 … 길,
뜬구름은 쏴쏴 돌아갑니다.

서신…가는 편에…,
바람이 거세어 회답이 들리지 않습니다.
우리나라는 하늘가의 북쪽이며,
(나는) 타향의 서쪽 가장자리에 있습니다.
일남(日南)에는 기러기도 없는데,
누가 신라(鷄林)를 향하여 날아갈까!

## 4. 단락

(14. 서천축국) 다시 남천축국에서 북쪽으로 두 달을 가면, 서천축국 왕이 머무는 성에 이른다. 이 서천축국의 왕 역시 오륙백 마리의 코끼리를 가지고 있다. 이 땅에서는 모직 천과 은, 코끼리, 말, 양, 소가 나온다. 보리(大麥)와 밀(小麥)과 여러 가지 콩이 대량 생산된다. 벼와 같은 곡물은 지극히 적다. 밀가루로 만든 빵, 치즈(乳酪), 버터기름(蘇油)을 많이 먹는다. 교역은 은전이나 모직물 천과 같은 종류를 사용한다. 왕과 수령, 백성들은 지극히 삼보를 존경하고 믿는다. 절이 많고, 승려도 많다. 대승과 소승이 모두 행해진다. 땅이 매우 넓어 서쪽으로 서해에 이른다. 이 나라 사람들은 노래를 아주 잘한다. 나머지 네 개의 천축국은 이 나라만 못하다. 또 목에 칼을 씌우는 가항형과 곤장형, 감옥형, 사형 등의 형벌이 없다. 지금 대식(大寔, 아랍)에 의하여 침략을 당하여, 국가의 절반이 이미 훼손되었다. 또한 오천축국의 법은 집을 떠나 밖으로 나가는 자는 양식을 몸에 지니지 않고, 이르는 곳마다 바로 (다른 이에게) 구걸을 하여 먹을 것을 얻는다. 오직 왕과 수령들이 외출할 때만 스스로 양식을 몸에 지닌다. 백성들의 …을 먹지 않는다.

## 5. 단락

(15. 사란달라국) 또 서천축국에서 북쪽으로 석 달 여를 가면, 북천축국에 이른다. 사란달라국(闍蘭達羅國)이라고 부른다. 왕은 300마리의 코끼리를 가지고 있다. 산을 의지하여 성을 만들어 그 곳에 머물고 있다. 이곳에서부터 북쪽으로는 점차 점차 산이 있다. 나라가 협소하고, 군대가 많지 않다. 자주 중천축국과 가섭미라국(迦葉彌羅國)에 점령당하곤 한다. 그래서 산을 의지하여 머물게 된 것이다. 풍습, 옷 모양새, 말소리는 중천축국과 다르지 않다. 토지가 중천축국 등보다 조금 더 춥다. 또 서리와 눈은 없으나, 바람이 있어 춥다. 이 땅에서 나오는 것은 코끼리, 모직 천, 벼와 보리다. 당나귀와 노새가 조금 있다. 그 왕은 100필의 말을 가지고 있고, 수령은 몇 필의 적은 말을 가지고 있는데, 백성은 아무것도 가지고 있지 않다. 서쪽은 평야이고, 동쪽은

설산과 가깝다. 나라 안에는 절도 많고 승려도 많다. 대승과 소승이 모두 행해지고 있다.

(16. 소발나구달라국) 다시 한 달의 일정을 가서, 설산을 넘었다. 동쪽에 작은 나라가 있는데, 소발나구달라(蘇跋那具怛羅)라고 부른다. 토번국(土蕃國)에 속하여 관리되고 있다. 옷 모양새는 북천축국과 서로 비슷하다. 말소리는 다르다. 토지는 아주 춥다.

## 6. 단락

(17. 탁사국) 다시 이 사란달라국(闍蘭達羅國)에서 서쪽으로 한 달을 가서, 탁사국(吒社國)에 이르렀다. 말소리가 조금 다르고, (다른 것은) 대부분 서로 비슷하다. 옷 모양새, 풍속, 토지에서 생산되는 것, 절기, 추위와 더위는 북천축국과 서로 비슷하다. 역시 절도 많고, 승려도 많다. 대승과 소승이 모두 행해진다. 왕과 수령, 백성들은 삼보를 크게 공경하고 믿었다.

## 7. 단락

(18. 신두고라국) 이 탁사국(吒社國)에서 서쪽으로 한 달을 가면, 신두고라국(新頭故羅國)에 이른다. 옷 모양새, 풍습, 절기, 추위와 더위는 북천축국과 서로 비슷하다. 말소리가 조금 다르다. 이 나라는 낙타가 매우 많다. 이 나라 사람들은 치즈를 만들어 먹는다. 왕과 백성들은 삼보를 크게 공경한다. 절이 많고, 승려도 많다. 당시 순정이론(順正理論)을 만든 중현(衆賢) 논사가 이 나라 사람이다. 이 나라는 대승과 소승이 모두 행해진다. 지금은 대식(大寔, 아랍)이 침략하여, 나라의 반절이 손상을 입었다. 이 나라에서 오천축국까지, 과도하게 술을 많이 마시지 않는다. 오천축국을 두루 경험하였지만, 술에 취한 사람이 서로 치고받는 자들이 있는 것을 보지 못했다. 설령 술을 마시는 자가 있어도, 기력을 얻으려는 것뿐이었다. 노래하고 춤추며, 연극을 하며, 술잔치를 벌이는 자를 보지 못하였다. 또한 북천축국에 절이 하나 있다. 다마삼마나(多摩三磨娜)라 부른다. 부처님이 살아계실 때, 이곳에 와서 설법하셨다. 인간계(人界)와 천상계(天界)를 널리 제도하였다. 이 절의 동쪽 골짜기 안에, 샘물 옆에, 탑이 하나 있다. 부처님이 깎은 머리카락과 손발톱이 이 탑에 있다. 이곳에 300여 명의 승려가 있는 것을 보았다. 절에는 대벽지불의 이와 뼈, 사리 등이 있다. 또한 일고여덟 개의 절이 있는데, 각각 오륙백 명이 절을 매우 잘 관리하고, 왕과 백성들이 매우 공경하고 믿는다. 또 산중에 절이 하나 있는데, 나게라타나(那揭羅馱娜)라 불린다. 중국 승려 한 분이 있었는데, 이 절에서 입적하였다. 그 대덕(大德)의 말에 의하면, 중천축국에서 왔고, 삼장(三藏)의 성스러운 교리에 통달하였는데, 고향으로 돌아가려고 하다가, 갑자기 병이 들어 작고하셨다고 한다. 그 때 이 말을 듣고, 마음이 상하지 않을 수 없었다. 바로 사운(四韻)

을 지어서, 저승길을 슬퍼하였다. 오언(五言)

옛 마을 등불 주인은 없고,
객지에서 보수(寶樹)가 꺾였다.
신령은 어디 가고,
옥 같던 용모는 이미 재가 되었소.
돌이켜 생각하니 너무 마음이 슬프고,
당신의 소원대로 되지 못함 또한 슬프구나.
누가 고향 나라로 가는 길을 알리오.
흰 구름 가는 것만 부질없이 쳐다본다.

## 8. 단락

(19. 가섭미라국) 다시 여기서 북쪽으로 15일을 가서 산으로 들어가면, 가섭미라국(迦葉彌羅國, 迦羅國, 迦彌羅)에 이른다. 이 가섭미라국은 역시 북천축국에 속한다. 이 나라는 조금 크다. 왕은 300마리의 코끼리가 있다. 산에서 머문다. 길이 매우 험하여, 다른 나라로부터 침략을 받지 않았다. 백성이 매우 많았는데, 가난한 자가 많고 부유한 자는 적다. 왕과 수령, 부유한 자들의 옷 모양새는 중천축국과 다르지 않다. 그 밖의 백성들은 모두 모포를 걸치고, 그 모습의 추함을 덮었다. 이 땅에서는 구리, 철, 모직천, 모포, 소, 양이 나온다. 코끼리, 작은 말, 멥쌀, 포도 등이 있다. 이 땅은 매우 춥고, 이전의 여러 나라와 다르다. 가을에는 서리가 내리고, 겨울에는 눈이 내린다. 여름에는 장마가 많다. 각종 화초는 계속해서 푸름을 이어가다가, 잎이 시들고, 겨울에는 풀마저 모두 말라버린다. 시내와 계곡은 좁고 작다. 남과 북은 닷새 여정, 동과 서는 하루 여정이면 땅이 다한다. 나머지는 산으로 뒤덮여 있다. 집은 나무판을 나란히 하여 위를 덮었고, 역시 풀기와를 쓰지 않았다. 왕과 수령, 백성 들은 삼보를 매우 공경한다. 이 나라에 용 연못(龍池) 하나가 있다. 이 용왕은 매일 서로 다른 나한승을 공양한다. 비록 그 성승(聖僧)이 먹는 것을 본 사람은 없지만 시주 의식이 끝나면, 바로 빵과 밥이 물 아래에서 하나씩 하나씩 어지러이 올라오는 것을 볼 수 있다. 이것으로 지금까지 공양이 끊어지지 않았음을 알 수 있다. 왕 그리고 대수령은 외출을 할 때 코끼리를 탄다. 낮은 관원은 말을 탄다. 백성들은 모두 걸어서 다닌다. 나라 안에는 절도 많고, 승려도 많다. 대승과 소승이 모두 행해진다. 오천축국 법에는 위로는 국왕, 왕비, 왕자에 이르기까지, 아래로는 수령과 처까지 능력에 따라 각자 절을 짓는다. 여전히 서로 따로 짓고, 함께 짓지 않는다. 그들은 말하기를, 각자의 공덕인데, 왜 함께 지어야할 필요가 있느냐 한다. 이 역시 그렇다. 나머지 왕자들도 모두 그렇다. 무릇 절을 지어 공양한다는 것은, 바로

촌락과 마을 백성을 시주하여, 삼보를 공양하는 것이다. 헛되이 절만 짓고 백성을 시주하지 않는 것은 없다. 외국법에 의하면, 왕 그리고 왕비는 각각 촌락과 백성을 달리하고, 왕자와 수령도 각각의 백성이 있다. 보시는 자유이기에 왕에게 묻지 않는다. 절을 짓는 것도 역시 마찬가지이다. 지어야 할 필요가 있으면 바로 짓고, 왕에게 묻지 않는다. 왕 역시 감히 막지 못한다. 죄를 지을까 두렵기 때문이다. 만약에 부유한 백성은 비록 (절을 지어) 보시할 촌락이 없다고 하더라도, 또한 힘써 절을 짓고, 스스로 경영하여 물건을 얻어, 삼보에 공양한다. 오천축국에서는 사람을 팔지 않고, 노비가 없기에, 백성과 마을을 반드시 보시하여야 한다.

(20. 대발률국, 양동국, 사파자국) 다시 가섭미라국(迦葉彌羅國) 동북쪽으로 산을 사이에 두고 15일 정도 걸리는 곳이 바로 대발률국(大勃律國), 양동국(楊同國), 사파자국(娑播慈國)이다. 이 세 나라는 모두 토번(吐蕃, 티베트)의 관할에 속하여 관리된다. 옷 모양새, 말소리, 풍습 모두 다르다. 가죽 옷, 모직 윗옷, 가죽 신, 바지 등을 입는다. 땅이 협소하고, 산천이 극히 험하다. 역시 절도 있고, 승려도 있다. 삼보를 공경하고 신봉한다. 만약 동쪽의 토번(吐蕃)이라면, 반드시 절집도 없고, 불법도 모른다. 이 땅은 호(胡)족 (지역)이기 때문에 믿는다.

(21. 토번국) 동쪽의 토번국(吐番國)은 순전히 얼음으로 덮인 산, 눈으로 덮인 산의 계곡 사이에 머무는데, 모포 천막을 치고 살며, 성곽이나 가옥이 없다. 사는 곳은 돌궐(突厥, 투르크)과 비슷하다. 물과 풀을 따라 다닌다. 그 왕은 비록 한 곳에 머물지만, 역시 성(城)이 없다. 그러나 모포 천막을 의지하여 주거 생활을 한다. 이 땅에서는 양, 말, 야크, 모포, 거친 베 등이 생산된다. 옷은 털옷, 가죽옷을 입는다. 여자들도 그렇다. 이 땅은 매우 춥고, 다른 나머지 국가와 다르다. 집에서 자주 쌀이나 보리를 볶은 가루를 자주 먹고, 빵이나 밥은 거의 없다. 국왕과 백성들은 모두 불법을 모르고, 절집이 없다. 이 나라 사람들은 모두 땅을 뚫어 구덩이를 만들어 누우며, 침대와 돗자리가 없다. 백성들은 아주 검고, 흰 사람이 극히 드물다. 말소리는 여러 나라들과 다르다. 이를 잡아먹는 것을 매우 좋아한다. 털로 만든 베옷을 입기 때문에, 서캐와 이가 매우 많아, 잡아 얻으면, 바로 입으로 넣고, 도무지 버리지 않는다.

(22. 소발률국) 다시 가섭미라국(迦葉彌羅國)의 서북쪽으로 산을 사이에 두고 7일을 가면, 소발률국(小勃律國)에 이른다. 이 나라는 한(漢)나라에 속하여 관리된다. 옷 모양새, 풍습, 말소리는 대발률국(大勃律)과 서로 비슷하다. 모직 윗옷을 입고, 가죽신을 신는다. … 그 수염과 머리카락을 자르고, 머리에 면포 한 장을 두른다. 여자는 머리카락에 (면포가) 있다. 가난한 자들이 많고, 부자들은 적다. 산천이 협소하고, 경작지가 많지 않다. 그 산은 메말라서 원래부터 나무와 여러 가지 풀이 없다. 그 대발률국은 원래 소발률국왕이 머물던 곳이다. 토번이 침공하여 와서, (지금

의) 소발률국(大勃律)에 들어와서 주저앉았다. (이 때 소발률국의) 수령과 백성들은 (지금의) 대발률국에 그대로 머물고, (현재의 소발률국으로) 오지 않았다.

## 9. 단락

(23. 건타라국) 다시 가섭미라국(迦葉彌羅國)에서 서북쪽으로 산을 사이에 두고 한 달을 가면, 건타라국(建馱羅)에 이른다. 이 나라 왕과 군대는 모두 돌궐인(突厥, 투르크인)이다. 토착인은 호인(胡人)이고, 브라만(婆羅門)도 같이 있다. 이 나라는 옛적에 계빈왕(罽賓王)이 교화(敎化)한 곳이다. 때문에 돌궐왕(突厥王) 아야(阿耶)가 한 부락의 군대를 이끌고 이 계빈왕에게 투항하였다. 그 후에 돌궐의 군대가 왕성해지자, 바로 이 계빈왕을 죽이고, 스스로 국가의 주인이 되었다. 따라서 (이 나라) 국경에서 돌궐이 왕 자리를 독점하며, 이 나라 북쪽에 함께 (산속에) 머물고 있다. 그 산은 전부 그을린 듯 민둥산으로 풀과 나무가 없다. 옷 모양새, 풍습, 말소리, 절기가 사뭇 다르다. 옷은 모직 윗옷, 가죽신, 바지 등이다. 이 나라 땅은 보리와 밀에 알맞고, 기장, 조 그리고 벼는 전혀 없다. 사람들은 보릿가루와 빵을 많이 먹는다. 단지 가섭미라국, 대발률국, 소발률국, 양동국(楊同) 등 나라를 제외하고, 즉 이 건타라국과 오천축과 곤륜 등 나라에 이르기까지 포도는 없으나 사탕수수는 있다. 이 돌궐 왕은 코끼리 다섯 마리를 가지고 있고, 양과 말은 수를 셀 수 없으며, 낙타와 노새, 당나귀 등은 심히 많다. 한(漢) 나라 땅의 흥호(興胡)는 … 돌아갈 수 없었다. 남으로 가면 길이 험악하고, 도적들이 아주 많다. 여기에서 북쪽으로 가면 악업을 일삼는 자들이 많다. 시장 점포에서는 도살을 많이 한다. 이 왕은 비록 돌궐인이지만, 삼보를 매우 공경하고 믿는다. 왕, 왕비, 왕자, 수령 등은 각각 절을 지어, 삼보를 공양한다. 이 나라 왕은 매년 두 차례씩 무차대재(無遮大齋)를 연다. 무릇 몸에 가지고 다니는 물건과 처 그리고 코끼리, 말 등을 모두 시주한다. 오직 처와 집은 승려에게 가격을 매기게 하고서, 값을 치르고, 왕이 스스로 값을 치르고 찾아온다. 나머지 낙타, 말, 금, 은, 의복, 가구는 승려의 말을 듣고, 물건을 팔아서 스스로 이익을 나눈다. 이 왕은 다른 북쪽의 돌궐인과 다르다. 자녀 역시 그렇다. 각각 절을 지어 재(齋)를 열어 시주를 한다. 이 성은 인더스 강(辛頭大河)을 아래로 굽어보는 북쪽 언덕에 위치해 있다. 성에서 서쪽으로 3일을 가면, 큰 절이 하나 있다. (그것은) 바로 천친보살(天親菩薩)과 무착보살(無着菩薩)이 머물었던 절이다. 이 절은 갈락가(葛諾歌)라고 불린다. 큰 탑이 하나 있는데, 늘 빛을 발한다. 이 절과 탑은 옛날 갈락가 왕(葛諾歌王)이 지었다. (그래서) 왕이 절을 세운 것을 따라서 이름 하였다. 다시 이 성의 동남쪽 …리에는 불타가 과거에 시비왕(尸毗王)이 되어 비둘기를 구한 곳이다. 절과 승려가 있는 것이 보인다. 또 불타가 과거에

머리와 눈을 던져 오야차(五夜叉)를 먹였던 곳 등이 이 나라에 있다. 이 성 동남쪽의 산에 각각 절도 있고, 승려도 있다. 지금도 공양하는 것을 볼 수 있다. 이 나라는 대승과 소승이 모두 행해진다.

## 10. 단락

(24. 오장국) 다시 건타라국(建馱羅國)의 정면 북쪽에서 산으로 들어가 사흘을 가면 오장국(烏長國)에 이른다. 그들 스스로 울지인나(鬱地引那)라고 부른다. 이 왕은 크게 삼보를 공경한다. (왕은) 백성과 촌락의 많은 부분을 베풀어 절에 들어가게 하여 공양하고, (백성과 촌락의) 작은 부분을 스스로 남김으로써 (승려의) 의식(衣食)을 공양하게 한다. 재를 배설하여 공양한다. 매일 (명령을 받아 수행하여) 규칙적이다. 절도 많고, 승려도 많다. 승려가 속인보다 조금 많다. 오로지 대승법만을 행한다. 옷 모양새, 음식, 풍습은 건타라국과 서로 비슷하다. 말소리는 다르다. 이 땅은 낙타, 노새, 양, 말, 모직천 등이 많다. 기후는 매우 춥다.

## 11. 단락

(25. 구위국) 또 오장국(烏長國)에서 동북쪽으로 산으로 들어가 15일을 가면, 구위국(拘衛國)에 이른다. 그 곳 사람들은 스스로 사마갈라사국(奢摩褐羅闍國)이라고 부른다. 이 나라 왕은 또한 삼보를 공경하고 믿는다. 절도 있고, 승려도 있다. 옷 모양새, 말소리는 오장국과 서로 비슷하다. 모직 윗옷과 모직 바지를 입는다. 역시 양과 말 등도 있다.

## 12. 단락

(26. 람파국) 다시 이 건타라국(建馱羅國)에서 서쪽으로 가서 산에 들어가 7일을 가면, 람파국(覽波國)에 이른다. 이 나라는 왕이 없고, 대수령이 있다. 또한 건타라국의 관할에 속하여 관리된다. 옷 모양새, 말소리는 건타라국과 서로 비슷하다. 역시 절도 있고, 승려도 있다. 삼보를 공경하고 믿으며, 대승법이 행하여지고 있다.

## 13. 단락

(27. 계빈국) 다시 이 람파국(覽波國)에서 서쪽으로 산으로 들어가 8일 정도 가면 계빈국(罽賓國)에 이른다. 이 나라 역시 건타라국의 왕이 관리한다. 왕은 여름에 계빈에 있으면서, 시원한 곳을 따라 머문다. 겨울에는 건타라국으로 가서 따뜻한 곳을 따라 거주한다. 그 곳은 눈이 오지 않고, 따뜻하며 춥지 않다. 그 계빈국은 겨울에 눈이 쌓이기 때문에 춥다. 이 나라 토착인(土人)은

호족(胡族)이고, 왕과 군사들은 돌궐인이다. 옷 모양새, 말소리, 음식은 토화라국(吐火羅國)과 대동소이하다. 남자와 여자를 막론하고, 모두 모직 천 윗옷과 바지를 입고, 가죽신을 신는다. 남자와 여자의 의복에는 차이가 없다. 남자는 수염과 머리카락을 모두 자르고, 여자는 머리카락이 있다. 이 땅에서는 낙타, 노새, 양, 말, 당나귀, 소, 모직 천, 포도, 보리와 밀, 울금향(鬱金香, 튤립) 등이 난다. 이 나라 사람들은 삼보를 크게 공경하고 믿는다. 절도 많고, 승려도 많다. 백성들은 각자 절을 지어 삼보를 공양한다. 큰 성 안에 한 절이 있다. 사사사(沙糸寺)이라고 부른다. 절 안에서 부처의 트레머리와 뼈 사리가 있는 것을 보았다. 왕과 관리 그리고 백성들은 매일 공양한다. 이 나라는 소승이 행하여지고 있다. 역시 산 속에서 산다. 산꼭대기에는 풀과 나무가 없다. 마치 불이 산을 태운 것과 같다.

## 14. 단락

(28. 사율국) 다시 이 계빈국(罽賓國)에서 서쪽으로 7일을 가면, 사율국(謝䫻國)에 이른다. 그 곳은 스스로를 사호라살타나(社護羅薩他那)라고 부른다. 토착인은 호족이다. 왕 그리고 군대는 돌궐인(투르크인)이다. 그 왕은 계빈왕(罽賓王)의 조카이다. (이 조카는) 스스로 부락인과 군대를 이끌고, 이 나라에 머문다. 다른 나라에 예속되지 않고, 또한 숙부에도 예속되지 않는다. 이 왕 그리고 수령은 비록 돌궐인이지만, 지극히 삼보를 공경한다. 절도 많고, 승려도 많다. 대승법을 행한다. 한 대돌궐 수령이 있는데, 사탁간이라고 부른다. 매년 한 번 금과 은을 무수히 베푸는데, 그 곳의 왕보다 많다. 옷 모양새, 풍습, 땅에서 나는 것은 계빈국과 서로 비슷하다. 말소리는 각각 다르다.

## 15. 단락

(29. 범인국) 다시 사율국(謝䫻國)에서 북쪽으로 7일을 가면 범인국(犯引國)에 이른다. 이 왕은 호(胡)족이다. (이 나라는) 다른 나라에 속하지 않는다. 군대가 아주 많이 강하여, 다른 나라들이 감히 침략하지 못한다. 옷은 모직천 윗옷, 가죽옷, 모포 윗옷 등을 입는다. 이 땅에서는 양, 말, 모직천 등이 생산된다. 포도가 아주 많이 나온다. 이 땅은 눈이 있어 매우 춥다. 머무는 곳은 대부분 산을 의지한다. 왕과 수령 그리고 백성 등은 삼보를 크게 공경하며, 절도 많고, 승려도 많다. 소승법과 대승법이 행해진다. 이 나라와 사율국 등 역시 모두 수염과 머리카락을 자른다. 풍습은 대부분 계빈국과 서로 비슷하지만, 그 외의 다른 점도 많다. 이곳의 말소리는 다른 나라와 같지 않다.

## 16. 단락

(30. 토화라국) 다시 이 범인국(犯引國)에서 북쪽으로 20일을 가면, 토화라국왕(吐火羅國王)이 머무는 성에 이른다. 이름은 박저야(縛底耶)로 부른다. 지금은 대식(大寔) 군대가 이곳에 주둔하여 관리한다. 그 왕은 강요당하여, 동쪽으로 향하여 한 달 걸리는 곳으로 가, 포특산(蒲特山)에 머물렀다. 대식에 속하여 관리되는 것으로 보인다. 말소리는 다른 나라들과 다르고, 계빈국와 서로 비슷한 부분이 다소 있긴 하지만, 많은 부분이 같지 않다. 옷은 가죽옷, 모직천 등을 입는다. 위로는 국왕에 이르기까지 아래로는 서민에까지 모두 가죽을 윗옷으로 한다. 이 땅에는 낙타, 노새, 양, 말, 모직천, 포도가 많다. 음식은 오직 빵을 좋아한다. 이 땅은 춥고 차며, 겨울에는 서리와 눈이 내린다. 국왕과 수령 그리고 백성 등은 삼보를 매우 존경한다. 절도 많고, 승려도 많다. 소승법을 행한다. 고기와 파, 부추 등을 먹는다. 외도(外道)를 섬기지 않는다. 남자는 수염과 머리카락을 자르고, 여자는 머리카락이 있다. 이 땅에는 산이 많다.

## 17. 단락

(31. 파사국) 또 토화라국(吐火羅國)에서 서쪽으로 한 달을 가면, 파사국(波斯國. 페르시아)에 이른다. 이 왕은 먼저 대식국(大寔)을 지배하였다. 대식국은 파사국 왕(波斯王)의 낙타를 방목하는 사람들이었다. 그 후에 반란을 일으켜 그 왕을 죽이고, 스스로 주인이 되었다. 그래서 지금 이 나라는 오히려 대식국에 병합되어 버렸다. 옷은 예로부터 헐렁한 모직천 상의를 입었다. 수염과 머리카락을 깎는다. 오직 빵과 고기만 먹는다. 설령 쌀이 있을지라도, 또한 갈아서 빵을 만들어 먹는다. 이 땅에서는 낙타, 노새, 양, 말이 나오고, 큰 당나귀와 모직 천, 보물이 나온다. 말소리는 서로 다르며, 다른 나라와 같지 않다. 이 땅의 사람들의 성품은 경영을 하여 이익을 추구하는 것을 좋아한다. 자주 서해에서 큰 배를 띄워, 남해로 가고, 사자국(師子國, 스리랑카)으로 행하여 가서, 많은 보물을 취하였다. 그래서 그 나라에서 많은 보물이 나온다고 말한다. 또한 곤륜국(崑崙國)에 가서 금을 취한다. 역시 중국으로 배를 띄워, 곧바로 광주(廣州)까지 이르러, 무늬 있는 비단, 무늬 없는 비단, 실, 솜 등을 취한다. 이 땅에서는 좋은 가는 모직물이 나온다. 이 나라 사람들은 살생을 좋아한다. 하늘을 섬기고, 불법을 알지 못한다.

## 18. 단락

(32. 대식국) 다시 파사국(波斯國)에서 북쪽으로 열흘을 가서 산으로 들어가면, 대식국(大寔國, 아랍)에 이른다. 이 왕은 본국에 살지 않고, 소불림국(小拂臨國)을 (가까운 곳에서) 바라보며

머무는 것을 보았다. 이 나라를 싸워서 얻기 위해서이다. 이 나라는 산도(山島)에 돌아가 거주하였는데, 그 처소가 아주 견고하다. 이 때문에 그 곳(山島)에 갔다. 이 땅에는 낙타, 노새, 양, 말, 모직천, 毛毯이 나온다. 역시 보물이 있다. 옷은 가는 모직물로 만든 헐렁한 윗옷을 입는다. 윗옷 위에는 또 모직천 하나를 걸쳐서, 윗옷으로 한다. 왕과 백성의 옷은 한 가지로서 서로 다르지 않다. 여자도 역시 헐렁한 윗옷을 입는다. 남자는 머리카락은 자르는데, 수염은 있다. 여자는 머리카락이 있다. 먹는 것은 귀천을 따지지 않고 함께 한 그릇으로 먹는다. 손으로 쥐기도 하고, 또는 숟가락과 젓가락으로 (음식을) 취한다. 매우 흉한 것을 보았다. 스스로 죽인 것을 먹어야 무한한 복을 얻는다고 말한다. 이 나라 사람들은 살생을 좋아하고, 하늘을 섬기며 불법을 모른다. 나라의 법에는 무릎을 꿇고 예배하는 법이 없다.

## 19. 단락

(33. 대불림국) 다시 소불림국(小拂臨國)에서 바다 가까이 서북쪽은 바로 대불림국(大拂臨國)이다. 이 나라 왕의 군대는 아주 많이 강하다. 다른 나라에 예속되지 않았다. 대식국(大寔, 아랍)이 수차례 정벌을 시도하였으나 얻지 못하였다. 돌궐(突厥)이 침입하였어도 역시 얻지 못하였다. 이 땅은 보물이 풍족하고, 낙타, 노새, 양, 말, 모직 천 등의 물건들이 매우 풍족하다. 옷 모양새는 파사국(波斯), 대식국(大寔)과 서로 비슷하다. 말소리가 각각 다르고 같지 않다.

## 20. 단락

(34. 안국, 조국, 사국, 석라국, 미국, 강국) 또 대식국으로부터 동쪽은 바로 호국(胡國)이다. 안국(安國, 부하라), 조국(曹國, 카부단), 사국(史國, 킷쉬), 석라국(石騾國, 타슈켄트), 미국(米國, 펜지켄트), 강국(康國, 사마르칸트) 등이다. 비록 각각 왕이 있지만, (모두) 대식에 속하여 관리된다. 나라가 협소하고 군대가 많지 않아서, 스스로 지킬 수 없다. 이 땅에서는 낙타, 노새, 양, 말, 모직 천 등이 생산된다. 옷은 모직 천 윗옷과 바지 등과 가죽 외투를 입는다. 말소리는 다른 나라와 같지 않다. 또 이 여섯 나라는 모두 조로아스터교를 섬기며, 불법을 모른다. 유일하게 강국(康國)에만 절이 하나 있고, 승려가 한 명 있다. 그러나 예법을 이해하지 못한다. 이 호국들에서는 수염과 머리카락을 자르고, 하얀색 가죽 모자를 쓰는 것을 좋아한다. 지극히 악한 풍습이 있는데, 혼인을 뒤섞어서 하며, 어머니와 자매를 받아들여 아내로 삼는다. 파사국(波斯國) 역시 어머니를 받아들여 처로 삼는다. 이 토화라국(吐火羅國)과 계빈국(罽賓國), 범인국(犯引國), 사율국(謝䫻國)에 이르기까지, 형제 열 명이나, 다섯 명이나, 세 명이나, 두 명이나, 함께 한 명의

아내를 취한다. 각자가 한 명의 아내를 취하는 것을 허락하지 않는다. 집안 살림이 파탄 나는 것을 두려워해서이다.

## 21. 단락

(35. 발하나국) 또 강국(康國, 사마르칸트)에서 동쪽은 발하나국(跋賀那國, 페르가나)이다. 두 명의 왕이 있다. 시르다리야 강(縛叉大河)은 한 중간에서 서쪽으로 흐른다. 강의 남쪽의 한 명의 왕은 대식에 속한다. 강의 북쪽의 한 명의 왕은 돌궐에 속하여 관리된다. 이 땅 역시 낙타, 노새, 양, 말, 모직 천 등이 나온다. 옷은 가죽 옷과 모직 천을 입는다. 빵과 미숫가루를 많이 먹는다. 말소리는 서로 각각 다르고, 다른 나라와 같지 않다. 불법을 알지 못하고, 절도 없고, 승려와 여승도 없다.

## 22. 단락

(36. 골탈국) 또 발하나국(跋賀那國) 동쪽에 나라가 하나 있는데, 골탈국(骨咄國)이라고 부른다. 이 왕은 원래 돌궐(突厥) 종족이다. 토착민은 반은 호족이고 반은 돌궐족이다. 이 땅에서는 낙타, 노새, 양, 말, 소, 당나귀, 포도, 모직 천, 가죽 옷 등이 나온다. 옷은 모직 천과 가죽 옷을 입는다. 말소리는 반은 토화라 언어이고, 반은 돌궐 언어이며, 반은 토착 언어이다. 왕 그리고 수령, 백성 등은 삼보를 공경한다. 절도 있고, 승려도 있다. 소승법을 행한다. 이 나라는 대식에 속하여 관리된다. 외국에서는 비록 '나라'라고 말하지만, 중국의 큰 주(州) 하나와 서로 비슷하다. 이 나라의 남자는 수염과 머리카락을 자르고, 여자는 머리카락이 있다.

## 23. 단락

(37. 돌궐) 또 이 호국의 북쪽으로, 북쪽은 북해에 이르고, 서쪽은 서해에 이르고, 동쪽은 중국의 북쪽에 이르러, 모두 돌궐(突厥, 투르크)이 머무는 경계이다. 이들 돌궐은 불법을 알지 못한다. 절도 없고, 승려도 없다. 옷은 가죽옷과 모포 윗옷을 입는다. 벌레를 먹을거리로 삼는다. 또한 성곽과 거처가 없고, 모포 천막을 집으로 삼는다. 행장은 몸에 지니고, 물과 풀을 쫓아 따라 다닌다. 남자는 모두 수염과 머리카락을 자르고, 여자는 머리카락이 있다. 말소리는 다른 나라들과 같지 않다. 이 나라 사람들은 살생을 좋아하고, 선악을 알지 못한다. 이 땅은 낙타, 노새, 양, 말 등이 풍족하다.

## 24. 단락

(38. 호밀국) 또 토화라국(吐火羅)에서 동쪽으로 7일을 가면, 호밀(胡蜜, 와칸) 왕이 머무는 성에 이른다. 마침 토화라국(吐火羅國)에서 올 때, 중국 사신이 다른 나라로 들어가는 것을 마주쳤다. 간략하게 사운(四韻)을 취하여 오언시를 읊어본다.

> 당신은 서쪽 번국이 멀다고 원망하고,
> 나는 동쪽 길이 멀다고 탄식하네.
> 길은 험하고 거대한 눈 고개,
> 위험한 계곡에는 도적떼가 가득한 길만 많네.
> 날아가는 새도 험준한 산에 놀라고
> 길 가는 사람도 기우뚱한 다리 건너기 어렵네.
> 일평생 눈물을 닦아본 적 없건만,
> 오늘 가는 곳마다 눈물을 흘리네.

겨울 토화라국에서 눈을 맞으며 감회를 읊는다. 오언(五言)

> 차가운 눈이 얼음까지 끌어 모으고,
> 차가운 바람이 땅을 매섭게 가른다.
> 거대한 바다는 제단처럼 얼어 버렸고,
> 강물은 얼음 벼랑을 갈아먹는다.
> 용문의 폭포수마저 얼어 끊기고,
> 우물 입구는 뱀이 똬리를 튼 것처럼 얼어붙었다.
> 불을 벗 삼아 이상한 노래를 부르며 오르지만,
> 어떻게 파미르 고원을 넘을 수 있을는지요.

이 호밀왕(胡蜜王)은 군대가 적고 약하여, 스스로를 보호하지 못한다. 대식(大寔)에 속하여 관리되는 것으로 보인다. 매년 비단 삼천 필을 세금으로 보낸다. 산골짜기에 살고, 처소가 협소하다. 백성 중에 가난한 이가 많다. 옷은 가죽옷과 모포 윗옷을 입는다. 왕은 비단과 모직 천을 입는다. 먹는 것은 오직 빵과 보릿가루뿐이다. 이 땅은 매우 추운데, (그 추위가) 다른 나라보다 심하다. 말소리는 여러 나라들과 같지 않다. 양과 소가 나오지만, 극히 작고 크지 않다. 역시 말과 노새가 있다. 승려가 있고 절도 있다. 소승법을 행한다. 왕과 수령 그리고 백성 등은 모두 부처를 섬기며, 외도에 귀의하지 않았다. 따라서 이 나라에는 외도가 없다. 남자는 수염과 머리카락을 모두 깎고, 여자는 머리카락이 있다. 산 속에 살고 있다. 그 산에는 나무와 풀이 없다.

## 25. 단락

(39. 식닉국) 또 호밀국(胡蜜國)에서 북쪽 산에 아홉 개의 식닉국(識匿國, 쉬그난)이 있다. 아홉 왕은 각자가 군대를 거느리면서 머물고 있다. 한 왕이 있는데, 호밀 왕에 속한다. 그 이외에는 각자가 스스로 살고 있으며, 다른 나라에 속해 있지 않다. 최근에 두 굴왕(窟王)이 중국에 투항하였다. 안서(安西)에 사신을 보냈지만, 왕래가 끊겼다. 오직 왕과 수령만이 옷으로 모직 천과 가죽 외투를 입는다. 나머지 백성은 가죽옷과 모포 윗옷만을 입는다. 이 땅은 매우 추워, 설산에 거처하며, 다른 나라들과 같지 않다. 또한 양, 말, 소, 노새가 있다. 말소리가 각각 다르며, 다른 나라들과 같지 않다. 이 왕은 자주 이삼백 명을 대파밀 평원(大播蜜川)에 보내어, 흥호(興胡)와 사신들의 물건을 강탈하였다. 설령 비단을 빼앗았다하더라도, 창고에 쌓아놓고, 명령에 따라 (비단이) 썩거나 상해도 그대로 둔다. 또 옷을 만드는 것도 모른다. 이 식닉국 등의 나라에는 불도(佛道)가 없다.

## 26. 단락

(40. 총령진) 또 호밀국(胡蜜國)에서 동쪽으로 십오일을 가면, 파미르 고원(播蜜川)을 지나고, 총령진(葱嶺鎭)에 이른다. 이곳은 중국에 속한다. 군대가 현재 진압하고 있다. 이곳은 옛날 배성왕이 (다스리던 나라의) 국경 지대이다. 왕이 된 자는 배신하고 토번(土蕃)에 투항하였다. 그리하여 지금 국경 지대에는 백성이 없다. 외국인들이 갈반단국(渴飯檀國)이라 부르며, 중국 이름으로는 총령(葱嶺)이다.

## 27. 단락

(41. 소륵국) 다시 총령에서 걸어서 한 달을 가면 소륵(踈勒, 카슈가르)에 이른다. 외국에서는 (자기들) 스스로 가사지리국(伽師祇離國)이라고 부른다. 이 곳 역시 중국 군대가 지키고 있다. 절도 있고, 승려도 있다. 소승법이 행해진다. 고기와 파, 부추 등을 먹는다. 토착인은 모직 천 옷을 입는다.

## 28. 단락

(42. 구자국) 또 소륵(踈勒)에서 동쪽으로 한 달을 가면, 구자국(龜玆國, 쿠차)에 이른다. 이곳은 안서대도호부(安西大都護府)이다. 중국 군대가 대부분이 모여 있는 곳이다. 이 구자국(龜玆國)은 절도 많고 승려도 많다. 소승법이 행해지고 있다. 고기와 파, 부추 등을 먹는다. 중국 승려는 대승법을 행한다.

## 29. 단락

(43. 우전국) 또 안서 남쪽에서, 우전국(于闐國, 코탄)에 이르기는 이천 리이다. 역시 중국 군대가 많고, (중국 군대가) 통솔하여 진압하고 있다. 절도 많고 승려도 많다. 대승법이 행해지고 있다. 고기를 먹지 않는다. 이곳으로부터 동쪽으로는 당나라의 경계이다. 모든 사람이 알고 있고, 말하지 않아도 다 알고 있다.

## 30. 단락

(44. 안서) 개원(開元) 15년(727) 11월 상순 안서(安西)에 이르렀다. 그 때의 절도사는 조군이었다. 그리고 안서에는 절이 두 개 있다. 중국 승려인 주지는 대승법을 행한다. 고기를 먹지 않는다. 대운사 사주(寺主) 수행(秀行)은 강설을 아주 잘한다. 이전에 장안에 있던 칠보대사의 승려였다. 대운사 도유나(都維那)의 이름은 의초(義超)라고 부르며, 율장의 해석을 아주 잘한다. 전에는 장안의 장엄사 승려이었다. 대운사 도유나(都維那)의 이름은 의초(義超)라고 부른다. 율장의 해석을 아주 잘한다. 전에는 장안의 장엄사 승려이었다. 대운사 상좌(上座)의 이름은 명휘(明揮)라고 부른다. 불도를 크게 닦았다. 역시 장안의 승려이다. 이 승려들은 절을 잘 관리한다. 불도의 마음이 아주 많고, 즐거이 공덕(功德)을 쌓는다. 용흥사 사주(寺主)는 이름이 법해(法海)라고 부른다. 비록 중국인이나, 안서에서 태어났다. 학식과 인품이 중국인과 다르지 않다. 우전(于闐)에 중국 절이 한 곳 있는데, 용흥사라 부른다. 한 명의 중국 승려가 있다. … 이 절의 사주(寺主)이며, 절을 잘 관리한다. 이 승려는 하북 기주(河北冀州) 사람이다. 소륵(疎勒)에도 중국 절인 대운사(大雲寺)가 있다. 중국 승려 한 분이 있는데, 아주 절을 잘 관리하며, 민주 사람이다.

## 31. 단락

(45. 언기국) 또 안서 동쪽으로 …일을 가면, 언기국(焉耆國)에 이른다. 이곳은 중국 군대가 통솔하여 진압하는 곳이다. 왕이 있다. 백성은 호족이다. 절도 많고 승려도 많다. 소승법이 행해지고 있다. 이곳이 바로 안서사진(安西四鎭)이다. 이름을 열거해보면, 첫째는 안서(安西), 둘째는 우전(于闐), 셋째는 소륵(疎勒), 넷째는 언기(焉耆)이다. … 중국의 법에 의거하여, 머리를 두건으로 감싸 매고 치마를 입는다. …

# 4 《往五天竺國傳》 한자 빈도 분석

| 國 | 187 | 多 | 29 | 上 | 15 | 馱 | 10 | 境 | 6 | 蕃 | 5 |
|---|---|---|---|---|---|---|---|---|---|---|---|
| 有 | 120 | 於 | 29 | 少 | 15 | 皆 | 9 | 過 | 6 | 貧 | 5 |
| 王 | 115 | 爲 | 29 | 寔 | 15 | 建 | 9 | 寬 | 6 | 使 | 5 |
| 不 | 96 | 食 | 28 | 唯 | 15 | 當 | 9 | 舊 | 6 | 生 | 5 |
| 此 | 92 | 見 | 27 | 而 | 15 | 勃 | 9 | 喫 | 6 | 善 | 5 |
| 大 | 85 | 首 | 27 | 疊 | 15 | 殺 | 9 | 桃 | 6 | 設 | 5 |
| 寺 | 72 | 之 | 27 | 女 | 14 | 鬚 | 9 | 冬 | 6 | 殊 | 5 |
| 人 | 69 | 其 | 26 | 象 | 14 | 子 | 9 | 冷 | 6 | 身 | 5 |
| 無 | 57 | 並 | 26 | 雪 | 14 | 坐 | 9 | 摩 | 6 | 元 | 5 |
| 百 | 56 | 東 | 25 | 甚 | 14 | 波 | 9 | 毛 | 6 | 依 | 5 |
| 等 | 55 | 乘 | 25 | 入 | 14 | 迦 | 8 | 木 | 6 | 齋 | 5 |
| 一 | 55 | 音 | 25 | 者 | 14 | 去 | 8 | 彌 | 6 | 節 | 5 |
| 僧 | 51 | 餘 | 24 | 諸 | 14 | 共 | 8 | 菩 | 6 | 持 | 5 |
| 天 | 51 | 出 | 24 | 來 | 13 | 金 | 8 | 服 | 6 | 知 | 5 |
| 土 | 50 | 漢 | 24 | 以 | 13 | 男 | 8 | 富 | 6 | 侵 | 5 |
| 也 | 49 | 極 | 22 | 皮 | 13 | 兩 | 8 | 分 | 6 | 廢 | 5 |
| 亦 | 49 | 名 | 22 | 得 | 12 | 驢 | 8 | 非 | 6 | 恒 | 5 |
| 及 | 48 | 與 | 22 | 每 | 12 | 龍 | 8 | 師 | 6 | 險 | 5 |
| 三 | 48 | 各 | 21 | 物 | 12 | 律 | 8 | 數 | 6 | 荒 | 5 |
| 行 | 48 | 佛 | 21 | 賓 | 12 | 裏 | 8 | 隨 | 6 | 興 | 5 |
| 是 | 47 | 城 | 21 | 四 | 12 | 蜜 | 8 | 時 | 6 | 麨 | 5 |
| 地 | 47 | 屬 | 21 | 常 | 12 | 半 | 8 | 惡 | 6 | 間 | 4 |
| 至 | 44 | 同 | 20 | 牛 | 12 | 事 | 8 | 葉 | 6 | 葛 | 4 |
| 馬 | 42 | 羊 | 20 | 吐 | 12 | 舍 | 8 | 用 | 6 | 褐 | 4 |
| 又 | 42 | 養 | 20 | 罽 | 12 | 樹 | 8 | 雲 | 6 | 劫 | 4 |
| 著 | 42 | 氎 | 20 | 管 | 11 | 雖 | 8 | 銀 | 6 | 經 | 4 |
| 足 | 42 | 厥 | 19 | 今 | 11 | 施 | 8 | 將 | 6 | 口 | 4 |
| 羅 | 40 | 突 | 19 | 路 | 11 | 云 | 8 | 莊 | 6 | 氣 | 4 |

| 所 | 40 | 頭 | 19 | 識 | 11 | 下 | 8 | 重 | 6 | 達 | 4 |
|---|---|---|---|---|---|---|---|---|---|---|---|
| 姓 | 39 | 別 | 19 | 信 | 11 | 居 | 7 | 妻 | 6 | 稻 | 4 |
| 山 | 38 | 外 | 19 | 作 | 11 | 界 | 7 | 千 | 6 | 酪 | 4 |
| 西 | 38 | 處 | 19 | 剪 | 11 | 毬 | 7 | 稍 | 6 | 嶺 | 4 |
| 衣 | 37 | 塔 | 19 | 程 | 11 | 年 | 7 | 八 | 6 | 勒 | 4 |
| 從 | 37 | 敬 | 18 | 總 | 11 | 斯 | 7 | 向 | 6 | 利 | 4 |
| 卽 | 37 | 兵 | 18 | 河 | 11 | 水 | 7 | 狹 | 6 | 賣 | 4 |
| 小 | 36 | 似 | 18 | 寒 | 11 | 屋 | 7 | 葱 | 6 | 問 | 4 |
| 中 | 36 | 相 | 18 | 海 | 11 | 于 | 7 | 歌 | 5 | 飯 | 4 |
| 彼 | 36 | 造 | 18 | 火 | 11 | 肉 | 7 | 絹 | 5 | 放 | 4 |
| 北 | 35 | 供 | 17 | 俱 | 10 | 飮 | 7 | 袴 | 5 | 白 | 4 |
| 住 | 35 | 南 | 17 | 那 | 10 | 氈 | 7 | 暖 | 5 | 步 | 4 |
| 在 | 34 | 道 | 17 | 類 | 10 | 主 | 7 | 內 | 5 | 捨 | 4 |
| 言 | 33 | 已 | 17 | 十 | 10 | 川 | 7 | 能 | 5 | 謝 | 4 |
| 領 | 32 | 風 | 17 | 安 | 10 | 村 | 7 | 但 | 5 | 薩 | 4 |
| 法 | 32 | 胡 | 17 | 愛 | 10 | 便 | 7 | 六 | 5 | 床 | 4 |
| 五 | 32 | 月 | 16 | 然 | 10 | 被 | 7 | 里 | 5 | 霜 | 4 |
| 自 | 32 | 駝 | 16 | 二 | 10 | 袤 | 7 | 臨 | 5 | 說 | 4 |
| 日 | 31 | 騾 | 16 | 草 | 10 | 餠 | 7 | 麥 | 5 | 蘇 | 4 |
| 布 | 31 | 髮 | 15 | 取 | 10 | 蒱 | 7 | 米 | 5 | 俗 | 4 |
| 寶 | 30 | 衫 | 15 | 七 | 10 | 家 | 6 | 方 | 5 | 損 | 4 |
| 尸 | 4 | 軍 | 3 | 何 | 3 | 令 | 2 | 逑 | 2 | 灰 | 2 |
| 悉 | 4 | 歸 | 3 | 夏 | 3 | 靈 | 2 | 神 | 2 | 後 | 2 |
| 岸 | 4 | 難 | 3 | 解 | 3 | 鹿 | 2 | 楊 | 2 | 卉 | 2 |
| 押 | 4 | 乃 | 3 | 形 | 3 | 論 | 2 | 語 | 2 | 黑 | 2 |
| 耶 | 4 | 德 | 3 | 韭 | 3 | 鬧 | 2 | 汝 | 2 | 希 | 2 |
| 若 | 4 | 度 | 3 | 毯 | 3 | 屢 | 2 | 涅 | 2 | 冰 | 2 |
| 焉 | 4 | 都 | 3 | 闍 | 3 | 樓 | 2 | 獄 | 2 | 虱 | 2 |
| 業 | 4 | 銅 | 3 | 卅 | 3 | 流 | 2 | 緩 | 2 | 吒 | 2 |
| 往 | 4 | 粮 | 3 | 闐 | 3 | 戮 | 2 | 右 | 2 | 疕 | 2 |
| 乳 | 4 | 力 | 3 | 颸 | 3 | 崙 | 2 | 韻 | 2 | 伽 | 1 |
| 引 | 4 | 牢 | 3 | 枷 | 2 | 綾 | 2 | 鬱 | 2 | 價 | 1 |
| 長 | 4 | 理 | 3 | 訶 | 2 | 離 | 2 | 圓 | 2 | 可 | 1 |
| 賊 | 4 | 林 | 3 | 却 | 2 | 立 | 2 | 園 | 2 | 角 | 1 |
| 全 | 4 | 磨 | 3 | 澗 | 2 | 亡 | 2 | 苑 | 2 | 幹 | 1 |
| 田 | 4 | 跋 | 3 | 敢 | 2 | 綿 | 2 | 遠 | 2 | 渴 | 1 |
| 絶 | 4 | 拜 | 3 | 減 | 2 | 面 | 2 | 衛 | 2 | 竭 | 1 |
| 提 | 4 | 番 | 3 | 强 | 2 | 命 | 2 | 維 | 2 | 甘 | 1 |

| 罪 | 4 | 犯 | 3 | 粳 | 2 | 明 | 2 | 爾 | 2 | 甲 | 1 |
|---|---|---|---|---|---|---|---|---|---|---|---|
| 州 | 4 | 餅 | 3 | 遣 | 2 | 母 | 2 | 異 | 2 | 江 | 1 |
| 走 | 4 | 本 | 3 | 兼 | 2 | 門 | 2 | 藏 | 2 | 講 | 1 |
| 鎭 | 4 | 紛 | 3 | 更 | 2 | 民 | 2 | 積 | 2 | 開 | 1 |
| 聽 | 4 | 拂 | 3 | 庫 | 2 | 縛 | 2 | 赤 | 2 | 坑 | 1 |
| 置 | 4 | 妃 | 3 | 故 | 2 | 舶 | 2 | 前 | 2 | 巨 | 1 |
| 他 | 4 | 毗 | 3 | 崑 | 2 | 叛 | 2 | 戰 | 2 | 據 | 1 |
| 播 | 4 | 娑 | 3 | 功 | 2 | 槃 | 2 | 錢 | 2 | 乞 | 1 |
| 平 | 4 | 社 | 3 | 郭 | 2 | 汎 | 2 | 店 | 2 | 擊 | 1 |
| 疋 | 4 | 像 | 3 | 廣 | 2 | 覆 | 2 | 漸 | 2 | 牽 | 1 |
| 呼 | 4 | 石 | 3 | 交 | 2 | 棒 | 2 | 除 | 2 | 犬 | 1 |
| 好 | 4 | 稅 | 3 | 具 | 2 | 逢 | 2 | 左 | 2 | 結 | 1 |
| 護 | 4 | 細 | 3 | 龜 | 2 | 俯 | 2 | 叉 | 2 | 輕 | 1 |
| 靴 | 4 | 須 | 3 | 近 | 2 | 浮 | 2 | 遮 | 2 | 驚 | 1 |
| 還 | 4 | 市 | 3 | 者 | 2 | 部 | 2 | 捉 | 2 | 計 | 1 |
| 廻 | 4 | 心 | 3 | 娜 | 2 | 婢 | 2 | 鐵 | 2 | 孤 | 1 |
| 踈 | 4 | 兒 | 3 | 諾 | 2 | 悲 | 2 | 靑 | 2 | 枯 | 1 |
| 玆 | 4 | 阿 | 3 | 納 | 2 | 飛 | 2 | 畜 | 2 | 高 | 1 |
| 康 | 3 | 夜 | 3 | 奴 | 2 | 士 | 2 | 竺 | 2 | 穀 | 1 |
| 個 | 3 | 如 | 3 | 尼 | 2 | 煞 | 2 | 娶 | 2 | 恐 | 1 |
| 箇 | 3 | 烏 | 3 | 匿 | 2 | 颯 | 2 | 就 | 2 | 鍋 | 1 |
| 揭 | 3 | 願 | 3 | 檀 | 2 | 庶 | 2 | 打 | 2 | 光 | 1 |
| 隔 | 3 | 帳 | 3 | 幢 | 2 | 黍 | 2 | 呑 | 2 | 壞 | 1 |
| 京 | 3 | 底 | 3 | 到 | 2 | 先 | 2 | 把 | 2 | 宏 | 1 |
| 階 | 3 | 正 | 3 | 居 | 2 | 禪 | 2 | 披 | 2 | 敎 | 1 |
| 谷 | 3 | 題 | 3 | 途 | 2 | 成 | 2 | 逼 | 2 | 救 | 1 |
| 骨 | 3 | 種 | 3 | 落 | 2 | 聖 | 2 | 賀 | 2 | 裙 | 1 |
| 空 | 3 | 縱 | 3 | 亂 | 2 | 燒 | 2 | 合 | 2 | 窟 | 1 |
| 官 | 3 | 衆 | 3 | 蘭 | 2 | 粟 | 2 | 鄕 | 2 | 貴 | 1 |
| 九 | 3 | 差 | 3 | 覽 | 2 | 灑 | 2 | 刑 | 2 | 劇 | 1 |
| 拘 | 3 | 逐 | 3 | 略 | 2 | 手 | 2 | 化 | 2 | 急 | 1 |
| 君 | 3 | 投 | 3 | 黎 | 2 | 輸 | 2 | 和 | 2 | 給 | 1 |
| 亘 | 1 | 文 | 1 | 掃 | 1 | 玉 | 1 | 彫 | 1 | 鬪 | 1 |
| 肯 | 1 | 聞 | 1 | 素 | 1 | 瓦 | 1 | 曹 | 1 | 特 | 1 |
| 冀 | 1 | 迷 | 1 | 訴 | 1 | 臥 | 1 | 朝 | 1 | 婆 | 1 |
| 旣 | 1 | 岷 | 1 | 贖 | 1 | 曰 | 1 | 條 | 1 | 破 | 1 |
| 紀 | 1 | 伴 | 1 | 訟 | 1 | 要 | 1 | 爪 | 1 | 板 | 1 |
| 拈 | 1 | 盤 | 1 | 送 | 1 | 遙 | 1 | 趙 | 1 | 覇 | 1 |

| 團 | 1 | 般 | 1 | 修 | 1 | 饒 | 1 | 鳥 | 1 | 偏 | 1 |
|---|---|---|---|---|---|---|---|---|---|---|---|
| 壇 | 1 | 發 | 1 | 壽 | 1 | 欲 | 1 | 族 | 1 | 片 | 1 |
| 斷 | 1 | 鉢 | 1 | 守 | 1 | 庸 | 1 | 終 | 1 | 遍 | 1 |
| 唐 | 1 | 傍 | 1 | 愁 | 1 | 愚 | 1 | 座 | 1 | 吠 | 1 |
| 對 | 1 | 邦 | 1 | 秀 | 1 | 憂 | 1 | 柱 | 1 | 抱 | 1 |
| 臺 | 1 | 背 | 1 | 誰 | 1 | 雨 | 1 | 酒 | 1 | 爆 | 1 |
| 刀 | 1 | 裴 | 1 | 叔 | 1 | 運 | 1 | 只 | 1 | 飄 | 1 |
| 塗 | 1 | 幡 | 1 | 熟 | 1 | 油 | 1 | 志 | 1 | 學 | 1 |
| 島 | 1 | 繁 | 1 | 旬 | 1 | 由 | 1 | 支 | 1 | 恨 | 1 |
| 覩 | 1 | 罰 | 1 | 純 | 1 | 遊 | 1 | 池 | 1 | 閑 | 1 |
| 獨 | 1 | 凡 | 1 | 順 | 1 | 栗 | 1 | 祇 | 1 | 香 | 1 |
| 凍 | 1 | 梵 | 1 | 崇 | 1 | 蔭 | 1 | 直 | 1 | 許 | 1 |
| 荳 | 1 | 擘 | 1 | 勝 | 1 | 鷹 | 1 | 嗔 | 1 | 懸 | 1 |
| 燈 | 1 | 變 | 1 | 侍 | 1 | 宜 | 1 | 盡 | 1 | 現 | 1 |
| 螺 | 1 | 邊 | 1 | 匙 | 1 | 意 | 1 | 陣 | 1 | 賢 | 1 |
| 裸 | 1 | 幷 | 1 | 始 | 1 | 矣 | 1 | 姪 | 1 | 兄 | 1 |
| 駱 | 1 | 報 | 1 | 新 | 1 | 義 | 1 | 集 | 1 | 戶 | 1 |
| 爛 | 1 | 復 | 1 | 辛 | 1 | 伊 | 1 | 且 | 1 | 婚 | 1 |
| 涼 | 1 | 福 | 1 | 雙 | 1 | 因 | 1 | 嗟 | 1 | 忽 | 1 |
| 樑 | 1 | 輻 | 1 | 我 | 1 | 姻 | 1 | 鑿 | 1 | 華 | 1 |
| 量 | 1 | 婦 | 1 | 牙 | 1 | 慈 | 1 | 參 | 1 | 貨 | 1 |
| 慮 | 1 | 府 | 1 | 衙 | 1 | 煮 | 1 | 倡 | 1 | 歡 | 1 |
| 烈 | 1 | 釜 | 1 | 樂 | 1 | 玆 | 1 | 唱 | 1 | 黃 | 1 |
| 獵 | 1 | 盆 | 1 | 眼 | 1 | 蔗 | 1 | 隻 | 1 | 懷 | 1 |
| 禮 | 1 | 仕 | 1 | 菴 | 1 | 斫 | 1 | 泉 | 1 | 后 | 1 |
| 淚 | 1 | 史 | 1 | 哀 | 1 | 雜 | 1 | 穿 | 1 | 揮 | 1 |
| 瑠 | 1 | 奢 | 1 | 崖 | 1 | 醬 | 1 | 賤 | 1 | 恰 | 1 |
| 留 | 1 | 沙 | 1 | 野 | 1 | 再 | 1 | 請 | 1 | 喜 | 1 |
| 輪 | 1 | 獅 | 1 | 弱 | 1 | 齎 | 1 | 剃 | 1 | 髻 | 1 |
| 凌 | 1 | 絲 | 1 | 揚 | 1 | 諍 | 1 | 憔 | 1 | 跪 | 1 |
| 璃 | 1 | 蛇 | 1 | 憶 | 1 | 猪 | 1 | 超 | 1 | 弃 | 1 |
| 霖 | 1 | 辭 | 1 | 嚴 | 1 | 箸 | 1 | 最 | 1 | 蟣 | 1 |
| 莫 | 1 | 傷 | 1 | 余 | 1 | 塼 | 1 | 抽 | 1 | 怛 | 1 |
| 滿 | 1 | 想 | 1 | 勵 | 1 | 專 | 1 | 秋 | 1 | 咄 | 1 |
| 萬 | 1 | 色 | 1 | 易 | 1 | 纏 | 1 | 醜 | 1 | 墁 | 1 |
| 妹 | 1 | 書 | 1 | 歷 | 1 | 切 | 1 | 蟲 | 1 | 捫 | 1 |
| 買 | 1 | 犀 | 1 | 宴 | 1 | 接 | 1 | 醉 | 1 | 辟 | 1 |
| 冥 | 1 | 席 | 1 | 緣 | 1 | 井 | 1 | 親 | 1 | 糸 | 1 |

| | | | | | | | | | | | |
|---|---|---|---|---|---|---|---|---|---|---|---|
| 帽 | 1 | 釋 | 1 | 熱 | 1 | 定 | 1 | 稱 | 1 | 殤 | 1 |
| 貌 | 1 | 性 | 1 | 閤 | 1 | 情 | 1 | 陀 | 1 | 囓 | 1 |
| 目 | 1 | 星 | 1 | 鹽 | 1 | 帝 | 1 | 鐸 | 1 | 鴈 | 1 |
| 猫 | 1 | 盛 | 1 | 營 | 1 | 弟 | 1 | 宅 | 1 | 嶷 | 1 |
| 舞 | 1 | 誠 | 1 | 禮 | 1 | 第 | 1 | 討 | 1 | 遶 | 1 |
| 紜 | 1 | 薗 | 1 | 餧 | 1 | 姊 | 1 | 趁 | 1 | 祆 | 1 |
| 峭 | 1 | 燋 | 1 | 攉 | 1 | 麤 | 1 | 虫 | 1 | 陁 | 1 |
| 怕 | 1 | 鴿 | 1 | 胲 | 1 | 迴 | 1 | 迄 | 1 | 廿 | 1 |
| 逺 | 1 | 麨 | 1 | 枕 | 1 | [illegible] | 1 | 毯 | 1 | | |

# 5 《往五天竺國傳》 난해 한자 소개

1. 2행: 辶()
2. 16행: 那□ () 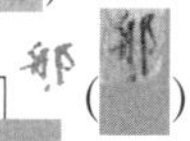
3. 20행: () 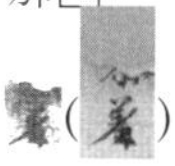
4. 27행: () 
5. 31행: 坐□ () 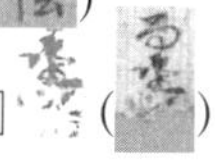
6. 35행: () 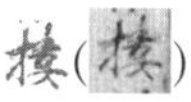
7. 35행: () 
8. 44행: () 
9. 47행: 此□ () 
10. 48행: () 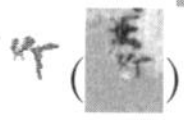
11. 57행: () () 
12. 65행: () () 
13. 75행: () 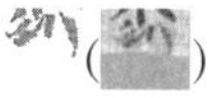
14. 80행: () 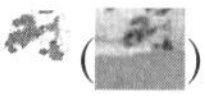
15. 84행: () 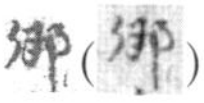
16. 84행: () 
17. 105행: () 
18. 113행: () 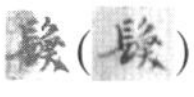
19. 114행: () 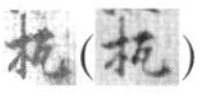
20. 119행: () 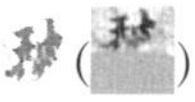
21. 122행: 胡□ () 
22. 129행: () 
23. 129행: □
24. 137행: () 
25. 159행: () 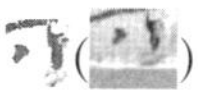
26. 168행: () 
27. 195행:
28. 210행: () 
29. 227행: …
30. 227행:

# 참고문헌


고병익 등(1976), 《三國의 高僧 8人》, 서울: 신구문화사.

김규현(2013), 《왕오천축국전》, 서울: 글로벌콘텐츠.

박병선·박용진·원효붕(2015a). 〈《往五天竺國傳》校勘(1)〉. 《중국어문논역총간》

박용진·박지숙·조선화(2015b). 〈《往五天竺國傳》校勘(2)〉. 《중국어문논역총간》

박용진·박병선·서진현(2016a). 〈《往五天竺國傳》校勘(3)〉. 《중국어문논역총간》

박용진(2016b). 〈《往五天竺國傳》校勘(4)〉. 《중국어문논역총간》

박용진·박병선·서진현(2017a). 〈《往五天竺國傳》校勘(5)〉. 《중국어문논역총간》

박용진(2017b). 〈《往五天竺國傳》校勘(6)〉. 《중국어문논역총간》

박용진(2019). 〈《往五天竺國傳》校勘(7)〉. 《중국어문논역총간》

박용진(2012), 〈《老乞大》諸版本中特殊語言現象研究 - 試探中介語現象〉, 《중국어교육과 연구》, 15: 93-122.

심소희(1999), 〈한국인의 중국어 문장 끊어읽기에 대한 고찰〉, 《중국언어연구》, 8:213-239.

이경원(2010), 〈우리나라 漢籍 자료에 나타난 異體字의 樣相과 偏旁 變異 規律에 대한 연구〉, 《중국어문논역총간》, 27:97-122.

이규갑(2012), 〈異體字 字形類似偏旁의 互用類型 地圖 構築-木·ネ·禾 등과 日·月·目 等을 중심으로〉, 《중국언어연구》, 43:221-240.

임상희(2014), 《왕오천축국전 - 돈황 사본의 복원 및 역주》, 서울: 아연출판부.

정수일(2004), 《혜초의 왕오천축국전》, 서울:학고재.

정기선(2000), 〈혜초(慧超)《왕오천축국전(往五天竺國傳)》 소고(小考)〉, 《퇴계학과 유교문화》, Vol.28: 277-309.

陳國慶編(1983), 《漢書藝文志注釋彙編》, 北京: 中華書局.

董志翹(2000), 〈唐五代文獻詞語考釋五則〉, 《中國語文》, 2:159-163.

漢語大詞典編輯委員會(1990), 《漢語大詞典》, 上海: 商務印書館.

何樂士等(1985), 《古代漢語虛詞通釋》, 北京: 語文出版社.

何樂士(2004), 《古代漢語虛詞詞典》, 北京: 語文出版社.

黃征(2005), 《敦煌俗字典》, 上海: 上海教育出版社.

蔣紹愚, 曹廣順(2005), 《近代漢語語法史研究綜述》, 北京: 商務印書館.

劉傳鴻(2012), 〈敦煌變文詞尾"卽"考辨〉, 《敦煌研究》, 5: 104-112.

羅振玉(1909), 《敦煌石室遺書》, 宣統元年, 排印本.

馬貝加(2002), 《近代漢語介詞》, 北京: 中華書局.

冉雲華(1976), 〈惠超「往五天竺國傳」中天竺國箋考〉, 《敦煌學》, 2:80-100.

尚衍斌(2001), 〈唐代"興胡"與元代"斡脫"名義考辨〉, 《新疆大學學報(社會科學板)》, 29:2,39-44.

王邦維(1995), 〈唐代赴印新羅求法僧事迹考實〉, 《韓國學論文集》, 4:66-73.

王力等(2005), 《古漢語常用字字典》(第4版), 北京: 商務印書館.

新華書店首都發行所(1983), 《草書大字典》, 北京: 中國書店

張涌泉(1987), 〈敦煌變文校讀釋例〉, 《敦煌學輯刊》 2:27-28.

張毅(1994), 《往五天竺國傳箋釋》, 北京: 中華書局.

中國社會科學院語言研究所(1999), 《古代漢語虛詞詞典》, 北京: 商務印書館.

周小兵 · 朱其智 · 鄧小寧 等(2007), 《外國人學漢語語法偏誤研究》, 北京: 北京語言大學出版社.

불교기록문화유산 아카이브 서비스 시스템, http://kabc.dongguk.edu

藤田豊八(1931), 《慧超往五天竺國傳箋釋》, 北京: 錢稻孫校印.

桑山正進(1992), 《慧超往五天竺國傳研究》, 京都: 京都大學人文科學研究所.

高田時雄(1992), 慧超《往五天竺國傳》の言語と敦煌寫本の性格」. 桑山正進(편.). 《慧超往五天竺國傳》. 京都: 京都大學人文科學研究所. 197-212.)

小學堂, http://xiaoxue.iis.sinica.edu.tw

漢典, http://www.zdic.net

漢典書法, http://sf.zdic.net

佛教辭典, http://dictionary.buddhistdoor.com

國際電腦漢字及異體字知識庫, http://chardb.iis.sinica.edu.tw

臺灣教育部異體字字典, http://dict.variants.moe.edu.tw

臺灣中央研究院上古漢語標記語料庫, http://old_chinese.ling.sinica.edu.tw

臺灣中央研究院近代漢語標記語料庫, http://early_mandarin.ling.sinica.edu.tw

NTERNATIONAL DUNHUANG PROJECT(國際燉煌項目), http://idp.bl.uk
一行佛學辭典搜尋, http://www.muni-buddha.com.tw/buddhism/dictionary-google.html
불교기록문화유산 아카이브 서비스 시스템. http://kabc.dongguk.edu

# 후기

우리의 분석을 기준으로 현존하는 《往五天竺國傳》은 905여개의 서로 다른 한자를 사용하였으며, 6,034개의 한자와 227줄로 이루어진 기록이다.

혜초 스님은 어린 나이에 중국에 건너갔고, 인도 순례를 727년(開元15年) 봄에 마치고 중국 장안(長安)으로 돌아왔다. 종교의 힘이 바탕이 되었으리라 믿는다. 한 겨울 파미르 고원을 넘으며, 이방인의 알아들을 수 없는 노랫소리를 들으면서 혜초 스님은 무엇을 생각했을까?

우연히 혜초 스님이 만년에 머물렀다는 중국 오대산(五臺山)에 다녀왔다. 담장 위에, 이름 모를 풀잎 위에, 수많은 사람들이 밟고 지나갔을 길 위에 남아있을 그의 숨결을 느껴보고자 했다. 《往五天竺國傳》와 함께 하는 지난 7년 동안, 한국 현대사에 영원히 남을 일이 있었다. 세월호 침몰과 대통령 탄핵이다. 이 기간 동안 《往五天竺國傳》을 옆에 두고, 대한민국의 지식인으로 무엇을 해야 하는지 깊게 고민했었다. 물론 답을 찾지 못했다. 솔직히 말하자면, 지식도 짧고, 목표도 크지 않은 평범한 사람이기에, 무엇이든지 가볍게 보지 말고 사랑으로 대하자는 것 말고는 사회에 대한 책임, 희생, 목표 … 이런 대단한 각오를 세울 수도 없다. 그저 혜초 스님이 지나갔던 길에서 그의 도전을 배웠고, 그 모험을 지금의 학생들에게 전해주는 것이 내 책임이고 임무인 듯하다.

박 병 선

## 저자 소개


● **박용진**朴庸鎭

전북대학교 중어중문학과 교수

전북대학교, 臺灣東海大學, 國立臺灣師範大學 수학

저서:《중국어 교육론》,《중국어교육 이론과 중간언어 말뭉치 분석》

● **박병선**朴炳仙

군산대학교 중어중문학과 교수

전북대학교, 연세대학교, 전남대학교 수학

저서 :《인생》,《홍등》,《패왕별희》,《아Q정전》

# 《왕오천축국전》을 읽다

– 언어 연구 방법으로 접근하기 –

초판 인쇄 2020년 4월 22일
초판 발행 2020년 4월 29일

공 저 자 | 박용진·박병선
펴 낸 이 | 하운근
펴 낸 곳 | 學古房

주 소 | 경기도 고양시 덕양구 통일로 140 삼송테크노밸리 A동 B224
전 화 | (02)353-9908 편집부(02)356-9903
팩 스 | (02)6959-8234
홈페이지 | http://hakgobang.co.kr/
전자우편 | hakgobang@naver.com, hakgobang@chol.com
등록번호 | 제311-1994-000001호

ISBN 978-89-6071-954-5 93720

**값 : 35,000원**

이 도서의 국립중앙도서관 출판예정도서목록(CIP)은 서지정보유통지원시스템 홈페이지(http://seoji.nl.go.kr)와 국가자료공동목록시스템(http://www.nl.go.kr/kolisnet)에서 이용하실 수 있습니다. (CIP제어번호 : CIP2020016113)

■ 파본은 교환해 드립니다.